面向产出的专业
思政示范教学

于岩　张友坤　黄少钦◎主编

清华大学出版社
北京

版权所有，侵权必究。举报：010-62782989，beiqinquan@tup.tsinghua.edu.cn。

图书在版编目（CIP）数据

面向产出的专业思政示范教学 / 于岩, 张友坤, 黄少钦主编. —北京：清华大学出版社, 2023.12
ISBN 978-7-302-65092-8

Ⅰ. ①面… Ⅱ. ①于… ②张… ③黄… Ⅲ. ①高等学校 – 思想政治教育 – 教案(教育) – 中国 Ⅳ. ①G641

中国国家版本馆CIP数据核字(2023)第235787号

责任编辑：冯　昕
封面设计：李召霞
责任校对：欧　洋
责任印制：宋　林

出版发行：清华大学出版社
　　　　网　　址：https://www.tup.com.cn，https://www.wqxuetang.com
　　　　地　　址：北京清华大学学研大厦A座　　　邮　编：100084
　　　　社 总 机：010-83470000　　　邮　购：010-62786544
　　　　投稿与读者服务：010-62776969，c-service@tup.tsinghua.edu.cn
　　　　质量反馈：010-62772015，zhiliang@tup.tsinghua.edu.cn
印 装 者：三河市龙大印装有限公司
经　　销：全国新华书店
开　　本：185mm×260mm　　　印　张：20.25　　　字　数：572千字
版　　次：2023年12月第1版　　　　　　　　　　印　次：2023年12月第1次印刷
定　　价：118.00元

产品编号：103333-01

前言

党的二十大报告指出："教育是国之大计、党之大计。培养什么人、怎样培养人、为谁培养人是教育的根本问题。育人的根本在于立德。"高校不仅要注重知识和技能的传授，更要注重品德培养。福州大学坚决贯彻落实立德树人根本任务，充分发挥思政课程作为关键课程、课程思政作为关键环节的支撑作用，基于产出导向理念不断完善顶层设计，加强协同推进，全面统筹各领域、各环节、各方面的育人资源和育人力量，形成了专业教育与思政教育紧密融合的"品德养成"模式，一体化构建了包括工作体系、教学体系、能力体系、内容体系和评价体系"五位一体"的专业思政体系，全面完成了课程思政进管理制度、进培养方案、进支撑体系、进教学大纲、进课堂实施的"五进"工作，所有专业深入落实立德树人根本任务，思想政治教育全面融入高品质人才培养全过程。学校课程思政建设工作获得了全省兄弟院校和教育主管部门的一致肯定，受福建省教育厅委托，福州大学牵头成立了全国首个省级课程思政教育联盟——福建省课程思政教育联盟并担任理事长单位。

本书的出版，是我们对高校专业思政教育改革的一次积极尝试。当前许多高校教师虽然在专业知识方面有着深厚的积累，但在如何将这些知识有效地传授给学生并帮助他们形成正确的人生观、价值观方面，仍有许多可提升的空间。为此，我们策划了这本案例集，通过集结一批具有丰富教学经验的一线教师共同编写这本专业思政教学案例集，深入探索高校专业思政和课程思政的内涵，为广大教师提供各学科专业将思政教育元素有机融入专业课程的实际教学案例，希望能够为高校教师提供有益的帮助。同时，我们也期待通过这本案例集的推广，能够引发更多的教育工作者和社会各界人士对于高校专业思政教育的深度思考和讨论。

在此，我们要感谢所有参与编写的教师，是他们的辛勤工作和无私奉献，使得这部案例集得以面世。我们相信，只有将思政教育融入每一节课中，才能真正实现价值观的传承与塑造。

由于编者时间和能力有限，本书内容难免有局限或疏漏之处，依然需要进一步探讨，并在今后的工作和交流中持续完善。愿我们的努力能为高校思政教育事业添砖加瓦，为培养更多具有社会责任感、历史使命感和良好道德修养的优秀青年贡献一份力量。

编者

2023 年 10 月

目　录

陶瓷工艺学典型教学案例　感受陶瓷之美　　　　　　　　　　　　　　　　　　1
波谱学典型教学案例　核磁共振基本原理及化学位移　　　　　　　　　　　　4
仪器分析 A 典型教学案例　塔板理论中蕴含的科学思维　　　　　　　　　　　8
仪器分析实验典型教学案例　荧光分光光度法测定维生素 B_2　　　　　　　11
制药过程安全与环保典型教学案例　化工与制药废水的防治与思考　　　　　15
结构化学典型教学案例　杂化轨道　　　　　　　　　　　　　　　　　　　　18
制药工艺学典型教学案例　微通道反应器之连续流新技术在制药行业的应用　21
物理化学 J 典型教学案例　单组分系统的相平衡　　　　　　　　　　　　　　25
有机化学 B 典型教学案例　醛酮的化学性质　　　　　　　　　　　　　　　　29
结构化学典型教学案例　微观粒子的运动特征　　　　　　　　　　　　　　　32
物理化学典型教学案例　千亿产业宁德时代的血液——电解质　　　　　　　　36
分析化学 A 典型教学案例　分析化学与日常生活　　　　　　　　　　　　　　40
分析化学 J 典型教学案例　"分析化学中质量保证"的科研教学　　　　　　　43
生物质能技术典型教学案例　生物质能技术起源与发展历程　　　　　　　　　47
土地利用规划学典型教学案例　土地利用规划的概念、任务、内容与体系　　　51
工程地质分析原理典型教学案例　活断层与地震　　　　　　　　　　　　　　54
岩土工程测试技术典型教学案例　基坑工程监测　　　　　　　　　　　　　　58
结晶学与矿物学典型教学案例　"结晶学与矿物学"课程思政建设探索　　　　63
磁电选矿典型教学案例　磁选基本原理　　　　　　　　　　　　　　　　　　67
机械制造工艺学典型教学案例　精准定位与"如切如磋、精耕细作"的工匠精神　73
工程经济学典型教学案例　港珠澳大桥建设的工程项目财务评价分析　　　　76
汽车电器与电子技术典型教学案例　汽车车载电源——新型蓄电池　　　　　79
材料力学 A 典型教学案例　阳台垮塌事件引发的思考　　　　　　　　　　　82
大学信息技术基础典型教学案例　通信系统发展演进　彰显民族自信　　　　88
数据科学与大数据技术导论典型教学案例　数据分析　　　　　　　　　　　92
机器学习典型教学案例　机器学习"思行合一"能力培养——以逻辑回归为例　95
数据结构与算法分析典型教学案例　"数据结构与算法分析"课程思政模式探索　98
计算机通讯典型教学案例　互联网大国到互联网强国的漫漫创新路　　　　　103
风景园林资源学典型教学案例　文化景观　　　　　　　　　　　　　　　　106
风景园林建筑工程典型教学案例　亭的构造　　　　　　　　　　　　　　　111
建筑设计初步典型教学案例　小建筑测绘　　　　　　　　　　　　　　　　115

城乡规划管理与法规典型教学案例　践行依法治国思想　引领国空规划改革	119
风景园林规划设计（三）典型教学案例　乡村规划设计指导——贵州安顺鲍家屯规划设计	121
油气储运设施腐蚀与防护典型教学案例　电偶腐蚀	128
化工原理实验典型教学案例　精馏实验预习课与节能减排、专业思想教育	133
液化天然气技术典型教学案例　LNG 的海上运输	138
输气管道设计与管理典型教学案例　输气管道建设与能源安全新战略	143
水电站典型教学案例　水轮机选型与疫情防控	148
基础工程典型教学案例　万丈高楼始于基础，脚踏实地方可耐久	151
测量学典型教学案例　从我国三次珠峰登顶测量谈测量误差的分类与应用	155
城市交通信号控制典型教学案例　定时信号配时的基本方法	160
建筑给水排水工程典型教学案例　美好生活需要——厕所革命	166
运输经济学典型教学案例　国家综合立体交通网规划纲要之拓展	169
地下建筑结构典型教学案例　沉管隧道结构	173
水资源利用与保护典型教学案例　水资源合理利用与保护，践行"绿水青山就是金山银山"的生态理念和党的十九大提出的可持续发展理念	177
计算机通信与组网技术典型教学案例　互联网概述	180
数字后端设计基础典型教学案例　数字集成电路后端设计概述	183
数字集成电路设计典型教学案例　数字集成电路设计概述	187
国际经济学典型教学案例　要素禀赋理论	190
互联网金融典型教学案例　百谷王区块链助力小微企业逆境突围	194
质量管理工程典型教学案例　供应商质量管理	197
统计学典型教学案例　统计分组	202
数据库原理与应用典型教学案例　数据库系统外部体系结构	205
先进制造技术典型教学案例　先进制造工艺与中国制造	209
大数据分析典型教学案例　非结构化对象的结构化数据获取	212
高级语言程序设计典型教学案例　课程思政理念下"高级语言程序设计"教学初探	217
国际服务贸易典型教学案例　国际服务贸易基本范畴	222
电子商务典型教学案例　农村电子商务	228
金融市场学典型教学案例　蚂蚁金服 IPO 叫停	231
宏观经济学典型教学案例　从 GDP 看"中国经济增长奇迹"	234
高级财务会计典型教学案例　企业合并中的商誉问题	237
时间序列分析典型教学案例　平稳时间序列模型	241
高级德语（中）典型教学案例　德国农业部部长谈农业出口	246
知识产权法典型教学案例　凝聚家国情怀　激励创新创造	249
消费与广告心理学典型教学案例　消费者的感觉与广告设计	253
生理心理学典型教学案例　从"铁皮人"到大脑 GPS 定位	257
中级英语视听说（下）典型教学案例　当视听英语遇见中国美食故事	261
漆饰品设计与制作典型教学案例　漆饰品草图设计	264
中国传统纹样典型教学案例　中国传统纹样设计应用	269

中国古代文学（一）典型教学案例　宏伟壮丽的政治抒情诗——《离骚》	274
社会工作概论典型教学案例　由地震灾后重建和疫情防控引发的思考	278
人机工程学典型教学案例　典故里蕴含的中国古代传统人机思想	282
综合设计表达典型教学案例　用视频讲述中国品牌故事	287
CI视觉识别系统设计（一）典型教学案例　具有社会主义核心价值观的品牌战略研讨	291
整合创新设计典型教学案例　以设计驱动社会创新	295
专题设计典型教学案例　纯净水包装塑料瓶回收体系	299
综合材料的空间表达典型教学案例　雕塑创作本土化精神传达	302
综合设计基础二典型教学案例　材料与结构：木结构	306
科研素养与创新训练（二）典型教学案例　看"中国牌"晶体，忆陈创天院士	311
行政法模拟法庭典型教学案例　"行政法模拟法庭"课程思政创新探索	314

陶瓷工艺学典型教学案例

感受陶瓷之美

学院名称	材料科学与工程学院	课程名称	陶瓷工艺学
主讲教师	于岩	教师职称	教授
授课对象	材料科学与工程专业三年级本科生	课程性质	专业必修课

课 程 简 介

　　我国的陶瓷生产有着悠久的历史和辉煌的成就，对世界文化的交流与发展产生了深远的影响。陶瓷工业在我国国民经济中占据着极其重要的地位。陶瓷材料和金属材料、高分子材料并列为当代三大材料。随着科学技术的日新月异，新型陶瓷材料和先进生产工艺不断涌现，陶瓷工业在新形势下必将再次产生飞跃。

　　本课程的内容紧紧围绕陶瓷材料的"组成-工艺-结构-性能"四要素展开，具体包括原料性质与工艺基础、坯釉组成及配方计算、陶瓷生产过程、陶瓷微观结构和主要性能、陶瓷装饰和后期加工等。本课程的目的在于让学生掌握陶瓷生产的共性原理，理解工艺因素对陶瓷产品性质与结构的影响，能够从技术、经济、环保的角度分析陶瓷生产中的问题和提出改进方案，并能够将所学知识推广和运用于现代陶瓷和一般无机非金属材料领域，为将来从事与材料学科相关的科研、开发、检测及工艺改进等打下基础。

　　作为材料专业的学生，通过本课程的学习，不但要掌握以陶瓷为代表的无机非金属材料的专业基础知识，还应主动了解陶瓷历史、文化等内容，增强民族自豪感，并立志投身现代材料科学研究与开发，在新时代为新材料事业作出贡献。

教 学 目 标

　　（1）掌握课程所讲授的陶瓷材料相关理论知识，进而掌握一般无机非金属材料相关知识；学会用理论知识来阐释工艺原理，全面掌握陶瓷材料的组成、工艺、结构和性能之间的联系，并能指导实际生产，能够对实际出现的一些问题进行综合分析和解决。

　　（2）学以致用，能够从技术、经济、环境、法律、安全、社会、文化等角度分析陶瓷生产中的问题和提出改进生产的方案，并具有一定的设计和开发新材料的能力。

　　（3）能够借助信息技术了解陶瓷及材料产业行业的发展概况，进行线上线下混合等多种形式的学习，鼓励以团队形式进行交流和讨论。

　　（4）了解典型古代名瓷的历史与文化背景知识，了解现代陶瓷的发展趋势，理解陶瓷的发展与社会、健康、文化以及环境等的相互关联，增强专业认同感、民族自豪感和责任感。

　　（5）以本课堂理论为基础，结合课内外实验实践活动，了解新技术、新工艺在陶瓷行业的发展和进步,理解陶瓷材料性能的发展,增强对其本质认识,具备将来从事材料研究的创新能力和素质。

思 政 元 素

专业自信,文化自信,文化素养,民族自豪感,家国情怀。

案例实施路径与方法

(一) 育人理念

秉承"学生中心、产出导向"的理念,坚持教学内容的高阶性、创新性和挑战性。

(二) 实施思路

按照听众可以最有效学习的思路进行 PPT 设计,注重逻辑和引导。首先借助历史名瓷名窑的典型图片,直观地演示窑变釉的随机呈色效果,引出本讲主要内容;其次利用列提纲等方式突出主讲内容,灵活插入图片,文字内容力求简练;最后用现代窑变釉的图片引导学生思考,激发他们学习的兴趣和探索的动力。

(三) 思政元素融入方式

以古代著名的窑变釉为典型代表,结合 PPT,让学生认识窑变釉,掌握窑变釉产生的原因,为实现其可控制备打下基础;同时展示中国古代优秀陶瓷文化,概述窑变釉研究现状,指出不足和发展方向,激发学生学习和探究的兴趣。

(四) 教育教学方法

依托在线开放课程资源,使用现代信息技术,综合传统板书、启发式讲解、现代多媒体软件、慕课堂智慧教学等手段,适时设疑,师生通过互动交流,使理论联系实际,将启发式教学与案例教学、发散思维与收敛思维有机地结合。

(五) 教学活动设计

(1) 简要复习上节课的内容,交代本节课主讲内容(板书:写出章节名称)(1分钟)。

(2) 课程导入:展示古代典型窑变釉图片,简述窑变釉色变化多端的特点,引出窑变的定义(板书)(3分钟)。

(3) 教学内容:

a. 陈述窑变釉的定义并加以解释。注意突出在古代窑变具有不可预测性,无法人为控制,系偶然所得。

提问:什么原因导致窑变的产生?难道真的完全不可控吗?引出窑变的原因(1分钟)。

b. 窑变釉产生的原因(板书,此部分为重点讲解内容)。主要从釉本身的组成及特性、烧成气氛、烧成温度和其他外部条件等方面讲解影响窑变的因素,并以建盏为例进行解释说明(20分钟)。

c. 在理解和掌握了窑变产生的机理和条件以后,以现代窑变釉的典型代表《世博鸿运当头》罗汉鱼为例(板书),围绕窑变产生的主要原因,解释说明该窑变釉的特点、工艺及控制要点,总结突出随着科技发展,已掌握窑变的机理,古代认为过程不可控制、结果不可预测的窑变釉瓷器已能部分实现可控制备(18分钟)。

d. 结束语采用互动方式：在掌握了窑变的机理和产生原因后，请问在座的同学们能不能根据需要设计和制备出窑变釉？最后以结束语"陶瓷已从古老的艺术宫殿走了出来，迈进现代科技的行列"结束本次课程（2分钟）。

（六）资源载体

教材、PPT、视频、图片、MOOC（慕课）等。

（七）特色与创新

将传统教学方法与现代教育技术相结合，实施"传统+现代"的混合式教学模式。以学生为主体，根据每一堂课教学内容的不同，优选最合理的教学模式，构建多模态课程教学模式和课程评价模式，调动学生的学习兴趣和积极性。

（1）建设在线课程。发挥教师主导和学生主体作用，灵活运用线上线下混合教学方式，引导学生参与线上自学互助和线下师生研讨课，通过"师生互动""生生互动"，激发学生学习兴趣，发掘学生潜能。

（2）改革实验教学模式。鼓励学生自己或者以小组为单位根据实验原理自行探索设计实验方案，并进行自主实施和验证，提升学生的实践创新能力。

（3）拓展实践教学途径。从经费和课程评价上鼓励和支持学生自主选择与自愿参与实习、设计、实践、竞赛等课内外实践活动，引导学生树立家国情怀。

（4）改变评价方式。开展"四位一体"（增量性评价+累进性评价+个性化评价+导向性评价）的发展性课程评价，将期末考试成绩比重降至20%，关注学生知识持续内化积累的过程，保持学生学习热情和动力，给学生个性发展留空间。

教 学 成 效

几千年的文明给我们留下了大量的历代名瓷，此次课程改革在授课内容中增加约3课时该部分内容，目的是结合古代文化，在专业教育中进行美学教育。带领学生走进历史：去认识、去剖析、去欣赏、去品位美轮美奂的历代名瓷。按历史顺序，选取代表性的名瓷图片，介绍其生产背景、文化氛围，再结合专业知识，讲授这些瓷器的技术特色及生产工艺。教学生如何去赏析名瓷，如何从艺术和专业的角度去评价名瓷。我国陶瓷历史知识之博大精深，令人震撼，准确恰当地把握讲课内容和学生的心理特点，会收到很好的教学效果。

波谱学典型教学案例

核磁共振基本原理及化学位移

学院名称	化学学院	课程名称	波谱学
主讲教师	陈义平	教师职称	教授
授课对象	化学专业三年级本科生	课程性质	专业必修课

课程简介

"波谱学"课程主要介绍红外光谱、拉曼光谱、紫外光谱、核磁共振谱和质谱等现代仪器分析的基本原理、方法特点及释谱研究方法,为学生本科学习、学位论文,以及今后深造或走上工作岗位打下较坚实的专业理论基础。培养学生理论联系实际能力,可以运用专业理论知识开展科学研究,发现、分析和解决问题;培养学生文献查阅能力,以及跟踪本专业最新动态、研究前沿的意识;培养学生团队合作精神。努力推进学生理论联系实际,为社会培养创新研究型人才;同时培养学生辩证唯物主义的世界观和正确的人生观、价值观,掌握科学的学习方法,重视创新理念。

教学目标

(1)掌握核磁共振基本原理;理解化学位移概念、形成原因和表达方式,掌握影响化学位移的因素,并学会解析核磁共振谱。

(2)学会运用核磁共振原理分析解决化学、医学等领域中的实际问题。培养学生跟踪谱学最新动态、研究前沿的意识;培养学生团队合作精神。努力推进学生理论联系实际,为社会培养一批实践创新型和科学研究型人才。

(3)培养学生辩证唯物主义的世界观和正确的人生观、价值观,掌握科学的学习方法,重视创新理念。

思政元素

从实际出发,理论联系实际,培养学生辩证唯物主义的世界观和方法论;立德树人,坚守职业道德和匠心精神,提高学生的社会责任感,培养学生的家国情怀。

案例实施路径与方法

(一)育人理念

培养健全人格,服务社会。

（二）实施思路

理论与实践相结合，在教授理论知识的同时与科学实践相结合，结合科学家故事，引入科学精神等思政元素。

（三）思政元素融入方式

采用问题导入法，结合日常生活问题——核磁共振医学检查，激发学生的学习兴趣。课前小测，跟踪学生预习核磁共振基本原理的情况，教师根据小测结果重点讲授知识点、难点。分组讨论，通过学生互评等方式，让学生总结核磁共振的原理，并进行图谱解析，提高分析问题的能力。引用谱学会议最新科研报告视频和屠呦呦等科学家故事，引导学生科研方向，培养创新意识，布置科研性体会作业（含思政），让学生互评，互相学习。

（四）教育教学方法

（1）采用PPT演示、板书推导、比较启发等讲授方法相结合的教学手段讲授学生薄弱的知识点，并让学生分组讨论和总结。

（2）通过引入生活中常见的实际问题，理论联系实际，分组讨论。增进师生的互动交流，并训练学生分析问题、解决问题的思维能力。

（3）引用谱学会议最新科研报告视频，引入思政元素鼓励学生努力学习，培养家国情怀；通过课后思政作业让学生凝练体会通过图谱作业，培养学生的创新思维能力，提高学生的科研素养。

（五）教学活动设计

（1）课前小测，跟踪学生预习核磁共振基本原理的情况，教师根据小测结果以启发式重点讲授知识点、难点。

（2）导课：结合核磁共振应用（医疗检测），激发学生对核磁共振相关知识的学习兴趣，引导和启发学生思考知识点的现实意义，提出悬念——核磁共振为什么能这么用？进而引出本节要讲解的主题——核磁共振。

（3）展开阐述：利用板书、论述法和启发学生思考等教学方法讲解"核磁共振基本原理"，利用雨课堂分组讨论核磁共振原理与前述的谱学原理（如紫外光谱）的异同点。

利用理论推导、类比拓展等教学方法引出化学位移及其应用，类比核磁共振发展史，根据这个过程："理论—应用研究—设计出仪器"，指出这些成就的研究关键点，讲述我国在仪器研究方面的薄弱环节。同时指出国家也注意到了这点，播放在第21届（2020年）全国分子光谱会议上的视频，讲述通过相同的经历，研究者研发了仪器并推广应用。介绍杨黄浩校长获得的一项仪器专项，鼓励学生往这方面研究。

【科研提升】播放在第21届（2020年）全国分子光谱会议上的国家基金委视频，讲述多学科交叉的创新科研思路，学习国家科研重点方向，鼓励学生往这些方向研究，以解决社会需求问题，培养家国情怀。

通过以上教学过程，学生对化学位移产生的原因和应用有了更深刻的领悟，达到了教学目标。同时通过类比科学研究线路，学习科研线路中的创新点。最后指出国家对仪器研究和多学科交叉创新的需求，鼓励学生利用谱学知识解决社会需求问题，培养家国情怀。

（4）深入研讨：通过板书公式推导、随堂小测、图解讲授等方法深入研讨化学位移的表示方法和影响化学位移的因素，并学以致用，利用所学的化学位移的结构影响因素对有机官能团中氢核的化学位移进行排序记忆（图1），避免死记硬背。

（5）分组讨论，通过学生互评等方式，让学生总结核磁共振的原理，并进行图谱解析，提高分析问题能力。

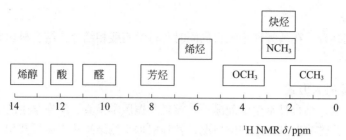

图 1　有机官能团化学 ^{1}H 化学位移

【雨课堂分组讨论】$C_4H_8O_2$ 的 ^{1}H NMR 谱峰面积比为 2∶3∶3，请确定其结构，并总结解析谱图的技巧和注意点。

（6）引用谱学会议最新科研报告视频和屠呦呦的科学故事（图 2），引导学生科研方向，培养创新意识。

第37卷 第2期　1979年5月　化 学 学 报　ACTA CHIMICA SINICA　Vol. 37, No. 2　May, 1979

青蒿素(Arteannuin)的结构和反应*

刘静明　倪慕云　樊菊芬　屠呦呦
（北京中医研究院中药研究所）
吴照华　吴毓林　周维善
（中国科学院上海有机化学研究所）

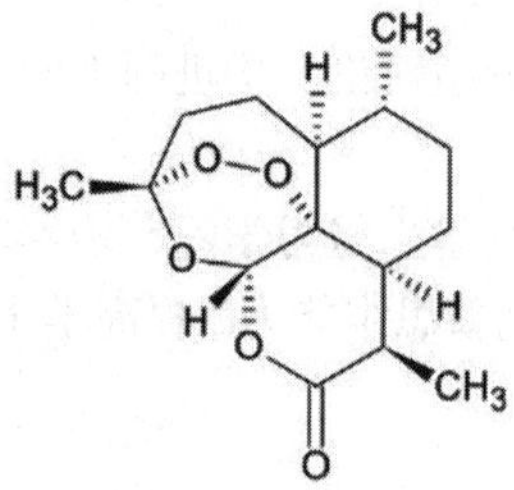

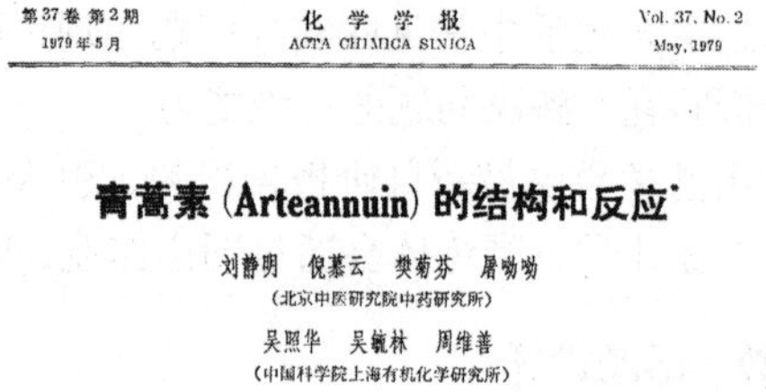

图 2　青蒿素化学结构及文献

【延伸】提炼出中国科学家坚忍不拔的科学精神。

【过渡】介绍当时国情，当时流行病——疟疾蔓延，国家领导人毛主席鼓励科学家们投身疟疾的研究，重视科学防疫路线方针。

【延伸】新冠病毒流行阶段，国家领导人也高度重视科学防疫路线方针，并取得了举世瞩目的成绩。正如梁启超先生《少年中国说》中所述："美哉，我少年中国，与天不老！壮哉，我中国少年，与国无疆！"鼓励学生努力学习科学知识，成为强国之路的建设者，实现中国梦！

【设问】有了化合物的结构后，可以做什么？提出药物合成的线路。

【学术前沿】科学家们设计合成青蒿素（图 3）。

【延伸】药物合成的线路——科研创新的线路。

第41卷 第6期　1983年6月　化 学 学 报　ACTA CHIMICA SINICA　Vol. 41 No. 6　June, 1983

青蒿素及其一类物结构和合成的研究

X. 从青蒿酸立体控制合成青蒿素和脱氧青蒿素

许杏祥　朱　杰　黄大中　周维善*
（中国科学院上海有机化学研究所）

青蒿素(1)是青蒿的抗疟有效成分[1]. 它是一个由过氧基团组成缩酮的新倍半萜内酯[2]. 本文报道按图式1所示的1以及脱氧青蒿素(2)的立体控制合成.

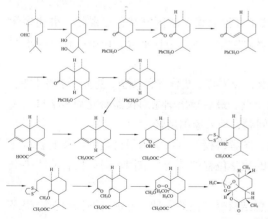

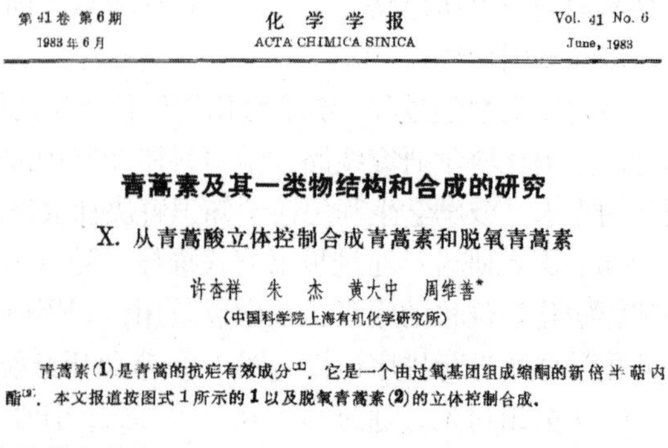

图 3　青蒿素化学合成途径及其文献

结合 PPT 演示，并配合启发式讲授，帮助学生化抽象为具体，化难为易，更好地学会运用化学位移的影响因素有关知识来理解官能团的化学位移位置，避免死记硬背，达到教学目标。

（六）资源载体

教材：

张汉辉. 波谱学原理及应用［M］. 北京：化学工业出版社，2011.

参考资料：

Roger S. Macomber. A Complete Introduction to Modern NMR Spectroscopy［M］. New Jersey：Wiley, 1997.

参考文献：

［1］刘静明，倪慕云，樊菊芬，等. 青蒿素（Arteannuin）的结构和反应［J］. 化学学报，1979，37（2）：129-143.

［2］许杏祥，朱杰，黄大中，等. 青蒿素及其一类物结构和合成的研究 X. 从青蒿酸立体控制合成青蒿素和脱氧青蒿素［J］. 化学学报，1983，41（6）：574-576.

（七）特色与创新

引用谱学会议最新科研成果，凝练获得成功成就的科研关键点，培养学生的创新思维能力，提高学生的科研素养。

教 学 成 效

利用"最近发展区理论"，结合学生现有知识水平，调动学生的积极性，发挥其潜能。引导学生在已掌握有机化学、结构化学的基础上，加深和拓展核磁共振的相关知识及其应用，培养学生多角度思维能力和综合分析问题的能力。课程得到学生好评，学生评教分为 99.85 分，学校督导评教为优。学生不仅学习了波谱学的基本原理，还增强了辩证唯物主义的世界观和正确的人生观、价值观，增进了家国情怀；掌握了科学的学习方法与创新理念。

仪器分析 A 典型教学案例

塔板理论中蕴含的科学思维

学院名称	化学学院	课程名称	仪器分析 A
主讲教师	王建	教师职称	副教授
授课对象	化学专业三年级本科生	课程性质	专业必修课

课 程 简 介

"仪器分析 A"课程是化学专业必修课程。通过教学，使学生掌握电化学分析法、色谱分析法、光谱分析法的基本原理，仪器的基本构造，实验技术、定性定量方法，以及在分析测试领域中的应用特点；了解仪器分析发展的新方向及新动向，在解决实际问题时具有选择适宜的研究与测试方法或手段的能力；建立起认识物质的严格的"量"的概念，养成实事求是的科学态度和严谨的科学作风；具备坚韧的科学精神和服务国家发展战略的家国情怀。

教 学 目 标

通过本节课的学习，帮助学生解答以下问题并达到以下主要目标：
（1）塔板理论的提出是为了解决什么问题？
（2）塔板理论的几个假设是否合理？
（3）塔板理论有何优缺点？
（4）塔板理论如何用于指导实验，即如何优化条件，实现高效高速分离？
（5）训练和培养科研思维能力，充分认识到哲学思想和数学思想是构建科研思维的基础。

思 政 元 素

启发、引导学生构建科研思维的能力，阐述哲学思想和数学思想是构建科研思维的基础，而科研思维是分析问题和解决问题的方法论；培养学生"笃学尚行，止于至善"的科学素养。

案例实施路径与方法

（一）育人理念

以培养科研高阶思维为中心，问题和案例驱动，产出导向。

（二）实施思路

（1）课程思政与专业知识互浸，训练科学思维方法。

（2）构建"课前需求驱动、课堂问题驱动、课后实践驱动"的教学模式。

（3）采用"引导—思辨—阐释—实训"的教学策略。

（三）思政元素融入方式

启发引导学生构建科研思维的能力，通过实例，阐述哲学思想和数学思想（不是具体的数学知识）是构建科研思维的基础，而科研思维是分析问题和解决问题的方法论；培养学生"笃学尚行，止于至善"的科学素养。

（四）教育教学方法

依托线上资源，进行课前预习，并线上反馈学习难点。针对课程内容和学生反馈，凝练课堂问题。利用QQ群，组织学生讨论、互问互答，促进学生的辩证思考能力。编写计算机程序对色谱流出曲线进行模拟，加强学生对抽象概念的理解，既促进知识点理解，又提升解决实际问题的能力。

（五）教学活动设计

问题导入：将学生原有的萃取分离的知识或者经验与色谱分离关联起来，逐步从旧知识过渡到新知识。

教学内容：先简要回顾线上学习情况，通过提问，考察学生对色谱曲线基本术语的理解。

基本术语：比移值，半高峰宽，峰宽，标准偏差，死时间（t_M），死体积（V_M），保留时间（t_R），调整保留时间（t'_R），相对保留值，容量因子 k'（也称为分配容量或分配比），定量校正因子。

色谱理论是为了说明色谱曲线的本质与曲线变化形状的影响因素，以及各种实验操作条件变化所引起色谱峰展宽的原因。

但是根据色谱柱内组分移动的实际情况列出相应的偏微分方程，然后求解这些偏微分方程组而获得描述色谱流出曲线的状态方程是十分困难的，因此色谱工作者不得不采用较简便的模拟方法来研究色谱动力学过程。Martin 和 Synge 在平衡色谱理论的基础上，提出了塔板理论，该理论为广大色谱工作者所接受。

塔板理论的基本假设如下：

（1）物质在理论塔板上能够迅速达到平衡各小段色谱柱的集合。从统计的角度来看，可以认为平衡能在一小段色谱柱内形成。整个色谱柱由一系列按顺序排列的塔板所形成。

（2）柱内各处塔板高度（H）为常数。

（3）流动相在柱内每个塔板上跳动的次数是相等的。

（4）流动相是不可压缩的。

（5）塔板编号依次为 0, 1, 2, 3, ···, n，塔板总数为 $n+1$，由于 n 很大，故 $n+1$ 与 n 近似相等。

（6）全部样品在开始洗提时都在第一个塔板，即第 0 号塔板上。

（7）在确定的温度下，物质的分配系数（k）为常数，不随其浓度变化。

（六）特色与创新

色谱问题基本都是物理问题，数学是物理的基础。数学工具解决工程问题的思路常常是将结构先离散化，再单元分析，最后再整体分析，得到的结果也是近似解。色谱可以不用经验公式，而用理论公式解决问题，但主要存在两个问题：一是理论推导涉及到偏微分方程，过程过于复杂；二是目前的数学还没有发展到准确描述物理世界的地步，我们只能用数学来逼近物理世界，即使是有限元分析,也只是得到一个近似正确的解。

把塔板理论建立的数学模型和色谱流出曲线(近似为高斯曲线)匹配起来,涉及很多计算公式,但教科书中通常直接给出最终结论,跳过了推导过程,让学生无所适从。因此,在教学中,我们需要对公式的推导过程进行适当补充。

依据二项式分布的原理,原始塔板理论中色谱柱的外浓度流出曲线表达式为

$$P_{m,n} = \frac{(n+m)!}{n!m!} \cdot p^{n+1} \cdot q^m \tag{1}$$

其中,$P_{m,n}$ 为一个样品分子在柱内完成 m 次跳动后出现在第 n 块塔板上的概率,p 是溶质在流动相中的萃取率,q 是溶质在固定相中的萃余率。

当 n 很大时,求解式(1)通常很困难,因此人们通常在近似条件下采用其简化的高斯函数形式:

$$P_{m,n} = \frac{1}{\sqrt{2\pi} \cdot \sqrt{nk(k+1)}} \cdot \exp\left[-\frac{1}{2}\frac{[n(1+k)-m]^2}{nk(1+k)}\right] \tag{2}$$

式(2)表示的高斯分布形式的流出曲线相对简单,虽然不能精确描述实际流出曲线的拖尾形式,但更容易理解。

对应于柱后流出曲线:

$$p(x) = \frac{1}{\sqrt{2\pi} \cdot \sigma} \cdot \exp\left[-\frac{(x-\mu)^2}{2\sigma^2}\right] \tag{3}$$

在学习此章节时,化学专业学生首先需要明确二项式分布与高斯分布之间的联系。事实上,当试验次数 N 较大且概率 p 不太小时,二项式分布会趋向于高斯分布。其次,学生需要理解二项式分布函数中参数与热力学参数之间的关系,以便将统计学的概念与化学领域的应用相结合。此外,学生还需理解高斯函数中参数与色谱流出曲线上测量值的关系。例如,高斯函数的方差 σ 对应着色谱峰底宽的 1/4,高斯函数的均值 μ 对应着色谱保留时间。最后,学生可以通过测量色谱流出曲线上的宏观测量值来推断色谱柱内微观热力学参数之间的关系。通过分析这些测量值,我们可以更好地理解色谱柱内的微观热力学参数,并评估不同参数对色谱分离过程的影响。

教 学 成 效

科学之成功源于其有限的目标:揭示物体行为的规律。通过抛开宏大的目标,将范围限定在具体的领域,我们能更好地解释一般现象。简化与抽象是构建认识世界模型的重要思维方法和步骤,通过弱化与研究对象关系不大的影响因素,我们能够留下有效的信息。在讲授塔板理论时,我们需强调简化的假设,以便更好地理解为什么塔板理论能跻身于诺贝尔奖之列。科学的应用范围是通过"感兴趣的对象"和"明确定义的条件"来限定的,这增强了科学的预测能力。实际上,没有一种方法能够有效地处理所有的系统,只有适用的方法才是科学的方法。在适用的范围内,我们才能运用科学,而在不适用的范围内,我们则需要寻找其他方法。

仪器分析实验典型教学案例

荧光分光光度法测定维生素 B_2

学院名称	化学学院	课程名称	仪器分析实验
主讲教师	李梅金	教师职称	研究员
授课对象	化学专业三年级本科生	课程性质	专业必修课

课 程 简 介

"仪器分析实验"是为化学专业本科生开设的主要专业基础课之一，它既是一门独立的课程，又需要与仪器分析理论课密切配合。实验课程主要依据理论课所涉及的光分析法、色谱法、电化学分析法等仪器分析法的原理，通过对仪器的操作使用，巩固理论知识，提高操作能力，实现对多种分析仪器的熟练掌握。将仪器分析理论与操作应用技能融合一体，理论结合实际，促进学生掌握定性和定量分析基础理论依据以及前沿创新应用，培养学生运用现代分析手段解决问题的能力；掌握仪器基本操作技术和基本实验技能，提高学生进行初步课题研究的能力；培养学生实事求是的科学态度和严谨的科学作风，激励服务国家发展战略的家国情怀。

教 学 目 标

通过本实验的学习，使学生达到以下主要目标：

（1）通过分子发光的发展史，结合分子发光在分析、生物和临床医学等领域的重要性，激励和培养学生做一名闪闪"发光"的国家人才。

（2）理解荧光分析技术原理，了解荧光分析法的应用领域。

（3）了解荧光分析仪的结构、功能及其使用。提出针对不同形态的样品如何设计仪器光路的问题，训练学生的思维能力。

（4）掌握荧光发射和激发光谱绘制方法及荧光定量分析测定荧光物质的方法。基于实验原理出发，设计相关参数，并通过数据讨论分析获得结论并加以验证。

思 政 元 素

通过2008年诺贝尔化学奖——绿色荧光蛋白的发现及应用事例，引导学生坚持理想，保持坚韧的恒心和毅力，以不懈的奋斗精神在科技创新的道路上为社会、为国家贡献力量。培养学生的科研动手能力、独立思考解决问题能力、实事求是的科学态度和严谨的科学作风，激发科技报国的使命感，增强专业自豪感。

案例实施路径与方法

(一) 育人理念
以学生为中心,教师引导,问题驱动,实践教学导向。

(二) 实施思路
课程思政融合于实践教学,培养实验动手能力、解决问题能力、实事求是的科学态度和科技报国使命感,增强专业自豪感。采用"问题引导—理论阐释—动手实践—拓展创新"的教学策略。

(三) 思政元素融入方式
通过事例激发学生的科研兴趣,培养学生在科研过程中的主观能动性、实事求是的科学态度和科技报国使命感,增强专业自豪感。

(四) 教育教学方法
引导学生利用在线虚拟仿真实验资源,进行课前预习,明确目标。课堂针对学生对实验的理解程度,提出问题,阐释原理,分析应用,通过师生互问交流等方式,促进学生辩证思考。通过图片和举例等形式,加强对抽象概念的理解。理论实训相结合,既促进了知识点的理解、又提升了解决实际问题的能力。

(五) 教学活动设计
问题导入—原理阐释—仪器讲解—实验示范

1. 简要回顾理论课上的学习情况,引入问题,展开本次实验的目的

(1) 学习荧光分析基本原理,掌握荧光发射光谱和激发光谱绘制方法以及荧光定量分析方法。

(2) 熟悉 F-4600 型荧光分光光度计的主要结构和使用方法。

2. 由荧光发展历史引入实验原理

第一次记录荧光现象的是16世纪西班牙的内科医生和植物学家N.Monardes,记录中提到1575年在含有一种木头切片的水溶液中,观察到了极为可爱的天蓝色。1852年,Stokes考察奎宁和叶绿素发光的时候,发现比入射光波长稍微长一些的荧光发射现象,提出"荧光"这一术语。1867年,Goppelsroder进行了历史上首次荧光分析工作,应用铝-桑色素配合物的荧光测定铝离子。从那以后,分子发光成为一种重要分析测试方法。通过历史知识的渗透,激发学生对光谱学实验的兴趣。

某些物质的分子受到一定波长的光(如紫外光)照射后,分子吸收能量,从基态激发跃迁到高能级的激发态;随后,处于高能级激发态的物质分子不稳定,在极短的时间内经无辐射跃迁(包括振动弛豫和内转换过程)跃迁至第一电子激发单重态的最低振动能级,以辐射的形式释放能量并跃迁回基态。在这个过程中,由于振动弛豫和内转换过程无辐射跃迁消耗了一部分能量,因此辐射跃迁将辐射出波长大于其吸收波长的光,这种光称为荧光。

(1) 定性分析:物质分子的最大激发和发射光能量(波长)是由分子本身的物质结构决定的。根据最大激发和发射波长可以大概推测分子的电子能级跃迁情况。

(2) 定量分析:根据分子发射的荧光强度测定物质的浓度含量,其理论关系为

$$I_f = \Phi I_0 (1 - 10^{-\varepsilon l c})$$

在低浓度中,即当 $\varepsilon l c < 0.01$ 时,则 $I_f = 2.303 \Phi I_0 \varepsilon l c$;

当光强 I_0 及其他实验条件不变时,则 $I_f = Kc$。

因此,在低浓度及实验条件不变时,荧光强度与物质浓度呈线性关系。脱离实验前提,两者不呈线性或者偏离线性关系,无法获得准确的实验结果。让学生领会发光分析方法应用的局限性,

激发创新思维。

3. 仪器构造讲解，知识范围拓展

分子荧光仪器主要包括激发光源、激发单色器、样品池、发射单色器、检测器和记录仪等部件（图1）。根据现场仪器设备讲解各部件的主要结构和功能；结合具体组件，展示样品池和光学透镜窗口使学生掌握内部主要光路走势，领会光路走势对检测的影响；插入讲述分子荧光仪器除了获得激发和发射光谱及定量分析数据之外的拓展功能，如寿命测试、发光量子产率测试及三维光谱的获得等，拓展知识范围，为荧光分析方法的灵活应用提供基础。

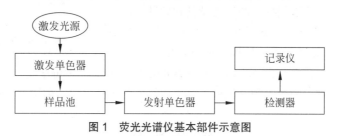

图1　荧光光谱仪基本部件示意图

4. 实验示范及学生动手实验

根据理论知识，教师首先示范实验的整个过程，提示实验过程要注意的事项，从光谱中如何获得有效信息并对数据进行分析讨论。然后学生动手操作完成实验。

实验过程包括核黄素溶液的配制。让学生理解为什么选择此样品为研究对象：除样品本身的物质结构（展示分子结构）决定了其很高的发光效率之外，样品广泛来源于日常生活。核黄素即维生素 B_2，是维生素B族的一员，是人类身体所需的维生素之一，广泛存在于酵母、肝、肾、蛋、奶和大豆等中。选择核黄素作为实验样品，跟人们生活密切相关，能引起学生的兴趣，而且经济又环保，可以培养学生的环保理念。在学生动手的过程中，同时介绍安全知识，培养爱岗敬业、严肃认真的态度。

实验重点：如何理解激发和发射光谱的区别及绘制？

激发光谱描述的是激发（吸收）波长对分子发光的影响，而发射光谱描述的是该物质分子发射何种波长（颜色）的光。两个过程能量不同，波长不同，容易混淆，因此在绘制的时候要注意理论上的区分，这是重点之一。随后理论指导实践，实践结合理论，教师示范，学生亲自动手设置参数，绘制两种不同的光谱（图2），加深对概念的理解。

实验难点：如何区分分子发射光谱与散射光信号？如何理解定量分析的局限性？

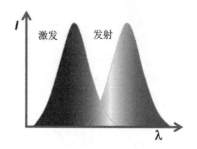

图2　荧光激发和发射光谱示意图

物质分子的发射光能量（波长）是由分子本身的物质结构决定的。分子在吸收不同光能量时，可以跃迁到不同的激发态，但最后都是从第一电子激发单重态的最低振动能级再跃迁回基态的过程中，产生辐射荧光。即激发波长的改变不会使发射波长产生位移，而散射光是会随着激发光波长的改变而产生移动。根据此原则来确认找出对象分子的发光信号峰，然后才能进行下一步的定量分析，因此这是定量分析的首要关键步骤。

分子发光的定量分析是建立在发光强度与物质浓度成正比的基础上，对于物质含量的测定是非常有效的方法。但是此种线性关系是有前提的，实际应用中要尽量满足实验前提，才能应用线性分析测定物质的含量，保证实验的准确性。若实际中物质浓度太大，会有自吸现象，导致线性偏离（图3），出现实验偏差；若实验条件不一致，发光强度和浓度无法形成线性关系，定量理论基础不成立。

通过理论推导和模拟示范，理论与实践相结合，更形象生动地让学生理解和掌握知识重点和难点。让学生在实验实践中检验理论是否适用，同时激发学生的学习兴趣，培养科技报国的使命感。

5. 实验结果分析讨论

学生根据自己的实验，获得实验结果，并与理论数据对照进行分析讨论，明确数据描述的意义及其有效性，培养学生实事求是的科学态度。引导学生了解荧光分析法的前沿应用，激发学生的好奇心，为后期延展学习做准备。此次实验中，部分实验如溶液配制和标准工作曲线的获得是由小组共同完成，可以培养学生的团队协作精神；样品测试部分由个人独立完成，又可以培养学生独立思考解决问题的能力。

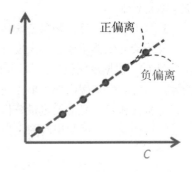

图3　分子发光强度与浓度关系

教　学　成　效

通过问题引导激发学生的好奇心，培养学生实验中的主观能动性。理论与实践相结合，更形象生动地让学生理解和掌握知识重点和难点。在实验实践中检验理论是否适用，培养学生实际解决问题的能力、严谨的科学作风和良好的实验素养，培养科研创新人才。

制药过程安全与环保典型教学案例

化工与制药废水的防治与思考

学院名称	化学学院	课程名称	制药过程安全与环保
主讲教师	郑碧远	教师职称	副教授
授课对象	制药工程专业三年级本科生	课程性质	专业必修课

课程简介

"制药过程安全与环保"是制药工程专业的一门专业必修课。本课程从环境、健康、安全（EHS）的理念和本质安全出发，系统讲述了制药过程中共性的安全基础理论和职业道德，帮助学生了解并掌握在制药工程领域中常见的危险种类及防护技术，树立环保意识和安全生产第一的思想观念，从而使学生在日后的工作和生活中，具备一定的避害与减灾能力，能在未来工作中自觉地把制药污染控制及安全生产放在首位。

本课程要求学生掌握和识别制药行业相关的技术标准、知识产权、产业政策和法律法规，以及制药生产过程中危险种类并能及时做好安全防护，熟悉治理环境污染的各种技术，培养学生具有现代环保意识、生态文明意识、可持续发展理念，能较为熟悉地识别制药生产过程中的危险种类，如燃烧、爆炸、静电、灼伤、工业毒物等，并能正确地、科学地做好安全防护、安全疏散工作，具备一定的避害与减灾能力。

教学目标

通过本节课程的学习，帮助学生达到以下主要目标：
（1）掌握化工与制药"废水"处理原则、方法和相关的法律要求。
（2）通过具体案例分析，培养学生分析问题和解决问题的能力。
（3）通过案例分析，引入课程思政，培养学生树立环保意识，践行"绿水青山就是金山银山"的绿色发展理念。

思政元素

树立环保意识，践行"绿水青山就是金山银山"的绿色发展理念。

案例实施路径与方法

（一）育人理念

以培养学生分析问题和解决问题的能力为中心，问题驱动，产出导向。在案例讨论中，引入思政元素，达到"润物细无声"的效果。

（二）教育教学方法

通过课程知识讲授和案例讨论与互动学习的方式提高学生的学习积极性和主动性。

（三）教学活动设计

【引言】事例导入新课，首先简要概述龙岩紫金矿业废水流入汀江导致的污染事故。它触犯了哪些法律？应当如何治理？从而引入要讲的主要内容——化工与制药废水的防治。

【板书】化工与制药废水的防治

【板书】一、制药废水的分类及处理原则

【讲授】根据 2008 年 8 月 1 日起强制实施的《制药工业水污染物排放标准》，制药废水分为以下六类：发酵类制药废水、化学合成类制药废水、提取类制药废水、中药类制药废水、生物工程类制药废水、混装制剂类制药废水。

【提问】六类废水中，哪种污染程度不高，水质较简单？

【板书】1. 制药废水的处理及排放标准制定所遵循原则

【讲授】科学性、先进性和可操作性原则；清洁生产和循环经济原则；分类指导原则；定量与定性相结合原则；浓度控制与总量控制相结合原则；国家排放标准和地方排放标准相结合原则。

【板书】2. 制药废水排放标准的控制指标

【讲授】常规污染物控制指标：总有机碳（TOC）、化学需氧量（COD）、五日生化需氧量（BOD_5）、悬浮固体（SS）、pH 值、氨氮、色度、急性毒性等。特征污染物：总汞、总砷、氰化物、挥发酚、二氯甲烷等。总量控制指标：单位产品基准排水量。

【过渡】刚才我们讨论了制药废水的特点及处理原则，下面我们接着讨论制药废水的处理方法。

【板书】二、制药废水的处理方法

【讲授】制药废水是指高浓度难降解的有机废水，即 COD 浓度一般大于 2000 mg/L、可生化性指标 BOD_5/COD 值一般小于 0.3 的有机废水。

【板书】1. 废水处理的常用方法

【讲授】制药废水处理的目的是净化制药废水以降低污染而达标排放，基本方法包括物理法、化学法、物理化学处理法和生物处理法。

【板书】物理法

【讲授】包括重力分离法、离心分离法、筛滤截留法、热处理、磁分离等。

【板书】化学法

【讲授】包括中和法、化学沉淀法、氧化还原法、铁炭法、Fenton 试剂法、高级氧化技术（电化学氧化等）、电解法等。

【板书】物理化学处理法

【讲授】包括混凝法、氧化絮凝法、吸附法、气浮法、氨吹脱、离子交换法、膜分离法等。

【板书】生物处理法

【讲授】包括深井曝气法、加压生化法、氧化沟法（循环曝气）、上流式厌氧污泥床反应器（UASB）等。

【板书】三、典型制药废水处理

【讲授】目前，化学制药类废水处理的主要方法是生化技术，但许多化学合成类制药废水在生化处理系统中，化合物对单位体积生物量的浓度太高或毒性太大，一般应先进行物化预处理，再进行生化处理。

【板书】1. 化学合成类制药废水处理工艺流程

【讲授】废水—调节—混凝沉淀—厌氧（或水解酸化）—好氧生化—混凝沉淀—排放。

【板书】2. 制药废水处理案例

【讲授】利民制药厂采用厌氧—好氧工艺处理制药废水，BOD_5 去除率达 98%，COD 去除率达 95%，处理效果稳定；胡大锵等在对医药中间体制药废水的处理中采用水解酸化—A/O—催化氧化—接触氧化工艺，进水 COD 为 12000 mg/L 左右，而出水 COD 可达 300 mg/L 以下。

【讨论】2010 年 7 月 3 日，上杭县紫金矿业发生铜酸水渗漏事故，污水顺着排洪涵洞流入汀江，导致汀江部分河段污染并造成大量网箱养鱼死亡。事故原因是什么？如何处理？此次污染事故严重，紫金矿业副总裁陈家洪被刑拘，公司被罚款 900 多万元，上杭环保局局长被迫辞职。导致污染的直接原因是紫金矿业采用的开矿方法不合理，污水处理不到位。以牺牲环境换取经济效益的方法是不可取的，它违反了《污水综合排放标准》（GB 8978—1996）和《铜、镍、钴工业污染物排放标准》（GB 25467—2010）等相关法律法规。我们应当引以为戒，树立环保意识，倡导"绿水青山就是金山银山"的绿色发展理念。污水处理方法：加氢氧化钠或碳酸钠中和酸性，采用离子交换或吸附的方法除去过多的铜离子。

【讨论】2012 年 12 月 28 日，环保局的检测报告显示，联邦制药工业污水含 COD 2480 mg/L，超标了吗？如何处理？对照我国《发酵类制药工业水污染物排放标准》，其水质超标 20 倍；即使对照《污水综合排放标准》（GB 8978—1996），联邦制药的废水仍超标 1.5 倍。据了解，有关部门对联邦制药进行罚款 10 万元等多项惩处。该公司以牺牲环境，换取经济效益的方法是不可取的。我们应当引以为戒，树立环保意识，倡导"绿水青山就是金山银山"的绿色发展理念。污水处理方法：采用厌氧生化和好氧生化等处理法降低废水中的 COD 含量。

（四）特色与创新

本课程教学紧紧围绕制药过程安全与环保的核心任务，组织教学内容，注重理论教学与实例讨论相结合，通过案例讨论，深化对安全与环保基本原理的理解和应用，在案例讨论中引入思政元素，通过案例教学引入课程思政内容，达到课程思政教学目标，将价值塑造、知识传授和能力培养紧密融合。

教 学 成 效

案例分析中，引入课程思政，让学生较易接受。在原有知识和能力考核体系的基础上，把课程的思政教育目标也纳入学生学习效果的评价体系中，考核评价中思政相关要求占比 10%~20%，引导学生深刻领会和积极运用思政要求和思政素养分析和解决问题，实现知识传授和价值引领同向同行、同频共振。

校内外同行对本课程的教学有较高的评价，认为本课程教学中课程思政目标设计合理，教学内容融合有力度、有效果。

学生对本课程有较高评价，最近一次的评教分数高达 99.38 分，学生认为"任课教师向学生传递了正确的理想信念、价值理念和道德观念"。

结构化学典型教学案例

杂 化 轨 道

学院名称	化学学院	课程名称	结构化学
主讲教师	李奕	教师职称	副教授
授课对象	化学专业三年级本科生	课程性质	专业必修课

课程简介

"结构化学"课程是化学专业本科生的核心基础课之一,其课程知识点是现代化学理论体系中重要的一部分。课程从微观的角度讨论原子、分子和晶体等物质的结构和性质等问题,使学生构建"结构—性能—应用"体系,启迪学生的思维,提高解决实际问题的能力。本课程于20世纪60年代,由卢嘉锡院士亲自开设。课程先后由多位教授担任主讲,他们继承和发扬了卢先生的学术思想和教学风格,努力促进教学与科研的结合,为现在课程建设与发展,积累了丰富的教学经验。2005年被评定为福建省精品课程,2009年成为国家精品课程,并于2013年获第三批国家级精品资源共享课立项,2016年获福建省高等学校精品资源共享课(创新创业教育与专业教育融合类)立项,2020年获批福建省线上一流课程。

教学目标

通过课程学习,引导学生树立正确的理想信念,学会运用辩证唯物主义和历史唯物主义,学会正确的思维方法;学生能系统掌握现代结构化学基础知识,了解目前结构化学研究的近代物理、化学等方法;使学生既得到逻辑思维和推理的训练,又得到抽象思维的加强,从而深化和巩固前修化学基础课的有关知识和理论,为后续化学专业课的学习、综合实验、科研训练以及毕业论文等环节提供基础的预备知识。创新课堂教学,给学生深刻的学习体验,注重启发性教育,引导学生发现问题、分析问题、思考问题,培养学生从现有知识联想到前沿知识的思维能力,培养学生的创新意识和科学研究欲望。

思 政 元 素

通过课程学习,引导学生树立正确的理想信念,学会运用辩证唯物主义和历史唯物主义,学会正确的思维方法。用福州大学"三种精神"鼓舞师生,尤其是学习张孤梅等老一辈艰苦奋斗的创业精神、卢嘉锡先生严谨求实的治学精神、魏可镁院士勇于拼搏的奉献精神,树立科技创新、探求真理的科学理想,为加快推进"双一流"强校添砖加瓦。加强学生爱国主义教育，增强文化自信。同时，建设优秀课程教学团队，发挥教师的积极性、主动性和创造性，用高尚的人格感染学生，以深厚的理论功底赢得学生，自觉作为学为人的表率，做让学生喜爱的人。

案例实施路径与方法

（一）育人理念

案例实施中本着"以学生的发展为中心，目标导向"，坚持启发性、应用性、科学性和创新性教学理念。

（二）实施思路

学生课前在"爱课程"上观看相关视频进行预习，完成线上作业。本次课程主要针对学生的线上学习反馈和疑惑，介绍杂化轨道的概念和在实际分子中的应用。在实施过程中通过创新课堂教学，给学生深刻的学习体验，引导学生发现问题、分析问题、思考问题。

（三）思政元素融入方式

将课程思政与专业知识互相融合，通过对课程的学习，引导学生树立正确的理想信念，学会运用辩证唯物主义和历史唯物主义，培养学生坚持科研的理想信念。同时，在教学中融入爱国主义教育，坚定文化自信。

（四）教学活动设计

具体的教学活动采用"引导—阐释—应用—拓展"的教学策略。首先简要回顾前节学习内容，总结学生线上问题反馈，提出杂化轨道理论产生的背景。教学中，引导学生找出异同点；过程中，突出学习张孤梅等老一辈艰苦奋斗的创业精神，不畏艰辛、知难而上的风采。其次深入研讨、辩证思考，对三种典型杂化轨道波函数进行推导，激发学生学习兴趣。形象化教学，引导学生发现问题、分析问题、思考问题和解决问题。再次阐释总结如何根据夹角计算不等性杂化的轨道波函数。鼓励学生学习福州大学"三种精神"，尤其是卢嘉锡先生严谨求实的治学精神。安排学生讨论，引导学生树立正确的唯物主义观，辩证地看待现有理论，学会正确的思维方法。最后深度思考提高升华，结合实际，介绍杂化轨道理论的灵活应用，并对前沿扩展，对其他复杂分子中的杂化轨道应用进行讲述。特别介绍卢嘉锡先生对于结构化学的贡献，同时介绍价键理论和能量分解分析的基本概念和计算方法，以及厦门大学化学键理论团队对于价键理论发展的贡献——厦大自主研发了从头计算价键软件 XMVB 和能量分解分析软件 GKS-EDA 程序。鼓励学生视野要广，要有知识视野、国际视野和历史视野，通过生动、深入、具体地纵横比较，把一些道理讲明白、讲清楚。加强学生爱国主义教育，增强文化自信。

在教学中将选择恰当的实例（以典型的杂化轨道为例），通过对实例循序渐进、层层深入的讲解，逐步让学生化解难点，掌握各类型杂化轨道波函数的表达，并和分子的几何构型以及分子的性质关联。讲解中，可通过动画、视频等方式将这些理论的演化过程进行展示，将抽象的内容形象化，引导学生克服困难、知难而上。另外，课后留下实例训练，以及拓展部分，使得学生具有从现有知识联想到前沿知识的思维能力，培养学生的创新意识。

（五）资源载体

案例实施中，依托中国大学 MOOC（慕课）平台自建慕课平台，合理运用现代信息技术手段，引导学生利用在线资源，完成课前预习，并线上反馈学习难点。课堂上针对课程内容和学生反馈，突出重点和难点，通过学生讨论、课堂互动等，促进学生辩证思考。将课堂讨论、课外实践和总结有机结合，在提供大量的课堂教学信息的同时，留下一些悬念和疑问，供学生去思考、去发现问题，以期培养学生的创新思维。同时，课程关注知识的前沿应用，促进学生对知识点的理解，提升解决实际问题的能力。

（六）特色与创新

结构化学课程是从微观的角度讨论原子、分子与晶体的结构和性质问题的课程，需要具备较多的数学、物理学知识，理论性强，比较抽象，是一门既要有逻辑思维，又要有形象思维的课程。提倡研究型教学模式，把"结构化学"课程改革实践的着力点放在理论与应用相结合的课程体系的改革方案上。在这个教学新模式中，一方面注重引进国内外和本校学科建设的科研成果，突出了理论知识的前沿性，另一方面，紧密配合综合化学实验和大学生科研训练计划（student research training program，SRTP）等科研训练实践环节，强调理论与实际应用的结合，加强课程教学的实践性，培养学生创新思维。注重形象化教学，激发学生学习兴趣；创新课堂教学，给学生深刻的学习体验；注重启发性教育，引导学生发现问题、分析问题和思考问题。通过课程学习，引导学生树立正确的理想信念，学会运用辩证唯物主义和历史唯物主义，学会正确的思维方法。

教 学 成 效

福州大学"结构化学"课程在近年来的教学实践中，始终坚持夯实基础、拓宽口径、重视实践的教学指导思想。坚持提倡微观与宏观相结合，理论与实际相结合的教学模式，调整优化课程教学内容，积极采用现代教育技术，建立课外实验实践平台，改革教学和考试方法。在教学中巧妙融入思政元素，引导学生，积极探索基础理论课程教学与科研能力培养相结合的途径。通过讨论式、小论文式和建立课外实验项目平台等课外教学方式，提高学生学习兴趣，锻炼知识应用能力，培养具有创新意识和实验能力的化学研究型人才，奠定理论和实验基础。课程教学团队师资力量雄厚，整体结构合理，主讲教师有较好的结构化学方面的教学和科研背景，经过参与课程建设，促进了教学和科研水平的提高。课程组形成了一支结构合理、学术水平高、可持续发展的教学队伍。课程思政建设在院系中名列前茅，受到其他教师和学生好评。课程组也为我国有关研究单位和高校培养了一批在结构化学方面训练有素的研究生和本科毕业生。

制药工艺学典型教学案例

微通道反应器之连续流新技术在制药行业的应用

学院名称	化学学院	课程名称	制药工艺学
主讲教师	唐凤翔	教师职称	副教授
授课对象	制药工程专业三年级本科生	课程性质	专业必修课

课程简介

"制药工艺学"是我校国家级一流本科专业建设点制药工程专业的一门重要的专业核心课程。它所研究的制药工艺是药物生产的核心,是药物成型化的关键技术,与药品质量直接相关。

本课程具有以下特点:

(1) 教学内容侧重化学制药工艺,涵盖微生物发酵制药工艺,兼顾前沿技术。以学习成果满足行业需求为导向,以药物从实验室走向产业化的工艺开发为主线,重点讲述了化学制药工艺的五大共性技术(化学制药工艺路线设计与选择、化学制药工艺研究、制药工艺放大、前沿技术微通道反应器之连续流和制药废弃物回收),同时涵盖了微生物发酵制药工艺研究(生物制药工艺的共性技术之一)。

(2) 围绕复杂工艺问题,结合工业实际案例展开教学。课程围绕解决这些复杂工艺问题(即如何对化学制药工艺路线进行设计、选择与评价,如何进行化学制药工艺研究,如何进行生物制药工艺研究,如何进行制药工艺放大,如何将颠覆性创新技术微通道反应器之连续流用于制药工艺的革新以及如何对制药废弃物进行回收)展开每个章节的讲授。一方面引导学生始终带着这些问题去学习和理清这些章节的理论知识点;另一方面结合实际案例或讨论予以阐述和巩固。

(3) 教学内容与思政元素无缝融合。通过系列专业知识的学习培养学生夯实基础、透过现象看本质等科学观;通过著名人物开发创新制药工艺的奋斗史培养学生的家国情怀、脚踏实地和艰苦奋斗的创业精神;借助重大制药或相关事件探索工艺本质,帮助学生树立质量源于设计、环保源于设计、安全源于设计的理念,塑造药品质量至上、环境友好和安全生产的职业素养。

教学目标

本课程的教学目标包括以下三个方面。

(1) 知识方面:掌握制药工艺路线设计与选择方法、工艺优化方法、工艺放大方法、微通道反应器新技术、废弃物回收等共性技术与典型药物生产工艺。

(2) 能力方面:初步能够对制药工艺路线进行设计、选择和评价,对制药工艺进行优化和放大,利用微通道反应器新技术对危险工艺进行革新与优化,制定制药废弃物回收方案,进行质量控制等;具备自学能力和终身学习意识、合作学习与沟通能力,以及分析、评价、创新等高阶思维。

（3）价值塑造方面：建立相关的科学观，如夯实基础、抓主要矛盾、透过现象看本质、质量/安全/环保源于设计等；具备严谨治学的精神和工匠精神、敬业与奉献精神以及创新意识与创新精神；具备药品质量至上、环境友好和安全生产的职业素养；具备为人民健康服务的使命感和家国情怀。

思 政 元 素

课程融合的思政元素包括以下三个层面：

（1）树立正确的科学观，如夯实基础、遇到复杂问题时抓住主要矛盾并兼顾次要矛盾、透过现象看本质、用理论指导实践、知行合一、质量/安全/环保均源于设计等；

（2）养成良好的个人素养，包括严谨治学的求实精神、工匠精神、拼搏和奉献精神、创新意识和创新精神、专业自信，以及始终践行药品质量至上、生产过程安全和环境友好的职业素养；

（3）激发崇高的社会责任感，包括家国情怀、为人民健康福祉谋福利的责任担当。

案例实施路径与方法

（一）育人理念

坚持贯彻"以学生学习为中心"的育人理念，以培养学生自学/终身学习和合作学习能力、创新意识和创新能力及解决复杂工艺问题的能力培养为导向；以学习成果满足国家和行业需求为导向；践行思政教育与知识传递和能力构建同向同行的理念。

（二）实施思路

在上述育人理念的指导下，深挖案例中的思政元素，并充分利用现代信息教育手段，创新课堂教学模式，探索多样化的教学方法。将行业需求与责任担当、职业道德、法治意识、创新意识与创新能力的培养与制药旧工艺或危险工艺的革新等解决复杂工艺工程问题能力的培养进行融合，实现价值塑造、知识传授和能力培养的目标。

（三）思政元素融入方式

（1）紧跟国家战略和行业需求。青年学生普遍认为国家政策和行业需求离自己很遥远。为了帮助青年学生树立紧跟国家和行业政策、把自己的学习和工作与国家需求紧密结合的意识，通过中国大学MOOC（慕课）平台的线上视频了解制药行业危险工艺所涉及的国家政策和行业导向，并强调作为未来的制药生力军需紧跟国家政策导向，跟上国际国内趋势，从而培养学生的行业责任担当、法治意识和职业道德。

（2）提升专业自信、创新意识和创新能力。微通道反应器之连续流新技术是2019年国际纯粹与应用化学联合会（IUPAC）公布的十大改变世界的化学创新技术之一。通过线上视频对微通道反应器之连续流新技术的优势和在危险制药工艺上应用案例的学习，以及线下对案例中所呈现的巨大进步的原因的深度剖析，让学生感受微通道反应器技术之连续流技术的精妙，从而激发他们积极地采用微通道技术去进行工艺的改进和开发，培养他们的专业自信、创新意识和创新能力。通过线上讨论与线下课堂"微通道大世界"的主题分享活动，进一步拓宽学生的视野、强化创新意识和激发创新能力。

(3）认识新技术的瓶颈和相关的研究热点，确立奋斗方向。通过线上视频学习微通道反应器之连续流技术适用的反应特征以及线下课堂的进一步总结，学生可根据这些特征快速识别哪些反应具有用微通道反应器进行工艺改进和开发的空间，针对固体参与反应判断可进行哪些策略调整。基于这些分析，学生意识到微通道反应器技术用于单步工艺改进的瓶颈在哪里；如果要进一步改进，需要从哪些方面入手。此外，当微通道反应器用于药物连续合成时，需考虑上下游兼容、固体的溶解、背压等策略，还需考虑与在线检测分析、在线萃取、在线结晶、在线过滤和在线干燥等在线后处理步骤充分耦合，从而实现药从起始原料到终端原料的连续自动化合成与制备。因此，将微通道反应器之连续流技术与其他在线技术的耦合实现全流程连续自动化处理是多步连续流制药技术工业应用的瓶颈，也是该领域的热点。在目前碳达峰、碳中和的背景下，解决这类问题是必然趋势，也必将给制药工业带来巨大的变革。

（四）教学方法

本课程综合了多种教学方法：线上线下混合教学、线上讨论、线上作业、慕课堂测验、线下学生分组主题分享（PPT 展示）和课堂讨论等。

（五）教学活动设计

在本课程的学习过程中，学生需在线下课做"微通道大世界"的主题分享。该活动难度较大，因此在学期初就布置任务，提醒学生利用空余时间完成"第 7 章 微通道反应器之连续流"的视频内容学习。在此基础上，学习小组在线下分享课之前经历了文献查阅、选题、与指导教师讨论、确定选题、制作 PPT、与指导教师讨论 PPT、修改和完善 PPT、组内预分享、根据教师和学生意见完善表达等环节。在线下课上，教师首先借助慕课堂对学生的线上学习进度和学习效果进行检查和点评，接着帮助学生理清本课程的知识点脉络，并对重点和难点进行重点回顾和分析。为了培养学生解决复杂工艺问题（如何用微通道反应器之连续流技术对潜在工艺进行革新）的能力，学生分组进行"微通道大世界"的主题分享，师生就分享内容进行提问、讨论与点评。课后，学生再复习线上线下内容，完成线上测试、作业和在线讨论，并就疑问继续与教师和学生互动。

（六）资源载体

（1）公众号：康宁反应器技术，深圳市一正科技有限公司。

（2）线上中国大学 MOOC（慕课）资源：制药工艺学（福建省线上一流课程）。

（3）相关参考文献（略）。

（4）智慧教室。

（七）特色与创新

以学生的学习满足行业需求为导向，以微通道反应器之连续流新技术在制药行业的应用为载体，充分利用现代信息资源，结合多种教学方法，将本案例中要突出展现的行业责任担当、专业自信、创新意识和创新能力的培养等思政教育与专业知识的传递、变革旧工艺为先进工艺或变革危险工艺为安全工艺的流程优化等解决复杂工艺与工程问题能力的培养相互融合，实现价值塑造与知识传递、能力构建同向同行。

教 学 成 效

在本课程的教学中，任课教师始终坚持"以学生学习为中心"，以专业知识学习为载体，结合福州大学的三种精神，深度挖掘潜在的思政元素和收集思政资源，践行"守正创新，笃行致远"的工作方针，引导学生树立正确的科学观，注重个人素养的养成和家国情怀、行业担当、专业自信及为人类福祉服务精神的塑造。这种模式让教学回归"立德树人是根本"的初心，赋予课程教学灵魂。这种教学方式也得到了学生的肯定。最近一学期的课程调查表明，有 87.5% 的学生认为陈芬儿院士及其与维生素 H 的故事能激发他们的创新意识和创新精神、爱国情怀、工匠精神和"为人民健康服务"的使命担当。本课程在中国大学 MOOC（慕课）平台上的线上视频教学广受线上学习者和同行的好评，课程的得分为 4.8 分（总分为 5 分）。本课程 2019 年入选福州大学课程思政类"金课"，2020 年入选福建省线上一流课程，2021 年入选福建省线上线下一流课程。

物理化学J典型教学案例

单组分系统的相平衡

学院名称	化学学院	课程名称	物理化学J
主讲教师	孙燕琼	教师职称	教授
授课对象	化学专业二年级本科生	课程性质	专业必修课

课 程 简 介

"物理化学J"采用国内外优秀教材与双语授课的教学模式,从物质的物理现象和化学现象联系入手,来探求化学变化及与之相关过程基本规律的一门专业基础理论课。通过课程教学,使学生掌握热力学的基本原理,加深对化学变化及有关过程基本规律的认识,掌握热力学处理问题的方法及化学动力学的基本知识,逐步培养学生运用物理化学基本规律来分析处理实际问题的能力,为下一步学习专业课程打好基础。通过物理化学的学习,能够深化对辩证唯物主义的认识,形成系统的化学学科思维,能够采用科学的世界观和方法论观察、分析和解决问题,并借由分析和解决生产生活中的现象和问题,体现社会责任感、创新意识和科学发展意识。

教 学 目 标

(1)通过黄子卿先生以严谨的科学态度精心设计实验装置精确测定水的三相点的事例,引导学生感知他们求真求实的科学精神和追求理想的科学品质,培养学生扎根祖国科研的理想信念和持之以恒的决心。

(2)能够应用相律预测单组分相图的点、线、面的关系,理论指导实际。

(3)理解相图的绘制要遵守实事求是的原则。

(4)读懂及分析相图中区、线和特殊点的意义。

(5)推导单组分系统的两相平衡——克拉佩龙方程,以及在实际生活中的应用和前沿文献的介绍。

思 政 元 素

培养实事求是、理论联系实际的科学精神和批判性思维。

案例实施路径与方法

（一）实施思路

课前，学生观看慕课教学视频，查阅水和二氧化碳在不同大气压下的熔点、沸点等相关资料，完成教师布置的任务。课中，利用学过的相律知识，引导学生将相律应用到单组分相图中，从理论上预测相图可能出现的点、线、面的含义。利用查到的水和二氧化碳在不同大气压下的熔点、沸点数据，绘制水和二氧化碳的相图，充分体会相图的绘制必须来源于实验数据的测定以及实事求是地记录实验数据在科研中的重要性，并培养诚信的核心价值观。课后，学生继续巩固复习，掌握单组分相图中点、线、面的含义。

单组分系统的两相平衡——克拉佩龙方程的推导和应用是难点。教学中由生活现象的实例设问学生如何理解纯物质两相平衡时系统温度和压力之间的关系问题；再由热力学第二定律的原理板书推导单组分系统的两相平衡——克拉佩龙方程；最后引导学生用单组分系统的两相平衡——克拉佩龙方程来解释生活现象的实例。同时在课堂介绍当前国际前沿的文献对传统上用单组分系统的两相平衡——克拉佩龙方程解释的批判，以及创新研究。

（二）教育教学方法

依托在线开放课程资源，课前学生查找文献，采用设问式教学，综合启发式讲解、传统板书、现代多媒体软件等手段，适时设疑，通过师生互动交流，理论联系实际，启发式教学与案例教学、教学与科研有机地结合。

（三）教学活动设计

先简要回顾线上学习情况，再问题式导入主题——单组分系统的相图有什么特点？在生产、生活中有什么应用？

采用精美的动画和多媒体生动演示，让学生对熟悉物质的相图充满兴趣，激起学习新知识的欲望。适时设疑，启发学生思考，调动学生学习的积极性。

引入黄子卿以严谨的科学态度精心设计实验装置精确测定水的三相点的科研贡献的事例。

中国物理化学奠基人之一的黄子卿先生，在电化学、生物化学、热力学和溶液理论方面颇有建树。他以严谨的科学态度精心设计实验装置，精确测定了水的三相点，在测定过程中排除了各种可能的干扰（如大气压强及水液面高度产生的附加压强对冰室平衡温度的影响，采用了当时最精确的测温手段并加以校正），历经长达一年的反复测试，测得水的三相点为（0.00980±0.00005）℃，被确定为国际热力学温标的基准点（IPTS-1948）。其研究具有划时代意义，其实验设计的缜密性和坚持不懈的精神，无不令人印象深刻。

引导学生如何由实验数据绘制相图，同时找出三相点的温度和压力，穿插介绍黄子卿先生对科学研究中实验工作的重视，其在博士期间测定了水的三相点的精确值，这一结果成为1948年国际实用温标选择的关于水的三相点的基准参照数据之一，具有划时代意义，借此培养学生的民族自豪感。

教学内容一：分析单组分系统相图的要点。

1. 静态分析

（1）阐明相图上各点、线、面的相态。

（2）用相律检查各点、线、面的情况，并理解点、线、面上自由度的实际含义。

2. 动态分析

（1）当相图中任意一点向各方向移动时，阐明系统所经历的一系列变化（相变及强度性质）。

（2）让学生体会相图的绘制必须来源于实验数据的测定以及实事求是地记录实验数据在科研中的重要性，并培养学生诚信的核心价值观。

教学内容二：克拉佩龙方程。

1. 克拉佩龙方程的推导

首先用精美的动画和多媒体展示相关生活现象并提出疑问：为什么滑冰鞋下的冰刀越锋利越好？冰刀与冰面的快速摩擦，为什么没有使刀口下的冰面融化？为什么山坡积雪太厚容易引发雪崩？

2. 克拉佩龙方程的不同表达方式

（1）固-液平衡，固-固平衡积分式

$$\frac{dp}{dT}=\frac{\Delta_{fus}H_m}{T\Delta_{fus}V_m}$$

（2）有一相为气相，如气-液平衡

$$\ln\frac{p_2}{p_1}=\frac{\Delta_{vap}H_m}{R}(\frac{1}{T_1}-\frac{1}{T_2})$$

3. 用克拉佩龙方程解释生活现象

（1）为什么滑冰鞋下的冰刀越锋利越好？冰刀与冰面的快速摩擦，为什么没有使刀口下的冰面融化？

答：冰刀越锋利越可以增大对冰的压强，冰的熔点将会降低，冰在冰刀的作用下融化成水。冰刀下的水起到了润滑作用，减小了冰刀与冰面之间的摩擦力。但随后冰面上融化后的水因压力解除又凝固了，所以冰面不会融化。

（2）为什么山坡积雪太厚容易引发雪崩？

答：处于雪堆底部的雪或者冰容易受到巨大的压力，熔点降低，更容易变软甚至融化，导致上层冰雪失去支撑而倒塌，于是雪崩就发生了。

冰面为什么滑？这是个化学问题

流传最广的应该是用克拉佩龙方程解释的"压力融化说"——冰在压力下融化，形成水膜。这个想法来自James Thompson在19世纪50年代提出的数学模型——克拉佩龙方程：冰的熔点随压强的增大而降低。也就是说，只要有足够大的压力，冰就会变成水。而所谓的"复冰现象"，就是压力增大使冰融化，然后在压力恢复常值时重新结冰的现象。

解释看似很合理，但往往流传最广的不一定就最准确。科学家们敢于挑战权威，不断提出新的见解。

2017年，Huib J. Bakker课题组利用Surface sum-frequency generation（SFG）spectroscopy技术观测冰表面的这层"准液体"。研究发现，冰中的水分子通过氢键彼此结合，稳定地排列在一起，形成晶体结构。但表面上的分子排列却非常混乱，形成一层过冷液体"水膜"。从零度到零下二十多摄氏度，这层"水膜"一直存在。该研究成果发表在 *Angewandte Chemie* 上，题名为 *The Surface of Ice is Like Supercooled Liquid Water*。

（四）课程思政研讨

科学家们对"冰面为什么滑？"这个简单问题的探讨，说明人们对事物的认识是不断发展的，要敢于挑战权威、敢于创新。此案例说明，只要肯钻研，我们一定会研究出具有世界领先价值的创新性研究成果。

教 学 成 效

启发式问题引导，结合板书、师问生答，让学生感受到所学知识在实际生活中的应用，从而产生好奇心，激起学习新知识的欲望。适时设疑，启发学生思考，调动学生学习的积极性。在物理化学教学中，从科学研究和生产生活中发现科学现象，提出科学问题，利用物理化学原理和方法进行解释、研究、分析和判断，培养学生理论联系实际的能力。学生参与文献的查阅，对现有概念、原理和方法进行批判性思考，说明其成功与不足、应用条件及局限性，并提出个人观点，培养学生批判和创新意识。

有机化学 B 典型教学案例

醛酮的化学性质

学院名称	化学学院	课程名称	有机化学 B
主讲教师	方昕	教师职称	副教授
授课对象	化学工程与工艺专业二年级本科生	课程性质	专业必修课

课程简介

"有机化学 B"是化学工程与工艺、矿物加工工程、环境工程、资源循环科学与工程、生物医学工程、食品科学与工程和生物工程等专业的重要基础课程之一。本课程主要是研究和探讨有机化合物物理和化学性质的基本规律。通过课程教学,使学生掌握有机物的命名、结构与性质及其关联、重要反应机理、鉴别方法和制备方法等基本理论知识,会优选最合理、最经济的方法进行有机物合成路线的设计,并将所学的基本理论和知识运用到自己的专业中去分析问题和解决问题,提高自己的专业水平。

教学目标

（1）素质方面：将有机化学在生活、生产中的典型应用实例生动地引入相应的知识点教授中,让学生树立勇于探索、严谨求实的科学精神；着重培养学生将所学的知识运用到自己的专业中去解决实际问题的能力,提高自己的专业水平。

（2）知识拓展：通过课程教学,学生需掌握有机物结构与物理、化学性质的关联,重要的反应机理,以及有机物的制备方法等基本理论知识,在此基础上,培养学生根据有机物的构造推测有机物可能的物理和化学性质的能力、优选最合理最经济的方法进行有机物合成路线设计的能力、通过自学获取新知识的能力等。

思政元素

在介绍专业知识的同时融入思政元素,给学生打下科研理念的根基,弘扬"筚路蓝缕"的精神,让学生把所学的知识服务社会,造福人类,践行社会主义核心价值观。

案例实施路径与方法

（一）教学设计

（1）通过醛酮亲核加成反应的通式,引出碳基发生亲核加成的反应机理,具体介绍醛酮与

HCN 反应时醛酮结构对反应活性的影响；然后拓展到其他亲核试剂的反应，让学生学会举一反三，相同知识点的类推，增加学习的乐趣，并且适时设疑，启发学生思考，调动学生学习的积极性。

（2）通过醇的逆合成分析来训练学生的反向思维能力；通过工业产品"有机玻璃"和"季戊四醇"的合成来培养学生学会优选最合理、最经济的方法进行有机物合成路线设计的能力。

（3）在还原反应中，通过介绍黄鸣龙的科研经历与贡献等，融入老一辈科学家严谨的科研态度、爱国主义等思政元素。

以上的教学环节可以通过多媒体演示、板书、师问生答和生生讨论等来完成。

（二）教学过程

（1）在介绍亲核加成反应，醛酮和 HCN 的加成时，是围绕实际应用例子"有机玻璃"的制备来展开（图 1）。让学生了解有机合成路线的设计是建立在每一步基元反应基础上，工业生产就是一步一步的基元反应的组合应用，为以后学习化学工艺学打下有机单元反应的基础。同时让学生知道化学和生活密切相关，通过 NaCN 毒性的小故事引出"量"的重要性，引导学生应用所学知识去解决生活中和化学量相关的问题。

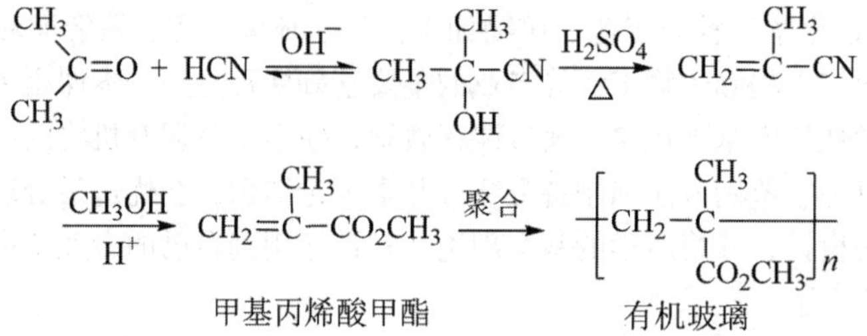

图 1 "有机玻璃"的制备过程

（2）格氏试剂：图 2 中的反应是醛酮的一个重要合成应用。不同的醛和格氏试剂反应可以得到伯醇和仲醇，酮和格氏试剂反应得到叔醇，反应条件要绝对无水，以提问形式和学生讨论原因，加深学生的印象。这部分最主要的是要教给学生逆合成推理法，让学生学会设计合理的反应路线，这也是这门课程学习的主要目的，为以后的有机单元反应后续的课程打好基础。

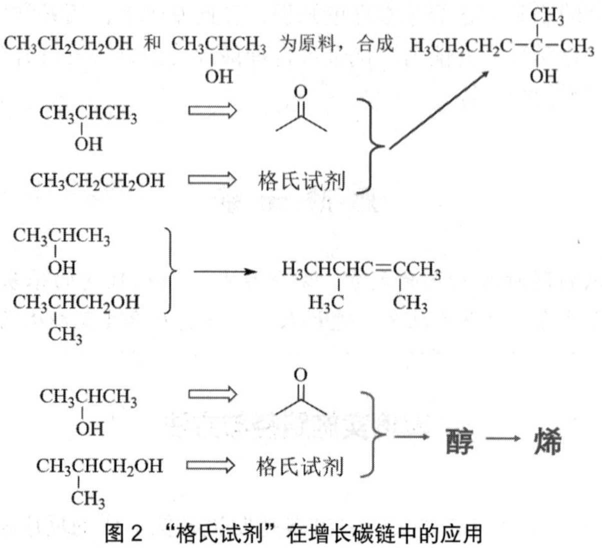

图 2 "格氏试剂"在增长碳链中的应用

通过图2中具体例子的引出,让学生学会分析原料和目标产物之间的关系,既加深学生对有机官能团之间转变的知识体系认知,也锻炼学生的思维能力,学会构建解决工程问题的框架结构。

在上述内容基础上,进一步让学生归纳增长碳链的反应内容,在"教师提问—学生回答—教师再总结"的模式上,加深学生对逆合成分析方法的掌握,更好地完成教学目标。

(3)介绍醛酮还原成亚甲基的反应时,可以有克莱门森还原法(Clemmensen Reduction)和乌尔夫-凯惜纳-黄鸣龙还原法(Wolff-Kishner- Huang Minlon Reduction)两种方法,有机反应的人名反应中唯一出现中国人名字的反应。虽然都是将羰基还原成亚甲基,但可以用不同的方法得到,讲述这两个人名反应的区别在哪里。随后引出黄鸣龙这位中国科学家的贡献:该反应黄鸣龙改进了反应条件,在常压下即可完成;黄鸣龙还发明了醋酸可的松的七步反应,是我国甾族激素药物工业的奠基人。让学生了解中国科学家在有机化学中的贡献,学习他们艰苦奋斗的精神。在讲课过程中自然融入爱国主义教育,加强对学生人格的培养。

(4)介绍歧化反应时,结合羟醛缩合反应一起展开。

羟醛缩合反应,其定义是含有 α-H 的醛(酮)在稀碱的作用下,缩合生成 β-羟基醛(酮)。提出并探讨下列问题:这个反应一般适用于什么结构的醛?不同的含 α-H 的醛之间是否能缩合,反应有何实际应用价值?含 α-H 的醛与不含 α-H 的醛是否可以反应呢?

歧化反应,其定义是不含 α-H 的醛在浓碱作用下发生分子间的氧化还原反应生成相应的醇和酸。探讨两种不同的不含 α-H 的醛是否也能反应、其产物是什么等问题。

通过上述对学生比较容易混淆的定义和醛酮结构进行阐述,加深学生对这部分化学性质的掌握。

最后给出工业生产用到的"季戊四醇"的制备方法(图3),就是羟醛缩合和歧化反应的实际应用。让学生知道所学的知识是可以服务社会、造福人类的。

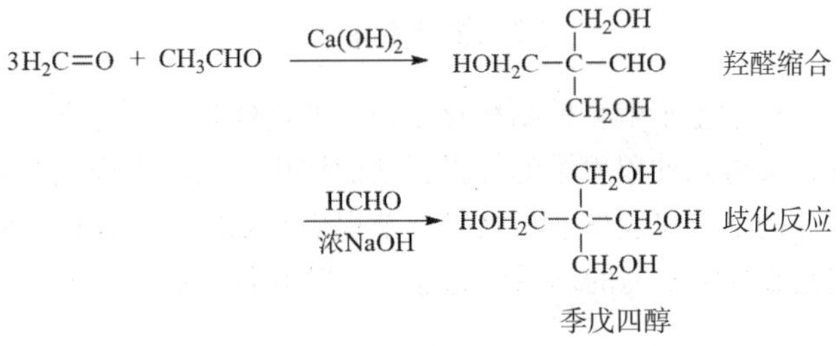

$$3H_2C=O + CH_3CHO \xrightarrow{Ca(OH)_2} HOH_2C-\underset{\underset{CH_2OH}{|}}{\overset{\overset{CH_2OH}{|}}{C}}-CHO \quad 羟醛缩合$$

$$\xrightarrow[\text{浓NaOH}]{HCHO} HOH_2C-\underset{\underset{CH_2OH}{|}}{\overset{\overset{CH_2OH}{|}}{C}}-CH_2OH \quad 歧化反应$$

季戊四醇

图3 "季戊四醇"的制备过程

教 学 成 效

通过本案例的学习,既让学生学习了醛酮的化学性质,也培养了学生的逻辑思维能力,还培养了学生严谨求实的科学精神,并且能够运用所学的化学知识去解释或者解决工程中的复杂问题。

结构化学典型教学案例

微观粒子的运动特征

学院名称	化学学院	课程名称	结构化学
主讲教师	林 伟	教师职称	研究员
授课对象	化学专业三年级本科生	课程性质	专业必修课

课 程 简 介

本课程是双语教学课程,教材主要有中文版和英文版两本,教学PPT主要用英文展示,课程讲解中英文结合。"结构化学"课程是从微观的角度讨论原子、分子和晶体的结构与性质问题的课程。教学内容涵盖量子力学基础、原子结构和分子结构、分子对称性与分子点群和多原子分子结构、分子间作用力和超分子结构等。课程中所涉及到的知识主要反映了20世纪以来,在其他相关学科发展与影响下,化学学科的一些重要基础理论和成果。

教 学 目 标

通过本课程的学习,使学生了解目前结构化学研究的近代物理、化学等方法,让学生既得到逻辑思维和推理的训练,又得到抽象思维的加强,从而深化和巩固先修化学基础课的有关知识和理论,为后续化学专业课的学习以及毕业论文等环节提供基础的预备知识。同时结合具体思政实例,培养学生扎根祖国基础科学研究的理想信念并持之以恒的决心。

思 政 元 素

(1)激发学生学习兴趣,通过形象化教学,引导学生学习张孤梅等老一辈艰苦奋斗、从无到有的创业精神与不畏艰辛、知难而上的毅力。

(2)学习从无到有过程的不易,从而引入张孤梅等老一辈艰苦奋斗创立福州大学的精神;学习严谨的科研精神,并延伸学习卢嘉锡先生严谨求实的治学精神。

(3)安排学生讨论,引导学生树立正确的唯物主义观,辩证地看待现有理论和科学方法,学会正确的思维方法。

(4)特别介绍卢嘉锡先生的科学家谱,即其导师Pauling教授(两次获得诺贝尔奖)的科学家谱及与Heisenberg等人的关系。鼓励学生视野要广,要有知识视野、国际视野和历史视野,通过生动、深入、具体地纵横比较,把一些道理讲明白、讲清楚。加强学生爱国主义教育,增强文化自信。

案例实施路径与方法

本案例采用"引导—阐释—应用—拓展"的教学策略。案例实施思路分 5 个部分：① 问题导入；② 深入研讨，辩证思考；③ 启发剖析，阐释总结；④ 深度思考，提高升华；⑤ 前沿扩展，高阶提升。每个部分都注重思政元素的融入，具体如下。

（一）问题导入

教学内容：首先简要介绍结构化学课程的特点并回顾经典力学内容，提出量子力学的产生及发展背景，并对学生提出的线上问题进行反馈。能量量子化假设是 1900 年由普朗克在深入分析黑体辐射实验数据的基础上提出的，引导学生理解能量量子化概念以及普朗克常数的意义。不同于经典力学中能量的连续性，在教学中，引导学生找出异同点。

通过学习普朗克提出量子化后长期惴惴不安的心态，长达 14 年总想退回到经典物理学的立场，使学生树立正确的唯物主义观，辩证地看待现有理论，学会正确的思维方法，突出学习张孤梅等老一辈艰苦奋斗、从无到有的创业精神，以及不畏艰辛、知难而上的毅力。

教学设计：采用多媒体，通过不同数学表达式对黑体辐射实验的模拟学习，引出普朗克常数的来源，引导学生找出能量连续性和量子化的异同点；可增加提问与互动，让学生感受到所学知识的实际价值，从而产生好奇心，激起学习新知识的欲望；启发学生思考，调动学生学习的积极性。

（二）深入研讨，辩证思考

教学内容：光电效应的实验及爱因斯坦光电方程的推导。

$$\left. \begin{array}{l} E = h\nu = \Phi + \dfrac{1}{2}m\upsilon^2 \\ E = mc^2 = pc \end{array} \right\} p = h\nu/c = h/\lambda$$

（1）光电效应的实验的解释；
（2）脱出功（即功函数，Φ）的定义；
（3）结合质能方程推导出光电方程。

介绍光的微粒说和波动说的发展历史，来阐明爱因斯坦光电方程提出光的波粒二象性的历史意义。

进一步讲授实物粒子的波粒二象性。德布罗意从爱因斯坦的光的波粒二象性出发，提出实物粒子也有波粒二象性的假设。给出光子和实物粒子运动规律的联系公式：

光 子

$$\lambda = \dfrac{c}{\nu} \begin{array}{|l} p = \dfrac{h}{\lambda} \\ \hline \\ \hline E = h\nu \end{array} \begin{array}{l} p = mc \\ E = pc = mc^2 \end{array}$$

实物粒子

$$\lambda = \dfrac{u}{\nu} = \dfrac{\upsilon_g}{2\nu} \begin{array}{|l} p = \dfrac{h}{\lambda} \\ \hline \\ \hline E = h\nu \end{array} \begin{array}{l} p = m\upsilon_g = m\upsilon \\ E = \dfrac{p^2}{2m} = \dfrac{1}{2}m\upsilon_g^2 = \dfrac{1}{2}m\upsilon^2 \end{array}$$

并通过解释单晶体电子衍射实验来验证德布罗意假设的成立。实物粒子的波粒二象性的发现促使量子力学应用到了电子、质子、氢原子等化学实物粒子的领域。回归到课程初始，对量子力学理论的重要性进行讲解。

教学设计：采用对原有经典物理学知识的回顾和本课程量子力学知识的对比，通过启发式问题引导、多媒体与板书结合、问答互动、讨论等方式，逐步铺开知识点。

思政融入：激发学生学习兴趣，通过形象化教学，引导学生学习张孤梅等老一辈艰苦奋斗、从无到有的创业精神，以及不畏艰辛、知难而上的毅力。

（三）启发剖析，阐释总结

教学内容：波粒二象性的应用。

问题提出：实物粒子波粒二象性是不是对所有的实物都适用？现实生活的实物运动，比如汽车、飞机等是否有波粒二象性？

如果没有，继续提出下列问题：

（1）物质的宏观与微观界限在哪里？

（2）哪些物体属于微观粒子？

（3）微观物体的运动规律如何描述？

教学设计：采用启发式问题引导、多媒体与板书结合、师问互动、讨论等。

思政融入：通过课程内容学习从无到有过程的不易，从而引入张孤梅等老一辈艰苦奋斗创立福州大学的精神；学习严谨的科研精神，并延伸学习卢嘉锡先生严谨求实的治学精神。

（四）深度思考，提高升华

教学内容：Heisenberg 不确定度关系。

在提出波粒二象性的应用的若干问题后，引入不确定度关系。带着以上问题讲解 Heisenberg 电子单缝衍射实验，并推导出一级衍射的不确定度关系的式子：

$$\Delta x \, \Delta p_x = 2h$$

包含二级、三级等衍射的数据，则有相关的不确定度关系（uncertainty relationship）。

进一步拓展到向量和圆孔的电子单缝衍射图，从而推导出：

$$\Delta x \Delta p_x \geq h$$

$$\Delta x \Delta p_x \geq h/4\pi$$

从这两个看似矛盾的不等式，引入辩证的唯物主义观，辩证地看待看似矛盾、却是统一的理论，学会正确的辩证思维模式。

教学设计：采用启发式问题引导、板书公式推导为主，多媒体逐步呈现相结合的教学模式，注重提问及互动讨论。

思政融入：安排学生讨论，引导学生树立正确的唯物主义观，辩证地看待现有理论和科学方法，学会正确的思维方法。

（五）前沿扩展，高阶提升

教学内容：应用不确定度关系判断微观和宏观粒子。

将不确定度关系分别应用到高速飞行的子弹、尘埃、电子，回到之前提到的两个问题：

（1）物质的宏观与微观界限在哪里？

（2）哪些物体属于微观粒子？

课程增加了三个例子，将现实生活融入课程教学内容中，从而帮助学生理解宏观与微观的界限，并进一步提出第三个问题：

（3）微观物体的运动规律如何描述？

这个问题，将在下一节课讲授。由此，引导学生预习 1.2 节，即量子力学基本假设的知识点，并带着与经典力学运动规律做比较的思维预习。

教学设计：采用启发式问题引导并通过提出问题来激励学生预习下节课内容。不确定度关系分别应用到高速飞行的子弹、尘埃及电子的推导过程采用板书形式，并与PPT结合，得出答案后提问学生是微观还是宏观粒子，并进行讨论。

思政融入：特别介绍卢嘉锡先生的科学家谱，即其导师Pauling教授（两次获得诺贝尔奖）的科学家谱及与Heisenberg等人的关系。鼓励学生视野要广，有知识视野、国际视野和历史视野，通过生动、深入、具体地纵横比较，把一些道理讲明白、讲清楚。加强学生爱国主义教育，增强文化自信。

教 学 成 效

本案例要求学生课前事先预习相关章节内容，观看教学视频，查阅相关资料，完成线上教师布置的题目。教师根据线上完成情况，及时调整教学策略。课中，围绕能量量子化、光电效应、波粒二象性和不确定度关系等概念展开叙述。考虑到课程概念抽象，需要较多数学知识来推演概念的理解，授课时以多媒体教学为基础，将抽象的内容形象化，并辅助板书来推导公式，同时结合师生互动形式，以实现内容的优化与改进，从而在确保专业课程学术性不变的基础上，使课程教学变得更富有趣味性，从而显著提高课程教学质量。形式上，由简至难逐步烘托重点，使学生了解量子力学发展过程的艰难，鼓励学生克服困难，自主学习，培养科技报国的使命感。课后，学生通过习题，继续巩固复习，加深对该理论的理解，并通过拓展阅读及自学，进一步了解纳米材料这一新兴领域，理解其作为介于微观粒子和宏观物体之间的介观粒子的特性。学生对本课程的反馈较好，他们不仅能从课程中理解福州大学的"三种精神"，并能通过中英文结合学习，拓展知识视野和国际视野。

千亿产业宁德时代的血液——电解质

学院名称	化学学院	课程名称	物理化学
主讲教师	丁开宁	教师职称	教授
授课对象	化学专业三年级本科生	课程性质	专业必修课

课程简介

"物理化学"是化学教育专业的必修核心课程,是化学及相关学科的理论基础。它是从化学现象与物理现象及其联系入手,借助数学、物理学等基础科学的理论及其提供的实验手段,来探求化学变化中最具普遍性的基本规律的一门学科。它是先行课程如无机化学、分析化学、有机化学普适规律的理论归纳和定量探讨,是后续专业知识深造和科研工作的理论基础,也是连接化学与其他学科的桥梁。物理化学被称为"化学的灵魂",是我校化工、制药、材料等相关专业的一门必修的专业基础课程。

课程内容包括热力学、电化学、表面现象及分散系统、动力学等四部分内容。热力学部分以热力学第一定律和第二定律为理论基础,研究化学过程及与化学相关的物理过程中的能量效应,研究过程进行的方向和限度,并介绍相律、典型的单组分及二组分相图。电化学部分研究化学现象与电现象之间的相互关系以及化学能与电能相互转化的规律。表面现象及分散系统部分讨论相表面的分子与相内部分子在性质上的差异以及由此差异而在不同相界面上发生的一系列表面现象,并讨论具有巨大相界面的分散系统的性质。动力学部分研究化学反应的速率和机理问题。

教学目标

(1)掌握知识:掌握化学变化过程中的基本规律、原理以及这些规律之间的相互联系,加深对先行课如无机化学(普通化学)、有机化学、分析化学的理解,拓宽化学知识面,打好专业基础;掌握物理化学的理论、实验方法,充实化学的研究方法。

(2)能力培养:通过对物理化学抽象概念和原理的讲解、严谨的公式推导等,培养相关专业学生逻辑思维能力、数理分析能力、思辨能力,培养学生提出问题、研究问题、分析问题的能力,培养他们获取知识并用来解决实际问题的能力。

(3)思政教育:围绕知识点,把科学前沿、名人轶事、生活中的化学案例等内容作为思政的"盐"融入教学之"汤",让学生在掌握学科知识点的同时,培养学生的家国情怀、社会责任和人文关怀等。教书育人,育人更在教书之先。在点滴之间影响学生,在教学过程中不知不觉地实现了思政课程教育目标。

思 政 元 素

通过创业的艰辛、电解质对电池的重要性及美国对我们的技术封锁案例认识到，只有依靠自己，弄清原理，找到合适的电解质做出优于外国人的产品，才能让锂电池的定价权掌握在我们手中。

案例实施路径与方法

（一）问题导入

首先提问：电解液在锂离子电池中有哪些作用及要满足哪些技术参数？

通过讨论启发得到答案。

电解液在锂离子电池中的作用：电解液是锂离子电池的四大关键技术之一，被业界称为锂离子电池的"血液"，就像人体的血液一样，其最主要的作用就是运输，在正负极之间起着输送锂离子、传导电流的作用，是锂离子来往于正负极的唯一指定通路。

电解液的技术参数：

（1）有较高的电导率，一般应达到 $1\times10^{-3} \sim 2\times10^{-2}$ S/cm。

（2）电解液需要具有较高的热稳定性和化学稳定性，不会轻易地发生热分解，在较宽的电压范围内依旧能保持较为稳定的温度，同时在长期的循环和储备过程中自身不发生化学反应，也不与其他内部材料发生化学反应，并且要与电极有很高的兼容性，能在负极上形成稳定的SEI膜。

（3）在制作方面，它必须是无毒、无污染、使用安全的，最好能生物降解的，并且制备容易，成本不高。

（二）思政融入

动力电池界销量排名全球第一的宁德时代（ATL）的掌门人曾毓群回忆称，当时做电池完全是一种冲动，因为这个团队压根不具备做电池的基础。正是出于这次冲动，他在日后的十几年里，一手打造了一家与国际巨头分庭抗礼的本土电池企业。

当时的电池市场基本由日系和韩系巨头把控，考虑到不同的电子产品对电池的规格有千差万别的要求，没有固定形态的软包电池可以差异化定制。因此曾毓群拿着公司的700万元启动资金，跑到美国贝尔实验室，购买了聚合物锂电池的技术专利，准备制造聚合物软包锂电池。本以为买了专利之后就可以顺利造电池赚钱，却发现被贝尔实验室给坑了，电池专利的确是真的，但出售专利的贝尔实验室隐瞒了它的缺陷：电池使用一段时间就会因为内部材料分解释放气体而膨胀，导致存在爆炸风险。这样花700万元买来的电池专利，造出来的电池根本没法使用。

曾毓群气得立刻跑到美国对质，对方却推卸责任："20多家企业都买了，都没能解决这一问题，我们也没办法。"购买这项授权已经消耗掉了当时公司的大多数资金，曾毓群带着公司众人开始研究从美国带回来的各种资料，尝试做出新的配方来解决电池膨胀的问题。

最终他们从100多页电解液手册中发现，聚合物锂电池最被业内诟病的地方是电解液沸点很低，85℃就到上限了，这或许就是其缺陷的根本原因。而在购买自贝尔实验室的配方中，有些物质的沸点能到93℃，这或许是解决办法。带着这个思路，创业团队开始研制新的配方，着手排除其中低沸点的化学物质，最终研制了7个新配方。在紧锣密鼓试验、测试了两个星期后，其中一个新配方做出来的电池居然解决了膨胀的问题。ATL得以存活，根本原因是解决了"贝尔配方"的技术缺陷，这样的革新或许算不得业内重大突破，但其重要性不言而喻。

最终在拿到贝尔实验室授权的机构中，曾毓群的 ATL 是当时唯一解决了电池膨胀的团队。凭借攻克贝尔实验室技术的缺陷，ATL 成功杀入了电池市场，活了下来。甚至 2003 年苹果公司也找到了 ATL，要求为 iPod 开发一个既能装进小巧的 iPod 中，又要有高容量，还要保证安全的电池。凭借之前的技术积累，ATL 成功拿下了"苹果"的 1800 万个 iPod 电池的订单，打入了"苹果"供应链。

通过这个故事让学生知道创业的艰辛、电解质对电池的重要性及美国对我们的技术封锁，只有依靠自己，弄清原理，找到合适的电解质做出优于外国人的产品，让锂电池的定价权掌握在我们手中。

（三）教学内容

1. 电导、电导率、摩尔电导

物体的导电能力常用电阻（R）表示，而对于电解质溶液，其导电能力则用电导（G）表示。电导的单位为西门子（S）。用电导表示时，欧姆定律可以写成

$$G = R^{-1} = I/U$$

导体的电阻与其长度成正比，与其截面积成反比，用公式表示为

$$R = \rho \frac{l}{A}$$

式中 ρ 为固体的电阻率，其含义为边长为单位长度的固体所具有的电阻，单位为 $\Omega \cdot m$。而溶液的电导率为电阻率的倒数，其含义为边长为单位长度的固体所具有的电导

$$\kappa = \frac{1}{\rho}$$

其单位为 $S \cdot m^{-1}$，这样，一个溶液所具有的电导可以计算为

$$G = \kappa \frac{A}{l}$$

摩尔电导率（Λ_m）：为了评价各种离子的导电能力，引入摩尔电导律（Λ_m）的概念。

定义：在距离单位长度（1 m）的两个平行电极之间，放置含 1 mol 电解质的溶液，该溶液的电导称为这种溶液的摩尔电导率 Λ_m。摩尔电导率与溶液的电导率可通过下式计算

$$\Lambda_m = \frac{\kappa}{c}$$

式中 c 的单位为 $mol \cdot m^{-3}$，Λ_m 单位为 $S \cdot m^2 \cdot mol^{-1}$。

2. 电导的测定

电导池的结构。

韦斯顿电桥的结构及测定原理。

电导池常数。可将已知电导率的 KCl 溶液注入电导池（其电导率已用其他方法准确测定）中进行测定，求出

$$\left(\frac{l}{A}\right) = k_{cell} = \kappa \left(\frac{l}{G}\right)$$

再用测定的电导池常数测定未知溶液的电导率。

3. 摩尔电导率与浓度的关系

由于溶液中导电物质的量已给定，都为 1 mol，所以，当浓度降低时，粒子之间相互作用减弱，正、负离子迁移速率加快，溶液的摩尔电导率必定升高。但不同的电解质，摩尔电导率随浓度降低而升高的程度也大不相同。

随着浓度下降，Λ_m^∞ 升高，通常当浓度降至 0.001 mol·dm^{-3} 时，Λ_m 与 $\sqrt{c}$ 成直线关系，德国科学家 Kohlrausch 总结的经验式为

$$\Lambda_m = \Lambda_m^\infty(1-\beta\sqrt{c})$$

Λ_m^∞ 为无限稀释的摩尔电导或极限摩尔电导，对强电解质可以用外推法求得，但对弱电解质不能用外推法求得。

（四）教学设计

思政引领，启发式问题引导，结合板书、师问生答、生讲师评、生问生答等形式。

（五）特色与创新

本课程思政案例是来自福建本土企业家的鲜活故事，让学生获得地缘亲近感，对学生进行了爱国、创业、创新教育，让枯燥的理论公式充满活力，让学生知道课本的知识与国家宏大的产业政策是紧密相关的。

教 学 成 效

通过思政引领，学生对电解液理论充满了兴趣，充分认识到只有掌握理论，才能通过技术理论的创新突破美国对我们的"卡脖子"，才能为国家的产业政策作出贡献，并赢得西方列强的尊重。在期末的小论文作业里，很多学生写了与锂电产业及技术相关的文章，通过一系列的教学手段，把打好基础才能创新的理念扎根到学生心中，让学生志存高远，为中华民族的伟大复兴贡献自己的力量。期末学生评教，给这门课打出了 99.73 的高分。

分析化学 A 典型教学案例

分析化学与日常生活

学院名称　化学学院	课程名称　分析化学 A
主讲教师　郭良洽	教师职称　教授
授课对象　化学专业二年级本科生	课程性质　专业必修课

课程简介

"分析化学 A"是高等院校化学及相关专业必修的四大专业基础课之一,是一门发展和应用各种理论、方法、仪器和策略以获取有关物质在相对时空内的组成和性质的信息的一门科学,是化学学科的一个重要分支,包括化学分析法和仪器分析法。本课程侧重于化学分析法,主要内容包括分析试样采集与处理、误差与数据处理、分析化学质量保证与质量控制、滴定分析法、重量分析法、吸光光度法、分离与富集方法。

通过这门课程的学习,让学生能够运用化学平衡的理论与知识处理和解决各种滴定分析法的基本问题,包括滴定曲线、滴定误差、滴定突跃和滴定可行性判断;掌握重量分析法及吸光光度法的基本原理与应用、分析化学中的数据处理与质量保证,建立起严格的"量"的概念;了解样品采集、预处理、分离与富集方法,培养学生科学的思维方法和严谨的科学作风,正确掌握化学分析有关的科学实验技能,能够根据样品性质和分析对象设计分析方案,为后续专业课的学习奠定基础。

教学目标

(1)了解分析化学的定义、任务和作用。
(2)通过学生熟知的案例教学,挖掘案例背后的思政元素,激发学生对分析化学课程的学习热情。

思政元素

树立爱党爱国情怀,增强"四个自信"。

案例实施路径与方法

(一)育人理念

以问题和案例驱动,培养学生对"分析化学"课程的学习兴趣。

（二）实施思路

通过学生亲身经历的情景案例，介绍分析化学的作用。

（三）思政元素融入方式

通过介绍新冠病毒的检测手段以及我国"动态清零"的防控政策，融合专业知识与课程思政，让学生感受中国科技进步和以人民为中心的执政理念，培养学生爱党爱国情怀，增强"四个自信"。

（四）教育教学方法

启发与讨论相结合。

（五）教学活动设计

1. 问题导入：什么是分析化学？

教学设计：直接进入主题，解释说明什么是分析化学。分析化学是一门综合的学科，利用各种理论、方法、仪器和策略得到物质在特定时间和空间的组成和性质，是四大基础化学之一。

2. 深入研讨：分析化学的任务是什么？

探讨下列问题：茶叶中有哪些微量元素？茶叶中咖啡碱的含量？咖啡碱的化学结构？微量元素的形态？化学成分的空间分布？在不同的生长阶段，茶叶中的营养成分的变化？

教学设计：通过学生熟悉的对象来举例说明分析化学的任务，回答分析对象里有哪些物质，含量是多少，物质结构、构象是什么，物质如何随时间的变化。加深学生对定性分析、定量分析、结构分析、动态分析的理解。

3. 启发剖析：分析化学的作用。

对全球经济贸易统一质量保障体系建立的作用：海关"保卫"国门。

对工业生产的作用：产品质量控制。

对国防建设的作用：高纯物质。

对科学发展的作用：科学发展的"万金油"。

在新材料、新能源开发中的作用：工具、"侦察兵"。

对环境资源开发利用与保护的作用：环境保护的眼睛。

在生命科学研究中的作用：精准医疗、临床检测（POC）。

在法律执行过程中的作用：执法依据。

社会生活中的作用：满足人民对美好生活的向往。

教学设计：启发式问题引导，学生举例说明，师问生答。总结分析化学在各个方面的广泛应用，培养学生对"分析化学"课程的学习兴趣。

4. 应用案例与课程思政

新冠肺炎是一种以肺脏为主要靶器官的病毒感染性疾病，新冠病毒（图1）是一种由脂类和蛋白包裹核酸形成的囊膜病毒。

新冠病毒的直接检测方法就是采用逆转录-聚合酶链式反应，或者二代测序从新冠病毒感染者的痰、咽拭子和下呼吸道分泌物等标本中检测出新冠病毒的核酸。新冠病毒特异性核酸检测阳性，则表示新冠病毒感染。

新冠病毒的间接检测方法：人体在感染新冠病毒后，机体受到新冠病毒粒子表面蛋白成分的刺激后，会产生特异性的抗

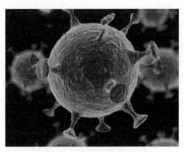

图1 新冠病毒

体,包括 IgM 跟 IgG 这两种类型。抗体一般在感染七天后开始产生,一般先产生 IgM,然后再产生 IgG,若用试剂检测到血清中这两种抗体的存在,则表示被检者体内存在或者曾经存在过新冠病毒的蛋白成分,表示患者目前被新冠病毒感染或者曾经感染过新冠病毒。通常来说,IgM 阳性表示患者新近感染新冠病毒的可能性比较大,而 IgG 阳性则表示患者既往感染过新冠病毒。

福州大学在新型冠状病毒检测的贡献:

2020 年 1 月 31 日,福州大学宣布自主研发出新型冠状病毒检测试剂盒(以下简称试剂盒),并与泰普生物科学(中国)有限公司合作,迅速实现产学研转化,成为国内首批完成病毒快速检测技术体系的机构之一。

福州大学化学学院食品安全与生物分析教育部重点实验室、福建省健康智能诊断技术工程研究中心林振宇教授课题组与厦门宝太生物科技有限公司研制出的冠状病毒(SARS-CoV-2)IgG/IgM 抗体检测试剂盒(胶体金法),只需一小滴的手指末梢血,10 分钟内就能快速检测是否感染新冠病毒。试剂盒已于 2020 年 3 月 10 日通过欧盟授权权威认证机构 SGS 第三方认证,获欧盟 CE 准入。

5. 了解与拓展

"动态清零"是疫情期间中国新冠肺炎疫情防控的总方针,是指当出现本土病例的时候,中国所采取的以快速扑灭疫情为目标的一种综合防控措施,也是当时中国疫情防控的一个最佳选择和总方针。当时全球疫情处于高位,病毒在不断变异,疫情的最终走向还存在很大不确定性。中国政府从自身国情出发制定并实施"动态清零"总方针,因时因势不断调整防控措施,最大限度地保障人民生命健康,同时以良好的防控成效保障当时经济社会持续健康稳定发展。

(六)特色与创新

利用学生亲身经历的情景案例与分析化学专业知识相结合,感受分析化学的作用,激发学生学习热情。通过了解新冠病毒防控手段和政策,润物细无声地进行课程思政教学,培养学生爱党爱国爱校的情怀,坚定"四个自信"。

教 学 成 效

从学生亲身经历的事件中总结分析化学可以为食品安全和病毒传播等公共安全事件提供检测手段,发现危害人体健康和生命安全的潜在风险,为风险点控制提供不可或缺的监测手段。同时,看到我国科技进步、国家综合实力提升,培养学生爱校爱党爱国的情怀,坚定"四个自信"。

"分析化学中质量保证"的科研教学

学院名称	化学学院	课程名称	分析化学J
主讲教师	林翠英	教师职称	副教授
授课对象	化学专业二年级本科生	课程性质	专业必修课

课程简介

"分析化学J"是发展和应用各种理论、方法、仪器和策略以获取有关物质在相对时空内组成和性质的信息的一门科学,是化学学科的一个重要分支,包括化学分析法和仪器分析法。本课程侧重于化学分析法,主要内容包括分析试样采集与处理、误差与数据处理、分析化学质量保证与质量控制、滴定分析法、重量分析法、吸光光度法、分离与富集方法。

通过这门课程的学习,使学生掌握分析化学的基本原理、方法和技术,帮助学生建立起严格的"量"的观念以及相应的思维方式和操作技能,为后续专业课的学习奠定基础;培养学生自主查阅文献资料以获取分析化学学科前沿信息和自我更新知识的能力;培养学生严谨、求实、精细和科学的学习态度,独立分析问题与解决问题的能力和服务国家发展战略的家国情怀。

课程采用线上线下混合式教学,教学方法结合了慕课教学、课堂讲授、小组讨论、测评工具、视频教学等模式。

教学目标

(1)知识目标:通过本节的学习,掌握判断分析结果可靠性和分析方法可靠性的指标;学会处理实验数据的正确方法,并具有判断数据可靠性的能力;理解标准物质与标准方法的特征,具有在分析评价中选择合适标准物质与标准方法的能力。

(2)能力目标:通过本节的学习,理解分析全过程的质量保证与质量控制,具有正确监督、检查、评价分析结果质量的能力;通过自主查阅文献资料并利用科研案例理解检测方法中灵敏度和检测限之间关系,构建自我更新知识的能力。

(3)德育目标:在提高分析结果准确度和精密度的训练中,树立严谨和精益求精的科学研究态度;通过理解实验室质量检测的规范,增加科学诚信和社会责任感,树立正确的价值观。

思政元素

培养科学诚信的意识和自觉性,树立严谨求实的工作态度,增加社会责任感,践行社会主义核心价值观。

案例实施路径与方法

（一）育人理念

以培养科研高阶思维为中心，问题和案例驱动，产出导向。

（二）实施思路

在教学过程，将线上知识与线下案例有机融合，调动学生课堂参与度和主动性，确实落实以"学生为中心"的教学理念。

利用案例分析，引导学生理解质量保证与质量控制的重要性，以及学生从低年级开始培养正确评价和表达分析结果的能力的必要性。

通过随堂测试、设问与科研案例研讨，强调分析全过程质量保证与质量控制的重要指标，并引导学生将这些指标与具体科研工作相结合，学会正确且灵活地应用这些指标。

（三）思政元素融入方式

（1）利用案例让学生认识到实际数据进行可靠性检验的重要性，增强社会责任感；在"是否需从低年级开始具有正确评价和表达分析结果的能力"的讨论中，培养学生的科学诚信意识和自觉性。

（2）通过科研案例让学生理解可靠正确的分析结果不是凭空可得到，需要在科学指导下才能获得，也就是需要在切实执行质量保证计划的基础上方能实现。

（四）教育教学方法

依托自建的国家一流课程"分析化学"的MOOC（慕课）资源，进行线上线下深度混合，将智慧课堂系统、慕课小程序等现代信息技术融入教学过程，使用案例教学、翻转课堂、分组讨论等多种教学方式。

（五）教学活动设计

1. 课程导入

通过两个案例，分别是客机空难事件"复兴航空235号班机空难事件调查"的视频和某幼儿园发生的卫生安全事故（图1），引出分析数据正确可靠和具有权威性、法律性的重要性。

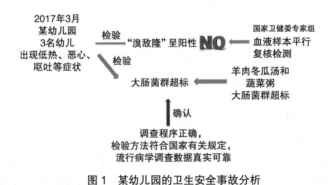

图1 某幼儿园的卫生安全事故分析

思政融入：在分析化学中，误差是客观存在的，但是错误的数据是不允许的，因为错误的数据比没有数据更可怕，它将导致一系列错误的结论。学生由案例认识到实际数据进行可靠性检验的重要性，而且要从低年级开始培养学生正确评价和表达分析结果的能力；同时增加科学诚信和社会责任感，树立正确的社会观。

引出问题：如何判断数据是正确可靠的和具有权威性、法律性的？

通过提问，引出分析化学中质量控制与质量概念，同时具体到"分析结果的可靠性"和"分析方法的可靠性"的知识点。

2. 知识点讲解，深入研讨和拓展

在已完成线上学习的基础上进行重点理解和拓展。

知识点一：分析结果的可靠性之准确性和精密性。

（1）利用智慧教室，通过雨课堂答题来巩固"准确性和精密性"的概念。

（2）知识点的研讨。

设问1：准确性评价方法有哪些？

设问2：比较不同的分析方法，如何判断哪个方法准确度高？

通过分析和引导，让学生学习并掌握在实际科研工作中如何对分析结果的准确性进行评价。

（3）知识点的拓展。

精密性表示测定值有无良好的重现性和再现性。真正理解"重现性"和"再现性"概念对具体科研工作具有重要的指导作用。

① 讲解"重现性"和"再现性"来源的两个英文单词"repeatability"和"reproducibility"，并以相关文献（图2）展开研读。

图2 "repeatability"和"reproducibility"相关文献的截图

② 对这两个概念的认识是重点知识之一，但教材、药典和标准对这两个单词的译法不一，为了避免混淆，讲解主要针对英文表述。

③ 教学中主要以药典的译法展开，因为药典是药物分析的国家标准，比较权威，也比较严谨。

重复性（repeatability）：测定可在规定范围，至少用9次测定结果进行评价，如制备3个不同浓度的试样，各测定3次；或100%的浓度水平，用至少测定6次的结果进行评价。

重现性（reproducibility）：指不同实验室之间不同分析人员测定结果的精密度。

以科研工作中的具体实例对两个概念展开分析与对比。

讨论：当分析方法将被法定标准采用时，要进行重复性（repeatability）实验还是重现性（reproducibility）实验？

④ 拓展"精密度"的第三种表示方法：中间精密度。

同一实验室，实验室内部条件（如时间、分析人员、仪器设备）改变时，测定结果的精密度。

知识点二：分析方法的可靠性之灵敏度、检出限和加标回收率。
（1）通过提问，巩固"灵敏度、检出限和加标回收率"的概念。
（2）知识点的研讨。
设问1：特定仪器分析法中灵敏度表达方式有哪些？
设问2：仪器检出限和方法检出限的异同？
设问3：加标回收率如何计算？
（3）知识点的拓展
科研工作中使用加标回收率的目的？
案例分析：加标回收率在科研工作中的应用及目的。
案例1：均相电化学核酸适配体传感器用于MUC1粘蛋白（以下简称MUC1）的检测。（Biosensors and Bioelectronics 2018, 117: 474-479.）对于实际样品（人血清样品）中MUC1的分析检测，采用加标回收法，分别对加入不同标样浓度（10 pg·mL^{-1}、100 pg·mL^{-1}和1.0 ng·mL^{-1}）的MUC1样本进行测定，再通过回收率和相对标准偏差（RSD）的数值来反映分析结果的准确度。
案例2：基于金纳米枝晶的等离子体增强电化学发光技术用于核酸检测。（Analytical Chemistry, 2018, 90: 1340-1347.）为了验证所构建的检测方法可准确用于人血清样品中靶标DNA的检测，同样是采用加标回收法。在实际样品中分别加入三个不同浓度（50 fM、100 fM和500 fM）的标样，并计算回收率和相对标准偏差（RSD）以进行验证。
思政融入：通过两个案例的结果表明，在进行实际样品的检测时，都需要提供加标检验的结果来验证结果的准确度。这反映了可靠正确的分析结果不是凭空想得到就能得到，需要在科学指导下才能获得。

3. 提高升华
课内分组讨论：在科研工作中，有学生直接用检测限的数值反映方法的灵敏度，是否是合理的？
课后迁移：查阅期刊文献，列举灵敏度很高，但检测限却难以达到理想程度的分析检测方法，并进行分析说明。

（六）特色与创新
（1）思政元素通过科研案例融入课堂，隐性渗透式地进行思政教学，实现教书育人的目标；
（2）线上和线下深度混合，引入"翻转课堂"和问题驱动教学法（PBL）教学方法，将信息化教学和传统课堂有机结合，大大提高学生的参与度和主动性，确实落实以"学生为中心"的教学理念。

教 学 成 效

将生活实例、科研案例与分析化学基础理论知识相结合，隐性渗透式地进行思政教学，激发了学生对专业课程的学习兴趣；通过自主查阅文献资料，利用科研信息加强基础理论知识的理解，培养了学生自我更新知识的能力；同时增加了学生科学诚信的意识和自觉性，强化了学生的专业使命感和社会责任感，践行社会主义核心价值观。

生物质能技术典型教学案例

生物质能技术起源与发展历程

学院名称	环境与安全工程学院	课程名称	生物质能技术
主讲教师	刘明华、刘以凡、林春香	教师职称	教授、副研究员、教授
授课对象	资源循环科学与工程专业三年级本科生	课程性质	专业必修课

课 程 简 介

"生物质能技术"是资源循环科学与工程专业的一门专业必修课程,主要介绍生物质能的多种转化利用技术,是本专业学生在专业知识学习中的一个重要环节。通过对这门课程的学习,学生可以了解并掌握生物质能的定义、分类和特征,以及开发利用现状和生物质能转换技术等相关知识,包括生物质压缩成型技术、生物质直接燃烧技术、生物质热裂解技术、生物质气化技术、生物质液化技术、生物质燃料乙醇技术、生物柴油技术、生物质制沼气技术和生物质制氢技术等,为学习后续专业课程打下一定的基础。

教 学 目 标

通过本课程的学习,使学生达到以下主要目标:

(1)通过感受思政故事,基于全球和中国(主要是福建省)的生物质资源现状,立足"绿水青山就是金山银山"的思维,培养学生树立扎根祖国科研的理想信念和持之以恒的决心。

(2)掌握生物质、生物质能的定义、分类及特征。

(3)熟悉生物质的结构和生物质能的开发利用现状及意义。

(4)了解新能源和可再生能源的定义与发展。

(5)领会生物质转化利用技术的最新科研进展,展开科研学习。

(6)通过生物质资源分布情况及生物质能转换技术的学习,了解国情社情民情,养成较强的社会责任感,巩固可持续发展理念和建设生态文明的意识,能够践行社会主义核心价值观。

思 政 元 素

可持续发展理念,建设生态文明。

案例实施路径与方法

（一）育人理念

以培养科研高阶思维为中心，问题和案例驱动，产出导向。

（二）实施思路

（1）课程思政与专业知识互浸，培养坚持科研的理想信念；
（2）构建"课前需求驱动、课堂问题驱动、课后实践驱动"的教学模式；
（3）采用"引导—思辨—阐释—实训"的教学策略。

（三）思政元素融入方式

（1）运用视频片段和图片，增加课堂趣味性；
（2）采用案例式教学和讨论式教学，增强师生互动；
（3）利用"理论回顾＋现场感知"的方法，提高直观认知。

（四）教育教学方法

以"生物质的定义及分类，生物质能的定义、分类及特征"为教学重点，以"生物质能的分类"为难点，开展本课程的教学。

主要方法：理论回顾＋现场感知。通过回顾生物质种类，结合教室内外的木板、树枝、落叶、人类、小动物、飞鸟等，立足生物质来源不与"粮食、果实"竞争的原则，明确生物质和生物质能的定义、分类及特征。

主要教学手段：以课堂讲授与讨论为主，针对课程内容和学生反馈，结合随堂提问和交流情况，凝练课堂问题，组织生生讨论、生问生答等方式，促进学生辩证思考。启发、剖析和总结相结合，阐释各种生物质能转换技术的深层含义。通过大量可视化图片的对比，结合教室内外生物质资源情况，加强对抽象概念的理解。授练同步的课堂学习与课下科研实训相结合，既促进知识点理解，又提升解决实际问题的能力。

（五）教学活动设计

1. 问题导入

教学内容：生物质能的定义、特征及发展。
提出问题：人类最早利用能源并掌握能源的方式？为何要开发生物质能？
教学设计：提出问题、深入分析、解决问题。

2. 课程思政小故事

教学内容：引入"钻木取火"的典故和燧人氏的传说。

燧人氏在商丘发明钻木取火，成为中国古代人工取火的发明者，教人熟食，结束了远古人类茹毛饮血的历史，使人类与动物的生活习性区别开来，开创了华夏文明，被后世奉为"火祖"。燧人氏生伏羲氏、女娲氏。钻木取火便是生物质热化学转化的案例。

教学设计：讲解钻木取火课程思政故事；组织学生讨论，并回答该故事内容带来的学习启示；教师针对学生回答，启发分析，并给出正确结论；引导学生承华夏文明，耀中华之光。

3. 深入研讨、辩证思考

教学内容：如何理解生物质和生物质能的定义？

生物质和生物质能的定义有广义和狭义之分，难以准确理解并界定其在实际应用中的范畴。

教学设计：通过回顾生物质种类（纤维素、半纤维素、木质素、淀粉、壳聚糖、单宁、聚乳酸、蛋白质等），结合教室内外所见的木板、树枝、落叶、人类、小动物、飞鸟等，立足生物质来源不与"粮食、果实"竞争的原则，明确生物质和生物质能的定义、分类及特征。

4. 启发剖析、阐释总结

教学内容：生物质/生物质能的特征。

自然界生物质种类繁多，分布广泛，但是能够作为能源用途的生物质才属于生物质资源，主要特征是资源丰富、品种多样、用途广泛。生物质资源还成为调整农村产业结构、解决"三农"问题的重要支撑。

教学设计：基于全球生物质资源总量分析，启发式问题引导，结合板书、师问生答、生讲师评、生问生答等，总结生物质/生物质能的特征，深化学生对"绿水青山就是金山银山"的理解。

5. 深度思考、提高升华

教学内容：如何理解生物质的元素组成和工业分析？

生物质的元素组成通常仅指有机质的元素组成，不仅反映生物质在热化学转化时的某些性质，如生物质挥发物在燃烧过程中对生物质的着火影响很大，高挥发分着火迅速、火焰长、燃烧稳定，低挥发分不易着火、火焰短、燃烧不易稳定。因此，应该有一种能够从应用角度来表征生物质某些特点的分析，这种分析被称为生物质的工业分析，包括水分、灰分、挥发分和固定碳等4个分析项目。

教学设计：启发式问题引导，结合板书、师问生答、生讲师评、生生讨论。

6. 前沿扩展、高阶提升

教学内容：生物质能的开发利用前沿。

熟悉生物质能的开发利用现状及意义，了解生物质能的开发利用前沿。

教学设计：启发式问题引导，升华学生的知识，将所学知识实用化，并在课后通过查阅文献提高认识。

（六）资源载体

本课程的主要资源载体包括教材（周建斌编著的《生物质能源工程与技术》）、多媒体PPT、参考资料（各类涉及全球生物质能技术发展的相关专著、论文、专利等）、音像（如央视"对话"栏目《决胜生物质》）、网络（如"打窑烧炭取暖——钻木取火"网络视频）以及教室周边实体生物质资源。

（七）特色与创新

本课程从"钻木取火"的典故和燧人氏的传说入手，引导学生承华夏文明，耀中华之光；结合教室内外的木板、树枝、落叶、人类、小动物、飞鸟等，将抽象概念实物化，从而让学生明确生物质和生物质能的定义、分类及特征，并通过回顾本专业一年级在福建旺联新能源有限公司的认识实习案例，深入理解当代生物质能转化技术的发展演变，明晰"可持续发展理念，建设生态文明"的思政理念。

教 学 成 效

作为本课程的重点和难点，正确理解生物质的定义及分类，生物质能的定义、分类及特征十分重要，而理解此知识点首先必须明确生物质的"来源"，这就需要"理论学习"与"实践实训"充分结合。理论是建立在"任何形式的有机物质"的抽象简化基础上，因而可能导致在实际应用中出现有生命的动物有作为生物质的来源来考虑；科研实践实训则是检验理论算法是否实用的最好途径，本课程结合教室内外的木板、树枝、落叶、人类、小动物、飞鸟等，将抽象概念实物化，同时回顾"认识实习案例"以及大二课程"环境材料学实验"中的"生物质压缩成型制备固体颗粒燃料"实验，培养学生发现问题、分析问题和解决问题的能力，并激发其进一步深入研究探索，达到理论联系实际的目的。

本课程 2019—2021 学年的 3 次学生评教成绩分别为 92.73 分、97.48 分、99.74 分，均无学生反馈意见，未开展同行评价。

土地利用规划学典型教学案例

土地利用规划的概念、任务、内容与体系

学院名称	环境与安全工程学院	**课程名称**	土地利用规划学
主讲教师	肖蓉	**教师职称**	副教授
授课对象	人文地理与城乡规划专业三年级本科生	**课程性质**	专业必修课

课程简介

"土地利用规划学"是一项多部门、多学科、多时序的系统工程,它涉及农业、畜牧、农机、水利、城镇建设等部门和经济学、社会学、生态学、法学、土壤、气象、植物、水文、水文地质、地貌等学科。因此,它既有属于软科学的一面,又有属于工程技术的一面,既包含社会科学的内容,又包含自然科学的内容,属于应用性综合交叉学科。通过本课程学习,使学生系统掌握土地利用规划的相关概念、基本理论和编制方法,使之具有应用现代技术和方法编制土地利用规划的能力。课程重点是土地利用规划总论和土地利用总体规划专题研究,难点是与其他学科的联系、确定规划方案和实施,在内容深度上,侧重于规划编制方法、原理和程序。通过学习,锻炼学生分析土地利用中存在的问题、解决问题的能力,使学生了解我国土地资源紧缺的国情,使学生在编制土地利用规划时,节约土地,充分利用土地,使规划符合实际,科学性和可操作性增强。学校承担着思想文化、科学研究和人才培养的重要使命,是贯彻落实生态文明建设理论的主阵地,在土地利用规划学教育中进行生态文明教育也是本课程的重要任务。

教学目标

围绕我校"双一流"和"211 工程"的办学定位、创业型强校之路的办学理念以及"价值引领、知识拓展、思维训练、能力建构"四位一体的建课理念,通过本课程的学习,使学生达到以下目标:

(1)结合课程与日常生活的紧密联系、前沿学科交叉融合,能树立科学探究的精神,积极向上进取,培养较强的社会责任感,能够践行社会主义核心价值观。

(2)掌握土地利用规划涉及的基本概念、基本理论和编制方法。主要包括土地利用现状分析、土地适宜性评价、土地需求量预测、农业用地规划、土地整治规划、土地利用专项规划、居民点布局及用地规划、水利用地规划、交通运输用地规划。

(3)理解土地利用规划的基本思想,训练科学规划的逻辑思维,培养当今大数据时代尤为可贵的求实思维、创新思维和思辨性思维。

(4)对复杂的现实问题能大胆假设、小心求证,通过大量事实的对比分析,使用定性与定量相结合的方法来优化问题的解决方案,具有终身学习的愿景。

思 政 元 素

具有科学精神、人文修养、职业素养、社会责任感和积极向上的人生态度，了解国情社情民情，践行社会主义核心价值观。

案例实施路径与方法

（一）实施思路

案例实施的路径按照"教学内容简介—教学前提说明—教学理念支撑—教学思路设计—教学目标达成—教学重点难点解决"的逻辑顺序进行；案例实施的方法主要依托启发式讲解、传统板书、现代多媒体软件、课堂随机提问回答讨论交流等手段，依据"主题导入—展开阐述—深入研讨—巩固加深—总结提高—课后任务布置"的逻辑思路展开。

（二）教学活动设计与教学目标

首先介绍本节课主要讲授内容为"土地利用规划的概念、任务、内容与体系"。回顾上节课已经讲解的何谓规划、土地以及土地利用的概念，以《尔雅·释地》中的"邑外谓之郊，郊外谓之牧，牧外谓之野，野外谓之林"为开篇，生动演绎"邑—郊—牧—野—林"的区位关系，说明土地利用规划的历史在我国源远流长，即使两千多年前的古人就已经有了对土地因地制宜、分区利用的观念来引发学生对土地利用规划相关学问的兴趣和好奇心：何为土地利用规划？综合对比分析几种主流的土地利用规划概念，引导学生掌握土地利用规划的核心本质。

土地利用规划的概念

（1）联合国粮农组织《土地利用规划指南》：土地利用规划是指对自然、社会和经济因素的系统评价，以此来鼓励和帮助土地利用者选择提高生产力、可持续利用和满足社会需要的最佳途径。

（2）土地规划学者梁鹤年（Hok-Lin LEUNG）：土地利用规划是土地利用的空间安排和影响土地利用的政府行为的拟议过程。

（3）土地资源管理专家王万茂教授：土地利用规划是对一定区域未来土地利用超前性的计划和安排，是依据区域社会经济发展和土地的自然历史特性在时空上进行土地资源分配和合理组织土地利用的综合技术经济措施。

（4）土地科学研究中心研究员董祚继：土地利用规划是国家为实现土地资源优化配置和土地可持续利用，保障社会经济的可持续发展，在一定区域、一定时期内对土地利用所作的统筹安排和制定的调控措施。

（5）《土地利用规划》主编于凤桐：土地利用规划是指人们为了改变并控制土地利用方向，合理组织土地利用结构，提高土地生产力，根据社会发展要求和当地自然、经济、社会条件，对一定区域范围内的土地利用进行空间上的优化组合和在时间上实现该优化组合的安排。

不同的组织和学者对土地利用规划的概念有不同的看法，通过比较分析，可以发现各个概念中都包括了如下共识：土地利用规划是为满足社会经济发展的要求对土地利用所做的安排；土地利用规划是依据自然条件和社会经济条件对土地利用所做的安排；土地利用规划是在一定区域范围内，在空间上和时间上对土地利用所做的安排；土地利用规划是对土地资源的合理分配和组织。

通过对不同概念所蕴含的共识的凝练，达到使学生理解土地利用规划核心本质的教学目标。

通过文献资料、统计数据介绍我国土地资源概况，对比前后十年土地利用结构变化，引用近年国土资源公报数据，达到使学生理解我国土地资源背景及其利用动态变化的教学目标。结合现实延伸：现在不管你去到哪一个正在实施建设整治开发项目的地方，都会看到高高竖立的像广告牌一样的土地利用规划图，上面不同的土地斑块上五颜六色地标示着不同的规划用途，那么问题来了，为什么会那样安排呢？背后有什么道理或理由？具体说来，就要从不同类别的规划对应着的土地利用现状分析与评价、土地利用潜力分析、土地供需预测、土地供需平衡、土地利用结构优化、土地利用分区与重点用地项目布局、城乡居民点用地规划、交通运输用地规划、水利工程用地规划、农业用地规划、生态环境建设用地规划、土地利用专项规划、土地利用规划论证和规划实施等规划内容所依据的数据中找寻规划的科学依据。

随后问题导入：假设给你一个省、市、县、镇、村的土地，你会怎么进行土地利用规划？依据是什么？规划目标是什么？

通过学生自主选择一个其家乡熟知的市、县或镇，师生开放式讨论当前土地利用情况及可能存在的潜在问题，通过对社会经济、人口、自然条件的综合分析讨论该地区未来土地利用需求及其发展趋势，提出在哪个区位拟进行什么类别建设或生态保护的想法，让学生主观感受土地利用宏观布局的调控作用，激发其学习热情和学以致用的科学实践精神。其次，通过对土地利用微观设计的问答，如居民点用地、交通用地、农业用地（耕地、园地、林地等）、水利设施地块分配等如何达到提高各单位用地的土地利用率。由如何提高各单位用地的土地利用率问答导出土地利用微观设计的内容和目的——土地利用结构优化。通过学习使学生达到明确土地利用规划任务的教学目标，即通过土地数量分配和空间布局安排引出土地利用规划的首要任务——土地供需综合平衡和核心内容——土地利用结构优化，为接下来的实例应用打好基础。

根据规划对象和时空范围介绍国土空间规划"五级＋三类"的体系框架，按国家、省、市、县、乡镇5级分别介绍对应的总体规划、专项规划和详细规划类别、牵头的部门及其规划内容，通过对"五级＋三类"体系框架循序渐进、层层深入的讲解，使学生明白如何根据不同的规划范围和需求，展开不同内容的规划工作，使学生达到掌握土地利用规划体系、会根据不同的需求展开不同类型规划解决实际问题的教学目标。

最后从气候、区位、土壤肥力和森林覆盖率等方面介绍我国土地资源的特点和问题，使学生了解到我国土地利用面临的严峻问题：建设用地增加和耕地面积减少的矛盾依然突出。激发学生对国土合理规划利用的社会责任心，引导学生树立专业使命感，唤起其践行社会主义核心价值观和实现自身价值、科技报国的愿想。

教 学 成 效

通过本课程教学，本人获得了较好的思政教学体验并积累了宝贵的思政教学经验，理论知识需结合实际现实才易于被学生接受和理解，同时知识的学习不仅仅是为了考试的及格和获得课程学分，而是肩负沉重的保护耕地、珍惜土地、合理利用每一寸土地进行科学规划与管理的重任。课程知识掌握得越牢固、理解得越通透，在以后走上社会承担土地利用规划的专业任务后，才能客观深入地结合实际、因地制宜地发现问题、分析问题和合情合理地解决问题。秉持公平正义实事求是的底线、集思广益博采众长统筹兼顾创新改良，在试卷的综合题开放作答部分，每位学生都展现出了关心社会、关注土地利用社会现实问题的社会责任感，对自己观察到或经历过的土地利用规划相关的现实问题及基于其个人理解将可能的解决方案娓娓道来的诚挚热心态度和专业条理性，体现了课程全程"润物细无声""细水长流"的思政教学所收获的"知行合一"的卷面（理念）成效，相信能为后续学生走上社会发挥积极实践实效奠定良好的基础。本门课程99.48分的评教分数表示了学生对本课程教学过程的肯定。后续将继续重视理论知识点与社会现实问题的结合，让学生切实体会到社会离我们的课堂并不遥远，我们生活其中，也应奋斗其中、奉献其中、改良其中。

工程地质分析原理典型教学案例

活断层与地震

学院名称	紫金地质与矿业学院	课程名称	工程地质分析原理
主讲教师	吴振祥	教师职称	讲师
授课对象	地质工程专业二年级本科生	课程性质	专业必修课

课 程 简 介

"工程地质分析原理"是研究人类的工程活动与地质环境之间的相互作用，是研究如何认识、评价、改造和保护地质环境的科学。本课程系统论述了如何分析与评价人类工程活动中经常遇到的一些主要工程地质问题，分析这些问题产生的地质条件、力学机制及其发展演化规律，以便正确评价和有效防治它们的不良影响，为工程建设服务。课程内容主要包括工程地质基本理论、区域稳定性有关的工程地质问题、与岩土体稳定性有关的工程地质问题、地下水渗流有关的工程地质问题、侵蚀淤积有关的工程地质问题五大部分，基本涉及了目前我国工程地质领域关键研究方向。本课程以多媒体教学与课堂讨论相结合，讲解重点概念、判断方法，引导学生自学掌握。采用以学生为主的启发式、交互式、讨论式的教学方法，调动学生主动参与课堂，在课堂上动脑思索，培养学生的学习能力和思维方法。

教 学 目 标

培育科学精神、探索创新精神，注重把辩证唯物主义、历史唯物主义贯穿渗透到专业课教学中，引导学生增强人与自然环境和谐共生意识；还要突出培育求真务实、实践创新、精益求精的工匠精神，培养学生踏实严谨、耐心专注、吃苦耐劳、追求卓越等优秀品质，成长为心系社会并有时代担当的技术性人才。

通过本课程的学习，使学生初步掌握工程地质作用的形成条件、分布规律，以及对其进行定性和定量评价，拟定防治措施，以确保建筑物的安全与稳定。培养学生对地球各种动力作用的观察、评价和提出治理措施的能力。

思 政 元 素

生态文明、中国梦。

案例实施路径与方法

（一）教学内容
第1章　活断层与地震
　1.6　地震
　　　1.6.1　地震地质及地震波基础
　　　1.6.2　地震的震级及地震烈度
　　　1.6.3　地震效应
　　　1.6.4　地震的工程地质评价

（二）课堂目标
（1）知识目标：掌握和理解地震的基本知识、分析方法和评价方法。
（2）能力目标：能够运用地震响应分析和评价的基本思想与方法来分析和解决实际工程问题，甚至是创新性地解决。
（3）情感目标：通过地震现场图片、救灾事迹等来增强学生的社会责任感和历史使命感，培养学生的家国情怀，乃至天下情怀。

（三）教学理念
（1）基于成果导向教育（OBE）理念，以学生为中心，致力于打造具有"两性一度"的工程地质分析原理"金课"；
（2）坚持以立德树人为根本，传承"地质人"不畏艰苦、吃苦耐劳、迎难而上、无私奉献的精神，以培养学生的能力素质为核心。

（四）课堂设计及体现
1. 内容清晰化、逻辑化
明确课程目标，深刻把握、梳理并重塑课程内容，使得课程内容清晰化、逻辑化，如图1所示。

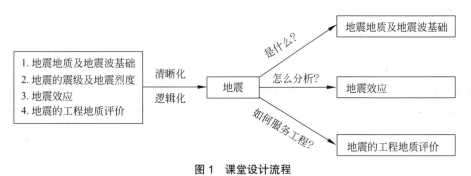

图1　课堂设计流程

2. 准确讲解、即物穷理
针对一个知识点、一种方法进行准确、透彻地讲解，并追本溯源，把知识和方法的发展历程、来龙去脉清晰地讲解给学生，保证学生对知识本身及其整体性的掌握。
课堂体现实例"地震震级"如图2所示。

3. 高质量问题、作业引导
学生能力和素质培养是一个多因素、潜移默化的过程，课堂上培养学生能力的核心在于让学生真正参与到课堂中。要让学生真正参与到课堂中：一是通过让学生搜索地震灾后图片、抢救遇难群众图片和视频，增加学生学习专业知识的使命感与责任感，成长为心系社会并有时代担当的技术性人才；二是通过设置高质量问题让学生进行思考并形成解决问题的初步方案，之后经过回答问题、教师的引导，进一步提升学生看待、解决问题的整体认知水平，从而实现潜移默化地培养学生能力的目的；三是通过设置创新性探究作业，让学生经历搜集资料、查阅文献、分析和解决问题的独立研究过程，并制作PPT进行讲解汇报，提交文字材料，通过这一完整的过程来锻炼学生总结、表达、写作等方面的综合能力。

课堂体现实例：

（1）问题引导、引发讨论：见图2中问题和思维引导。

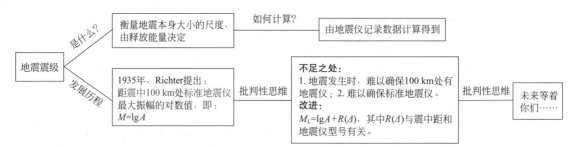

图2　地震震级课程思维导引

（2）课后作本节课的思维导图。

（3）创新性探究作业。

题目：设计一个等震线图方案。

要求：① 在广泛查阅资料的基础上有设计、有创新；② 制作精美PPT，每组汇报5~10分钟；③ 提交文字、示意图等材料，思路清晰、内容简洁完整。

4. 课堂前沿化、难度化

在保证课程理论体系完整的基础上，本课程组通过设置专题的形式融入新理论和热门课题，适当提升课程难度，激发学生探索兴趣和学习主动性。

课堂体现实例：

在"地震效应"小节中，结合我校的土木工程学院大型振动台模型试验等热点内容，利用网络上的资源进行讲解。

5. 有评价、有激励

对学生回答问题和完成作业进行及时评价，教师指出问题的同时，也要鼓励优秀案例，树立榜样，激励学生努力。

（五）实施流程

核心是赋能、"授渔"，支撑课堂全部目标（图3）。

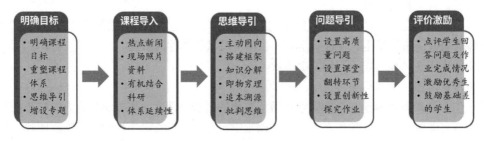

图3　课程实施路径与方法

教 学 成 效

（1）工程地质分析原理课程有机融合了生态文明、中国梦等思想，构建了课程思政建设体系，有机融入课程教学、价值引领，使学生在潜移默化、润物细无声中实现对社会主义核心价值观的全方位认同。

（2）工程地质分析原理在专业人才培养课程体系中承上启下，理论结合实践，在新工科建设理念中，实现跨专业能力融合及多学科项目实践融合；通过线上线下课程体系教学，线上注重知识传递，线下强化能力培养，基础理论学习与工程实践应用能力、创新能力紧密协同，递进式增长，与传统教学相比教学方法得到更新，教学内容更有挑战性。本课程是 2021 年福州大学线上线下混合式一流课程（爱课程 SPOC）建设项目之一，同行认可度较高。

（3）学校督导组专家对课程进行了随堂听课，听课成绩评定为"优秀"，对教学模式与教学方法进行了充分肯定。

（4）根据学生评教统计显示，学生对课程及教师授课的满意度较高，近几年来评教分数均大于 96.00 分（满分 100 分）。

（5）在 2020 年春季疫情时，本课程课题组发起了"疫情防控，美丽家乡，建设有我"的课题实践教学活动，学生既学习了专业知识，也为家乡地质灾害调查尽了一份绵薄之力，学以致用，展现了自我专业价值。该活动获得福州大学 2020 年度的十佳微信作品奖。

岩土工程测试技术典型教学案例

基坑工程监测

学院名称	紫金地质与矿业学院	课程名称	岩土工程测试技术
主讲教师	吴振祥	教师职称	讲师
授课对象	地质工程专业三年级本科生	课程性质	专业必修课

课程简介

"岩土工程测试技术"是地质工程专业的核心课程。地质工程在资源环境、市政建设、铁路桥隧、水利水电、离岸工程、地热开发等领域的作用日益凸显,基于岩土体及基础工程往往具有场地区域性、施工隐蔽性及测试不确定性等特点,项目开展之前、实施期间和竣工之后,必须借助一系列行之有效的测试技术为项目质量与施工安全提供保障。通过本课程学习,学生须掌握工程地质物理力学性质的原位测试技术的基本原理、仪器设备、测试方法、测试资料整理以及测试成果的应用等内容。培养学生具备能初步应用所学基本理论和基本知识去分析和判断原位测试技术参数的能力。着重培养学生具备良好的岩土工程师素质。基本掌握为岩土工程,如房屋、道路、桥梁、地下结构等工程提供岩土设计参数、计算指标的途径。此外,通过反演分析方法,可以依据检测结果对工程参数进行科学推算与合理优化,进而达到提高工程效益的目的,对保障工程质量、保证文明施工、社会和谐发展具有相当重要的作用。

教学目标

(1)培养两个德育目标:①培养学生具有良好的职业意识、职业道德和职业素质,使其树立正确的职业观,增强社会责任感;②培养学生热爱科学、不断探索、精益求精、创新进取的工匠精神。

(2)学生掌握岩土工程勘察规范中要求的岩土测试理论、方法和测试仪器。合理选用测试和检测手段,为岩土体整治的设计和施工提供理论和技术依据,保证工程质量与安全,保障文明施工,和谐发展。

(3)增强学生对岩土工程测试理论的认识,获得岩土体常用物理力学性质指标的分布范围,增强试验技能,提升学生对岩土体测试的综合思维能力,培养学生遵守规范的习惯。

思政元素

生态文明,敬业精神,创新能力。

案例实施路径与方法

（一）教学内容
第6章　基坑工程监测

知识点：基坑围护的重要性，基坑事故的形式及其原因，基坑围护结构的支护形式，监测的工作内容，如监测对象、监测项目、监测方法。认识各种监测的仪器设备，对基坑开挖时基坑侧壁稳定问题进行分析并提出防治处理措施。

重点：基坑围护结构的支护形式，监测的工作内容，如监测对象、监测项目、监测方法。

难点：基坑围护结构的支护形式，监测内容、监测点的布设对象、监测方法。

（二）课堂目标
知识目标：掌握和理解基坑支护的基本知识、设计方法、评价方法和监测方法。

能力目标：能够运用专业的基坑支护的基本思想和方法来分析和解决实际工程问题，甚至是创新性地解决基坑支护的监测手段和方法。

情感目标：了解基坑滑塌对于社会的影响，如上海地铁4号线、杭州地铁等各类基坑事故，通过事故现场图片、录像等来增强学生的社会责任感和使命感，培养学生的家国情怀，乃至天下情怀。

（三）教学理念
（1）基于OBE理念，以学生为中心，致力于打造具有"两性一度"的岩土工程测试技术"金课"。

（2）坚持以立德树人为根本，传承"地质人"不畏艰苦、吃苦耐劳、迎难而上、无私奉献的精神，以培养学生能力素质为核心。

（四）课堂设计及体现
1. 导入主题

教学内容：

先简要回顾上一节课教学情况。通过播放各类基坑支护的图片及录像（如图1~图3所示）导入课程。再讲授各类支护结构的适用条件、支撑分类、常见的基坑开挖方式、基坑发生事故形式、造成基坑工程事故的原因，引导学生产生共鸣。

教学设计：

通过讲述新型支护形式的成功案例使学生首先树立理论自信和民族自信，讲述支护形式的发展历程和日趋多样化，使学生意识到"实践没有止境，理论创新也没有止境"，引导学生在学好理论知识的基础上，积极投身工程实践，不断总结、分析与思考，发展新型支护结构和逐步完善计算理论；讲授国内外几个典型的工程事故案例，使学生理解打好理论基础、提高职业素养和严守行业规范的重要性，在讲述采用多道内支撑的多支点排桩支护结构时，使学生懂得在工作中团队协作的重要性，最大限度地发挥每个人的能力、发挥团队的作用；在讲述型钢水泥土搅拌墙支护形式时，根据型钢担负挡土作用、水泥土墙担负截水帷幕作用的设计原理，引入学人之长、解己之惑、优势互补、合作共赢的理念；根据型钢可以重复利用，不仅节约材料，而且可避免成为地下永久障碍物的特点，引入习近平总书记提出的"牢固树立社会主义生态文明观"和"推进资源全面节约和循环利用"，减少不必要的资源浪费的理念等。

2. 展开阐述

教学内容：

（1）基坑围护结构；

（2）各类支护结构的适用条件；
（3）支撑分类。

教学设计：

采用讨论、引导式的方式讲授基坑围护结构、各类支护结构的适用条件、支撑分类、常见的基坑开挖形式、造成基坑工程事故的原因。通过实际工程案例式的教学方式，让学生更容易理解各类基坑支护形式、所需监测设计、监测布置位置、监测周期等要点。

课堂体现案例式教学：

（1）问题引导、引发讨论；
（2）课后完成本节课对应的基坑工程资料收集工作，并进行分析。

3. 深入研讨

教学内容：

（1）常见的基坑开挖支护形式；
（2）造成基坑工程事故的原因剖析。

教学设计：

启发式问题引导，结合板书、师问生答、生讲师评、生问生答等。通过本课程教学，使学生能够设计针对复杂的基坑工程问题提出解决方案，设计满足周边环境需求的系统、单元（部件）或工艺流程，并能够在基坑设计环节中体现创新意识，考虑社会、健康、安全、法律、文化以及环境等因素，引导学生设身处地，保证工程质量，保证施工案例，文明施工，确保基坑周边百姓和道路的安全正常使用。如图1~图3所示，均为因基坑支护失败，导致周边楼房倾斜、倒塌，危害百姓生命安全。

图 1　基坑倾倒危害周边楼房安全

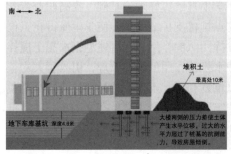

图 2　上海某小区受基坑开挖影响楼房倒塌照片

图 3　某地地铁施工塌陷事故

4. 深入教学主题

教学内容：

（1）基坑开挖监测必要性；

（2）基坑监测技术方法。

教学设计：

将课堂教学内容以案例、图片、视频等形式展现出来，展示位移测量、倾斜测量、裂缝观测、深层水平位移、围护体系内力、孔隙水压力、土压力、地下水位、分层沉降等监测仪器设备，以更契合当代大学生的认知特点和兴趣特征，丰富其学习过程的体验。本章理论内容较多，这些内容都要求学生充分理解和掌握，但内容较为抽象，学生较难理解，学习效率低，而现代信息技术的应用便起到了很好的辅助作用，让学生的学习更加直观、简单、高效。将知识点细化为多个小模块，由浅入深逐层递进，让学生沿着课程设计思维投入到学习中，更有利于学生自主学习能力和意识的培养。

5. 课堂前沿化、难度化

在保证课程理论体系完整的基础上，本课程组通过设置专题的形式融入新理论和热门课题，适当提升课程难度，激发学生探索兴趣和学习主动性。

（1）引导学生发挥想象力，创新基坑支护型式，将基坑支护提升为永久性结构，避免再施工地下室结构外墙，节省材料，节约工程造价，节约资源。

（2）改善监测的手段，让基坑实时监测成为现实，加强自动化工程研发，鼓励学生开发一些更加便利与快捷、节能与环保的基坑监测设备。

6. 有评价、有激励

对学生回答问题和完成作业进行及时评价，教师指出问题的同时也要鼓励优秀案例，树立榜样，激励学生努力。

（五）实施流程

核心是赋能、"授渔"，支撑课堂全部目标，如图 4 所示。

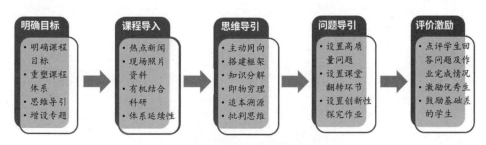

图 4　课程实施路径与方法

教 学 成 效

（1）岩土工程测试技术课程有机融合"生态文明"思想，构建了课程思政建设体系，有机融入课程教学、价值引领，使学生在潜移默化、润物细无声中实现对社会主义核心价值观的全方位认同。

（2）岩土工程测试技术注重基础理论学习与工程实践应用能力、创新能力紧密协同，递进式增长，与传统教学相比教学方法得到更新，教学内容更有挑战性。

（3）学校督导组专家对课程进行了随堂听课，听课成绩评定为优秀，对教学模式与教学方法进行了充分肯定。

（4）根据学生评教统计显示，学生对课程及教师授课的满意度较高，近几年来评教分数均大于95.00分（满分100分）。

结晶学与矿物学典型教学案例

"结晶学与矿物学"课程思政建设探索

学院名称	紫金地质与矿业学院	课程名称	结晶学与矿物学
主讲教师	李晓敏	教师职称	副教授
授课对象	资源勘查工程专业一年级本科生	课程性质	专业必修课

课程简介

"结晶学与矿物学"是资源勘查工程专业的重要专业基础课，是其主要支撑课程之一。

通过本课程的系统学习，理解晶体结晶学基本理论、晶体化学的基本知识，掌握矿物的化学成分、结构、形态、物理性质和成因产状等基本概念及矿物的晶体化学分类体系，并完成约80种常见矿物的系统学习与实验认知。在掌握上述基础理论和基本知识的前提下，注重学生实践操作能力培养，使学生具备晶体宏观对称性分析能力，初步掌握鉴定和研究矿物的基本技能及方法，能够认识一系列常见的矿物，建立结晶学与矿物学的内在联系体系。为后续晶体光学、岩石学、地球化学、资源地质学等课程的学习奠定理论基础，并为资源勘查工程领域复杂工程问题的解决提供基本的矿物辨认能力。

在"结晶学与矿物学"课程教学过程中，实现课程思政的教育理念深入渗透并全面覆盖，每个教学单元利用1~5分钟，结合专业课程内容的教学，寻找恰当的切入点，引导、帮助学生树立正确的世界观、人生观、价值观，培养学生成为热爱中国共产党、热爱社会主义祖国的政治过硬、业务合格的优秀矿业人才。

教 学 目 标

（1）价值引领：理解现象与本质的辩证关系；理解科学研究的循序渐进性；培养学生的科学探索精神及科学创新思维；明确科学研究方法及技术手段提升对科学研究的助推作用；辩证唯物主义史观引导（矿产资源属性明确）；引导学生建立起明确的"可持续发展观"，着重强调资源开发与环境保护的平衡发展理念；爱国情怀及中华文化；等等。

（2）知识拓展："结晶学与矿物学"的知识体系庞大、丰富，囿于课时所限，各部分专业内容教学的知识拓展主要靠学生在课下完成。如晶体化学是化学、物理学、材料科学、冶金学、生物科学等很多学科的专业基础课，是很多应用科学的理论基础。通过该部分内容简要学习，帮助学生建立起"微观-宏观""现象-本质"等辩证思维模式，引导学生深入思考"数理化"等基础科学对于人类科技进步的重要意义。如结合自然元素及其类似物矿物大类的一般特征切入到矿产资源开发的现状，科学看待资源（各种自然资源，尤其强调具有典型不可再生属性的矿物资源）利用的不同阶段。举例剖析不同矿物（如自然硫、石墨、金刚石、自然金、自然铜等）的自身特点及科学技术水平、不同经济发展阶段等多方面因素对其资源属性的影响（无价值—低价值—高附加值），进而思考质变到量变的辩证关系。如从胶体矿物研究到"大洋结核"的开发，讨论矿产资源概念，引导学生从"资源开发-环境保护"的视角思考整个社会，乃至全人类的经济发展问题。在充分掌握某个知识点专业内容的基础上，知识拓展就以思维导图的模式围绕着该切入点发散展开，不同知识点的拓展广度和深度有所不同。

（3）思维训练：收集矿物资源开发过程中的正反两方面的真实案例，思考矿产资源开发利用的"可持续发展"理念，尤其是矿产资源开发与环境保护的平衡发展问题。

（4）能力建构：引导学生逐渐养成以科学视角观察世界、思考问题的意识；锻炼学生积累、搜集科研资料的能力；提升学生阐述问题的能力；培养学生的文化修养。

思 政 元 素

现象与本质的辩证关系；科学探索精神；科学创新思维培养；基础科学研究（数理化）对于应用科学的助推作用；循序渐进的科学研究历程；辩证唯物主义史观引导（矿产资源属性明确）；引导学生开启多角度发现自然之美、欣赏自然之美的观察世界视角；引导学生建立起明确的"可持续发展观"，着重强调资源开发与环境保护的平衡发展理念；爱国情怀及中华文化；等等。

案例实施路径与方法

"结晶学与矿物学"教学体系成熟，教学内容饱满，以"PPT+教具演示"为主要形式的课堂讲授（32学时），同时辅以晶体模型操作及矿物认识的实践环节（32学时）。本课程是学生专业学习过程中最先接触的专业课之一，因此在教学过程中要注重专业性的循序渐进以及专业知识在日常生活中的体现与拓展，以降低学生对于专业课程学习的茫然和畏惧感。"结晶学与矿物学"可挖掘的课程思政内容非常丰富，课程思政元素的融入要选择恰当的专业知识为切入点，在专业内容清晰阐述的基础上，将相关的思政元素适时引入。

1. "辩证唯物主义史观引导——矿产资源属性明确"思政元素的融入

科学技术及社会经济发展不同阶段对于矿产资源的需求是有差异的，矿物的资源属性也随着各种科学技术手段的应用、经济发展阶段的不同而发生变化。如含氧盐矿物大类数量庞大，且以造岩矿物为主，很多矿物的资源属性不如金属矿物显著而常常被忽视，并且这类矿产资源开发利用过程中对于生态环境的破坏也不像金属矿产资源开发那样容易被发现，如橄榄石、石榴石、电气石、各类石棉、各类宝玉石矿物、黏土矿物、长石族、沸石族、碳酸盐类、硫酸盐类、磷酸盐类等（可用实例不胜枚举）。在矿产资源开发过程中，非金属矿产资源意义的逐步凸显，宝玉石矿物资源的日益火热与人民对于美好生活的追求相辅相成。

2. "可持续发展观——确立资源开发与环境保护的平衡发展理念"思政元素的融入

资源开发是经济发展的基础，但也会对生态环境产生不同程度的破坏。引导学生思考如何协调经济发展过程中资源开发和环境保护对立矛盾，追求经济发展、社会进步的最佳状态。如紫金山特大型高硫浅成低温热液型铜金矿床是大自然馈赠给人类的宝贵矿产资源。矿床开采为企业、社会创造了巨大的经济价值，但也在大地上留下了巨大的伤疤（露采场、地下开采巷道等）。针对这个问题，介绍紫金矿业集团有限公司采取了哪些有力的环保举措（如积极复垦、建设国家矿山地质公园等）。

3. "基础科学研究（数理化）对于应用科学的助推作用"思政元素的融入

数学是研究数量、结构、变化、空间以及信息等概念的一门基础科学，以数学方法在结晶学研究中的应用（如结晶学符号的诞生及使用）并有力地推动了结晶学发展为切入点，阐述数学在人类历史发展和社会生活中发挥着不可替代的作用，也是学习和研究现代科学技术必不可少的基本工具。如讨论高等教育中"高等数学"作为必修课的意义，引导学生领悟高等数学、大学物理等基础课程学习的重要性，正向引导，减少抱怨，增强学生们学习基础课程的主动性。

4. "引导学生开启多角度发现自然之美、欣赏自然之美的观察世界视角"思政元素的融入

由"对称"的广泛性讨论自然界的"科学美"，逐步建立科学的物质观。如自然界中，晶体不能出现五次对称轴（L^5），准晶体中就可以有 L^5，而生物界中的很多物种则常呈 5 次对称（如五辐对称的海星、"草木花多五出"等），启发学生思考 L^5 的出现能否为非生物与生物结构之间联系的研究搭起了一座桥梁。

5. "爱国情怀及中华文化"思政元素的融入

伟大祖国幅员辽阔，地大物博。我国矿物资源极为丰富，近年来发现的新矿物越来越多，新矿物的命名通常以成分、产地及知名人物命名，如高岭石、香花石、包头矿、长城矿、黄河石、竺可桢石、景文钇矿……学生在收集这方面资料的过程中会激发强烈的爱国主义情怀及民族自豪感。

中华文化博大精深，咏物言志的实例在中华文化中比比皆是，比如《石灰吟》《咏煤炭》等。结合矿产资源开发的科学背景，引导学生了解关于"矿物"方面的文化颂咏，鼓励学生尝试着为"地质眼观"微信公众号写文章。

6. 课后思考题

（1）关于钻石的真正价值及营销策略思考：若真的有一颗规模巨大的碳质陨石撞击地球，金刚石大量形成，我们是否还会为能够拥有高品质、大尺寸的钻石而高兴呢？

（2）自然金能够成为硬通货币的原因？贝壳为什么会退出货币历史舞台？

（3）"石头是上帝随手捏的，矿物晶体是上帝用尺子精心设计出来的"，试着用实例对这句欧洲名谚进行科学层面的解读和阐释。

（4）阐述现代盐湖开发的方向和思考。如茶卡盐湖是一个非常著名的旅游景区，怎样做到科学、合理地开发这类现代盐类资源？这样的盐类资源在青藏高原还有哪些？

（5）硫化物及其类似化合物矿物大类除了作为非常重要的矿产资源（尤其是有色金属、稀有金属资源），一部分矿物（如辰砂、雄黄、雌黄、黄铁矿等）中也含有对人体有害的元素如 Hg、As、S 等，但这些矿物却经常在传统中药中出现，如何辩证地看待中药、中医（也能引申到苗药、藏药、蒙药等）问题？

（6）科学是把"双刃剑"，这一特点在矿产资源开发过程中也有非常典型的表现。比如放射性矿产资源 U、Th 及稀土元素的开发过程中对于环境的破坏是非常严重的，又如核能源的开发（尤其是在军事上的应用）在发动战争和自我保卫的界定上的不确定性都是需要人类共同面对和认真思考的，引导学生思考如何看待这样的问题。

教 学 成 效

自 2019 年秋季学期起，"结晶学与矿物学"通过 6 轮教学过程实施，学生基本能够完成相关专业知识的掌握。在教学过程中，相关思政元素实现了全面、深入且恰当的融入，大多数学生在课后都能进行深入的资料收集和整理，并完成了课后思考题。各项教学目标达成。

依托福州大学课程思政建设与研究项目（挖掘，融合，实践——"结晶学与矿物学"课程思政体系建设探索），发表教研教改论文1篇。（李晓敏.融合课程思政教育元素的"结晶学与矿物学"课程教学体系构建.中国地质教育，2021，30（4）：46-50.）

同时，指导专业思想坚定、综合能力强的学生选择与本课程专业内容相关的知识点撰写科普文章并在"地质眼观"微信公众号上发表，如：

（1）《Hi，我是模树石》（陈镜文，2019级地采复合实验班，2019-12-29）；

（2）《盘"球球"矿物，祝"元宵"团圆》（陈镜文，2019级地采复合实验班，2020-02-08）；

（3）《来马鞍山！挖这么大的绿松石！》（赵骏峰，2018级地采复合实验班，2020-05-27）；

（4）《地质人眼里的翡翠》（陈镜文，2019级地采复合实验班，2020-08-23）；

（5）《绿柱石，一定绿吗？》（陈镜文，2019级地采复合实验班，2020-10-29）；

（6）《雕栏玉砌应犹在，千年不改汉白玉》（李雨鸿，2019级资源勘查工程专业，2021-05-31）；

（7）《镜下世界，另类精彩》（赵骏峰，2018级地采复合实验班，2021-09-27）。

磁电选矿典型教学案例

磁选基本原理

学院名称	紫金地质与矿业学院	课程名称	磁电选矿
主讲教师	库建刚	教师职称	教授
授课对象	矿物加工工程专业二年级本科生	课程性质	专业必修课

课 程 简 介

"磁电选矿"课程是矿物加工工程专业的一门专业基础课，是其主要支撑课程之一。通过本课程的学习和掌握，支撑但不限于如下毕业要求：

（1）掌握碎磨、浮选、重选、磁选等专业知识并用以解决矿物加工工程中的复杂工程问题；

（2）能够运用数学、自然科学和工程科学的基本原理，并结合专业知识，识别矿物加工工程中的复杂工程问题；

（3）能够根据物料的性质，选择科学的研究方法，设计合理的实验方案进行探索和分析。

教 学 目 标

通过本课程的学习和掌握，达到以下教学目标。

（1）专业学习：通过学习，掌握磁电选的基本原理、矿物磁性和电性，以及常用磁电选设备的构造、分选原理和应用条件、磁分离空间磁场特性等基础理论知识内容，加深和拓宽学生在物理分选方法理论和实际生产方面的知识；掌握基本的磁电选实验技能，使学生具备分析与解决磁电选相关问题的能力，为将来从事本专业生产和科研工作打下坚实的基础。

（2）课程思政：要结合"磁电选矿"专业课程内容的讲授，寻找恰当的切入点，落实立德树人的根本思想和课程思政的实施过程，融入社会主义核心价值观教育思想，结合社会需求、资源与社会应用、工程伦理等教育理念，帮助学生树立全面的人生观与价值观，培养学生成为爱党、爱国、爱专业的优秀矿业人才，成为具有优秀家国情怀的中国特色社会主义接班人，能够为祖国的伟大复兴贡献力量。

思 政 元 素

科学创新思维，文化自信，家国情怀，专业自信。

案例实施路径与方法

（一）教学设计总体思路

（1）课程思政与专业知识互浸，培养坚持科研的理想信念。

（2）构建"课前需求驱动、课堂问题驱动、课后实践驱动"的教学模式。

（3）采用"引导—思辨—阐释—实例"的教学策略。

（二）教学主要目标

通过本节课的学习，使学生达到以下主要目标。

（1）通过磁学发展中的思政故事和基于日常生活中有趣的电磁现象，培养学生热爱祖国、对科研持之以恒的学习态度。

（2）掌握磁场的概念，能够用物理学方程描述磁场。

（3）掌握磁选的定义，能够运用磁力解释日常的磁现象。

（4）掌握磁力公式的推导，能够独自推导出磁力公式。

（5）认识磁选相关的最新科研进展，展开科研学习。

（三）教学重点与难点

（1）重点：矿物的磁化、磁力公式的推导。

（2）难点：如何引入安培定律，并描述磁场。

（四）解决重点与难点的方法

1. 如何理解矿物的磁化

矿物的磁化与物质的磁化本质一样，都是能量的一种存在形式或转化方式。但是，在现实世界中，这些过程都是不可见的。如何让学生形象地理解该过程是一个难点。

事实上，该难点也是物理学磁学的一个重要研究内容：理论过程难以用实验展示微观过程。这些理论本来已经有很好的推导和证明。但是，理论是建立在对于实际数据的抽象简化基础上，从而可能导致在实际中出现脱节现象。模型演示是目前比较实用的途径，同时也可以激发科研人员深入研究新理论。

解决方法：理论推导＋模型展示。通过模型可视化生动地表达微观的磁化过程，可以突破单纯的理论学习局限性，促进学生深度学习。

2. 如何推导磁力公式

磁力公式是高度抽象化的理论公式。但是，在磁力公式的推导过程却采用了一个通电线圈，而不是采用一个磁性颗粒，出现了思维跳跃。因此，如何让学生能够理解并建立起它们之间的一般逻辑关系是一个教学难点。

从本质上来讲，该难点也是磁学课程的一个特点：采用合适的理论模型与原物体之间的关联性。如果关联性不直接，将导致学生学习中思维间断，记忆不牢固。

解决方法：比较真实物体磁场和线圈模拟磁场。通过对真实磁性物体磁场的描述，让学生了解磁场不是质量，不是密度，只是空间的磁能分布，同时对单个线圈磁场进行模拟，建立两者的联系，并相互印证；通过课堂讲解，让学生强化理解磁场概念，通电线圈的磁场特点，让学生从理论上和几何表达上深入理解两者之间的高度相似性，促使学生认识到磁化颗粒与铜电线圈在磁场特征上是一致的。

（五）采用主要教学手段

依托中国大学爱课程平台，引导学生利用在线资源，进行课前预习，并线上反馈学习难点。针对课程内容和学生反馈，凝练课堂问题，组织课堂讨论、生生问答等方式，促进学生辩证思考。启发、剖析和总结相结合，阐释各算法的深层含义。通过模拟等对磁性物体磁场的可视化教学，加强对抽象概念的理解。促进重点、难点理解，提升解决实际问题的能力。

（六）课堂主要教学过程

1. 问题导入

教学内容：先简要回顾课前预习情况，总结回答学生的问题。**结合讲解并进行模型展示。**

"本课程要给大家介绍物理选矿中的磁选，但什么是磁呢？大家想到了什么？指南针？吸铁石？还是磁化水？磁疗仪？电磁炉？大到宇宙中的磁场，小到微米大小的趋磁细菌，磁好像无处不在，但我们对它们知之甚少。这显然是不行的，今天我们就来认识一下磁。"

教学设计：

（1）线上学习

线上教学首先完成授课视频，要求学生在观看视频的同时，做听课笔记，并且采用小组学习的方式，做知识框架。根据主要知识点，分成了5~10分钟的4个知识点视频，包括磁学的定义、磁场定律、磁力如何产生、磁力如何分选。

（2）作业和参与讨论

在进行线上学习后，结合磁场定律和磁力公式，限时完成作业：① 磁力是保守力吗？它与重力、摩擦力有何区别？② 磁力是否分为电磁力和永磁力，它们是否有关联？

为激发学生的学习兴趣，设计了几个讨论话题，话题的选择与我们的生活、健康息息相关。如磁性球魔方、磁疗仪。

（3）线下讨论

事先收集小组学习后所提出的涉及知识点的小问题，提前发送给负责讨论的授课教师，经过筛选和修改，在课堂上请该小组成员进行大约5分钟的概述，接着由教师进一步对线上环节的教学内容进行难点说明，主要是磁和场的概念释义。

2. 课程思政小故事

教学内容：**引入我国磁悬浮列车发展过程中的一个重要科研故事。**

由于20世纪90年代我国机械加工能力有限，模拟仿真也满足不了需求，导致磁悬浮列车发展过程中屡次遭受挫折。但研发小组在较为完善的理论支持下，即磁悬浮力从理论上是确定可以实现的，多年来坚持不懈。而近10年来，我国磁悬浮发展水平也已达到了世界顶尖水平，这证明了科研要有决心，坚持理想信念对于科研工作是非常重要的。

教学设计：

（1）讲解科学家科研思政故事。

（2）组织学生讨论，并回答该故事内容带来的学习启示。

（3）教师针对学生回答，启发分析，并给出正确结论。

问题解决思路：

用磁力公式计算磁悬浮的可能性，验证电磁与永磁在力上的一致性。

3. 深入研讨辩证思考

教学内容：**磁力的推导过程。**

知识点讲解：磁力来自磁能。

线圈在磁场中的不同位置的磁能不同,分析如下。

如果线圈中的电流强度不变,线圈位置移动时如图1所示,则磁力所做的功为

$$\Delta W = I \cdot \Delta \Phi = I \cdot \Delta B \cdot A$$
$$= I\mu_0 [A \cdot (H+\Delta H) - A \cdot H] = I \cdot A \cdot \Delta H \cdot \mu_0$$

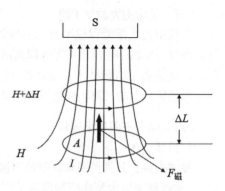

图1 线圈在磁场中的运动

可见,如果线圈在磁场中的位置变化,则颗粒必然要从能量高的位置向能量低的位置运动。

$I \cdot A$ 为线圈的磁矩,令 $P_m = I \cdot A$ 则

$$\Delta W = \mu_0 \cdot P_m \cdot \Delta H$$

如果载流线圈在磁场中受磁场作用的合力为 F_m,则磁力所作的功为

$$\Delta W = F_m \cdot \Delta L$$

所以可得

$$F_m \cdot \Delta L = \mu_0 \cdot P_m \cdot \Delta H$$

最终可得磁力公式(过程省略)

$$F_m = m \cdot \mu_0 \cdot \chi_0 \cdot H \cdot \mathrm{grad} H$$

式中,$H \cdot \mathrm{grad} H$ 称为磁场力。

由上式可知:

(1)作用在通电线圈上的磁力 F_m 由反映磁性颗粒的比磁化系数 χ_0 和反映颗粒所在处磁场特性的磁场力 $H \cdot \mathrm{grad} H$ 两部分组成。

(2)如果颗粒所在处的磁场梯度 $\mathrm{grad} H$ 等于0,即使磁场强度很高,作用在磁性颗粒上的比磁力也等于零。

教学设计:

启发式问题引导,结合板书、师问生答、生讲师评、生生讨论等。

4.启发剖析阐释总结

教学内容: 如何用一个线圈描述磁性物体?

(这项内容对上面内容是一个必要的补充。)

对于磁化物体在磁场中受到的磁力,采用磁力公式计算有些勉强,因为磁力公式的推导过程是采用的通电线圈。我们必须对通电线圈和磁化物体进行对比。

深入讲解物体(物质)的磁化内因如图2所示。

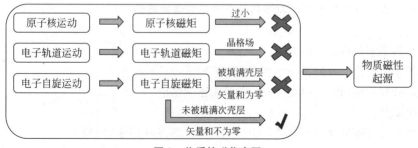

图2 物质的磁化内因

可见,物质的磁场都是来自微观粒子的运动,我们常见的磁性是微观磁性的宏观现象。如果是一个球形颗粒,其最终均匀磁化时,它的磁场和通电线圈几乎一样,如图3所示,可以发现磁

化球的磁场与电流环的磁场在物理概念上一致。

教学设计：

启发式问题引导，结合板书、2个模型展示等。

5. 深度思考提高升华

教学内容： 均匀磁场中磁性颗粒能够移动？

从磁力公式来看，如果没有磁场梯度，则颗粒所受磁力为零，颗粒不会运动。一般情况下，磁性颗粒不会运动，因为总磁力为零。而总磁力为零，不等于分布磁力为零，因此，颗粒可能会发生转动。如果颗粒是球体，则不易观察，但如果是真实矿粒，则很容易发现颗粒的转动。这是磁力体积分布力的概念，也是磁张力作用的结果，如图4所示。

图3 均匀磁化球的磁场

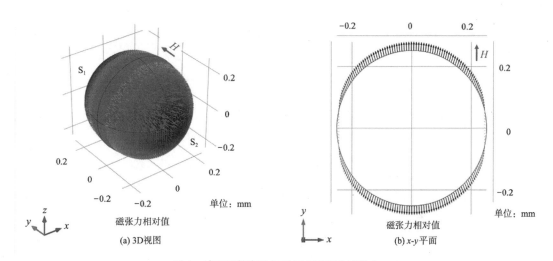

图4 球形颗粒在均匀磁场中受到的磁张力

教学设计：

启发式问题引导，结合板书、师问生答、生讲师评、模型观察等。

6. 前沿扩展高阶提升

教学内容： 均匀磁场不提供磁力，还有何用？

（1）问题引入

均匀磁场不会对单个磁性颗粒施加磁力，为什么很多地方都用到了均匀磁场，甚至在高梯度磁选机中也有？

（2）解决思路

虽然均匀磁场不能对单个磁性颗粒施加磁力，但磁性颗粒分布在磁场中后，磁性颗粒改变了原来均匀的磁场，使原来的均匀磁场变成不均匀磁场，特别是靠近颗粒周围的地方磁场变化非常剧烈，造成颗粒附近区域的磁场梯度很大，两个距离不太远的颗粒间相互吸引，成为磁链，这就是磁团聚。另外，在均匀磁场中放置磁介质棒，磁介质棒也可以改变原来的均匀磁场，磁棒周围会产生较大的磁力，也会吸引周围的磁性颗粒。

7. 应用案例

SLON高梯度磁选机案例介绍：SLON高梯度磁选机从引进到发展，再到国产化，走过了30年的历程，目前国内使用众多。它的生命力何在？高梯度磁选机的特点是高梯度，为何不是高磁场？这个课题的难点在于磁场和梯度哪个更容易提高。实际上，磁场的提高是有限的，主要受限于材料，而梯度的提高较为容易实现，且提高幅度很大。

课程思政研讨：该研究体现了基础理论的掌握程度，从磁力公式上可以得出指导性的方向。此案例说明，基础理论要扎实，只有扎实的基础理论才能产出创新性的研究成果。

8. 课后任务

（1）课后思考

截至目前，我们对物体在磁场中的受力有了一定了解，但物质的磁化过程更为复杂。有些物质磁性很大，有些物质没有磁性，如何用一种标准对不同的磁性物质进行分类？有没有不同的分类方法？

（2）课外查阅

水是最常见的物质，是由分子、原子及电子等微粒组成，但水有没有磁性？磁性来源？

机械制造工艺学典型教学案例

精准定位与"如切如磋、精耕细作"的工匠精神

学院名称	机械工程及自动化学院	课程名称	机械制造工艺学
主讲教师	涂俊翔	教师职称	副教授
授课对象	机械设计制造及其自动化专业三年级本科生	课程性质	专业必修课

课程简介

"机械制造工艺学"课程研究机械加工共性规律,探索解决机械加工工艺过程中遇到的实际问题。课程作为机械设计制造及其自动化专业的核心课程,意在通过课程教学使学生掌握机械制造工艺的基本理论知识,初步掌握机械加工工艺规程和机械装配工艺规程的制定方法,对生产中出现的质量、生产率问题,具有初步分析原因和提出解决措施的能力,具有机床夹具设计的基本能力。课程在培养复合型、具有创新能力的机械工程人才方面起着十分重要的作用。

教学目标

(1)能够应用机械制造的基本原理、机械加工设备和工装夹具等专业知识,设计零件机械加工工艺过程、产品装配工艺过程以及所需工装夹具的多种可行方案,并进行分析、比较和综合,得到优化的解决方案。

(2)能够应用机械加工原理、尺寸链计算、加工质量影响分析、定位误差分析等理论和方法,探讨零件加工和产品装配工艺过程的各种影响因素,验证零件加工和装配工艺解决方案的合理性。

(3)能够利用机械制造工艺学设计方法和仿真工具解决机械加工过程的工艺安排、参数调整等问题,并具备工艺创新意识。

(4)结合课程与"敬业、精益"的制造业理念,能积极向上进取,树立社会责任感,具有科学精神、职业素养和家国情怀,能够践行社会主义核心价值观。

思政元素

如切如磋、精耕细作的工匠精神,"敬业、精益、专注、创新"的职业素质,不畏艰辛的工作态度和刻苦钻研的探索精神。

案例实施路径与方法

(一)教学设计总体思路

(1)专业课讲授中,潜移默化地融入"精益求精的工匠精神和科学探索精神"课程思政要素,激发学生的责任担当意识和爱国情怀。

(2)构建"课前需求驱动、课堂问题驱动、课后实践驱动"的教学模式。

(二)教学主要目标

(1)在工程案例中,培养学生精益求精的工匠精神和科学探索精神,提高学生的工程责任意识。

(2)掌握组合定位分析方法,灵活运用零件各种表面组合解决实际加工中工件定位问题,培养理论联系实际、分析问题、解决问题的能力。

(三)采用主要教学手段

依托在线开放课程资源,使用现代信息技术,对课程教学内容及相关研究案例的知识点展开讨论,结合学生上台讲演和讨论的教学形式,引导学生积极思考,提高学生综合运用本专业知识能力以及表达和辩论能力。

(四)教学内容与教学设计

1. 导入主题

(1)先分析和总结线上学习情况,再以提问的方式导入主题:机械加工时的工件定位原理。将现实案例引入课程内容,并通过具体图片来表达抽象的工件定位问题。

(2)从零件加工成形原理和机械制造工艺系统四要素来阐明工件在加工过程中需要精确的定位。讲述工程实际中由于定位不准确而产生加工误差的案例,例如因 5 μm 的定位误差而引起飞机涡喷发动机箱体孔间距 0.2 mm 的加工误差,导致发生发动机断轴故障问题。从而引出下列问题:工件在加工过程中,为什么要定位?在工业化大批量生产中,为什么要用夹具对工件进行定位?

2. 展开阐述

定位的目的是使工件在夹具中相对于机床、刀具占有确定的正确位置,并且应用夹具定位工件,还能使同一批工件在夹具中的加工位置一致。在夹具设计中,定位方案不合理,工件的加工精度就无法保证。工件定位方案的确定是夹具设计中首先要解决的问题。

1)基准的概念

定位方案的分析与确定,必须按照工件加工要求合理地选择工件的定位基准。基准:用以确定生产对象上几何要素间的几何关系所依据的点、线、面。基准可分为设计基准和工艺基准。

2)确定基准的注意事项

(1)作为基准的点、线、面在工件上不一定存在,如孔的中心线、外圆的轴线以及对称面等,而是常常由某些具体的表面来体现,这些表面称为基准面。

(2)作为基准,可以是没有面积的点或线,但是基准面总是有一定面积的。

3)六点定位原理

要完全确定工件的位置,就必须消除六个自由度,它通常是用六个支承点(通过定位元件实现)来限制工件的六个自由度,每一个支承点限制相应的一个自由度。

4)完全定位与不完全定位

(1)完全定位:工件的六个自由度完全被限制的定位。

(2)不完全定位:按加工要求,允许有一个或几个自由度不被限制的定位。

5）欠定位与过定位

（1）工件加工时必须限制的自由度未被完全限制，称为欠定位。

（2）如果工件的某一个自由度被定位元件重复限制，称为过定位。

思考题：如果平面三个定位点不是呈现为合理的三角形分布，而是排成一条直线，结果会怎样？并进一步启发学生，平面上这三个支撑钉各自承担自己的职责，互相协作才顺利地完成了定位任务，提示学生在集体生活中要注意互帮互助，勇于承担属于自己的那部分责任，从而培养学生的团队协作和集体主义精神。

3. 工程案例与课程思政

在讲授定位误差计算时，用典型的工程案例充分说明定位方案中定位误差计算的重要性，即使完全根据工件的加工要求确定了定位方案，看似完全合理，但是由于存在定位误差，加工的产品也可能出现大量的废品。

制造过程的离散性、产品的多样性与复杂性、制造环境的差异性、系统状态的模糊性、工艺设计本身的经验性等因素，使得工艺过程的设计成为相当复杂的过程。诠释这个概念时，有针对性地引用我国中国大飞机制造的案例，让学生感受到如切如磋、精耕细作的工匠精神，培养"敬业、精益、专注、创新"的职业素质、不畏艰辛的工作态度和刻苦钻研的探索精神。

4. 总结提高

1）内容小结

使用夹具将工件可靠地夹紧，并使工件获得相对于机床和刀具的正确位置，使一批工件的加工位置保持一致。定位的准确性直接影响到零件的加工精度。

2）目标小结

通过对工件定位原理和定位方式的学习，掌握工件定位的基本原理，为机床夹具设计奠定必要基础。

5. 课后任务

安排零件自由度分析和定位误差计算等习题，并布置思政思考题：给出一个特殊结构的零件，加工过程中平面定位只适合限制一个自由度（通常做法是用一个支撑钉），但要求提高加工时的支撑刚度，怎么办？提示学生采用简单精巧的浮动支承结构，可同时解决定位和零件夹紧的刚度问题，从而有效保证加工精度。

用这个实际例子说明，作为合格的工程技术人员，需要具备不断尝试和比较各种解决方案时的探索意识，从而激励学生热爱本专业的学习，不畏艰辛，努力成为本专业的行家里手，培养学生的工匠精神。

教 学 成 效

将精益求精的工匠精神和科学探索精神等思政元素贯穿于机械工艺学课程教学中，使专业知识的学习和思政教育成为师生交往、积极互动、共同发展的过程。

通过有效的教学设计，充分激发学生学习的主动性，培养学生学习的独立性和探索性。在定位原理的学习中，有针对性地引用我国大飞机制造案例：在大飞机制造中，需要几万甚至几十万设计师、产业工人协同工作，需要数十万甚至数百万个零件协调、高效、可靠地运转，任何一个环节的漫不经心、任何一个零件的"掉链子"，都有可能造成严重的后果。

因此，工艺过程设计需要如切如磋、精耕细作的工匠精神，真正做到"敬业、精益、专注、创新"。教师运用"激活经验—同伴互动—教师引领"的教学模式，通过转变学生学习方式、转变教师角色定位，力图使学生在教师指导下，能够主动地、富有个性地学习课堂知识，并使思政教育成为润物细无声的"春雨"。

工程经济学典型教学案例

港珠澳大桥建设的工程项目财务评价分析

学院名称	机械工程及自动化学院	**课程名称**	工程经济学
主讲教师	陈晖	**教师职称**	副教授
授课对象	机械设计制造及其自动化专业二年级本科生	**课程性质**	专业必修课

课程简介

　　本课程是以工程项目为主体，以技术-经济系统为核心，研究如何有效利用资源提高经济效益，是工程学和经济学相互交叉融合而形成的应用性课程。它的研究对象是工程项目技术方案的经济效益，其研究任务是运用工程经济分析原理与方法，对完成工程项目预定目标的可行技术方案进行技术经济论证、比较、计算和评价，优选出技术上先进、经济上有利、生产上适用的方案，从而为实现正确的决策提供科学依据。通过本课程的学习，可使学生在本专业知识的基础上，掌握工程经济学的相关知识内容，以培养复合型的工程技术人才。

教学目标

　　（1）树立积极向上、科学探究的精神，具备较强社会责任感，践行社会主义核心价值观。

　　（2）理解投资工程项目可行性研究及项目评估的意义与作用，了解工程技术、工程经济和政策法规等方面的相关性，熟悉投资项目可行性研究的相关知识。

　　（3）具备综合应用工程技术与经济学分析的思维，掌握工程项目财务评价和价值工程等方面的工程经济基本理论和方法。

　　（4）具备运用相关工程经济评估结果，对工程项目投资进行初步决策论证的能力。

思政元素

　　以"港珠澳大桥"建设奇迹为案例，从多角度、多层次进行工程经济学的评价指标分析，说明中国特色的制度优越性，强化道路自信、增强家国情怀。

案例实施路径与方法

（一）育人理念

立德树人，培养德才兼备、积极向上的专业化复合型人才。

（二）实施思路

利用工程经济学的专业知识，结合家国视角，通过逐层剖析，深刻理解"港珠澳大桥"建设这个看似成本无法回收的"反常"经济学案例。

（三）思政元素融入方式

作为中国桥梁历史上的"珠穆朗玛峰"，港珠澳大桥起到了深度连接内地与港澳、推动民族融合发展的作用；其建设使得整个中国桥岛隧制造业实现了脱胎换骨，并开启了中国基建装备正式征服海洋的序幕。该案例的深度分析，将激发机械学生热爱专业、报效祖国的情怀。

（四）教育教学方法

以启发式教学为主线，综合利用案例教学法、角色扮演教学法和头脑风暴教学法。

（五）教学活动设计

1."港珠澳大桥"建设基本情况

2018年10月开通的港珠澳大桥，全长55 km，是我国第一例集桥、双人工岛、隧道为一体的跨海通道，拥有世界上最长的海底沉管隧道，这也是全球最长的公路沉管隧道和全球唯一的深埋沉管隧道，被英国《卫报》称为"新世纪七大奇迹"之一。这座桥使用钢材总量相当于60座埃菲尔铁塔，能抵抗8级地震或16级台风。

2.分析"港珠澳大桥"动静态投资回收期，讨论其是否适合商业投资

问题1：港珠澳大桥设计寿命120年、造价1269亿元，计算其动静态投资回收期，并从纯商业角度分析其能否回本。

如果按50年时间回本来计算，成本率按1.5%计算，每年至少得收36.8亿元过桥费才能回本。目前珠澳大桥的收费标准为150元/次，因此至少得保证港珠澳大桥每天有6.7万辆车通行。

遗憾的是，建成一年后，车辆的通行量大约维持在每日4300辆。此前就有公开数据显示，到2030年港珠澳大桥的日通车数量勉强才能够达到2.9万辆，远低于理论上的数据指标。这表明很可能需要下一个世纪，港珠澳大桥才能回本，由于港珠澳大桥的设计使用寿命仅为120年，毫无疑问这就是一笔亏本的买卖！

问题2：扣除政府承担的资金投入，如只偿还贷款本金和利息，再计算其动静态投资回收期，并从纯商业角度分析能在多少年回本。

数据显示，港珠澳大桥全部投资中，香港出资近500亿元，澳门地区出资100多亿元，大陆地区则出资200多亿元，剩余通过融资获得。在大桥运营中，三地政府（包括中央政府）的资本金投入不回收，大桥收费只用于偿还贷款本金和利息。

学生计算并讨论：扣除政府投入后，在不同收益率下的投资回收期。

港珠澳大桥运营方表示：国家给定的收费期不超过30年，若不出现什么特殊情况，在30年内应该可达到预期的财务效果。在贷款本金和利息还清之后，还将大幅降低过桥费的收费标准。

问题3：港珠澳大桥的建设将会拉动粤港澳大湾区的经济，请尝试分析在综合考虑由此带来的财政收入增加的情况下，该项目的总投资回收期。

港珠澳大桥建成后，香港旅游等诸多行业能够获得更多收入，预计该大桥将为香港带来高达200亿港元的收入、缓解香港住房困难，香港的大屿山在该座大桥的带动下可能成为香港第3个CBD（中央商务区）；同时大桥的建成可助推澳门成为更高级别的国际博彩中心，并为珠江西岸各大城市带来数百亿元的营收，相关城市的GDP（国内生产总值）规模会迅速扩大。

港珠澳大桥的建成使得原本从香港前往澳门需要耗费的3小时缩短为现在的45分钟；港珠澳大桥将成为粤港澳三地发展的纽带，助推粤港澳大湾区的崛起。一旦粤港澳大湾区能够成为世

界级别的大湾区,将会为中国带来高达1.6万亿元的营收。

学生计算并讨论:考虑本项目实施带来的政府新增财政收入对投资回收期的影响。

3. 港珠澳大桥建设带来的其他效应

(1)港珠澳大桥建设,拉动了中国高端制造业的发展。

港珠澳大桥的建设涉及的新技术有大桥的防风防腐防震技术、世界最大钢箱梁和桥塔的制造安装技术、世界最长海底隧道的生产浮运安装技术、海上墩台安装技术、两大人工岛的快速成岛技术等,这些新技术创下了多项世界纪录,也促使中国桥岛隧制造业实现了跃升。

(2)粤港澳一体化,加速了国家融合发展。

港珠澳大桥处于伶仃洋海域,在民族低潮时,南宋著名民族英雄文天祥曾有名句"惶恐滩头说惶恐,零丁洋里叹零丁"。融合发展、民族复兴是中国人心底热切的期望。

4. 讨论:你还知道哪些与"港珠澳大桥"类似的国内重大工程吗?

三峡工程、高铁、红旗河等。为什么中国接连持续推进这么多看似账上"亏损"的项目,但国家的发展却因这些"亏损"蒸蒸日上?

课后作业:分组梳理身边类似案例,后续讲述给大家听。

(六)资源载体

(1)央视大型电视纪录片《港珠澳大桥》。

(2)央视科教频道纪录片《海底之吻》。

(3)港珠澳大桥管理局官网。

(七)特色与创新

本案例跳出传统单项目、纯商业地看待投资回报率,结合区域经济与民族产业发展元素,分析国家重大项目的投资可行性,由此体现中国特色社会主义制度在以民生为本、集中力量办大事上的优越性。

教 学 成 效

"港珠澳大桥"是一个国外少见、国内常见的标志性案例。从纯商业角度测算,该项目存在着明显的财务"亏损"问题,"不适合"进行商业投资。

然而,由于政府不计短期回报的大笔资金投入,在根本上改变了项目的可行性。从区域经济发展的层面,"港珠澳大桥"加速了具有国际竞争力的粤港澳大湾区建设,将带来长线的经济繁荣与财政收入,突破了收取过桥费的单线模式,使得项目具有很高的经济价值,并加速区域经济一体化与民族共融发展。此外,项目建设所需的极端挑战性技术,采用自主攻关模式进行,这促使中国桥岛隧制造业水平获得了新的提升。

这是一个矛盾交织的案例,是一个典型的"基建狂魔"培育成长故事,承载着国人期待香港澳门融入大家庭的情怀。该案例弥补了纯企业投资行为存在的"重短期轻长线""重个体轻民族"等特点,具有突出的中国特色。

本案例在启发式教学牵引下,通过讨论交流、逐层剖析,使学生充分体会"冲突、疑惑、自豪、激动"等情绪,促使其站在更高的家国层面来理解中国特色的工程经济学,因此具有较好的示范效果。

汽车电器与电子技术典型教学案例

汽车车载电源——新型蓄电池

学院名称	机械工程及自动化学院	课程名称	汽车电器与电子技术
主讲教师	吴乙万	教师职称	副教授
授课对象	车辆工程专业三年级本科生	课程性质	专业必修课

课 程 简 介

"汽车电器与电子技术"是车辆工程专业的一门主干专业必修课程。本课程主要内容包括汽车电器与电子技术的发展及趋势、汽车电器设备、汽车电子控制基础、发动机燃油供给系统及控制、电子点火系统及控制、汽车排气净化系统及控制、汽车传动系统及控制、汽车制动系统及控制、汽车行驶系统及控制、电子控制技术在汽车上的其他应用。旨在通过学习本课程使学生掌握现代汽车电器设备理论知识以及汽车电子控制技术原理,培养学生根据汽车的不同类型选择、匹配汽车电器设备的能力,以及根据汽车电器各系统的性能要求进行调整、测试的能力。使学生获得有关汽车电子控制系统及装置的结构原理、检测与故障诊断等方面的初步认识,培养复合型的工程技术人才。

教 学 目 标

(1) 以车载电源系统(电池)技术的不断创新发展,通过科技创新实现我国汽车产业的"弯道超车",培养学生的爱国主义情怀与创新意识。

(2) 理解干荷电铅酸蓄电池、免维护蓄电池、镍镉蓄电池、锂电池等新型蓄电池较传统铅酸蓄电池的技术先进性。

(3) 具备综合应用工程技术与成本分析的思维,掌握电源系统的选型与匹配的基本理论和方法。

(4) 具备综合运用车载电源系统最新成果,对不同车辆功能用电需求进行合理的蓄电选型与匹配的能力。

思 政 元 素

家国情怀、科学精神、创新意识。

案例实施路径与方法

（一）育人理念

培养德才兼备、积极向上、自主创新的专业化复合型人才。

（二）实施思路

以我国新能源汽车产业"弯道超车"的案例为启发，结合车载电源（蓄电池）技术的发展演变，展开新型蓄电池技术的特点剖析。

（三）思政元素融入方式

新能源汽车给中国自主品牌超越国外品牌提供了一次"弯道超车"的机会。国内企业在新能源汽车核心的"三电技术"（电池、电机、电控）强劲发力，尤其锂电池技术上的技术创新与突破，使我国汽车技术实现了由"跟随者"到"领跑者"的转变。该案例的深度分析，将激发车辆工程专业学生热爱专业、自主创新、报效祖国的情怀。

（四）教育教学方法

以启发式教学为主，以案例教学为辅。

（五）教学活动设计

1. 新能源汽车产业"弯道超车"

目前，中国已经成为全球最大的新能源汽车市场，所生产的混合动力汽车、纯电动乃至氢燃料汽车，俨然成为中国出口的金字招牌，并且是国内市场消费者购车的新选择。更重要的是，新能源汽车正在成为中国经济高质量发展的新引擎。

回顾中国汽车工业发展史，我国成功实现了从进口、合资、仿造，到如今专门为海外市场定制"全球车型"，成为世界汽车新能源化的"领头羊"。作为全球新能源汽车制造潮流的引领者，中国车企正在成为新能源汽车行业标准、技术参数等各项指标的制定者和参与者。

2. 新能源汽车弯道超车的主要原因

学生思考并讨论下列问题：国内以奇瑞汽车、长城汽车为代表的自主品牌在发动机燃烧效率、自动变速箱等方面的技术成长与国外品牌汽车企业的主要技术差距在哪？是否可完全自主生产？是否已实现技术超越？为什么是在新能源浪潮中才实现"超车"？

在传统汽车领域，欧美等发达国家在发动机、变速箱等核心技术领域已经有了上百年的技术积累，为了保持领先优势，达到垄断技术的目的，长期对我国设置技术壁垒，严重制约了我国汽车工业的发展。国内新能源汽车企业能在近20年内实现对老牌汽车强国的"超车"离不开国家提前开展的产业布局与企业的创新突破。国家层面提前布局，采取政府与市场的双轮驱动，加快推进了新能源汽车的市场化之路。企业、高校、科研院所层面创新突破，充分发挥后发优势，在新能源汽车核心的"三电技术"尤其是锂电池技术上取得了突破。自2012年中国科学院研制成功第一块高性能锂电池以来，经过10年研发，我国动力电池技术已经领先全球，单体能量密度提高了2.2倍，生产成本降低了85%。

学生讨论：产业发展中自主创新的重要性、家国情怀。

3. 国家对电动车开展补贴时明确了补贴对象不包含低速电动车，低速电动车的动力源是什么？

传统铅酸蓄电池技术成熟、成本低，但存在能量密度低的显著不足。市面上在产的大部分低速电动车的动力蓄电池用的都是EVF铅酸电池，能量密度根本达不到工信部公布的最新版本《纯电动乘用车技术条件（征求意见稿）》中车辆蓄电池电池系统能量密度不应低于70 Wh/kg的要求。

国家的补贴政策是为了促进具有高能量密度的新电池技术的发展，从而实现产业突围。

4. 车载新型蓄电池

（1）干荷电铅酸蓄电池：其与普通铅酸蓄电池的主要区别详解（极板组在干燥状态下可在较长时间内保持制造过程中所得到的电荷）。

优点：便于长期保存（2年）。

缺点：启用后同样具有普通铅酸蓄电池存在的硫化、自放电、极板短路、活性物脱落、能量密度低等不足。

（2）免维护蓄电池：结构特点详解（栅架、隔板、新型安全通气装置与气体收集器、液体密度计电眼、穿壁式连条、壳体）。

优点：无须加水、自放电少（寿命长）、接线柱腐蚀小、耐过充电性能好、启动性能好。

缺点：能量密度低。

（3）镍镉蓄电池（碱性电池）：正负极板、电解液与铅酸蓄电池不同，分析其放电过程、充电过程中正负极电化学反应。

优点：寿命长。

缺点：镉金属昂贵，现多用镍氢电池代替，但成本仍很高。

（4）锂电池：详细对比分析三元锂电池与磷酸铁锂电池的区别。

优点：能量密度高、寿命长、额定电压高、具备高功率承受力、自放电率低、质量轻、高低温适用性较强、绿色环保（无铅、汞、镉等有害的重金属元素）、生产基本不消耗水。

缺点：成本较铅酸蓄电池高。

课后作业：分组梳理各新型蓄电池技术的应用案例与前景，后续再进行讲解。

（六）资源载体

配合纸质教材和慕课平台、学堂在线平台、各汽车门户网站、汽车自媒体等网络资源，形成知识内容和思政内容融合的立体化教学环境。

（七）特色与创新

（1）线上和线下配合的思政内容立体化教学环境，打破了思政教育的时空限制，在学习专业知识的同时，把政治认同、文化自信、人格养成等思想政治教育导向与知识传授有机融合；

（2）分享新能源汽车产业发展"弯道超车"的典型案例，开展思政内容的分组讨论型学习活动，充分调动学生积极性，积极引导学生学习与创新。

教 学 成 效

我国通过近20年的汽车"三电技术"尤其是锂电池技术的持续创新突破，在新能源汽车产业领域实现了对欧美老牌汽车强国的"弯道超车"，是一个正在发生的标志性案例，学生可切身体会到自主学习、创新突破、技术进步对产业升级、国家复兴的重大影响。

本案例在启发式教学牵引下，通过分组讨论、逐层剖析，使学生充分体会到科技强国的自豪感，使其能站在更高的层面理解我国汽车产业发展的现状与未来趋势，因此具有较好的示范效果。

材料力学 A 典型教学案例

阳台垮塌事件引发的思考

学院名称	机械工程及自动化学院	课程名称	材料力学 A
主讲教师	锁要红	教师职称	教授
授课对象	机械设计制造及其自动化专业二年级本科生	课程性质	专业必修课

课 程 简 介

"材料力学 A"是高等院校工科专业的专业必修基础课,是连接基础课和专业课的桥梁。材料力学中的定理、定律和结论广泛用于各行业的技术之中,是解决众多工程实际问题的重要知识。材料力学的主要内容包括变形体在各种外力作用下产生的强度、刚度和稳定性问题。通过本课程的学习,学生应掌握构件的强度分析(强度校核、设计截面尺寸、许用载荷的求解)、刚度分析(刚度校核、设计截面尺寸、许用载荷的求解)和压杆稳定性(稳定性校核、设计截面尺寸、许用载荷的求解)分析,并在此基础上学会选择适当的材料、截面形状和尺寸,为工程实际设计既安全又经济的结构构件和机械零件提供必要的理论基础和计算方法。

教 学 目 标

(1)课程教学目标
了解纯弯曲正应力的推导过程,掌握其计算公式并正确判断正负号。
(2)思政育人目标
育人目标:培养学生探究真理、勇于创新、不迷信权威的意识和社会责任感。
思维目标:开拓超静定问题求解的类比逻辑思维能力和创新思维能力。
能力目标:培养学生运用所学知识分析和解决工程实际问题的能力。

思 政 元 素

(1)通过对阳台垮塌新闻事件原因的分析,告诫学生"工程质量无小事,工匠精神记心间"的使命,培养和提高学生的责任意识和安全意识。

(2)通过伽利略木梁应力实验的错误结论告诉学生不迷信权威,勇于质疑,任何事情的成功(探究真理)都需要锲而不舍的精神。

(3)通过知识拓展培养学生团队合作、沟通表达、创新和解决问题能力。

(4)在课程中引用他人资源和文献时,应标注来源并致谢,引导学生在大胆创新时应尊重别人的研究成果,杜绝学术不端。

案例实施路径与方法

（一）课程导入——案例分析

首先播放 2021 年阳台垮塌的热点新闻视频案例（图 1），设问："阳台垮塌的原因是什么？（强度？刚度？还是稳定性？）"让学生分析和自主讨论该事故发生的应力原因。继续设问："阳台下方布置了钢筋（图 2）为什么仍然会垮塌？"通过对工程案例设问的方式，吸引学生的注意力并激发学生的好奇心让学生带惑学习，进而引出本节课的教学内容——纯弯曲时的正应力。

图 1　阳台垮塌热点新闻

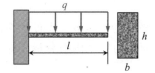

图 2　阳台下方布置钢筋示意图

（二）教学过程——类比法推导

首先通过弯曲变形的形状引导学生认识到不同纵向纤维上的应力是不一样的，该问题属于超静定问题。然后设问："已学变形中哪类应力的求解属于超静定问题？"学生回答："圆轴扭转的切应力求解。"继续设问："超静定问题如何求解？"学生回答："几何关系、物理关系和静力学关系。"进而依据此规律，引导学生建立梁纯弯曲时的变形几何关系、物理关系和静力关系，并推导其横截面上的正应力计算公式。采用类比教学法不仅培养了学生的逻辑思维能力，还起到了复习旧知识、潜移默化传授新知识、降低新知识难度的效果。最后依据推导出的正应力公式讨论其分布规律及正负号问题。

具体过程：

1）变形几何关系

从梁中截取出长为 dx 的一个微段，横截面选用如图 3 所示的 y-z 坐标系。图 3 中，y 轴为横截面的对称轴，z 轴为中性轴。从图中可以看到，横截面间相对转过的角度为 dθ。

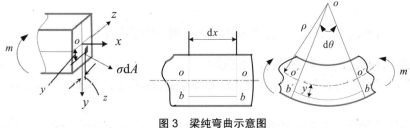

图 3　梁纯弯曲示意图

中性层 $o'o'$ 曲率半径为 ρ，距中性层为 y 处的任一纵向纤维 $b'b'$ 为圆弧曲线。因此，bb 的伸长量为

$$\Delta l = (\rho+y)\mathrm{d}\theta - \mathrm{d}x = (\rho+y)\mathrm{d}\theta - \rho\mathrm{d}\theta = y\mathrm{d}\theta$$

而其线应变为

$$\varepsilon = \frac{\Delta l}{bb} = \frac{y\mathrm{d}\theta}{\rho\mathrm{d}\theta} = \frac{y}{\rho}$$

即纵向纤维的应变与它到中性层的距离 y 成正比。

2）物理关系

梁的纵向纤维间无挤压，只是发生简单拉伸或压缩。当横截面上的正应力不超过材料的比例极限 σ_p 时，可由胡克定律得到横截面上坐标为 y 处各点的正应力为

$$\sigma = E\varepsilon = \frac{E}{\rho}y$$

该式表明横截面上各点的正应力 σ 与 y 成正比。中性轴 z 上各点的正应力为零，中性轴上部各点均为压应力，而下部各点则均为拉应力。

3）静力关系

横截面上坐标为（y, z）点的正应力为 σ，截面上各点的微内力 $\sigma\mathrm{d}A$ 组成与横截面垂直的空间平行力系。这个内力系只能简化为三个内力分量，即平行 x 轴的轴力 N，对 z 轴的力偶矩 M_z 和对 y 轴的力偶矩 M_y，分别为

$$N = \int_A \sigma\mathrm{d}A , \quad M_y = \int_A z\sigma\mathrm{d}A , \quad M_z = \int_A y\sigma\mathrm{d}A$$

考虑左侧平衡，$\sum X = 0$，$\sum M_y = 0$，得

$$N = \int_A \sigma\mathrm{d}A = 0 , \quad M_y = \int_A z\sigma\mathrm{d}A = 0$$

横截面上的内力系最终归结为一个力偶矩

$$M_z = \int_A y\sigma\mathrm{d}A = \frac{E}{\rho}\int_A y^2\mathrm{d}A = M$$

令 $\int_A y^2\mathrm{d}A = I_z$，其意义是横截面对中性轴 z 的惯性矩，上式可写为

$$\frac{1}{\rho} = \frac{M}{EI_z}$$

式中，EI_z 越大，则曲率 $\frac{1}{\rho}$ 越小。因此，EI_z 称为梁的抗弯刚度。将该式代入 $\sigma = E\varepsilon = \frac{E}{\rho}y$，即可得到弯曲时梁的横截面上的正应力计算公式

$$\sigma = \frac{My}{I_z}$$

即以梁的中性层为界，梁的凸出一侧受拉应力，凹入的一侧受压应力。

（三）课堂实例操练——解决问题，知识融合

（1）利用所学梁弯曲正应力的计算公式和分布特征来解释阳台下部布置钢筋为什么仍然发生了垮塌？

通过此案例的分析（图4），培养学生"设计无小事、责任安全记心间"的意识，培养学生具有严谨的科学素养和认真的职业道德。

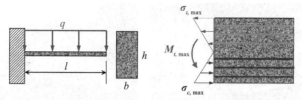

图 4　阳台下部布置钢筋及应力计算示意图

（2）伽利略的木梁正应力分布实验（图 5）结果是否正确？

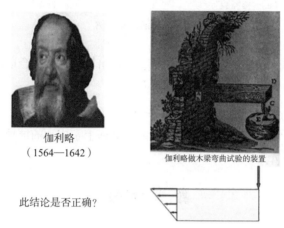

图 5　伽利略及其木梁弯曲试验

通过运用所学知识分析伽利略的木梁正应力分布结果是错误的，告诫学生"任何事情的成功都不是一帆风顺的，中间可能要经过无数的失败，通过不断地努力和艰苦探索，最终才能成功"。此外，不要盲目崇拜"牛人"、迷信权威，要有质疑和创新的勇气以及探究真理的精神。

（四）课程知识拓展——知识拓展，团队协作

通过设计问题进一步提高学生综合利用所学知识解决问题的能力，引导学生多角度、多方向思考问题，培养其开拓和创新思维并积极主动深入凝练相关知识。

知识拓展：

（1）如图 6 所示的托架开孔合理吗？请说明原因。

（2）观察建筑用的预制板（图 7），为什么开孔？孔开在何处？能在任意位置随便开孔吗？若加钢筋，钢筋应加在何处？

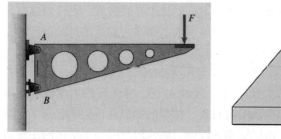

图 6　开孔托架

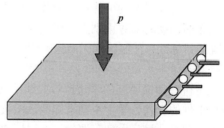

图 7　建筑用预制板

（3）新闻中的"楼脆脆""桥脆脆"等豆腐渣工程（图 8），请分析原因。

针对以上三个知识拓展题，将学生分成三组，每组选一题，运用理论分析或数值计算等方法

（a）"楼脆脆"　　　　　　　　（b）"桥脆脆"

图 8　豆腐渣工程案例

完成，最终以报告的形式上交。通过此课后训练，不仅培养了学生综合运用所学知识解决工程实际问题的能力，更培养了学生团结协作和沟通能力。

（五）知识小结——知识总结，强调重点

对知识点进行总结，要求学生了解梁纯弯曲时横截面上正应力的推导过程，重点掌握弯曲正应力公式及判断正应力的正负。

教 学 成 效

1. 教学经验

（1）生活中的案例更易激发学生的求知欲。

阳台垮塌事件新闻热点视频与生活贴近，更易引发学生好奇心、引起共鸣并陷入思考。本次教学活动通过案例教学，使"材料力学"课程更加生动，更贴近工程和生活，让学生充分体会了学有所用。

（2）类比教学法有助于降低课程难度。

在弯曲正应力推导过程中使用类比法教学，使晦涩难懂的知识变得似曾相识，学生接受难度骤然降低，进而使学生更乐于主动参与课堂，教学气氛也更活跃。

（3）优秀教学案例使思政教育润物细无声地融入课程。

阳台垮塌新闻事件原因的分析，将"工程质量无小事，工匠精神记心间"的责任意识和安全意识等思政元素潜移默化地渗透到学生心中；通过伽利略木梁正应力实验结论是错误的，引导学生不迷信权威、勇于质疑，任何探究真理的过程都需要锲而不舍的精神；课后知识拓展培养学生自主学习、团队合作、沟通表达和创新能力。此外，在拓展知识方面，学生对问题的所思所想容易暴露出来，教师可及时发现可能存在的片面想法并进行同步引导和教育；阳台垮塌新闻标注出处引导学生在大胆创新时应尊重别人的研究成果，杜绝学术不端。所有这些思政教育均非生拉硬套，具有明确的目标性，能润物细无声地唤醒学生的思考。

2. 学生评教和学习反馈

近三年，主讲教师锁要红的学生评教成绩平均分为 97.93 分。学生反映力学课程难度大，但通过新闻热点事件的引入，学生主动求知的欲望被勾起，枯燥的知识变得生动起来了，学生课堂上也更兴奋了。同时"材料力学"课堂上的层层递进设问，磁铁般地吸引了学生的注意力和关注度，让学生从枯燥的教学活动中被"点燃"了。此外，学生对事物的认识和理解也变得更理性和更成熟。

3. 同行评价

机械学院教学副院长张俊教授评价："锁教师，课讲得很好！整体授课节奏把控得很好，声音很有亲和力，理论推导与算例分析很舒缓，学生很容易跟上教师的思路，上课能很好地调动学生的参与度和沉浸感。"

4. 示范效应

主讲教师锁要红在福州大学第二届创新教学大赛上进行的课程思政的教学汇报、发表的《融入思政要素的"材料力学"教学改革探索》教改论文，以及以副主编身份编写的具有思政要素的《工程力学》教材都对"材料力学 A"课程思政建设起到了示范和推广作用。同时，本课程的思政也被列入校级思政教改项目。

大学信息技术基础典型教学案例

通信系统发展演进　彰显民族自信

学院名称	计算机与大数据学院	课程名称	大学信息技术基础
主讲教师	朱丹红	教师职称	讲师
授课对象	音乐学专业一年级本科生	课程性质	专业必修课

课 程 简 介

"大学信息技术基础"以信息化、网络化、智能化为主题，内容涵盖极其广泛。课程相关章节较为深入地介绍了信息与信息技术的概念、计算机软硬件系统、媒体数字化、问题解决与程序设计、计算机通信与网络技术、大数据和人工智能、信息安全技术等，并要求学生熟练掌握办公自动化软件应用。

课程采用线上线下混合式教学方法，不仅要求学生掌握信息技术的新知识和新应用，更要提升学生的信息素养，运用计算思维、互联网思维解决问题。通过课程学习，学生应具备以下能力：① 能够熟练操作和应用计算机常用软件；② 能够灵活应用计算机获取信息、加工信息、传播信息和应用信息；③ 能够应用计算机技术解决专业的实际问题。

教 学 目 标

通过本节课的学习，使学生达到以下主要目标：

（1）通过烽火、驿站等古代通信模型，通信技术涉及的"和谐、竞争、共享、谦让"等品质内涵，引导学生理解和认同中华民族传统文化。

（2）理解并掌握计算机网络和通信技术的工作原理。

（3）能够熟练应用互联网搜索引擎进行学习资源的检索、筛选、获取、使用。

（4）了解网络前沿技术和发展趋势，领会国家网络强国战略的核心思想，培养学生正确应用网络及相关技术的价值观和使命感。

思 政 元 素

文化自信，社会主义核心价值观。

案例实施路径与方法

（一）育人理念

以计算思维、互联网思维为导向，以信息技术赋能为目标，培养知能合一的高素质人才。

（二）实施思路

（1）"三层架构"的教学体系：基础层主要面向计算机基础知识，抽象层面向计算机建立问题模型，应用层面向计算机解决实际问题。

（2）"三位一体"的教学方法：充分整合课前、课中、课后环节，课前基础理论线上自学，课堂深化计算思维、互联网思维培养，课后虚拟实验加强实践应用。线上线下混合，调动学生兴趣和主观能动性。

（三）思政元素融入方式

（1）介绍通信技术发展和演进历程。我国古代烽火、驿站等通信模型是计算机网络通信的思想来源。通过这些历史故事引导，彰显中华文明的历史性和先进性。

（2）计算机网络通信技术蕴含的"和谐、竞争、共享、谦让"等品质内涵。

（3）网络技术发展的辩证观。

（4）网络强国战略的核心思想。"互联网+"技术的广泛应用。

（四）教育教学方法

依托中国大学MOOC（慕课）平台的课程资源，结合虚拟仿真实验技术，综合启发式讲解、现代多媒体软件、雨课堂智慧教学等手段，融合思政故事、应用案例、虚拟实验、专业实例等形式，构建理论与实验一体化的教学设计并实施。

（五）教学活动设计

1. 导入主题

课前：线上自学，通信技术的发展历程。

课堂：引入问题，通信模型的构成。

（1）课堂讨论：通信系统的定义、要素，启发学生思考，调动学生学习的积极性。

（2）知识内容：信源、信宿、信道等概念。数字通信系统的基本概念、原理、技术、专业术语等。该部分内容主要采用线上慕课自学方式。

课程思政：引入古代军事中的烽火传递、驿站，这是通信系统的雏形。现有的通信技术无论复杂度多高，都以该模型为核心。由此凸显出中华文明的先进性，增强对传统文化的认同感。

2. 展开阐述

（1）知识内容：计算机网络的定义、逻辑结构、发展历程。

课程思政：从美国国防研究高级计划署的阿帕网开始，网络技术的初衷是为了战争的需要。然而这些技术没有在战场上得到蓬勃发展，却在和平年代的民用领域得到了更为广泛的应用。以和为贵是中华民族的优秀传统美德，和谐是社会主义核心价值观的基本内容。

（2）课堂讲解：协议的三要素。

课程思政：没有规矩不成方圆，规则与制度是保障网络与社会正常秩序的基本条件。

3. 深入提高

（1）知识内容：协议的分层架构、参考模型原理，如图1所示。

（2）课堂讲解：OSI（开放式系统互连）七层模型的原理和贡献。

课程思政：分层使复杂的计算机网络系统变得简单，服务与协议让网络有条不紊地运行。每

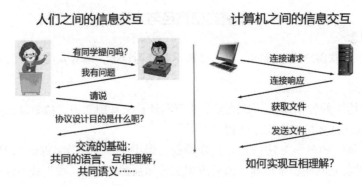

图 1　计算机网络协议设计

层各司其职，做好本职工作的同时也为上级提供优质的服务。

4. 应用实例

（1）知识内容：计算机局域网的定义、拓扑、工作模式、互连设备、互联网技术。

（2）线上自学：网络的拓扑结构。

（3）课堂讲解：局域网的工作模式。

课程思政：P2P 模式采用了"人人为我，我为人人"的设计思想。共享不仅提高了资源的利用率，也是奉献精神的体现。在共享时代，要乐于奉献，善于分享，互帮互助是社会主义核心价值观的体现。

（4）雨课堂测验＋学生讨论＋教师讲解：互联网技术基础、传输协议、IP 地址、DNS 域名。

5. 知识拓展

（1）课堂实践：利用网络、数据库，检索专业中学习所需的文献、博客、论坛等资源。

（2）线上思政小故事：解密搜索引擎。

课程思政：网络强国战略的宗旨和内涵。

（六）资源载体

（1）中国大学 MOOC（慕课）：大学计算机，北京理工大学，李凤霞主讲。

（2）虚拟仿真实验平台：虚拟实验工场。

（七）特色与创新

为顺应新文科的人才培养需求，从解决专业实际问题的需求出发，跨专业融合，改革课程体系，切实培养非计算机专业学生应用计算机技术解决实际问题的应用和创新能力。

教 学 成 效

（1）课程以工程教育专业认证与"新工科"的人才培养需求为背景，激发学生的主动学习兴趣，提升学生的探索创新意识，培养学生互联网思维、计算思维和工程软件基本技能，得到认可与评价，具有一定的推广价值。

（2）课程获得学生一致好评，2020 年学生评教成绩为 100 分，排名全校第一。

（3）中国高校计算机教育 MOOC（慕课）联盟线上线下混合式教学改革项目（图 2），已顺利完成。

（4）教学模式在 2019 年 4 月由项目团队承办的"第二届福建省高校大学计算机教学论坛"中的"新工科背景下计算机公共基础课程教学改革探索"的成果交流报告中得到展示，获得同行的

图 2　中国高校计算机教育 MOOC 联盟线上线下混合式课程项目

认可。

（5）2019 年度，全国高等院校计算机基础教育研究会计算机基础教育教学研究项目，结题成绩优秀。

（6）推动学校计算机公共基础课程体系改革，涉及 C 语言、Python 程序设计、ACCESS 数据库程序设计、小白学习人工智能等课程。相关内容发表教改论文 3 篇。

数据科学与大数据技术导论典型教学案例

数 据 分 析

学院名称	计算机与大数据学院	课程名称	数据科学与大数据技术导论
主讲教师	刘耿耿、郭文忠	教师职称	副教授、教授
授课对象	数据科学与大数据技术专业一年级本科生	课程性质	专业必修课

课 程 简 介

本课程在数据技术时代"互联网+教育"的新工科背景下,秉承"互联网+大数据"思维的大工程观理念,形成"数字化思想引领,多学科交叉融合,创新创业能力提升,科教融合固化,课程思政完善"的特色模式。本课程跨越数学、统计学、计算机科学等多个学科,催生和带动一批交叉学科和应用交叉学科的发展,并从教学目标、内容、模式、评价和授课团队等方面做综合改革和提升,本课程内容新、广、深,过程严格按专业认证规范,充分发挥本课题组科研能力优势,并转化为教学优势,促进科教融合。在数字福建大数据基础技术福州研究院、福建省大数据分析与处理工程研究中心、国家科技园福州大学先进控制技术研究中心的工业自动化通用技术平台等科研平台的基础上,进一步深化科教融合、校企合作、协同育人、课程思政、课赛结合,充分利用企业资源开展课程建设。

教 学 目 标

(1)学生能够领会数据科学与大数据技术的基本概念、基本理论和学科内涵,熟悉不同的数据类型及其分析方法,能够运用云平台、数据库、大数据平台和工具以及编程语言 Python 等数据处理基础设施、平台和工具。

(2)学生能够全面了解数据科学与大数据技术的研究进展,熟悉其在重要领域的典型案例和典型应用,综合分析数据采集、模型训练、预测、评价到可视化等环节,进一步理解数据分析处理的实践,树立"互联网+大数据"思维的工程观理念,有解决复杂工程问题的思路。

(3)学生能够深刻认识数据科学与大数据技术的多样性、跨学科性和对社会发展的重要性,激发创新创业意识思维,增强学习专业的志趣,涵养科研素养和精神,具有敢于创新敢于挑战的科学精神和服务国家大数据发展战略的家国情怀。

思 政 元 素

(1)结合柯洁乌镇大战 AlphaGo 憾负后的微博热议事件、腾讯 AI Lab 撰写的 AAAI 论文用深度强化学习打王者荣耀等多个热点事件,并且结合前沿的科研知识、"数字中国"及福建省大力推广"数字福建"等背景,针对课程内容和学生反馈,凝练课堂问题,组织生生讨论、生问生答等方式,促进学生辩证思考。

(2)课程思政与专业知识互浸,引导学生做到专业自信,立志投身科研工作,培养学生具有良好的社会责任感和职业道德,全面激发学生爱国热情,培养学生服务国家大数据发展战略的家国情怀。

案例实施路径与方法

(1)利用多媒体教学方式,结合柯洁乌镇大战 AlphaGo 憾负后的微博热议事件、腾讯 AI Lab 撰写的 AAAI 论文用深度强化学习打王者荣耀等多个热点事件,并且结合前沿的科研知识、"数字中国"及福建省大力推广"数字福建"等背景,针对课程内容和学生反馈,凝练课堂问题,组织生生讨论、生问生答等方式,促进学生辩证思考。启发、剖析、总结相结合,针对面向数据分析的典型方法内容进行整理归纳,重点介绍面向数据分析的典型方法,包括相关性及回归性的统计分析方法和分类、聚类等典型的基于机器学习的分析方法,希望学生能够了解并掌握统计数据分析和基于机器学习的数据分析。通过板书、图例、举例、师生讨论、流程图等多种形式加强对数据分析的典型方法等抽象概念的理解,促进对抽象知识点的理解,同时也提升学生对数据分析的学习热情。

(2)采用引导与思辨相结合的教学策略,讲授和多媒体演示相结合方式的教学方法,将思想政治教育有机融入课程,推动"思政课程"向"课程思政"的立体化育人转型,将专业课程中涉及"数据安全与隐私保护""大数据的法律政策规范""大数据的战略地位"的内容与思想政治理论有机结合起来,形成协同效应,培养学生的学习自主性、学习态度、科研能力、创新思维,引导学生做到专业自信,立志投身科研工作,培养学生具有良好的社会责任感和职业道德,全面激发学生爱国热情,使学生建立"勤学报国"的坚定信念,培养学生服务国家大数据发展战略、捍卫数据安全的家国情怀,以更好地服务于国家大数据发展战略。

(3)跨越数学、统计学、计算机科学等多个学科,催生和带动一批交叉学科和应用交叉学科的发展,并从教学目标、内容、模式、评价和授课团队等方面做综合改革和提升,课程内容新、广、深,过程严格按专业认证规范。

(4)充分发挥本课题组科研能力优势,并转化为教学优势,促进科教融合,授课效果突出,在现有校企联合研发平台的基础上,进一步深化科教融合、校企合作、协同育人,充分利用企业资源开展课程建设。

(5)注重科教融合和课赛结合,探索使用前沿科学研究和学科竞赛回馈教学。强化课程的价值引领作用,进一步加大大数据关键技术人才培养力度,加强相关专业学生对大数据这一新兴前沿技术的深入学习,提升学生在该领域的解决复杂问题能力、自主学习能力和就业竞争力。

(6)依托大数据相关领域科研项目的执行,进一步加强授课教师在大数据技术领域的基础理论知识、项目开发和实践能力。注重教学教改研究型教师梯队建设,积极申报和承担教育研究或教学改革项目,将本课程建设作为新工科研究和实践工作的重要组成。

教 学 成 效

(1)本课程授课效果突出,入选 2021 年省级一流本科课程;积极申报和承担教育研究或教学改革项目,获批 2021 年福建省本科高校研究生教育教学改革研究项目,入选 2021 年福州大学本科教学成果奖特等奖并推荐申报 2022 年福建省高等教育教学成果奖；将思想政治教育有机融入课程，入选 2022 年福州大学课程思政示范项目立项建设名单；依托本课程的"课赛结合"，指导的学生获第十八届 CCF 中国信息系统及应用大会（WISA 2021）创新设计大赛第四名。

（2）契合学院开展本科生走入实验室的"青禾计划"，建立课程与学院开展本科生走入实验室的"青禾计划"的联动遴选机制，从课程作业、课程报告和期末考试中提早发现、挖掘具有科研创新潜质和综合报告能力强的拔尖苗子提前入选"青禾计划"，推动本科生的科研能力发展。

（3）最近一学期学生对本门课程的评教结果为 98.11 分（满分 100 分）。同时校教指委的张友坤副处长、于元隆教授、夏岩教授等教师对本门课程的课程内容学术性评价意见，一致认为：该课程教学效果优秀，从课程体系到教学方法都进行了富有成效的创新与改革；该课程知识体系科学，资源配置全面合理，教学模式多样化，有效地提高了教学质量，在同类课程中有很好的导向性和示范性。

机器学习"思行合一"能力培养——以逻辑回归为例

学院名称	计算机与大数据学院	**课程名称**	机器学习
主讲教师	于元隆	**教师职称**	教授
授课对象	计算机专业三年级本科生	**课程性质**	专业必修课

课程简介

"机器学习"课程作为计算机专业核心前沿课程,通过组建教学与科研融合的课程导师团队,使用基于自建慕课的混合式教学方式,介绍模式识别领域的基础理论、前沿技术和产业应用,构建基于当前科研热点的创新实训项目,坚持产出导向和持续改进理念,将课程打造成服务国家和"数字福建"发展需求的人工智能领域前沿课程。

通过课程学习,学生应具备以下能力:① 掌握概率生成模型和判别模型决策理论,以及监督式和非监督式学习理论;② 能够针对实际应用问题提出创新性的算法和技术方案;③ 具备坚韧的科学精神和服务国家发展战略的家国情怀。

教学目标

(1)通过感知机思政故事,基于"服务机器人异常目标检测"的实验室科研实例,培养学生扎根祖国科研的理想信念和持之以恒的决心,能够将所学知识真正应用于技术创新。

(2)掌握逻辑回归(logistic regression)的定义、逻辑回归的贝叶斯解释与原理推导。

(3)能够辩证分析并应用逻辑回归衔接线性和非线性模型。

(4)领会逻辑回归与生成模型的最新科研进展,开展科研高阶思维训练。

思政元素

辩证思维、科技报国。

案例实施路径与方法

(一)育人理念

以训练科研高阶思维、培养科技报国信念为中心,问题与案例驱动,产出导向。

（二）实施思路

（1）课程思政与专业知识深度浸润，培养坚持科研的理想信念。

（2）构建"课前需求驱动、课堂问题驱动、课后实践驱动"的教学模式。

（3）采用"引导—思辨—阐释—实训"的教学策略。

（三）思政元素融入方式

（1）运用马克思主义辩证原理分析线性模型和非线性模型的各自特性，启发学生进行模型改进，训练辩证思维，培养思辨能力。

（2）讲解人工神经网络发展进程中的感知机科研故事，探讨重要事件对技术发展的深刻影响，使学生对科研保有持之以恒的热忱和乐观进取的精神。

（3）以"服务机器人异常目标检测"的实验室科研实例为引导，促进学生深入学习前沿知识，树立科技报国的使命担当。

（四）教育教学方法

依托中国大学 MOOC（慕课）平台的自建慕课，引导学生利用在线资源，进行课前预习，并线上反馈学习难点。针对课程内容和学生反馈，凝练课堂问题，结合雨课堂等工具，组织生生讨论、生问生答等方式，促进学生辩证思考。启发、剖析、总结相结合，阐释各算法的深层含义。通过图表等形式对高维数据可视化，加强对抽象概念的理解。课堂编程练习与课下科研实训相结合，既促进学生对知识点的理解，又提升其解决实际问题的能力。

（五）教学活动设计

1. 问题导入

学生自带笔记本电脑，采用课前作业已经编写的感知机程序，寻找"异或"问题的分类边界，并通过雨课堂将运行结果拍照上传。教师分析学生拍照上传的数据结果，解释采用感知机为什么无法将"异或"这样简单的数据模型准确分类。

2. 融入思政故事的启发式教学

（1）讲解感知机发明家罗森布拉特的科研思政故事。

（2）组织学生讨论，并回答该故事内容带来的学习启示。

（3）教师针对学生回答，启发分析，探讨非线性模型的决策边界。

3. 辩证分析线性和非线性模型，可视化高维数据

（1）雨课堂测验：给定一个用于两类分类的贝叶斯分类器，特征空间为一维或者二维。两个类别观测似然概率都是高斯分布。图 1 中哪些图可能是正确的该贝叶斯分类器的分类边界？

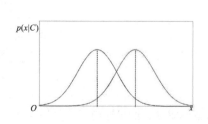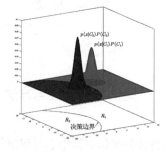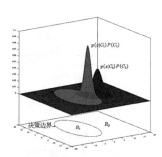

图 1　高斯分布的贝叶斯分类决策边界

（2）知识讲解：贝叶斯分类器的分类边界线性和非线性辩证分析。

（3）启发式教学，师问生答，生生讨论：在观测是高斯分布的情况下，如果两个类别的高斯观测的协方差矩阵相同，贝叶斯分类器就是一个线性判据。

4. 启发阐释重点知识

启发剖析、阐释总结：逻辑回归定义和模型表达。线性判据再加上 sigmoid 这一个非线性函数，就可以得到后验概率表达，即得到逻辑回归。因此，逻辑回归模型是连接线性判据和非线性模型的桥梁，也是连接贝叶斯分类和线性判据的桥梁。

5. 实验室案例介绍，学习前沿知识，训练创新能力

（1）实验室实际科研案例介绍：同科沃斯机器人股份有限公司合作，成功研发扫地机器人小目标检测系统并应用到实际产品中。

（2）前沿阅读，科研训练：生成模型前沿研究。

（六）资源载体

（1）中国大学 MOOC（慕课）：模式识别与机器学习，福州大学于元隆主讲。

（2）科研实训案例库。

（3）课程思政案例资源库。

（七）特色与创新

（1）构建思政原理与专业知识"共蕴互促"的课程思政教学内容。深度发掘机器学习算法蕴含的马克思主义辩证原理，结合人工智能学科发展、国家需求等背景，与专业知识充分融合，共同孕育课程思政内容。

（2）创新基于"实践论"的课程思政教学方法。指导学生通过实践、认识的迭代寻优，深入探讨问题本质规律，有效运用辩证原理解决专业问题，由此促进学生领悟思想内涵、吸收和内化课程思政内容。

（3）建立"软硬协同"的考核评价机制，思想素质为软，专业能力为硬。将思政元素深度融入专业考核，关注课程思政内容的理解和运用情况，检验课程育人效果。

教 学 成 效

（1）课程思政促进专业学习，学生成绩明显提升：知识关联提升了 14.6%，复杂与前沿理论提升了 26.7%，实践创新提升了 12.8%。

（2）机器学习课程思政育人取得成效。学生利用课程所学，将方法应用于人工智能相关领域，参加中国"互联网+"、CCF 大数据与计算智能等学科竞赛，获得国家级金奖、一等奖等 10 余项。在人工智能国际顶会 CVPR、ICCV 等发表学术论文 10 余篇，授权 20 余项发明专利和软件著作权。课程培养的优秀学生，成为实验室科研团队的坚强主力来源。

（3）课程思政建设模式由负责人于元隆在"2021 年大数据与产教融合高峰论坛""创新教学资源，推动一流课程建设学术研讨会"等大会做报告，获得推广好评。相关论文《高校人工智能拔尖人才培养探索与实践》发表于《高等理科教育》。

数据结构与算法分析典型教学案例

"数据结构与算法分析"课程思政模式探索

学院名称	计算机与大数据学院	课程名称	数据结构与算法分析
主讲教师	孙岚	教师职称	讲师
授课对象	人工智能专业一年级本科生	课程性质	专业必修课

课程简介

"数据结构与算法分析"课程是人工智能专业的核心课程,是一门理论与实践相结合的课程,在课程体系中有举足轻重的地位,承担4项毕业要求指标点。课程主要介绍线性表、栈、队列、数组、树、图等常用数据结构的基本概念、操作及其典型应用;经典的查找、排序、最短路径等算法的基本原理。通过本课程的学习,学生能够针对具体复杂的工程问题或者过程选择合适的数据结构并建立数学模型而后进行求解,明确问题域的基本特征和解决问题的关键环节,具备论证解决方案可行性的能力,同时具备对算法的计算复杂性进行正确分析的能力,具备坚韧的科学精神和服务国家发展战略的家国情怀。

教学目标

(1)掌握常用的数据结构,熟悉各种基本数据结构的特点、存储表示、运算方法和典型应用。

(2)掌握一些典型算法,能够独立地设计性能优良的算法,具备对算法的时间复杂性及空间复杂性进行正确分析的能力,以奠定坚实的理论基础。

(3)具备主动获取新的知识和技能的能力,能够在工作中寻求发现问题、解决问题的途径。

(4)结合课程与日常生活的紧密联系、与前沿学科的交叉融合,能树立科学探究的精神,积极向上进取,养成较强的社会责任感,能够践行社会主义核心价值观。

思政元素

(1)努力学习,增强社会责任感。根据计算机课程的特点,将学科前沿知识融入课程教学及案例设计中,一方面体现课程的前沿性和时代性,另一方面引导学生运用所学知识解决实际问题,鼓励学生要学习好专业课程,提升自我价值,树立学生正确的人生观,增强学生的社会责任感。

(2)与时俱进,厚植家国情怀。通过介绍课程发展过程中的一些科学家,让学生们了解科学家对实现国家富强的重要性。在设计课程实践练习时,以抗击疫情、建党百年、北京冬奥、航天强国等案例作为题面描述的背景，培养学生的家国情怀。

（3）坚忍不拔，培养探索精神。设计分层次、有梯度的实践练习，培养学生一丝不苟、锲而不舍的精神。鼓励学生通过查找资料、团队合作的方式解决课程中提供的拓展性问题，培养学生的探索精神。

案例实施路径与方法

（一）育人理念

在课程教学中融入思政元素，使课程教学与思想政治课同向同行，实现协同育人。注重传道授业解惑、育人育才的有机统一。将"培养什么样的人""如何培养人"的问题与专业知识的传授有机结合。注重加强对学生世界观、人生观和价值观的教育，为中国特色社会主义事业培养合格的建设者和可靠的接班人。

（二）实施思路

（1）找准思政元素切入点，探索思政元素嵌入方式。在课程教学大纲中，明确要求教学目标需体现引领学生树立正确世界观、人生观和价值观，并具有科学探索精神，了解国情社情民情，践行社会主义核心价值观等。梳理和推敲课程内容，挖掘课程内容的时代背景与价值理念，以专业知识点为基础，采用任务驱动的教学方法，找准思政元素的切入点，探索思政元素的嵌入方式。

（2）把握融入的最佳时机。一般而言，学生产生心理共鸣、情绪低落或情绪高涨的时候是融入的最佳时机。例如，学生在算法设计、编程实现但未获得正确结果时，学生的毅力面临挑战，这时候就是融入思政元素的最佳时机，可以通过融入和平年代的"女排精神""航天精神"等精神勉励学生不畏艰难、勇往直前，深植"敬业、爱岗"的社会主义核心价值观。

（三）思政元素融入方式

思政元素的融入需结合课程的实际特点，且不刻意、不牵强、不教条。一方面在算法讲解过程中，采用问题导入的方式分阶段层层递进、循序渐进，提升学生的心理素质，磨炼学生的毅力；另一方面，围绕课程实践训练这一重要环节，以学生为主体，设计分层次、有梯度的实践练习，将实践练习与实际问题相结合，培养学生的计算思维能力以及应用计算思维方法分析和解决问题的能力，培养学生坚忍不拔的探索精神，从而达到知识、能力、素质有机融合的课程"高阶性"。

（四）教育教学方法

依托在线开放课程资源，使用现代信息技术，综合启发式讲解、传统板书、现代多媒体软件、PTA教学等手段，适时设疑，师生互动交流，理论联系实际，启发式教学与案例教学、发散思维与收敛思维有机地结合。

（五）教学活动设计

以"排序算法"的内容为例，展示教学活动的具体设计。以学生熟悉的游戏排名问题作为导入。以王者荣耀这种大家耳熟能详的游戏为例，提出问题：在游戏玩家人数众多，而排名又几乎是实时呈现的情况下，如何才能对大样本集高效地进行排序以便选择出 Top N（榜单排名前 N）？

结合学生熟悉的应用场景，使其感受到所学知识的实际价值，适时设疑，启发学生思考，从而产生好奇心，激发学习的欲望和积极性。

1. 介绍和排序有关的基本概念与术语
2. 从最简单的排序算法——冒泡排序开始，举例说明其算法思想

例：用冒泡排序法将序列 34，21，64，51，32，8 按照从小到大进行排序。

   第 1 趟：8 34 21 64 51 32 比较次数：5；交换次数：5

   第 2 趟：8 21 34 32 64 51 比较次数：4；交换次数：3

   第 3 趟：8 21 32 34 51 64 比较次数：3；交换次数：2

   第 4 趟：8 21 32 34 51 64 比较次数：2；交换次数：0

   第 5 趟：8 21 32 34 51 64 比较次数：1；交换次数：0

  通过上面的例子，展示了基于比较的冒泡排序算法的执行过程。一般情况下，冒泡排序算法执行的趟数跟待排序列中数的个数有关，通过统计例子中每趟交换的次数，引导学生观察例子中的特殊性，从而对冒泡排序算法进行优化。**培养学生发现问题、积极探索的精神**。

3. 插入排序的算法思想，并进行举例

例：用插入排序法将序列 34，21，64，51，32，8 按照从小到大进行排序。

   第 1 趟：21 34   比较次数：1；移动次数：1

   第 2 趟：21 34 64   比较次数：1；移动次数：0

   第 3 趟：21 34 51 64   比较次数：2；移动次数：1

   第 4 趟：21 32 34 51 64   比较次数：3；移动次数：3

   第 5 趟：8 21 32 34 51 64 比较次数：5；移动次数：5

  用与冒泡排序相同的例子来模拟插入排序的执行过程。引导学生对两种算法中的共性进行挖掘。这两种基于比较的排序算法的本质是通过交换改变"逆序对"。通过分析得出更为高效的改进算法——希尔排序。

4. 案例实践

  对当前中国的经济形式做一个简单介绍：中国已经成为一个市场经济国家，中国的经济已经同全世界结成统一整体，成为世界资本主义和中美经济体的重要一环。在成熟的市场经济条件下，商品生产以普通民众消费的一般商品为主，富人消费的奢侈品单价高，但总量很小，对全社会生产的拉动作用很有限。如图 1 所示，由于两极分化程度较为严重，同时财富效应又不如欧美明显，中国总体上的消费能力相对较低。中国居民最终消费占 GDP 比重从 20 世纪 80 年代初的超过 50% 下降到 2010 年的 33.8%，近年来又逐渐回升，到 2016 年为 39.3%（图 2）。这一比例在全球都是比较低的。目前全球居民消费占 GDP 的比例平均为 58.3%，美国为 68.8%，英国、希腊等国都超过 60%，印度、印度尼西亚、土耳其等国也都超过 50%（图 3）。

  请三位学生对各项经济指标进行排序，并计算各自所写代码的语句频度，并让学生思考为何都是简单排序算法却会出现语句频度不同的现象。结合该问题，循序渐进地引导、由浅入深地启发学生思考，增强师生互动交流，让学生逐步记住重点并消化难点，使学生思考各简单排序算法的弱点并提出解决方案。通过案例教学，增强学生科技强国的使命感，培养学生的专业自豪感，树立科学探究的精神，积极向上进取。

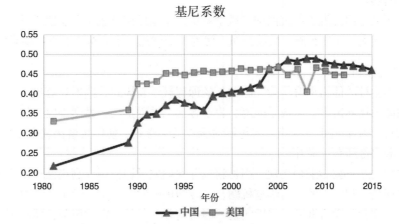

图 1　中美收入基尼系数变化情况

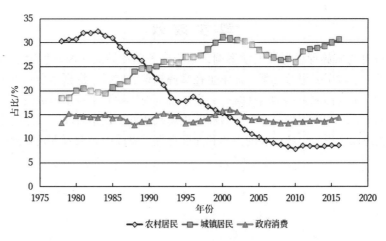

图 2　中国三大消费占 GDP 比重

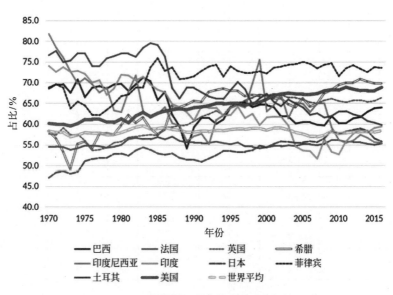

图 3　各国居民消费占 GDP 比重

（六）资源载体

课程教学团队专门开发了课程的网络教学系统用于辅助课堂教学和实践教学，该系统用于实践作业的发布、提交、在线评测、成绩公布、优秀作业评选、解题报告分享、疑难解答等。

（七）特色与创新

（1）基于学生核心能力提升构建互融共长的课程教学新模式，瞄准计算机类专业学生分析问题与解决问题能力培养需求，以教学内容、教学方法、课程实践、教学手段、教学评价等环节为着力点，突破传统教学定式，构建了问题驱动课程教学模式，使学生解决复杂工程问题的能力、可持续发展的潜力得到有效提升。

（2）利用线上线下教学平台实现"因材施教"并形成反馈机制。利用课程组研发的课程教学支撑平台，实现线上和线下的教与学有机融合，教师可随时掌握每个学生的学习状况并能及时进行反馈指导及"推荐"学习资源，借以实现"因材施教"式的个性化服务，同时可反馈形成对课程内容和教学设计的持续改进。

教 学 成 效

课程通过设计与实施课程思政教学案例，基于任务驱动模式在课堂教学中运用灵活、丰富的教学方法和教学手段引入思政元素，让学生在掌握知识的同时，深刻体会到祖国的伟大，更加明确了个人学习目标与国家发展的内在统一，更加直观地体验到秉持正确价值观的重要性，能够有效提升学生的责任心和学习的自律性。目前课程思政还处于探索阶段，虽然已取得了一定的效果，但教师课程思政水平、思政内容的内涵和深度挖掘、思政内容融入方式等方面，还有待进一步提高。

计算机通讯典型教学案例

互联网大国到互联网强国的漫漫创新路

学院名称	海洋学院	课程名称	计算机通讯
主讲教师	陈良琴	教师职称	讲师
授课对象	电子信息工程专业三年级本科生	课程性质	专业必修课

课程简介

"计算机通讯"是电子信息工程专业的专业方向课程。通过本课程的学习,了解计算机网络的概念、发展历史、体系结构;掌握物理层、数据链路层、网络层、传输层及应用层各个层次的功能实现与核心协议;理解计算机网络与互联网的工作过程,掌握网络系统的分析、设计与建设的基本方法和规范,根据各种类型的网络服务器的特点,学习网络接入的配置方法,分析故障并排除故障;熟悉当前的网络安全风险并掌握相应的网络安全技术,了解网络未来发展趋势。本课程着重培养学生正确认识问题、分析问题和解决问题的能力,提高解决实际网络通信问题的实践技能,为后期进行各类网络应用系统设计、网络相关实践及其他相关课程的学习奠定基础。同时培育学生的网络强国战略思想,正视未知世界,深化对网络的科学探索,树立正确的人生观、价值观,激发学生科技报国的家国情怀和使命担当,加强网络安全意识和网络"法律"意识。

教学目标

(1)价值引领:科技创新是硬道理;提升社会认同感和责任感。
(2)知识拓展:网络、互连网及互联网等概念;互联网从无到有、从有到优的发展过程;体会科技发展的脉络与触发动力。
(3)思维训练:培养批判性思维能力;强化开放性思维;提升鉴别力。
(4)能力建构:培养学习计算机网络的兴趣与动力;培养主动思考能力;培养科研创新与前瞻性意识。

思政元素

培养和强化学生居安思危、为国创新、科技强国的家国情怀。

案例实施路径与方法

本节的思政要旨是结合本节教学内容（互联网概述）的递进式阐述，逐步渗透和培养学生居安思危与科技强国的意识和爱国主义情怀，其具体实施路径与方法如下：

（1）首先从计算机网络作为一种通信网络所具备的作用——信息传递、资源共享的角度出发，引导学生回顾信息传递方式的发展史与变化。

从烽火、信鸽的传递到信使和电报的传输，从电话的语音通信到互联网的多媒体通信，让学生感受互联网带给我们的变化。并进一步通过各种各样的网络服务，如直播带货、远程医疗、在线课堂、大数据下的行程卡等，利用图片、视频等丰富多彩的方式让学生感受到互联网在当今信息时代的作用。

教学活动设计：提问学生作为用户都使用了哪些网络服务；播放直播带货视频；展示一些统计数据。

引导与设疑：从底层通信技术、计算系统、应用支撑技术及行业互联网各个方面来看，互联网已成为网络空间的核心。那么什么是计算机网络，互联网又是什么？

（2）由此进入本节知识点的阐述——计算机网络、互连网和互联网等概念。

计算机网络是由若干节点和连接这些节点的链路组成的；多个这样的网络可进一步通过一些路由器相互连接起来构成覆盖范围更大的网络（网络的网络），这就形成了互连网（internet）。而互联网（Internet）则是特指当前全球最大的开放互连网，它前身来自于阿帕网，采用 TCP/IP 协议互连。

教学活动设计：提问学生对于计算机网络概念的理解；可结合家庭、宿舍等场景下的网络接入与使用情况引导学生展开对于网络组成中的节点与链路概念的理解。

重要概念强调：internet 与 Internet。

（3）接着进行互联网发展史的阐述与探讨。

先按照时间脉络，将其划分为早期发展（20 世纪 90 年代以前）和新发展（20 世纪 90 年代以后）。早期发展重点介绍互联网产生的战略背景与技术支持。互联网的新发展则是按照基于 Web 的 PC 互联网到基于以手机为代表的智能终端设备的移动互联网的进程进行展开。最后介绍中国的互联网发展历程。

教学活动设计：提问与同学间讨论；结合中国互联网络信息中心（CNNIC）网站发布的《中国互联网发展统计报告》的数据图表进行比较分析。

思政元素设计 1：前瞻性科技研究的要素。互联网早期发展带给我们的启示，重大的军事需求是推动，实用有效的技术是基础，联合协作的开放式研究是可持续发展的保障。互联网的新发展则折射出科技研究中的一般规律，即商业需求是核心驱动力，技术创新是重要基础。

思政元素设计 2：增强学生民族自豪感。通过介绍中国互联网应用全球领先、中国下一代互联网示范工程 CNGI 和宽带中国的国家战略，让学生深刻感受到互联网在中国的蓬勃发展与欣欣向荣。

思政元素设计 3：科技创新能力是首要。以网络设备商华为公司为例，该公司经过三十多年的发展已成为业界第一的网络公司，但是仍受到美国科技封锁的打压与威胁。因此从学术创新到产业落地，到制定国际标准，其核心都是技术创新，而具有创新能力的高端人才是每个公司的财富，更是国家的未来。

（4）最后介绍互联网标准的制定流程。

简单介绍相关的组织与机构，包括国际标准化组织（ISO）、国际电信联盟（ITU）、国际电气和电子工程师协会（IEEE）等。进一步引出互联网工程任务组（IETF）和互联网研究任务组

（IRTF）及其制定互联网 RFC 的流程。

教学活动设计：思维导图式展示 RFC 生成流程；结合 TCP/IP 等 RFC 实例演示。

思政元素设计 4：居安思危，我辈仍需努力。中国参与 RFC 的人数较少，主导的 RFC 数量有限，制定 RFC 的核心权力机构互联网工程指导小组（IESG）至今没有中国专家进入。这说明我国虽是互联网大国，但非互联网强国，因此我辈学生仍需努力。

（5）本节课总结与作业布置。

对本节课的知识点与概念进行总结，并布置开放性课后作业，引导学生进一步通过查找文献的方式去自主探索课上部分未尽的思政案例的细节。

作为本课程的第一次课，本节课采用异常丰富的师问生答、生问生答及图片、图表、视频等各类素材资源，从学生的生活与学习的环境出发，让其切身感受到网络带给每个人乃至时代的变化，进而激发学生对于本门课程的学习兴趣与探索好奇心。同时，结合课程相关概念，引入华为公司等案例，一方面提升学生的民族自豪感，另一方面引领学生认识科技事物发展的一般规律，培养其居安思危的国家安全意识，增强其为国科研、科技报国的爱国情怀。课程思政与教学内容的无缝结合，教学方法与思政素材的多样融合，是本节课在思政教学元素设计上的最大创新与特色。

教 学 成 效

本教学案例的设计层面科学合理、逻辑清晰，可操作性强。通过与教学内容紧密融合的案例分析与知识拓展，实现每个思政点向三个育人层次的自然延伸。思政育人元素丰富，方法多样，效果良好。可进一步平衡课堂教学知识容量与思政元素表述方式；探索有效的育人效果反馈方式与机制；进一步挖掘能够强化社会责任感和家国情怀的元素，提升育人层次。

风景园林资源学典型教学案例

文 化 景 观

学院名称	建筑与城乡规划学院	**课程名称**	风景园林资源学
主讲教师	张雪葳	**教师职称**	讲师
授课对象	风景园林专业三年级本科生	**课程性质**	专业必修课

课 程 简 介

"风景园林资源学"是风景园林专业必修课。课程兼具专业理论性、现实应用性与国际前沿性。

课程以自然风景与人文风景为主线，系统介绍风景资源的类型、成因、特征及价值，介绍风景资源评价、管理与开发的基本方法，重点探讨中国风景资源的构成及其形成、发展的自然与文化背景，并结合联合国教科文组织以及国内外风景资源开发与利用的先进经验，为风景园林资源的价值认知、开发保护以及风景资源区域规划提供基础理论知识与方法，为专业知识体系的全面发展奠定广阔的学术视野与恰当的专业敏锐度。

风景资源是能够给人们带来物质与精神享受，具有美学特征与综合效益的事物、现象或因素，是地球表层规划的依据，是建设"美丽中国"的珍贵样本与现实载体。随着自然与文化遗产等概念日益成熟，社会各界对承载着生态与文化多样性的风景资源的认识不断加深，已形成了重视、珍惜与保护风景资源的共识。党的十八大以来，生态文明建设、"美丽中国"建设不断推进，了解、掌握风景资源的相关理论与知识，不仅能够满足时代、国家与个人的发展需要，也有利于增强学生的文化自信、国际视野与本土意识，树立珍视中国风景资源的价值观，树立风景园林从业者应有的责任感与使命感。

教 学 目 标

课程授课对象为风景园林专业三年级（五年制）学生。学生整体特征为：基础扎实、思维活跃、学习自觉性强。但由于风景园林专业一、二年级为人居环境学科群统一授课，至三年级正式转入风景园林专业授课，学生们的专业认知与职业定位尚不明确。因此，课程以"文化启蒙""审美启智"为大方向，围绕风景园林创新型人才培养所必需的"专业素养"和深层次"思政元素"，构建了四个维度的基本目标。

（1）价值引领：提升文化自信，培养职业崇高意识、工匠意识，树立珍视中国风景资源与人居环境建设优良传统的基本价值观。

（2）知识拓展：巩固与风景园林规划设计相关的基本概念；理解风景园林规划设计与研究、实践的对象与范围；明确风景资源的概念与内涵；熟悉风景园林资源学与相邻学科的关系；掌握风景资源的类型与特征；掌握风景资源评价、管理与开发利用的基本程序、方法。

（3）思维训练：培养动态发展观，以理解中国人居环境演进历程；培养系统性思维，以理解山、水、林、田、湖、草等自然资源统筹管理的必要性；鼓励创造性思维与学科交叉思维，以解决区域生态与文化综合问题。

（4）能力构建：在专业能力构建方面，综合前沿理论、科学方法与传统智慧，培养可应对风景资源领域现实需求的专业意识与职业素养；在通用能力构建方面，培养观察分析、设计表达、融会贯通与知识迁移的能力。

思 政 元 素

课程以我国人居环境建设的伟大成就与现实问题为驱动，采用学术研究与实践经验相融合，课程思政与专业知识相浸润的教学模式，以丰富、扎实的内容，追寻华夏文明，把握时代特色，回应现实需求，引导学生树立建设"美丽中国""生态文明"的崇高理想。

主要思政元素包括：

（1）追寻华夏文明，感悟"文化自信"与"家国情怀"。

课程重点讲授风景资源的类型、成因及其多元价值。综合地理学、生态学、气象学、民俗学知识，选用《航拍中国》《地球脉动》《中国自然遗产与文化遗产》等高质量影像资料，将黄山之奇石纷呈、华山之天下险峻、桂林之温润秀美、四川黄龙之奇绝秀幽、中国丹霞之瑰丽明艳与岩石特性、地貌特征、地质过程等知识点讲解相融合；将"泾渭分明""日月并升""海市蜃楼""钱塘怒潮"等自然奇观与独特的地域环境相映照；将文人艺术与民间艺术雅俗共赏的本质抽丝剥茧，引导学生在世界之大美、中国之大美中遨游徜徉，形成对自然的由衷热爱、对生命的崇高敬意，对祖国山川河流、人文胜境的归属感与认同感，对中国人居环境建设与生态文明建设伟大成就的强烈自豪感。

（2）把握时代特色，培养"国际视野"与"本土意识"。

课程注重借鉴文化景观、城市历史景观、生态系统服务、元宇宙等前沿理论，结合联合国教科文组织以及国内外关于风景资源保护的先进经验，甄选埃及阿布辛贝神庙搬迁保护案例、北京中轴线申遗之路、杭州西湖申遗之路、侯仁之先生北平历史地理研究、孟兆祯先生承德避暑山庄研究、龙门石窟数字孪生平台等学生关注多、社会赞誉高、理论与实践价值突出的风景资源研究与实践案例，鼓励学生扎根人居环境高质量发展需求，探索国际前沿理论，从系统性、动态性、可持续性视角展开对中国风景资源开发、保护意义及价值的深层思考，提升思辨能力与科研求真精神。

（3）回应现实需求，提升"工匠精神"与"使命担当"。

课程特别关注我国风景资源的保护现状，系统介绍社会各界从认识、开发风景资源，到重视风景资源、开发与保护并举的过程。引导学生就"一个废弃矿坑能够成为什么""一个长征遗址纪念园可以是什么样""一个研究型乡村设计一共要几年"等问题进行思考与辩论，并通过优秀案例予以回应、启发，让学生切实体会到高品质风景园林规划设计作品中精益求精、不断琢磨的必然过程，理解"工匠精神"背后的枯燥训练与漫长积累，理解"99分的努力与1分灵感"之间的相互支撑、转化关系，激发学生的社会责任感与年青一代的使命担当。进而引导学生掌握风景资源调查的方法与程序、风景资源评价的原则与标准，熟悉各类资源开发的导向模式与整合开发、数字化开发方法，鼓励学生将发散性思维与收敛性思维相结合，全面提升学生的专业素养与创新意识,强化从理论到实践的引申能力。

(4)树立崇高信仰,建设"美丽中国"与"生态文明"。

通过课后作业、课程联动,延展教学深度与广度,形成协同育人效应,这也是课程的亮点与特色。课程适当引入生态修复、双碳目标、城市更新、乡村振兴等相关议题,鼓励学生自主了解"三北"防护林体系建设工程,感受"塞罕坝精神";了解长江流域经济带生态修复工程,体会"两山理念";了解中国国家公园与自然保护地体系,思考"中国特色";了解乡村振兴的多元探索,探讨乡村振兴"以人为本""因地制宜"的实施路径;依托丁仲礼院士的"双碳"解读,理解"大国担当"。从多维度、全方位引导学生理解和贯彻"生态文明建设""人类命运共同体"等国家战略,确立正确立场和观点,提升价值判断能力。

案例实施路径与方法

文化景观(cultural landscape)是附加在自然景观之上的人类活动形态,是人地关系论的经典学说之一。1992 年,"文化景观"被纳入《世界遗产名录》,代表"自然与人类的共同作品"。这场深刻的理论与价值转向,对深度发掘、系统阐释中国风景资源的精神关联价值、多元社会价值、历史经历及人类品格意志等方面产生了重大影响。

因此,案例教学重点为文化景观的概念、意义与应用范围,教学难点为如何理解文化景观理论对农耕地区风景资源价值识别、实现的实践指导意义。

案例借鉴 OBE 教育理念与维果茨基"最近发展区理论",以"育人"为根本要求,以"资源发现—价值认知—可持续发展"为逻辑框架,开展 4 个进阶式教学环节。案例旨在把"思政教育渗透于教育教学的各个环节",全面培养学生正确的历史观、自然观、资源观、发展观、世界观,激发学生的家国情怀、文化自信,提升解决区域生态与文化综合问题的能力。主要教育教学方法有情景导入法、案例解析法、设置悬念法等。

4 个进阶式教学环节为:低阶学习、中阶进步、高阶挑战、课后拓展。

首先,低阶学习围绕文化景观的概念,杭州西湖的形态特征、效益与价值展开。通过由浅入深地连续提问,引导学生从已有知识点向未知内容逐步拓展,形成环环相扣的学习体验。主要教学活动设计包括下列内容。

(1)情景导入:如果你是世界遗产专家,收到来自中国的《杭州西湖申遗申请》,你会支持吗?(预期反馈:高度支持。)

(2)悬念设置:西湖申遗之初,有一个国际专家来到了杭州,他不相信西湖能申遗。他说在他的国家芬兰,像西湖这样的湖泊有 1000 多个,但是没有一处是世界遗产:"西湖这么漂亮我承认,但是不一定能成为世界遗产。"杭州西湖申遗成功了吗?申的是哪种类型的遗产呢?

(3)展开阐释:明确杭州西湖申遗的时间、类型(杭州西湖文化景观 2011 文化景观)。明确文化景观遗产设立时间(1992 年)、内涵(自然与人类的共同作品)、评选要求(杰出的普遍性价值、人类社会的进化及变迁、地理文化区域的代表性)。而后,展开文化景观视域下的杭州西湖案例详解。鼓励学生将风景照片在平面图中落位,以游人视角串联各景点,明确杭州西湖"两堤三岛"的形态特征。

(4)提出问题:"两堤三岛"是天然形成的吗?经历了怎样的发展历程?

(5)故事破冰:概述杭州西湖区位、水文环境,将西湖名人故事(白居易、苏轼、李卫)与西湖整治历程相结合,从隋唐、两宋、明清三个时间节点,阐释杭州西湖整治进程与风景营造重点。借助人民币 1 元纸币背面三潭印月风景图,给予学生更加直观的印象。

（6）巩固加深：从水资源管控视角，总结古代西湖整治成效；从城市特色视角，总结西湖对杭州景观风貌的重要作用。

其次，中阶进步围绕杭州西湖现代整治工程展开，引导学生开展中国城镇化"上半场"的合理反思，鼓励学生思考新时期杭州西湖整治方案，强化学生从理论到实践的引申能力。主要教学活动设计包括下列内容。

（1）情景导入：西湖的整治势在必行。作为风景园林专家，面对沼泽化、工业化、城镇化的夹击困境，提出解决方案。

（2）思路引导：展示上一个教学片段中杭州西湖历史演进过程及水资源管理要点，暗示从历史中学习西湖整治原则与方法。

（3）科学求证：择要阐释杭州西湖现代整治工程的重点，并以数据证实杭州西湖综合整治工程的生态、社会、经济成效。

（4）启发剖析：历经1500年、23次大规模疏浚，形成了杭州西湖"两堤三岛"的景观格局，为什么杭州西湖值得我们持续经营？引导学生从自然与文化互动的角度提炼杭州西湖的价值，回应文化景观"自然与人类的共同作品"的内涵。

（5）展开阐释：借助舆图、古画与史料论述，从区域、城市、单体三个尺度明确西湖的多元价值。提炼中国传统人居智慧中的自然观、资源观、生态观、发展观。

再次，高阶挑战用于前沿拓展、总结提高。探讨杭州西湖文化景观申遗成功对风景资源价值认知的启发。主要教学活动设计包括下列内容。

（1）提出问题：西湖只在杭州吗？你们认识这些西湖吗？

（2）展开阐释：杭州与杭州西湖是东方人心目中理想城市与园林的范本。杭州西湖申遗成功，表明了来自中国的审美、文化，对待自然的经验与态度，引起了全世界的共鸣，值得全世界学习。

（3）趁热打铁：提供文化景观科研与实践案例，鼓励学生将课堂学习与课后积累相结合，全面提升专业素养。

（4）总结提升：杭州西湖集中体现了中国古人对于土地的梳理，不仅是中国古代"天下三十六西湖"、中国古典园林的范本，也为中国及世界人居环境的发展提供了重要参考。作为风景园林从业者，要建立系统性思维（整体观、全局观、发展观）处理区域综合问题，更要树立文化自信，以审慎、珍重的态度参与"美丽中国"建设。

最后，课后拓展依托《风景园林》杂志"区域风景营构传统"专题，开放式探讨传统水生态智慧对中国人居环境的影响。

案例的特色与创新体现在：融合OBE教育理念与维果茨基"最近发展区理论"，开展问题驱动式、进阶式教学设计。

教 学 成 效

本课程后台学生评教平均分为97.60分，大部分学生认为课程传递了正确的理想信念、价值理念和道德观念。通过课程教学使学生掌握了课程内容和相关知识点，能够做到运用自如，实现了本门课程的教学目标。学生的自我学习能力、分析能力、表达能力以及创新意识得到有效提高。

学生反馈：课程条理清晰、逻辑框架完善、重点突出、层次分明。每个知识点都有对应案例讲解，能够留下深刻印象。课程张弛有度，提供了许多有益、有用的纪录片、公众号，让课后学习有了渠道。与"设计竞赛""风景园林规划设计（三）"等课程的联动，让学生获得了很多灵感。建议融入更多风景资源保护、利用方面的知识，开展更多互动环节。有可能的话，开设户外调研内容。

教师反思：课程启发式教学内容较多，课堂互动情况较好，学生在开放性题目中呈现了较高水平的独立思考与思辨，对城镇化进程、生态修复等价值命题，能够发表具有完整论证结构和证据支持的观点。但由于课堂互动环节占比较大，部分基础概念的掌握显得不够牢固、深入。应利用多样化的教学手段，如随堂测试、线上线下平台相结合等方式，确保知识点的温故知新。

风景园林建筑工程典型教学案例

亭 的 构 造

学院名称	建筑与城乡规划学院	**课程名称**	风景园林建筑工程
主讲教师	彭鸿绪	**教师职称**	副教授
授课对象	风景园林专业四年级本科生	**课程性质**	专业必修课

课 程 简 介

"风景园林建筑工程"为风景园林专业四年级学生的必修课程,其作用在于:让学生了解传统园林建筑的基本构成与各个历史时期各地域的做法特点;结合典型构成示例,介绍现代景观建筑与景园建筑工程在继承传统中的开拓创新。对标现今风景园林人才培养要求,培养复合知识与核心能力兼备、家国情怀与全国视野兼备的创新、创造、创业的前沿领军人才。

教 学 目 标

通过本节课的学习,使学生达到以下主要目标:

(1)通过全程思政融入,培养学生关注中国风景园林建筑演进历程的动态发展观、系统性思维,以及运用中国智慧解决中国实践问题的本土意识与专业素养。

(2)领会"风景园林建筑工程"这一概念的诞生背景及其独特内涵。

(3)理解"风景园林建筑工程"这一概念对深度挖掘中国人居环境价值的普遍适用性,以及对中国当代空间实践以及世界人居环境发展的独特价值与重要意义。

(4)掌握从自然与文化互动、物质与精神共融的视角,分析中国人居环境与风景资源开发的常规方法。

思 政 元 素

(1)文化自信、文化传承。在课程中讲授亭子的构造与设计时,充分体现中国本土文化特色,如通过介绍亭子的建筑风格或装饰,展示中国特色的历史、文化和艺术元素,彰显文化传承,帮助学生树立文化自信。

(2)爱国情怀。亭子是中国传统建筑的代表之一,从亭子的建筑风格到构造设计,都体现了中华文化的深厚底蕴。通过对亭子精妙与独特的构造的解析,激发学生对国家、文化、传统的热爱和尊重,厚植爱国情怀。

(3)通过国内外典型案例强化学生对自然地形地貌的尊重意识,以及设计过程中的技术创新意识和责任担当意识,并将"节约型园林"设计理念植入学生心中。通过实践环节,培养学生的自主学习能力、团队协作精神和工匠精神。

（4）导入社会公平正义观、工程伦理教育，培养学生"以人为本"的意识和博爱精神，帮助学生树立公平正义观。

案例实施路径与方法

（一）问题导入

教学内容：

简要回顾上节课知觉研究及其设计研究，再问题式导入主题——亭。

教学设计：

展示亭的类型照片，通过连续互动，鼓励学生参与课堂教学活动，吸引学生注意力，提升学生兴趣。以下列问题导入主题。

（1）有没有同学见过这些亭子？

（2）可以和大家分享一下你了解的亭的类型吗？

（3）如果你家附近有一处公园，你希望有什么样的亭子？

引入知识：

屋顶是建筑物最上层的覆盖部分，它承受屋顶的自重、风雪荷载以及施工和检修屋面的各种荷载，并抵御风、雨、雪的侵袭和太阳辐射的影响，同时屋顶的形式在很大程度上影响到建筑造型。

提出问题：

（1）中国的屋顶形式有几种？

（2）为什么会产生不同的屋顶形式？

德育切入点：

联系习近平新时代中国特色社会主义思想，帮助学生了解国家相关政策；讲解中国园林建筑的相关发展及影响与传承，帮助学生树立"文化自信"。

思政融入：

社会责任、理想信念、文化自信。

实施途径：

对本课程的内容和意义进行阐述，了解该专业的社会前景及趋势；以相关政策材料作为园林专业材料。引导学生查找中国古典园林和中国诗词文化等资料或文献，拓展中国传统文化中文学、艺术、哲学、美学等领域的相关知识，弘扬中国传统园林文化，促使学生坚定文化自信。

（二）展开阐述

教学内容：

攒尖顶构造做法。模拟伞的结构模式，不用梁而用斜戗及枋组成亭的攒顶架子，边缘靠柱支撑，即由老戗支撑灯心木，而亭顶自重形成了向四周作用的横向推力，它将由檐口处一圈檐梁和柱组成的排架来承担。但这种结构整体刚度较差，一般多用于亭顶较小、自重较轻的小亭、草亭或单檐攒尖顶亭。

教学设计：

通过由浅入深地连续提问，引导学生从已有知识点向未知内容逐步拓展，形成环环相扣的学习体验，并借助理论实验讲述适当调节课堂节奏。

（1）选取"伞法""大梁法"相关照片。学生识图后，提出问题：这种构架做法的优点是什么？并要求全体学生通过雨课堂投票回答问题。（预期反馈：各选项投票人数不一。）

（2）统计选项获得票数情况，从理论上解释攒尖顶构造做法。模拟伞的结构模式，不用梁而用斜戗及枋组成亭的攒顶架子，边缘靠柱支撑，即由老戗支撑灯心木，而亭顶自重形成了向四周作用的横向推力，它将由檐口处一圈檐梁和柱组成的排架来承担。但这种结构整体刚度较差，一般多用于亭顶较小、自重较轻的小亭、草亭或单檐攒尖顶亭。

（3）提出问题："伞法"和"大梁法"两者之间的关系是什么？

（4）简要阐释两者定义。一般亭顶构架可用对穿的一字梁，上架立灯心木即可；较大的亭顶则用两根平行大梁或相交的十字梁，来共同分担荷载。

（5）从案例学习到实际应用，根据课堂所学不同类型的亭顶设计，学生独立设计亭并画出简单平面、立面图。

德育切入点：

对中国古典园林中设计手法的运用进行分析，将其精妙的构造和设计与历史文化背景相呼应，唤起人们对祖国的热爱和尊重，弘扬民族精神，激发学生的爱国情怀。

思政融入：

文化传承、民族精神、爱国情怀。

实施途径：

深入剖析中国古典园林别具一格的设计手法和智慧的思想，使学生掌握基本的专业理论知识的同时培养学生的园林鉴赏能力，并提升学生对于中国古典园林及中国园林文化的自豪感。

（三）深入研讨，辩证思考

教学内容：

坡屋面构造。

教学设计：

引导学生通过图片、案例，展现坡屋面构造的重要性，强化学生从理论到实践的引申能力。

（1）应用直观、具有视觉冲击力的照片，引发学生对于中国亭台楼阁设计的合理反思，明确缺乏设计产生的困境。

（2）提出问题：不同环境是否会产生不同的坡屋面形式？思路引导：屋面是屋顶结构层的上覆盖层，直接承受风雨、冰冻和太阳辐射等大自然气候的作用；防水材料为各种瓦材及与瓦材配合使用的各种涂膜防水材料和卷材防水材料。屋面的种类根据瓦的种类而定，如块瓦屋面、油毡瓦屋面、块瓦型钢板彩瓦屋面等。

（3）择要阐释坡屋面结构层、找平层、结合层、防水层、保护层的定义。

德育切入点：

了解园林行业的职业素养，以及园林人的工匠精神。

思政融入：

社会责任、职业道德。

实施途径：

在案例展示、手绘图纸等环节中引导学生养成良好的职业道德素养；在阐述空间设计时强调建设"美丽中国"要持有以人为本、因地制宜、保护环境等理念。

（四）启发剖析，巩固加深

教学内容：

亭柱与基础。

教学设计：

适当回顾课程知识点，继续深入了解亭的设计构造。

（1）亭柱：柱的构造依材料而异，有水泥、石块、砖、树干、木条、竹竿等，亭一般无墙壁，故柱在支撑及美观要求上都极为重要。柱的形式有方柱、圆柱、多角柱、梅花桩、瓜楞柱、多段合柱、包镶柱、拼贴梭柱、花篮悬柱等。柱的色泽各有不同，可在其表面上绘制或雕刻各种花纹以增加美观。

（2）亭基：地基多以混凝土为材料。若地上部分负荷较重，则需加钢地梁；若地上部分荷载较轻，如用竹柱、木柱即可。盖以稻草为顶的亭，则仅在亭柱部分掘穴以混凝土做成基础即可。

德育切入点：

实践教学过程中引导学生团队互助合作，建立专业责任感和使命感。

思政融入：

科学思维、职业道德。

实施途径：

在学习经典案例的同时，引导学生团队合作，教导学生以"改革创新"为核心的时代精神。通过案例收集、实地调研，以及最后图文并茂的调研报告与案例分析，培养学生的思辨精神。

教 学 成 效

上述改革方案的设计与实现，使学生在专业能力培养方面实现了以下目标：第一，具备对各种立地条件综合分析的能力，能够从问题出发，给出科学合理的工程处理措施；第二，具备对规划设计方案进行深化的能力，做到以艺驭技、以技创艺，能够创造独具特色的、地域特点鲜明的风景园林景观；第三，具备较强的图纸识别能力，以及施工现场的组织、协调与指挥能力。

在思政教育方面实现了以下目标：第一，使学生树立正确的世界观、人生观和价值观，培养学生的科学创新精神和工匠精神；第二，增强学生对风景园林学专业的认知，使其遵守专业规范和职业道德规范；第三，激发学生对风景园林专业的热爱，以及对人居环境建设和"美丽中国"建设的奉献精神。

建筑设计初步典型教学案例

小建筑测绘

学院名称	建筑与城乡规划学院	**课程名称**	建筑设计初步
主讲教师	柯达峰	**教师职称**	讲师
授课对象	建筑学专业、城乡规划专业、风景园林专业一年级本科生	**课程性质**	专业必修课

课程简介

"建筑设计初步"是建筑设计最重要的基础和入门课,一直是各大院校教学改革的重点。东南大学是我国最早设立建筑教育的高等院校之一,他们在教学中不断改革,由香港大学顾大庆指导,将空间训练作为建筑设计基础教学的重点。同济大学近年来经过多年的教学探索,设置了系列设计课题,如大一上学期的空间语言、空间塑形、空间限定、空间模度、空间色彩、光影和组合,大一下学期的行为与空间、材料与空间、空间叙事。

随着我院学科不断健全和发展,目前拥有建筑学、城乡规划和风景园林三个专业,同时共享两年建筑设计基础课程,包括大一上的建筑设计初步、大一下的建筑设计(一),以及大二的建筑设计课两个部分内容。

"建筑设计初步"课程紧密结合课程思政和我院教学改革,课程内容主要有建筑抄绘、小建筑测绘、典例分析。首先,通过建筑抄绘,让学生通过看图、识图、制图、模型制作,在教师的指导下,理解每根线条的含义,从而掌握制图知识和画图能力;其次,从抽象的模型再到具象的现场空间体验,进行实地测绘,把握真实空间尺度;最后,从真实空间到理解和分析大师作品,懂得查阅资料,学会用建筑师特有的图示语言分析作品。除此之外,注重培养学生手绘技能,包括工程字体练习、配景练习、建筑徒手绘制练习。

教学目标

(1)价值引领:通过对建筑功能、技术、艺术、经济与环境等基本关系的理解,让学生初步构建建筑、人、环境和谐统一的整体意识;树立为社会主义美好家园建设贡献力量的决心。

(2)知识拓展:学生在完成各项基本表达的同时,结合各类作业尽可能广泛地接触到一些建筑基本知识和理论,从而激发学生的学习兴趣,增强学习的主动性;初学者首先要懂得如何认识建筑,包括对建筑范围、建筑技术、建筑艺术和社会的基本关系的理解;其次,对建筑构成的基本要素、建筑空间和环境要有深刻认识;再次,要对中国古典建筑、西方古典建筑,以及西方现代建筑的基本知识有一定的了解;最后,综合运用所学的理论知识,学会分析和解读建筑设计作品,从而更深入地理解人与建筑、环境的关系。

（3）思维训练：首先，通过二维图纸绘制与三维模型制作的反复练习，培养三维转换成二维、二维构建三维的思维能力；其次，通过小建筑测绘，体验在真实建筑空间的感受，并能转换成二维图纸和三维模型；最后，学会感知建筑与时空的关系，培养再现四维空间的思维能力。

（4）能力建构：增强制图和模型制作的动手能力，学会团队协作，培养吃苦耐劳、爱岗敬业的精神；同时，培养学生的专业自信及工匠精神，让学生切身地体会到课程的魅力及专业成就感，激发学生学习的内在驱动力，磨炼深厚的专业素养。

思 政 元 素

紧紧抓住和平与发展的时代主题，坚持以建设中国特色社会主义美好家园为己任，树立以经济建设为中心的强国富民之路。中国的城乡建设处在大发展的时期，必须坚持"人与自然是生命共同体"的理念，树立改善环境质量意识，为人们提供良好的生态产品，确保实现普惠的民生福祉。加强对建筑人文、地理、历史等方面的文化素养，提高文化自信。通过实地测量，培养建筑规范和法规意识，懂得建筑安全的重要性，养成诚实守信的道德品质，忠诚于国家和民族事业，吃苦耐劳、爱岗敬业，只有具有专业的匠人精神，才能建设高质量的建筑，保障人们的生活安全。坚持以人为本，通过实地调研交流，了解人们的生活空间需求，树立为人民谋福利，创作更优秀的建筑作品的决心。

无论何种测量工作，一个人是无法完成的，必须团队合作，这要求学生具备良好的人际沟通、团队协作能力，一个人某个环节的误差会直接影响最后的观测精度，因此每个团队成员都必须具有较强的自我管理与约束能力，提升个人素养。

案例实施路径与方法

（一）育人理念

（1）授之以渔，传授方法和技能。小建筑测绘不仅要教会学生专业制图和测绘知识与技能，更重要的是培养学生自主学习和自主解决问题的能力。

（2）授之以欲，激发理想和信念。大学生是祖国之栋梁，是我国社会主义现代化事业的建设者和接班人。因此，必须树立为祖国的城乡建设作贡献的崇高理想和信念，必须有担当、有肩负祖国未来发展的抱负和信心。

（3）授之以愉，注重愉悦和体验。学校不仅是学生获取知识的地方，还是承担未来社会重任的奠基地。在这个测绘阶段，在教师的带领和指导下，学生能体会到实地学习的快乐，体会到美好建筑空间给生活带来的便利。因此，教学要以生为本，教师在现场与学生积极探讨，让学生愉快地学习，在快乐中学到知识和技能。

（4）授之以誉，注重激励和评价。激励和评价就是在日常的教学中给予学生以客观评价，通过赏罚分明的管理制度激励学生主动学习、积极学习。教师在教学中树立这种理念，通过集体评图，对学生测绘成果进行的客观评价，让学生找准定位，知道自己的优缺点，通过完善的激励制度不断促进学生创新争优。

（5）授之以宇，开阔视野增加智慧。新时代的大学生要有开阔的视野、睿智的头脑，不断创新，才能跟上时代潮流。这从客观上要求教师必须着眼于未来与世界，拓宽学生视野。特别是对所测量的同类型建筑，学生需要多看资料、仔细比对、分析思考，从而知道所测量建筑的优缺点，并进行思考，在潜移默化中培养创新意识。

（二）实施思路

"直观 - 抽象 - 直观"教学。首先，通过现场测量，学生观察对比，牢记建筑形态，包含空间、光影、色彩、形体；其次，将所观察的印象、测量的数据，通过制图知识，转换成抽象的二维图纸；最后，若发现抽象的图纸有出入，再到现场调研，通过直观比对，加深印象，进一步理解建筑主体结构、空间的内涵。

（三）思政元素融入方式

如何让思政元素（内容）在专业课程中深入地感知与隐性地贯彻，是时代发展的必然要求。就小建筑测绘而言，首先，遵循"思政与专业"相长原则，明确每个思政元素切入点，理清思政元素与专业内容之间的关系；其次，以学生关注的现实问题为切入点，在测量过程中鼓励学生团队协作，延伸学习内容，引导学生思考和探讨与生活息息相关的建筑热点问题，达到事半功倍的效果；再次，发挥学科自身的文化育人功能，通过严格的训练、匠人精神的引导和熏陶，对学生的思想认识、思维方式、价值取向等深层次的素养进行塑造；最后，在吸收和借鉴西方建筑成果的同时，融入民族情怀，讲好中国建筑故事、建筑智慧，才能更好地引导学生挖掘中国传统文化，努力创新，在满足当代生活的需求设计中，将中国元素融入到建筑语汇中。

（四）教育教学方法

采取"问题为导向"为主，结合"传统教授式"教学方式。结合传统教授式的原因为：首先，考虑到大一学生对制图知识不了解，通过传统大课的讲解，可掌握基本的制图知识；其次，外出测绘，需要统一培训安全知识及注意事项，保障出行安全。同时，需要强调礼节礼貌，特别是需要征求所测量建筑的使用者的同意，言行举止代表了福州大学的大学生风貌，在思想上要统一。

首先，"问题为导向"是以学生为中心的教学方式，顺应了时代发展，能够调动学生的积极性、潜力和创造力，适应当代创新型人才的需求；其次，能够较好地提高学生的综合素质，提高团队协作和沟通能力，有利于学生个人发展，适应当代综型人才的要求；最后，能够提高学生对所学知识的运用，特别是将制图的知识转化成二维图纸展现出来，能够如实反映学生掌握的情况，有利于及时发现问题，积极改进提高。

（五）教学活动设计

以 4~6 人为一组进行分组，测绘不同的小型建筑，并选出一名组长负责计划工作，在导师的引导下，学习小组不断完成每个阶段的任务。

第 1 周，先全年级集中上课，讲授基本制图原理、工具准备、教学进度、出行安全等事项。

第 2 周，各班安排分组现场勘察调研。

第 3 周，小组回班级绘图，在教师的指导下，共同探讨完成每组图纸内容。

第 4 周，将所测绘的对象，制作成模型。

第 5~6 周，通过模型制作、现场比对，纠正图纸内容，再让每个学生单独完成图纸内容，完成后师生统一评图，找出问题。

（六）资源载体

多媒体授课、线上线下结合、图书馆文献、建筑设计资料等为主的多元载体。

（七）特色与创新

结合福州本土特色建筑，以及学生身边触手可及的各类建筑空间调研测绘，让学生更加关心身边的建筑，热爱生活，积极向上。课程通过学生自主学习与教师指导相结合，让学生在快乐中完成枯燥的测绘任务，提高学生对建筑的热爱和学习的兴趣。

教 学 成 效

本课程在教学过程中能够较好地完成教学目标，学生基本掌握了相关测绘知识和绘图技能，培养了主动性，提高了综合素质。学生整体评教较好，教师教学得到了同行认可。

作为专业教师，深刻体会到思政教学融入到专业课的重要性，通过思政教学融入，不仅提高了学生爱国、爱乡、爱家的家国情怀，也提高了自身的文化自信。习近平总书记强调："思政课教师，要给学生心灵埋下真善美的种子，引导学生扣好人生第一粒扣子。"因此，要做一名对学生有爱心的教师，在严格的教学和严谨的制图训练中，要不时地对学生鼓励、赞美和微笑，走近学生，为大学生健康成长撑起一片蓝天。作为专业建筑教师应该言传身教，通过教学活动，让学生在不断增长知识的同时，养成良好的生活习惯，特别是学习建筑学非常辛苦，更应该有良好的作息习惯。教师在教学中也要不断了解学生的学习生活情况，通过合理的课程设置，避免学生动不动就熬夜通宵。

本课程教学也存在一些不足之处：首先是有个别学生在小组中没有发挥作用，不但影响了其他同学，自己也被小组孤立，这时就需要教师耐心鼓励和引导；其次，教师队伍也有些参差不齐，特别是年轻教师，刚走出社会，自身的生活和教学还不是很稳定，对社会的理解不够深刻，在引导学生方面比较欠缺，这就需要同老教师多交流，也需要更多的、有一定社会阅历的中老年教师积极参与到低年级教学中。

课程思政课才刚实施没几年，我也将不断努力学习教学经验，让专业课更加生动、更加接地气，热爱教育，热爱学生，遵循学生成长规律，努力进取，不断探索思政教学与专业教学的融合教学方法。

城乡规划管理与法规典型教学案例

践行依法治国思想　引领国空规划改革

学院名称	建筑与城乡规划学院	课程名称	城乡规划管理与法规
主讲教师	张延吉	教师职称	讲师
授课对象	城乡规划专业四年级本科生	课程性质	专业必修课

课程简介

"城乡规划管理与法规"是城乡规划专业大四第二学期的最后一门专业必修课，对于树立依法行政、依法规划、依法管理的基本规划价值观具有重要意义。首先，本课程通过教学，旨在让学生能比较完整地了解我国城市规划现行管理体制与法律法规的基本框架和基本内容，熟悉掌握规划管理工作的系统构成和运作机制，全面了解党的十八大以来，国土空间规划管理领域推进的一系列新理念、新举措、新部署。其次，课程通过现场讲授、嘉宾讲座等多种教学方式，使学生掌握规划管理的基本理论和知识体系，培养学生科学化、法制化的规划管理观念和思想方法，提高学生理论联系实践、分析问题与解决问题的综合能力。最后，本课程通过各种现实案例讲解，为学生树立正确的规划价值观，形成规划为人民、可持续发展、公众参与和公共治理等人民规划师的价值观体系。

教学目标

（1）价值引领：牢固树立依法治国理念，牢固树立权为民所用、利为民所谋的规划管理价值观，牢固树立为人民服务的规划价值导向，牢固树立面向实施的规划设计理念，培养学生积极向上的社会责任感和公平为民的规划价值观。

（2）知识拓展：掌握城乡规划管理的主要理论，掌握城乡规划相关法律法规的主要内容，掌握近年来国土空间规划改革创新过程中的各类新政策、新举措、新理念。

（3）思维训练：加强与法学、管理学、政治学的学科交叉融合，培养学生知法懂法守法意识，培育法治思维和现代管理思维。

（4）能力建构：培养三种能力，①法律素养能力，具有识别规划管理中各类违法行为的能力；② 现代管理能力，具有提高规划管理效能的能力；③ 基本行政能力，具备政府行政管理的基本素养。

思 政 元 素

（1）政治认同：增强学生对十八大以来国土空间规划改革的认同感和使命感。
（2）法治意识：培育学生依法守法懂法的法治思维。
（3）规划价值观：培养学生形成公平为民的规划价值观。

案例实施路径与方法

在完成基本授课内容的基础上，进行了如下探索。

（1）重视将基础知识与实务经验相结合。

基于课程内容与规划实务结合紧密的特点，通过网络视频连线的方式，请福州市自然资源与规划局的工作人员就福州市规划管理工作的流程、内容、难点、改革方向的内容与学生进行互动，增进了理论与实践的联系，增强了学生对规划管理工作的光荣感和使命感。

（2）增加学生参与、自主学习和过程考核。

学生可自主选题，重点围绕党的十八大以来，我国空间规划领域在耕地保护制度、集体经营性建设用地入市、成片开发、生态红线及城市增长边界划定等方面的新举措开展研究，研究成果占平时成绩的15%。

（3）强化理论联系实际，重视价值观培育。

加强学生理论联系实际的能力，布置学生通过法律文书网的案例搜索和分析，将课堂中学习到的法律法规知识同实际案例相结合，进一步掌握法律法规的规定要求和在具体实施中可能的争议与挑战，明确规划管理工作的原则和要求，形成平等、公正、公共的价值观念。

（4）强化案例教学，增强课程的丰富性。

如在介绍规划督察制度时，介绍规划督察员在各类具体督察案件中如何守底线、促公平的真实案例；在介绍规划调整内容时，介绍某市在控制性详细规划指标调整中的真实案例，明确规划管理工作中的原则。同时，向学生强调规划工作在改善人居环境、增进居民福祉方面的巨大作用，增强学生对专业的认同感、归属感和使命感。

教 学 成 效

城乡规划管理与法规具有较强的实务性和理论性，也具有较强的思政性和时政性特征，对以设计为主的规划系学生有一定的挑战，但同时也是对其知识结构的重要补充。经过近年来的探索，本课程学生评教得分始终稳定在全校前40%，听课成绩始终在良好以上，学生普遍反映对了解规划管理的实际工作有了更深刻的认识，对规划实施和法治化的重要性有了更强烈的体会，授课效果达到了预期目的。

风景园林规划设计（三）典型教学案例

乡村规划设计指导——贵州安顺鲍家屯规划设计

学院名称	建筑与城乡规划学院	课程名称	风景园林规划设计（三）
主讲教师	王亚军、张雪葳	教师职称	副教授
授课对象	风景园林专业四年级本科生	课程性质	专业必修课

课 程 简 介

　　本课程是风景园林规划设计专业高年级本科生必修的设计课程，旨在培养本科生综合运用所学知识解决实际问题的能力，重点培养学生综合性设计能力，掌握综合规划设计方法和技能；要求学生学习规划设计共性和个性，结合具体课题加深对规划设计的科学性、应变性和控制性的理解，真正认识规划设计对社会经济与环境发展的重大意义；自觉培养发现问题、分析问题与解决问题的综合能力和素质，善于合作、积极沟通、集体攻关。

　　课程选择综合性类型"公园规划设计"与"乡土景观（乡村规划设计）"，通过这两个类型的设计，使学生在掌握风景园林规划设计的专业方法和技能的同时，紧密结合时代发展需求和人本需求。本课程两个选题紧密结合"公园城市理念"和"国家乡村振兴战略"，在设计教学中，紧密结合时代特征，融入国家振兴战略。

教 学 目 标

　　（1）价值引领：面向时代需求，结合学科发展，聚焦人才培养，融入"新工科"教育教学目标。帮助学生掌握马克思主义观点方法，强化学生工程伦理教育，培养学生精益求精的大国工匠精神，激发学生科技报国的家国情怀和使命担当。

　　（2）知识拓展：将景观创作与为社会服务相结合，将设计表达与文化传承相结合，将理论学习与创新能力提升相结合。结合公园规划设计专题，启发学生关注新型城镇化、城市更新和公园城市行动，认识到"城市是人民的城市，人民城市为人民"；结合乡村规划设计专题，启发学生关注并深入实践乡村振兴战略，深刻理解城乡关系，为乡村振兴贡献自己的力量。

　　（3）思维训练：以案例解析和总结归纳相结合的方式，帮助学生掌握景观创作的基本理论和景观创作的基本方法；结合我系"三平台、五阶段"的基本教学框架，兼顾传统风景园林教育模式与研究型教学转型，从知识培养向专业素养教育转型，从技能训练向思维能力提升转型。从过去单一景观设计师培养目标提升到新时代"双一流""新工科"综合型人才培养目标。掌握设计过程中的基本知识与理论，构建新工科理论、知识与技术体系。

　　（4）能力建构：强化运用有关知识的能力，培养科学观察、分析、评价及表达能力。通过调查研究，发现、分析复杂工程问题，形成有效结论，并具备写作与表达的能力；在团队中具备较强的交流、沟通、组织和团队协作能力；能够就自然与建成环境问题与他人进行有效沟通和交流。

思 政 元 素

（1）深入学习习近平新时代中国特色社会主义思想，引领学生树立"造福人类、服务社会、奉献国家、贡献集体、成就自我"的学习与创新创业价值观。

（2）深入学习习近平关于文化自信的讲话精神，树立正确的文化观、创作观；建立以"生态文明"理念为引导，注重"以民为本"的新时代景观价值认知。

（3）深入学习国家"科技强国"战略、"人才强国"战略、"城市更新"政策、"公园城市"理念、"乡村振兴"战略，立足建筑类学科"大景观"教学背景，引导学生将个人发展融入民族复兴大业，启发学生认识到"城市是人民的城市，人民城市为人民"。

（4）深入学习习近平关于创新、科技进步、理论创新、实践创新等方面的重要讲话，启发学生自觉提升创新思维与创新能力，积极为国家作贡献。

案例实施路径与方法

（一）育人理念

以乡村振兴战略为依据，以乡村资源为基础，以乡村规划设计理念、程序与方法为手段，引导学生树立全局意识，从更大的视野研究乡村振兴的条件、机遇和优劣，通过规划设计促进乡村振兴。

（二）实施思路

通过课程思政与专业知识相融合的教学模式，加深学生对乡土景观、乡村振兴和乡村"三生"关系的认识，培养学生关注乡村振兴的意识，树立时代责任感与使命感。

（三）思政元素融入方式

结合国家乡村振兴战略，理解乡村振兴的实质内容，从物质空间和社会发展两方面解读乡村规划内容，把握乡村规划设计程序与思路。

（四）教育教学方法

（1）政策解读：解读乡村振兴战略。
（2）案例剖析：优秀案例剖析。
（3）方法指导：方法、程序指导。
（4）重点答疑：互动、答疑与设计交流。
（5）课后提升：主动性设计与研究性学习。

（五）教学活动设计

为进一步按步骤和程序引导学生思考课题内容，分"引、剖、导、学、研"五个教学过程，开展教学的学与思，做好课题设计和延伸性研究。

1. 引——乡村振兴引导

从政策解读和项目解读两个方面，引入课程设计内容（图1）。

（1）政策解读引入：党的十九大以来乡村振兴战略及其内涵解读，建立"乡村振兴"的初步认知。

（2）基地历史引入：引起学生探究鲍家屯"军屯"历史的兴趣，以兴趣为起点开展设计学习。

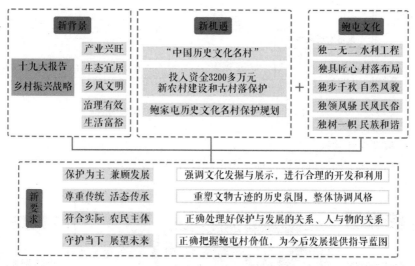

图1　乡村振兴战略与鲍家屯乡村设计的关联引导图

提出问题：鲍家屯是不是历史底蕴厚重、遗存丰富，如何保护和发展？

2. 剖——典型案例剖析

结合案例和往届作品剖析，引导学生直观感受乡村设计成果内容和形式。

（1）经典案例的剖析：选取乡村设计经典案例，从物质空间和社会发展两个方面剖析案例的设计思路和主体框架，初步了解乡村设计的内容和成果。

（2）往届竞赛成果点评：收集往届竞赛成果，通过获奖层次介绍，激发学生参赛兴趣，树立"以赛促教"的教学思路。

通过问题引入下节内容：针对鲍家屯我们要采用什么样的方法和措施呢？

3. 导——理论方法指导

乡村规划设计理论与方法指导，主要是设计程序和内容的引导性教学。

（1）提出问题：以上的优秀案例，同学们知道乡村设计的程序和阶段性内容吗？

（2）程序解读：

步骤1：前期分析内容。区位分析、经济历史文化资料、用地分析、道路交通分析、图底关系分析、建筑类型化分析、生态空间格局分析。

步骤2：核心问题总结。生态问题、空间问题、建筑问题、交通问题、文化保护问题等，根据问题得出需求（生产需求、生活需求、生态需求）。

步骤3：设计理念策略。实现空间重构、生态修复、文脉延续；强化用地和空间类型划分；注重生产、生态和生活的"三生"需求。

步骤4：乡村各类规划。规划结构、功能分区、道路交通规划、开放空间规划、农林景观规划等。

步骤5：乡村景观设计。空间与景观设计等。

（3）思路引导：根据乡村"三生"空间问题与发展导向，引导学生思考如何聚焦问题，提出设计策略和方向（图2）。

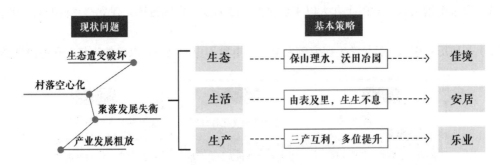

图 2 乡村"三生"空间问题与发展导向图

4. 学——项目设计学做

本节重点指导学生如何进行设计理念提出和设计分析定位（图3）。

图 3 鲍家屯乡村"三生"问题细化解读图

（1）提出问题：

问题1：何以佳境——保山理水，沃田冶园。

探讨如何从"保山""理水""沃田""冶园"四个方面进行治理，还原乡村"一叶繁花深处，山里江南"的生态之境（图4）。

图 4 鲍家屯"何以佳境"设计意向分解图

问题2：何以安居——由表及里，生生不息。

探讨如何"由表及里，生生不息"，营造"太平歌舞春绕，墟里炊烟"的美好生活愿景（图5）。

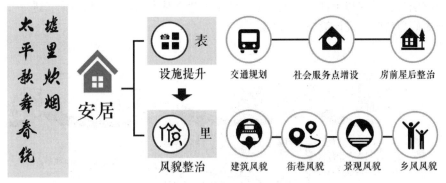

图 5　鲍家屯"何以安居"设计意向分解图

问题 3：何以乐业——三产互利，多位提升。

探讨形成"三产互利，多位提升"的产业规划格局，描绘鲍家屯特色产业链发展"百里尽染金黄，渡绿千山"的产业蓝图（图 6）。

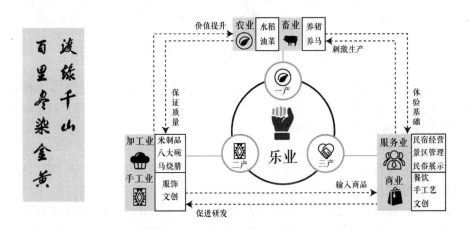

图 6　鲍家屯"何以乐业"设计意向分解图

问题 4：何以悦游——古人与稽，今人与居。

探讨利用分区保护、多维联动的手段，以"古人与稽，今人与居"为目标，塑造鲍家屯村"八阵壮志犹存，归望古今"的历史文化氛围（图 7）。

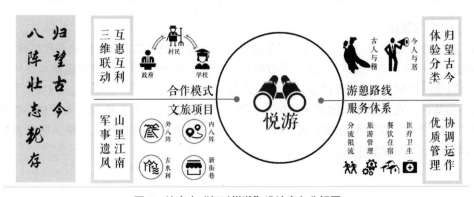

图 7　鲍家屯"何以悦游"设计意向分解图

（2）思路引导：针对以上四个方面问题，使学生建立基本的设计分析方向，进一步凝练设计理念，提出更好更科学的设计策略（图8）。

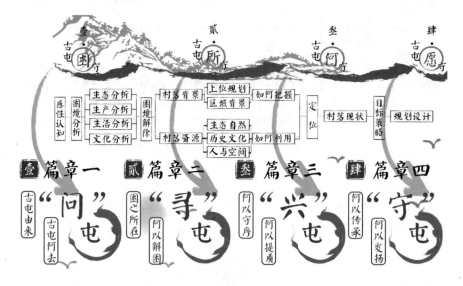

图8 鲍家屯"设计思路"分析图

引导学生从以下几个方面思考进一步的设计思路：读山里江南人文、理山水生态格局、营林田人居环境、织内外交通系统、调新旧建筑风貌、塑古屯活力空间。古今对照，通过设计实现设计目标：内外八阵结兵营，山水林园鲍家屯。

5. 研——教学结合科研

（1）教学总结：课程介绍了主要的学习内容和设计程序，使学生学会总结，提出科学问题，做进一步的拓展性研究。

（2）前沿拓展：在对乡村基地基本把握的基础上，引导学生进一步阅读相关文献资料，深刻把握乡村规划设计的责任感和使命感，研究乡村振兴政策、乡村经济发展定位分析、振兴驱动力、乡村设计与设计思维等内容。

（六）资源载体

融合党建思政、乡村振兴、公园城市、文化传承、地域表达等方面的资源，多维度提升教学效果和学术视野，结合景观创作理论、国内外优秀案例和优秀学生作业，形成课程教学资源库。

（七）特色与创新

（1）特色性：通过多种平台提升课程思政站位、丰富课程思政方法、优化课程思政效果，充分结合思政育人和"三全育人"，建立具有家国情怀和服务意识的设计思维逻辑与整体性思维，培养具有高度时代担当和专业创作能力的景观设计人才。

（2）创新性：在思政育人的宏观目标指引下，以教与学为中心，构建"大景观"教学核心；强调师生多元互动，立足本科教学的"教"与"学"，紧密结合时代特征，融入国家发展战略，践行"知行合一"的教学理念。

教 学 成 效

在教学过程中，培养学生学习热情，强化学生竞争意识，落实"以赛促学"，引导学生参加全国性的学科教育竞赛，提高学生专业视野。在教学中结合规范性教学要求，组织实施教研教改项目；以科研结合教学的方式，提高学生科学认知和科研兴趣。

自 2019 年参加全国高等院校大学生乡村规划竞赛获奖以来，学生学习的积极性得到了提高，并深刻理解了我国"乡村振兴战略"意义，也使学生以专业的理念和高度的情怀投身到国家乡村振兴战略中。2019 年获得优胜奖 2 项、佳作奖 1 项；2020 年获得二等奖 1 项、三等奖 1 项、优秀奖 2 项、优胜奖 2 项、佳作奖 3 项；2021 年获佳作奖 2 项。

习近平总书记首次在成都提出"公园城市"理念，通过教学引导学生认知"公园城市"是满足人们日益增长的物质文化需求的重要环节。2020 年中国风景园林学会大学生设计竞赛获得二等奖 1 项、三等奖 2 项。引导学生关注城市公园绿地分布合理性问题，学生在中国园林发表论文《基于百度 POI 数据的城市公园绿地评估与规划研究》为中国园林期刊 2016—2021 年累计被引频次排名前 20。

"风景园林规划设计（三）"获批校级一流课程，主讲教师获 2021 年学院"教学之星"。

油气储运设施腐蚀与防护典型教学案例

电偶腐蚀

学院名称	石油化工学院	课程名称	油气储运设施腐蚀与防护
主讲教师	陈怀银	教师职称	讲师
授课对象	油气储运工程专业三年级本科生	课程性质	专业必修课

课程简介

　　本课程是油气储运工程专业必修课（限选）之一，是根据油气储运工程专业教学计划和人才培养要求开设的。由于金属腐蚀现象随处可见，对国民经济和生产生活造成了严重危害，特别是在油气储运行业领域，为保证油气储运设施既能安全、可靠地运行，又尽可能做到经济合理、避免浪费、杜绝灾难，就要使油气储运设施人员对腐蚀理论和防护方法有所了解，以便设计选材和提出防腐蚀建议，对实际腐蚀问题提出合理的防护措施，对整个生产过程提出合理的腐蚀控制方案。因此，在本专业学生中开设此课程是十分必要的。通过本课程的教学，使学生掌握腐蚀的基本概念，熟悉各种类型腐蚀的机理与特点，了解金属及其合金材料以及各类非金属材料的耐蚀性能，熟悉各种油气储运设施的腐蚀特点和防控措施，知道设备腐蚀监测的方法及其选择。本课程能够帮助学生对实际工程结构上的腐蚀情况做出正确判断，分析其腐蚀的原因及特点，并给出合理的防腐蚀意见。

教学目标

　　（1）价值引领：以我国自主设计建造的首艘弹射型航空母舰——福建舰作为案例引出电偶腐蚀，激发学生的爱国情怀和民族自豪感，引导学生深化对"科技强国"和"知识就是力量"的体会。

　　（2）知识拓展：理解电偶腐蚀的概念、机理，掌握其构成的关键要素；领会电偶腐蚀与金属电化学腐蚀的异同；熟悉电偶腐蚀的影响因素。

　　（3）思维训练：能够举例说明、以实例诠释实际工程中存在的电偶腐蚀现象，并通过本课程所学知识分析现实中的电偶腐蚀倾向和原因；通过发散思维，联想电偶腐蚀的特点在实际工程中的可用之处。

　　（4）能力构建：通过学习，培养学生发现问题、分析问题和解决实际工程问题的能力，可以对实际工程中的电偶腐蚀给出合理的防护措施。

思 政 元 素

（1）政治认同——服从国家政策、战略。
（2）富强——科学技术现代化。
（3）文明——物质文明。

案例实施路径与方法

（一）实施思路

通过现实中存在的现象设疑引导、循序渐进加以剖析解决。教学中，通过举例福建舰下水、轮船上安装锌块（图1）等实例，让学生思考锌块保护轮船的作用机理问题，然后结合生产生活中的例子让学生归纳总结共同特点，理解电偶腐蚀的概念；采用比较和推理方法，通过分析电偶腐蚀和电化学腐蚀的关系，结合PPT多媒体展示，引导学生理解电偶腐蚀的原理，掌握电偶腐蚀倾向的判断和电偶序以及电偶腐蚀的影响因素。在教学过程中融入课程思政元素，培养学生的政治认同和民族自豪感。

（二）教学活动设计

课程导入——以福建舰为例。

党的十八大报告提出"建设海洋强国"战略，我国的海洋军事和海洋科技得到快速发展。2022年6月17日上午，中国完全自主设计建造的首艘弹射型航空母舰——福建舰正式下水（图1），彰显了我国的科技军事力量，全国人民都无比自豪。

以海上轮船、军舰表面安装锌块作为工程实例（图2），提出轮船表面安装锌块作用的问题，引导学生明白锌块的作用是保护轮船、防止腐蚀。进一步引出轮船表面安装锌块的作用原理问题，引起学生学习课程的兴趣。

图1 福建舰下水

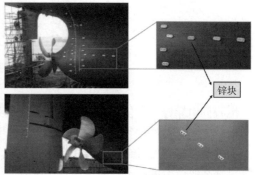

图2 轮船上固定锌块

1. 电偶腐蚀的概念

首先向学生展示两张生产和生活中常见的实例照片，分别是碳钢螺栓连接的不锈钢法兰和装配有铜阀的碳钢水龙头（图3）。基于之前所学的电化学腐蚀原理和局部腐蚀概述，让学生归纳电偶腐蚀的要素。

图 3　碳钢螺栓连接的不锈钢法兰（左）和装配铜阀的碳钢水龙头（右）的腐蚀现象

引导学生总结电偶腐蚀发生的条件：不同金属相互接触时发生局部腐蚀，一种金属腐蚀严重，一种金属腐蚀较轻。引出电偶腐蚀的定义：两种不同的金属相互接触并同时处于导电介质中，由于两金属的腐蚀电位不同，产生一种金属腐蚀加速而另一种金属腐蚀减缓的局部腐蚀就称为电偶腐蚀，也称作双金属腐蚀或接触腐蚀。

2. 电偶腐蚀原理与倾向判断

1）电偶腐蚀的原理

通过展示锌和铁单独置于无氧的稀盐酸中与组成锌-铁电偶对后在稀盐酸中的腐蚀情况对比（图4），引导学生思考微观腐蚀电池与电偶腐蚀电池的差别，从而理解电偶腐蚀的原理。

铁和锌单独在盐酸中都发生均匀腐蚀，组成微观腐蚀电池，阳极区域和阴极区域分别是金属自身，形成无数个微小区域。阳极反应分别是：$Zn \longrightarrow Zn^{2+} + 2e^-$；$Fe \longrightarrow Fe^{2+} + 2e^-$。阴极发生析氢反应：$2H^+ + 2e^- \longrightarrow H_2$。

两种金属都发生腐蚀，但由于锌的电极电位较低，即腐蚀推动力较大，因此，锌腐蚀得稍微严重一些。

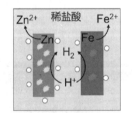 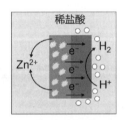

图 4　锌和铁单独置于无氧的稀盐酸中（左）和
组成电偶对在稀盐酸中（右）的腐蚀情况

设问引导锌-铁电偶对在稀盐酸中的腐蚀情况。

锌-铁电偶对发生局部腐蚀，锌腐蚀得更严重，铁却没有被明显腐蚀。引导学生分析：两种金属的腐蚀都是变成金属离子并产生电子，由于锌电位更低，更容易产生电子；而两种金属又相连，那么锌产生的电子就会传输到铁表面进行堆积，导致铁表面的电子云密度增大，使铁难以再产生电子，因而铁成为阴极区，表面发生阴极反应；而锌表面的电子由于持续被传输到铁表面使得锌的氧化反应可以持续进行，因而锌会腐蚀得更严重。引导学生理解电偶腐蚀的原理，并掌握其特点：原腐蚀电位较低的金属腐蚀作为阳极，腐蚀速率增加；原电位较高的金属作为阴极，腐蚀速率减小（被保护）。

2）电偶腐蚀的倾向判断——电偶序

先让学生回顾思考电化学腐蚀倾向的判断依据——电动序。引导学生回顾电化学腐蚀知识，加深对电动序的记忆，从而推理出电动序不能直接作为电偶腐蚀倾向的判断依据。

引出电偶序的概念：电偶序是根据金属在一定条件下测得的稳定电位的相对大小排列而成的表。举例常见金属和合金在海水中的电偶序（图5），可以很方便、快捷地判断任意两种偶接金属在海水环境中发生电偶腐蚀的倾向。

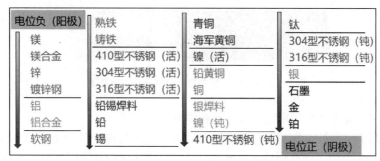

图5　常见金属和合金在海水中的电偶序

引导学生注意使用电偶序时的几点事项：
（1）在不同介质中有不同的电偶序；
（2）电偶序中相隔较远的金属组成电偶对时，阳极腐蚀较严重；相隔较近时，阳极腐蚀较轻；
（3）使用电偶序只能预测腐蚀发生的方向和倾向大小。

3．电偶腐蚀的影响因素

1）金属材料的电位差

金属材料的腐蚀电位是电偶腐蚀关键的影响因素。与学生讨论腐蚀的推动力，加深学生对金属材料的电位差对腐蚀倾向的影响的认识。同时，提醒学生讨论腐蚀倾向与腐蚀速率的区别，让学生理解更深刻。

通过对课堂习题"锡-铜电偶对与锌-金电偶对在海水中，哪种金属腐蚀倾向最大？"的分析，加深金属材料电位差对电偶腐蚀影响的理解。

2）面积效应

所谓面积效应，是指电偶腐蚀电池中阴极和阳极面积之比对阳极腐蚀速率的影响。

观察图6（左）所示的实例示意图，总结阴、阳极面积对电偶腐蚀的影响。经过研讨，得出"大阳极、小阴极结构的电偶对，阳极腐蚀速率较小；大阴极、小阳极结构的电偶对，阳极腐蚀速率较大"的结论。

通过分析图6（右）所示的阴、阳极面积比与腐蚀速率的关系，得出阳极的腐蚀速率与阴极和阳极面积比（S_c/S_a）线性正相关。

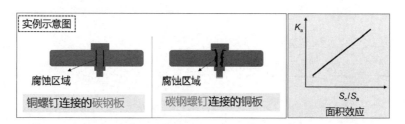

图6　阴、阳极面积不同造成不同的电偶腐蚀程度（左），
电偶腐蚀阴、阳极面积比与腐蚀速率的关系（右）

3）介质电导率

对电偶腐蚀而言，介质电导率的高低直接影响阳极区腐蚀电流分布的不均匀性。通过展示介

质中电偶腐蚀电流流动示意图（图7），让学生思考介质电导率的影响。

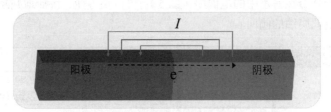

图7　介质中电偶腐蚀发生时电流流动示意图

引导学生思考讨论介质电导率对阳极区域腐蚀电流的影响。

介质电导率较高，两极间溶液的电阻较小，电偶电流可以分布到离接触点较远的阳极表面上，阳极受腐蚀相对较为均匀；介质电导率较低，腐蚀电流能达到的有效距离很小，腐蚀便集中在接触点附近的阳极表面上，容易腐蚀形成很深的沟槽。

提醒学生注意在实际工程应用中，不能忽视介质电导率。

教 学 成 效

将课程思政元素通过相关实例恰当地融入专业课讲授内容中，案例讲解时与学生进行交流、互动，并适时设疑提问和共同讨论，通过学生回答问题情况可及时获取学生的反馈，从而了解学生们对知识的接受程度。这种教学方式取得了不错的教学效果，不但能够引起学生学习课程知识的兴趣，还能提高学生思考问题的能力，同时还会较好地培养与激发学生的家国情怀和树立社会主义核心价值观。此外，在课后通过对学生提问的答疑环节以及与学生讨论最新科研进展的情况来量化学习效果，并准备下一次课前的学情分析，做好反思工作。

化工原理实验典型教学案例

精馏实验预习课与节能减排、专业思想教育

学院名称	石油化工学院	课程名称	化工原理实验
主讲教师	李玲、叶长燊、王晓达	教师职称	教授
授课对象	化学工程与工艺专业三年级本科生	课程性质	专业必修课

课程简介

"化工原理实验"是化学工程与工艺、制药工程、过程装备与控制工程、生物工程、环境工程、化学等专业的核心课程。它是一门来源于实践,又面向实践、应用于实践的实践性很强的基础技术课程。化工原理实验与化工原理、课程设计教学环节构成了化工原理课程体系。化工原理实验具有明显的工程特点,是一门以处理工程问题的方法论指导人们研究和处理实际化工过程问题的具有较强工程特点的实验课程。通过化工原理实验可培养学生分析、研究和解决复杂工程问题的能力,设计工程研究方案的能力,分析数据并通过信息综合获得合理、有效结论的能力等。

教学目标

通过本节课的学习,使学生达到以下主要目标:

(1) 了解板式精馏塔的结构、流程以及正常的操作状态;熟悉实验原理及精馏操作全过程;观察塔内气、液两相接触状况如漏液、液泛等不正常情况及各种操作参数的变化;掌握操作中出现不正常时,有效的调节方法及各个操作参数之间的相互关系。

(2) 掌握理论塔板数、单板及总板效率的测定、浓度测定、数据处理方法。

(3) 总结不同操作条件对分离能力的影响。

(4) 介绍新型的分离方法——反应精馏,结合本院在反应与精馏耦合上取得的成绩,结合能量的有效和合理利用给学生灌输节能减排对国民经济及环境等的影响。

(5) 进行计算机仿真实验及测评。

思政元素

精馏是能耗很高的单元操作,通过分析反应与精馏耦合如何实现节能减排降耗,引入我校教学团队的科研成果,加强对学生的专业思想教育和爱国、爱校的教育。

案例实施路径与方法

（一）实施思路

学生课前进行预习。实验预习课是对实验测定所需的原理、数据处理、实验流程以及注意事项等进行讲解。应用启发式、列举式、案例式教学方法，促进学生熟练掌握板式精馏塔的结构、流程、板效率，以及全塔效率的测定，了解各操作参数对精馏塔传质性能和流体力学性能的影响。通过对反应精馏的设计开发、精馏塔的节能等培养学生的节能减排意识。

（二）教育教学方法

构建实验教学-案例教学模式，强化学生对核心知识点的全面学习和准确掌握；通过课前预习、课堂启发教学、课后线上仿真测试，完成实验原理、实验数据处理、实验仿真测试、动手操作四个阶段的渐进学习过程，保障教学目标的实现。结合反应精馏塔开发的介绍对学生进行节能减排与专业思想教育。

具体的预习课内容：

（1）实验目的讲解：熟悉筛板精馏塔的结构、流程；掌握精馏塔的开车、停车操作方法及精馏塔稳定运行的控制与调节方法；掌握全塔效率和单板效率的测定方法；了解各操作参数对精馏塔传质分离性能和流体力学性能的影响。

（2）实验任务：① 全回流操作条件下全塔效率、单板效率的测定；② 部分回流操作条件下全塔效率的测定。

（3）实验原理：板式塔是使用量大、应用范围广的重要气液传质设备，评价塔板的好坏一般须考虑处理量、板效率、压力降、操作弹性和结构等因素。实际操作中，由于受到传质时间和传质面积的限制，以及不同进料位置、进料浓度、进料量、回流比等其他因素的影响，离开塔板的气液组成一般不可能达到平衡状态，即实际塔板的分离效果低于理论塔板。塔的分离效果用什么表示？单板效率和全塔效率。

① 单板效率

常用默弗里板效率来表示单板效率，即

$$E_{\mathrm{ml},n} = \frac{x_{n-1} - x_n}{x_{n-1} - x_n^*} \; ; \quad E_{\mathrm{mv},n} = \frac{y_n - y_{n+1}}{y_n^* - y_{n+1}}$$

② 全塔效率

全塔效率又称为总板效率，定义为完成一定分离任务所需的理论塔板数 N 与实际塔板数 N_e 之比，即

$$E = \frac{N}{N_e}$$

（4）实验流程图如图 1 所示。

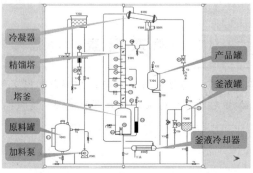

图 1　精馏实验流程图

（5）塔内气液流动方式与接触状况介绍，实验中观察到塔内气液接触状况如图2所示。

图2　塔内气液接触状况

（6）操作要点：检查、配液、加料、实验步骤、注意事项。
（7）数据处理及注意事项。
（8）报告要求。

（三）教学活动设计

1.全回流条件下全塔效率和单板效率的测定

1）单板效率的测定

让学生回顾理论课上学到的单板效率的定义

$$E_{\mathrm{ml},n} = \frac{x_{n-1} - x_n}{x_{n-1} - x_n^*}; \quad E_{\mathrm{mv},n} = \frac{y_n - y_{n+1}}{y_n^* - y_{n+1}}$$

如何获得计算单板效率所需的参数值？由公式通过图3所示思路结合PPT动画讲解求解过程，并得出需要测哪些参数，如何测。

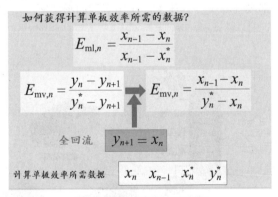

图3　单板效率求解思路图

2）全塔效率

$$E = \frac{N}{N_e}$$

理论板数可通过计算法、图解法得到，实验采用图解法。那么图解法需要哪些参数才能得到？如何获得？通过动画交互形式引导学生思考学习，具体如图4所示。

由分析可知需要取塔顶、塔釜的样进行分析，再由作图法才能得到理论板数进而得到全塔效率。

2. 部分回流条件下全塔效率测定

从全塔效率的计算式得到部分回流条件下仍然需要求理论板数才能求得全塔效率，通过图解动画得到需测定的参数，具体如图 5 所示。

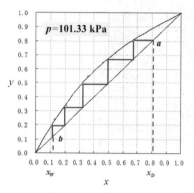

图 4　全回流条件下理论塔板数的求解　　　图 5　部分回流条件下理论塔板数的求解

实验操作条件下冷液进料中 q 值怎么求？需要哪些参数？怎么测？结合 q 的计算式进行说明。

$$q = \frac{r + c_p(t_S - t_F)}{r}$$

（四）思政元素融入方式

精馏是能耗很高的单元操作，在化学工业中精馏通常是用来分离反应后的液液混合物。反应通常都是平衡反应，有一定的平衡转化率，如果能够及时地把反应产物从反应体系中取走，平衡就朝着正反应方向移动，转化率提高，混合物中产物的浓度就提高，后续分离过程就更容易。引导学生思考如果能将反应和分离耦合在一起进行，边反应边分离则可以提高转化率、降低分离的费用，达到节能减排的目的，并提出反应精馏耦合（图 6）的操作，介绍我校在反应精馏上取得的成果——获得了两个省部级一等奖，具体工厂应用实例如图 7 所示。加强对学生专业思想的教育和爱国、爱校的教育。

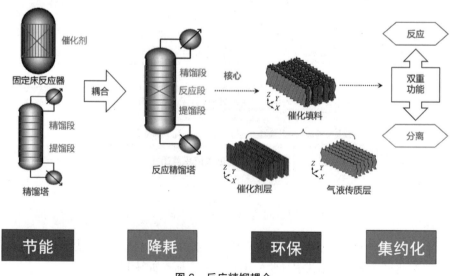

图 6　反应精馏耦合

图 7　福州大学给企业设计的反应精馏塔

教 学 成 效

本次预习实验原理介绍中用到了逆向思维的方法,引导学生在实验方案的设计中采用逆向思维进行设计,结合实验装置来启发学生的科研思维。通过说明精馏是能耗很高的单元操作,引入反应精馏耦合技术,并结合我校的科研成果进行介绍,加强学生节能减排的意识,同时加强对学生专业思想的教育和爱国、爱校的教育。在化工原理实验课程中,很多单元操作都可以引入中国制造、中国人提出的科学观点等对学生进行爱国教育。同时还可以通过让学生查阅文献、写文献综述的形式提高学生的文献检索和文献综述能力、通过小论文形式来体现实验报告以提高学生的论文撰写能力等。

逆向思维及思政元素的引入让学生更深入地了解单元操作的原理及用途,端正学生的专业思想,让学生进一步了解化工,了解化工的用途,进而喜欢化工,爱上化工。

液化天然气技术典型教学案例

LNG 的海上运输

学院名称	石油化工学院	课程名称	液化天然气技术
主讲教师	张朱武	教师职称	副教授
授课对象	油气储运工程专业三年级本科生	课程性质	专业必修课

课 程 简 介

本课程是油气储运工程专业的一门专业必修课程，是从事液化天然气设备设计、运行管理的基础。本课程系统介绍了天然气净化技术、制冷原理和方法、天然气液化技术、LNG（液化天然气）生产主要设备、LNG 的储存技术、LNG 运输、LNG 接收终端、LNG 气化站与加气站、LNG 的冷量利用、LNG 安全技术。通过本课程的学习使学生掌握液化天然气技术的基本理论和基本方法，为从事液化天然气技术的设计与管理工作打下理论基础。

教 学 目 标

（1）价值引领：以培养学生创新性思维为核心，案例与知识相结合，以解决实际问题为导向。

（2）知识拓展：掌握 LNG 海上运输的特点，LNG 运输船的基本结构，以及 LNG 运输船的装卸系统组成；理解 LNG 运输船的结构设计与安全性能之间的关系。

（3）思维训练：培养学生利用理论知识分析解决工程实际问题的能力，激发学生的求知精神，通过直观的运输船结构图讲解 LNG 运输船的特点来激发学生学习兴趣。

（4）能力构建：针对 LNG 低温、易燃、易爆的特点，以及海上运输的风险，掌握 LNG 运输船结构设计的原则，以及不同类型 LNG 运输船结构差异和优缺点。

思 政 元 素

目前国际上使用的 LNG 海上运输主要是采用法国、挪威和日本设计的三种类型运输船，中国大型 LNG 运输船的设计与制造与国外还存在差距。

通过课程激发学生的家国情怀。课程思政与专业知识互浸，培养坚持科研的理想信念。引导学生要正视差距，但也要有信心，希望学生以后可以在这个方向努力研究，迎头赶上，增强我国大型 LNG 运输船的设计与制造能力。

案例实施路径与方法

(一)导入主题(3分钟)

教学思路:课前需求驱动。

教学内容:引入为什么要进行LNG海上运输。

教学设计:通过回顾上节课内容,从LNG陆上运输的优缺点出发,引入LNG海上运输的经济性和便捷性问题,提出LNG海上运输的可行性和优点。

(二)展开阐述(30分钟)

教学思路:以LNG运输船工艺为主线,贯穿讲解LNG运输船结构和装卸工艺等内容。

教学内容一:LNG海上运输的特点。

知识点:LNG海上运输高风险、稳定、竞争有序的特点。

教学设计:

(1)高风险。液化天然气的运输成本占液化天然气价格的10%~30%,原油的运输成本只占10%。原因在于液化天然气罐船需要低温绝热材料,建造费用高昂,液化天然气船舶的投资风险比其他种类船舶更大。

(2)运输稳定。世界液化天然气运输大多为定向造船、包船运输,航线和港口比较固定,并要求较为准确的班期,非计划性停泊较少。一旦进入市场,运费收入比较稳定,来自外界的竞争相对较小。

(3)竞争有序。其运费主要取决于气源地的天然气价格、运输距离以及船舶的营运成本等方面,一般不会出现市场竞争无序的情况。

教学内容二:LNG运输船简介。

知识点:LNG运输船的特点。

教学设计:

液化天然气船大多设计成双层壳结构,夹层中充填惰性气体,防爆监测装置完备,而且液化气一旦渗漏即可气化,造成的污染较原油、成品油要小得多。

结合图1介绍LNG运输船的特点。

图1 MOSS型LNG运输船

教学内容三:LNG运输船的结构。

知识点:介绍三种常见LNG运输船的结构。

教学设计:

(1)MOSS型LNG运输船:MOSS型LNG运输船为自持式的球形罐液舱,罐体采用铝合金制成,板材的厚度按照不同的部位取值在30~170 mm。为达到理想的保温作用,铝合金球的外表覆盖着一层厚厚的泡沫绝缘材料，同时为了保护绝缘材料，整个货舱球的最外表面是保护型金属外壳。

结合图 2 介绍 MOSS 型 LNG 运输船的结构。

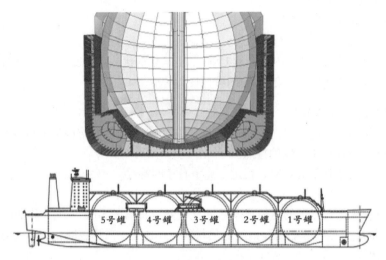

图 2　MOSS 型 LNG 运输船结构示意图

（2）GTT 型 LNG 运输船：GTT 型 LNG 运输船为薄膜围护系统的 LNG 运输船，主要由主薄膜、次薄膜、双层船壳和低温隔热层 4 部分所组成，GTT 型的围护结构目前最先进的是 GTN096 和 TGZ Mark Ⅲ 两种形式，其薄膜内均会受到静应力、动应力和热应力的作用影响。

结合图 3 介绍 GTT 型 LNG 运输船的结构。

 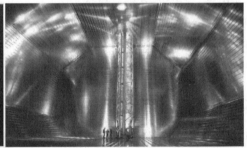

（a）GTT NO.96 型 LNG 运输船　　　　（b）GTT 型 LNG 运输船货舱内部

图 3　GTT 型 LNG 运输船结构示意图

（3）SPB 型 LNG 运输船：SPB 型（半薄膜型）液舱是全新半薄膜液货舱，SPB 是一种由合金钢板和胶合板支持钵铝质液舱，造价也较便宜。这种液舱以聚氨酯泡沫和增强的玻璃纤维布为绝热材料，日立公司称采用 SPB 系统，能使大装载量的船舶长度缩短 20 m 左右。

结合图 4 介绍 SPB 型 LNG 运输船的结构。

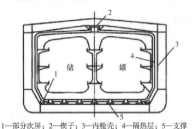 

1—部分次屏；2—楔子；3—内舱壳；4—隔热层；5—支撑

图 4　SPB 型 LNG 运输船结构示意图

教学内容四：LNG 运输船的装卸系统。

知识点：结合图 5 介绍 LNG 运输船的装卸系统的结构。

教学设计：

（1）卸货泵：LNG 运输船的全部卸货泵，一般采用深井泵和浸没式泵。每个液货舱必须配备两台完全一致的深井泵作为卸货泵。浸没式泵的流量要求为深井泵的 1/80~1/40，其作用是当液货舱需要修理时，为减少复温时间再抽掉一部分液货。

（2）管道：低温液体的输送管道一般使用绝热管绝热。LNG 运输船液货装卸系统由两条跨接输液管和一条货物回气管组成，以便与岸上输液系统相一致。

（3）阀门：液化气船货物管路上的阀门一般是截断阀、球阀、闸阀等。

（4）蒸发气压缩机：LNG 运输船上有两种压缩机：一种是低容量压缩机，用于航行时将蒸发气供给锅炉作燃料，或将蒸发气排至再液化装置再液化，一般要求配备两台；另一种是高容量压缩机，用于卸货时将蒸发气排至回气管，到岸上再液化。

（5）空气加热器：航行时，当蒸发气用作燃料时，需将低容量压缩机排出的气体用空气加热器加热至常温。

（6）控制系统：用惰性气源远距离控制各种阀门操作、液位控制、输液流量以及关闭所有设备。

（7）装载作业：① 已经驱气船舱的装载；② 未经驱气船舱的装载。

图 5　LNG 运输船到岸装卸

（三）深入研讨（5 分钟）

教学思路：如何确保 LNG 海上运输的安全。

教学内容：LNG 运输船的结构特点。

知识点：LNG 运输船的结构设计与安全保障之间的关系。

教学设计：

（1）MOSS、GTT 与 SPB 型 LNG 运输船之间的优缺点对比。

（2）通过三种类型 LNG 运输船的优缺点对比，理解 LNG 运输船设计理念。

（四）课程思政小故事（4 分钟）

教学思路：激发学生的家国情怀，课程思政与专业知识互浸，培养坚持科研的理想信念。

教学内容：目前国际上使用的 LNG 海上运输主要是采用法国、挪威和日本设计的三种类型运输船，中国大型 LNG 运输船的设计与制造与国外还存在差距。

教学设计:

(1) 介绍国内外 LNG 运输船的概况。

(2) 点明中国在大型 LNG 运输船设计与制造上与国外还存在差距。

(3) 引导学生要正视差距,但也要有信心,希望学生以后可以在这个方向努力研究,迎头赶上,增强我国大型 LNG 运输船的设计与制造能力。

2022 年我国首艘江海联运型 LNG 运输船,正式在中船长兴造船基地命名交付,填补了国内空白。此船命名为"传奇太阳"。

(五)总结提高(3 分钟)

教学思路: 在总结基础上,采用设问的方式,引导学生思考海上 LNG 运输的特点与风险,加深对知识点的理解。

总结: 从 LNG 海上运输的特点出发,总结 LNG 运输船的特点,以及装卸工艺的流程。

为了拔高课程要求,合理设置课后思考题: 如何更好地确保 LNG 海上运输的安全?

教 学 成 效

本案例结合实际 LNG 运输船的结构图,使学生理解 LNG 运输船的结构特点和装卸工艺,在专业知识上得到了拓展。以引导式提问的教学方式,使得教学内容环环相扣,明显增加了学生的参与度,让学生学会从实际工程中发现问题、思考问题、解决问题。通过直观的运输船结构图讲解 LNG 运输船的特点,可以激发学生的学习兴趣。通过联系目前热点问题(例如我国首款首制首艘江海联运型 LNG 运输船,正式在中船长兴造船基地命名交付,填补了国内空白),引入科学前沿知识,一方面加深对知识点的理解,另一方面激发学生进一步思考钻研的兴趣。

输气管道设计与管理典型教学案例

输气管道建设与能源安全新战略

学院名称	石油化工学院	课程名称	输气管道设计与管理
主讲教师	穆亮	教师职称	副教授
授课对象	油气储运工程专业三年级本科生	课程性质	专业必修课

课 程 简 介

"输气管道设计与管理"系统地阐述了有关输气管道工程设计与技术管理的理论和知识。课程介绍了输气管道概况和勘查设计、天然气性质、天然气矿场集输、天然气净化、气体管流基本方程、输气管道水力计算、热力计算、压气站与输气管道联合系统、干线输气管道运行管理等内容。本课程注重理论知识与现场实际应用的密切联系,通过学习使学生掌握输气管道工程设计与技术管理的理论知识同时,也注重培养学生正确的科学思维方法和分析问题解决问题的能力,为后续课程以及科学研究打下坚实的基础。

实际气体与理想气体差异较大,对于输气管道的设计首要问题是了解真实气体的计算,管道承压设备计算过程中的误差会导致实际压力与计算压力差距过大而引发管道运行安全问题;利用真实气体状态方程对管道内输送的天然气进行 pVT 性质计算得到准确的结果,从而避免可能存在的安全隐患。

教 学 目 标

(1) 价值引领:输气管道的建设对我国能源安全储备与长期经济战略问题具有重要影响,我国科技工作者致力于解决油气输送中的若干重要难题,为国家经济建设与人民生活保驾护航。

(2) 知识拓展:了解理想气体与真实气体的差异;理解理想气体状态方程的特点与应用条件;掌握对比状态原理与压缩因子计算方法;理解真实气体状态方程的特点与应用范围。

(3) 思维训练:掌握真实气体状态方程,能够用范德瓦耳斯方程和 RK、SRK 等方程进行计算;掌握对比状态原理与压缩因子计算方法,能够利用查压缩因子图计算真实气体的 pVT 性质;熟悉压缩因子计算的其他方法,如经验公式法、状态方程法等。

(4) 能力建构:理解各种真实气体状态方程的特点与应用范围,了解编程计算过程中如何使其迅速收敛,了解真实气体状态方程与理想气体状态方程用于实际计算时的差异。

思 政 元 素

习近平总书记关于能源安全新战略科学论述,是习近平新时代中国特色社会主义思想的重要组成部分,是保障国家能源安全、促进人与自然和谐共生的治本之策,为推动新时代能源发展提供了战略指引、根本遵循和行动指南。21世纪是天然气的时代,天然气输气管道的建设对于能源安全新战略具有重要的战略意义。

案例实施路径与方法

(一)教育教学方法

以课堂授课为主,使用现代信息技术,综合启发式讲解、传统板书、现代多媒体软件、慕课堂智慧教学等手段,适时设疑,师生互动交流,理论联系实际,启发式教学与案例教学、发散思维与收敛思维有机地结合。

(二)教学活动设计

问题引入:实际气体与理想气体差异较大,对于天然气管道输送的首要问题是了解真实气体的计算,管道承压设备计算过程中误差会导致实际压力与计算压力差距过大而引发管道运行安全问题。利用真实气体状态方程对管道内输送的天然气进行 pVT 性质计算得到准确的结果,从而避免可能存在的安全隐患(如图1所示的输气管道事故),确保天然气管道的正常运行。

图1　输气管道事故图

1. 理想气体状态方程形式

对于 1 kg 气体:$pV=R_gT$;V 为气体的比体积,R_g 为气体常数。

对于 1 kmol 气体:$pV_M=RT$;V_M 为 1 kmol 气体的体积,R 为通用气体常数。

对于质量为 m 或者 n kmol 气体:$pV=mR_gT=nRT$;$R_g=\dfrac{R}{M}$,M 为 1 kmol 气体的质量,单位为 kg/kmol,其值等于气体的相对分子质量,在标准态下,1 kmol 气体的体积都是 22.4 m³,由此可以推导出 R 值:

$$R=\frac{pV_M}{T}=8.314 \text{ kJ/(kmol·K)}$$

注意单位:如果用国际单位制推导,R 的值为 8.314 J/(mol·K)。

通过举例让学生明白引入真实气体状态方程的重要性。

例1:将 1 kmol 甲烷压缩存于一个容积为 0.125 m³、温度为 50℃ 的钢瓶,问此时甲烷产生的压力多大?压力真实值为 1.875×10^7 Pa。

使用理想气体状态方程进行计算

$$p = \frac{nRT}{V} = \frac{1000 \times 8.314 \times (273.15+50)}{0.125} \text{ Pa} = 2.150 \times 10^7 \text{ Pa}$$

与真实值之间误差

$$相对误差 = \frac{(2.150-1.875) \times 10^7}{1.875 \times 10^7} \times 100\% = 14.67\%$$

由此可见,理想气体状态方程只适用于压力非常低的气体,不适合描述真实气体的行为。

2. 真实气体的状态方程

1）范德瓦耳斯方程

范德瓦耳斯方程:1873年范德瓦耳斯以理论分析方法提出了著名的描述真实气体的状态方程。

$$\left(p + \frac{a}{V_M^2}\right)(V_M - b) = RT$$

其中,$\frac{a}{V_M^2}$为压力校正项,由于分子间相互吸引力存在,分子撞击器壁的力减小,造成压力减小;b为体积校正项,分子本身占有体积,分子自由活动空间减小,由V_M变成V_M-b;a、b为状态方程的参数,只与物性有关,与p、V、T无关。

$$p = \frac{RT}{V_M - b} - \frac{a}{V_M^2}$$

a、b常数值的确定:在临界点处,函数的一阶导数和二阶导数为零,

$$\left(\frac{\partial p}{\partial V_M}\right)_{T=T_c} = 0, \quad \frac{-RT_c}{(V_M-b)^2} + \frac{2a}{V_M^3} = 0$$

$$\left(\frac{\partial^2 p}{\partial V_M^2}\right)_{T=T_c} = 0, \quad \frac{2RT_c}{(V_M-b)^3} - \frac{6a}{V_M^4} = 0$$

联立求解得:$a = \frac{9}{8}RT_c V_{M,c}$,$b = \frac{1}{3}V_{M,c}$。$V_{M,c}$的实验值误差大,$a$、$b$用$p_c$、$T_c$来表示。

范德瓦耳斯方程的使用情况和意义:该方程是第一个适用于实际气体的状态方程,其精确度不高,在工程上无很大的实用价值;但是它建立方程的推理理论和方法对立方型状态方程的发展具有重大的意义,对于对比态原理的提出也有着重大的贡献。

2）RK（Redlich-Kwong,1949）方程

$$p = \frac{RT}{V_M - b} - \frac{a}{T^{0.5}V_M(V_M + b)}$$

$$\left(\frac{\partial p}{\partial V_M}\right)_{T=T_c} = 0, \quad a = 0.42748\frac{R^2 T_c^{2.5}}{p_c}$$

$$\left(\frac{\partial^2 p}{\partial V_M^2}\right)_{T=T_c} = 0, \quad b = 0.08664\frac{RT_c}{p_c}$$

对范德瓦耳斯方程的改进之处在于引力项添加了温度的影响。RK 方程应用情况：RK 方程的计算准确度比范德瓦耳斯方程有较大的提高；一般适用于气体 pVT 性质计算；可以较准确地用于非极性和弱极性气体，误差在 2% 左右；但对于强极性及含有氢键的气体仍会产生较大的偏差，误差达 10%~20%。对于液体体积计算误差较大，不能用于气液平衡计算，很少用于液体 pVT 性质计算。

设问：已知 p、T，如何求 V_M？虽然所有立方型状态方程均可用解析法求解 V_M，但工程上大多采用简便的迭代法。

（1）直接迭代法

$p = \dfrac{RT}{V_M - b} - \dfrac{a}{T^{0.5}V_M(V_M + b)}$，两边乘以 $\dfrac{(V_M - b)}{p}$ 得，$V_M - b = \dfrac{RT}{p} - \dfrac{a(V_M - b)}{pT^{0.5}V_M(V_M + b)}$，

迭代式：$V_{M,n+1} = \dfrac{RT}{p} - \dfrac{a(V_{M,n} - b)}{pT^{0.5}V_{M,n}(V_{M,n} + b)} + b$，初值取 $V_{M,0} = \dfrac{RT}{p}$，进行迭代计算，注意 R 的数值和单位。收敛条件为：$|V_{M,n+1} - V_{M,n}| \leqslant \varepsilon$。

（2）牛顿迭代法

RK 方程 $p = \dfrac{RT}{V_M - b} - \dfrac{a}{T^{0.5}V_M(V_M + b)}$，变形为 $F(x) = p - \dfrac{RT}{V_M - b} + \dfrac{a}{T^{0.5}V_M(V_M + b)}$，设初值为 x_0，$x_1 = x_0 - \dfrac{F(x_0)}{F'(x_0)}$，$x_2 = x_1 - \dfrac{F(x_1)}{F'(x_1)}$，迭代式为：$x_{n+1} = x_n - \dfrac{F(x_n)}{F'(x_n)}$。收敛条件为：$|x_{n+1} - x_n| \leqslant \varepsilon$。

RK 方程计算例 1：甲烷临界参数 $p_c = 4.6 \times 10^6$ Pa, $T_c = 191.6$ K。

$$a = 0.42748 \dfrac{R^2 T_c^{2.5}}{p_c} = 4.175$$

$$b = 0.08664 \dfrac{RT_c}{p_c} = 1.691$$

$$p = \dfrac{RT}{V_M - b} - \dfrac{a}{T^{0.5}V_M(V_M + b)} = 1.8978 \times 10^7 \text{ Pa}$$

$$\text{相对误差} = \dfrac{1.8978 - 1.875}{1.875} \times 100\% = 1.216\%$$

3）SRK（Soave-Redlich-Kwong, 1972）方程

$$p = \dfrac{RT}{V_M - b} - \dfrac{a(T)}{V_M(V_M + b)}$$

$$a = 0.42748 \dfrac{R^2 T_c^2}{p_c} \alpha(T)$$

$$b = 0.08664 \dfrac{RT_c}{p_c}$$

$$\alpha(T)^{0.5} = 1 + k(1 - T_r^{0.5})$$

$$k = 0.480 + 1.574\omega - 0.176\omega^2$$

RK 方程与 SRK 方程形式的对比：引力项用对比温度代替了温度项，且引入了偏心因子作为参数反映分子的形状。偏心因子：衡量分子椭圆扁平程度或非球形度的物质特性常数，反映出物质分子形状与物质极性大小。ω 位于 0~1 之间，偏心因子越大，分子的极性间距就越大。

$$\omega = -\log\left(p_r^s\right)_{T_r=0.7} - 1$$

SRK 方程的应用：SRK 方程对烃类混合物热物性参数计算结果精确，对非极性组分及其混合物的气液平衡计算结果满意，对 CO_2 和 H_2S 有显著偏差。

4）带压缩因子的气体状态方程

最简单、最直接、最准确的办法是将理想气体状态方程用压缩因子进行修正：$pV=nZRT$，或 $pV_M=ZRT$。Z 反映了真实气体对理想气体的偏差程度：$Z=V_{M(真实)}/V_{M(理想)}$。Z 是状态函数，与实际气体组成有关：$Z=pV_M/RT=f(p,T)$。范德瓦耳斯指出，不同气体，只要有两个对比参数相同，则第三个对比参数一定大致相同，$F(p_r,T_r,V_r)$。

由真实气体状态方程：$Z=\dfrac{pV}{RT}$，$Z_c=\dfrac{p_cV_c}{RT_c}$。两式相除得：$Z=Z_c \times \dfrac{p_rV_r}{T_r}$。按对应状态原理，上式中的 p_r、V_r 和 T_r 只有两个独立变量，因此可写为 $Z=f(p_r,T_r,Z_c)$。实际上大多数物质 Z_c 的数值变化不大，范围在 0.23~0.31，可近似认为是一个常数，故上式可简化为：$Z=f(p_r,T_r)$。各种物质对应态的压缩因子相等，可根据对比参数用图解或计算的方法求得压缩因子 Z。

教 学 成 效

将教学内容与天然气管道输送过程中的实际情况结合，更容易唤醒学生对专业知识的渴求。工科专业课理论知识抽象复杂，及时配合个体实例的引入，有助于引起学生兴趣，使其深入理解理论知识，更好地把握知识点。在教学过程中多数学生能够对相关细节给出反馈，教学效果良好。将天然气管道输送与能源安全战略有机结合，提升学生的爱国主义情怀，端正其实事求是的学习态度，激发其思考钻研的兴趣。

水电站典型教学案例

水轮机选型与疫情防控

学院名称	土木工程学院	课程名称	水电站
主讲教师	苏燕、田秀兰	教师职称	副教授、讲师
授课对象	水利水电工程专业三年级本科生	课程性质	专业必修课

课程简介

　　本课程为水利水电工程专业的专业主干课程，其主要任务是根据给定的水能资源、地形地质等基本资料，合理确定利用水能资源生产电能所需要的水轮机及其主要辅助设备、输水系统和厂房的结构型式、布置方式、荷载，正确地进行结构计算。它既是水利水电学科的重要研究内容，也是水利水电学科服务于社会经济发展的重要方面，是水利水电工程专业学生必修的内容。

　　通过本课程的教学，可以使学生掌握水电站设计的基本理论和具体技术方法，培养学生的工程意识和运用专业知识分析、研究、解决水电站工程规划、设计、施工、管理等领域中的复杂工程问题能力，设计满足特定要求的方案。

　　通过本课程的教学，从细微处使学生具有正确的世界观、人生观、价值观，具有科学精神、人文修养、职业素养、社会责任感和积极向上的人生态度。

教学目标

　　通过本节课的学习，使学生达到以下主要目标：

　　（1）把水轮机的选型和当前社会热点问题结合，引导学生理解、认同当下国家的做法，潜移默化地进行爱国爱党教育。

　　（2）掌握水轮机选型设计的内容及其逻辑关系；掌握水轮机型号确定及装置方式的选择；掌握用应用范围图及模型综合特性曲线选择、确定水轮机的主要参数。

　　（3）对各种水轮机的类型及参数进行方案比较，进而掌握水电站的水轮机设计。

　　（4）通过大作业及实际工程资料的查找，进一步思考水轮机选型设计的原理方法，训练学生归纳总结工程类比的能力。

思政元素

　　政治认同、家国情怀。

案例实施路径与方法

(一) 问题导入

先简要回顾前面所学的水轮机相关知识,总结学生课前查阅各个水电站所使用的水轮机类型及其具体的工作参数。引入为什么要进行水轮机选型设计,以及选型设计的主要内容。

(二) 教学内容

把水轮机的选型和当前社会热点问题结合,如水轮机选型与疫情防控,引导学生理解、认同当下国家的做法,潜移默化地进行爱国爱党教育。

(三) 启发式问题引导,辩证思考

机组台数和单机容量的选择;水轮机型号确定及装置方式的选择。要选择水轮机的型号,首先要掌握各种类型水轮机的特点及适用范围,然后根据工程的实际水头、流量、当地的地质情况来选择比较合适的水轮机类型。并有针对性地查阅该种类型的水轮机在具体工程中的应用情况,并和具体工程进行对比分析。让学生充分地理解知识和工程具体实践的结合方式。

选择水轮机的主要参数。用公式计算出来后,我们实际采用的参数,直径要选反击式水轮机标称直径系列里的值,选取和计算值接近的标称直径系列里的标准值。发电机转速要选和计算值接近的标准同步转速,在保证水轮机处于高效率区工作的前提下,应选用较大的同步转速,以使机组具有较小的尺寸和重量。让学生掌握并深刻理解这些选择是一个教学重点。让学生建立起标准化的理念。掌握在各种规范基础下知识到实际工程的转化。

(四) 启发剖析,阐释总结

如何比较评价各个方案?最高效率和平均效率进行比较;工作范围的比较;气蚀性能的比较;机组转速的比较;运行经验,尽量选择成熟的机组;是否有投产的机型,以减少科研费用;安装运输条件等。

(五) 深度思考,提高升华

借由世界各地新冠疫情防控措施的不同与当地的政治文化经济的关联密不可分这一情况,来论述我们在水轮机选型中要考虑哪些主要因素和参数,如何比较考虑。

我们国家更关注人民的生命权。为此我们不惜在经济的发展上按下了暂停键。而诸如某国民众的不戴口罩要自由,某国有些城市提倡的80%会自愈的理念,有些国家害怕封城引起的经济停滞,每个地方防控措施的关键,体现了当地政府更关注的方面,是生命?是经济?是自由?还是优胜劣汰?就如同在水轮机选型中,我们会更关注前期投资还是后期运行效率?我们更注重结构安全还是水力效率?我们在水轮机选型中关注的问题是一定要和我们工程项目的实际相结合。诸如我们机组的装机容量、水头、流量、河流的含沙量、政策因素、资金的充裕度等。世界各地的防控措施也离不开当地的政治经济文化背景。我们应该感谢我们的国家,可以集中力量办大事,把人民的生命权放在了第一位。

(六) 课后大作业

(1) 水轮机选型设计:电站装机容量 48 万 kW,装机台数 4 台;单机容量 12 万 kW。H_{max}=120 m,H_{min}=80 m,H_a=105 m,H_r=100 m。水轮机安装高程为 622.5 m。

(2) 课后思考题:在课前查阅各个水电站所使用的水轮机类型及其具体工作参数的基础上,思考各个水电站水轮机选型的依据。

（3）文献阅读与科研实训选题：查阅世界各地新冠疫情防控措施，思考其与当地的政治文化经济的关联。并论述我们在水轮机选型中要考虑哪些主要因素和参数。

教 学 成 效

通过本案例的教学、课后的大作业水轮机选型设计、课下大量的专业资料的查找，使学生既掌握了水轮机选型设计的基础理论，又掌握了水轮机选型设计在工程实际中的应用。

通过水轮机选型设计与疫情防控相结合，大家在深入地理解水轮机选型设计等专业知识的基础上，理解、认同国家的疫情防控政策，并坚决贯彻执行。把政治认同、家国情怀潜移默化地深入到专业教学当中，润"心"细无声。

基础工程典型教学案例

万丈高楼始于基础，脚踏实地方可耐久

学院名称	土木工程学院	课程名称	基础工程
主讲教师	马宏岩	教师职称	副教授
授课对象	土木工程专业三年级本科生	课程性质	专业必修课

课程简介

"基础工程"是土木工程专业学生必修的一门重要专业课程，是一门非常重要的专业课。本课程内容涉及土力学、材料力学、结构力学、工程地质学等基础学科的相关知识，是一门实践性和应用性较强的专业课程。通过本课程的学习，可以使学生掌握与桥梁、道路及其他构造物基础和地基的设计、施工有关的基本概念、基本理论、设计方法、计算原理和施工要点；了解现行《公路桥涵地基与基础设计规范》《公路桥涵设计通用规范》的制定依据，以及目前公路桥梁基础工程的最新研究成果和科研动向；具备综合运用所学的基本理论和知识来解决实际工程的地基基础问题的能力；为学生将来从事基础工程相关工作提供必要的专业知识积累和技能指导。"基础工程"的学习，可为后续其他专业课程的学习、课程设计和毕业设计的完成，以及在基础工程领域的深入研究奠定基础。

教学目标

1. 思政目标

（1）以"两性一度"为标准，将"立德树人"具体化、目标化，强调学生在教学中的主体地位，培养学生的主动思考能力，提高课堂教学效率，实现人才培养质量的飞跃。

（2）将"立德树人"具体化、目标化，提高课堂教学效率，实现人才培养质量的飞跃；创建高阶课堂、对话课堂、开放课堂；实现知行合一、学思结合；强调自主性、能动性和创造性，激发学习动机和学习热情。

（3）挖掘专业知识背后的思政元素，践行社会主义核心价值观；构建正确的政治方向；培养磊落的职业道德与职业操守；深化德育观念，坚定理想信念，弘扬诚信美德和道德规范。

2. 专业目标

（1）理解基础工程的基本概念和施工要点。包括：基础工程的研究对象和研究内容；基础的工程意义；基础和地基的分类及构造；基础工程设计所需资料；作用的分类及效应组合；浅基础的分类及构造；刚性扩大基础的施工；桩与桩基础的分类及构造；桩基础的施工；桩基础的设计内容和步骤；沉井的类型及构造；沉井的施工要点；地基处理方法；特殊土地基上的基础工程概要等。

（2）掌握基础工程的设计原理和计算方法。包括：刚性扩大基础的设计与计算；地基承载力容许值的确定；埋置式桥台刚性扩大基础的设计；桩基础的质量检验；单桩承载力的计算；单排桩基桩内力和位移的计算；多排桩基桩内力和位移的计算；群桩基础的竖向受力分析与验算；承台的设计与计算；沉井的设计与计算等。

思 政 元 素

以激发学生的内在学习动机为目的；践行社会主义核心价值观；构建正确的政治方向、民族精神及世界观；培养磊落的职业道德与职业操守；落实立德树人的根本使命；深化德育观念，坚定理想信念，秉持工匠精神，弘扬诚信美德和道德规范。

案例实施路径与方法

（一）育人理念

倡导师生同频共振，以学生为教学主体；以激发主观能动性和自我驱动力为目标；以高阶性、创新性、挑战性为培育标准；以人为本，立德树人，培养契合主流价值观和道德观的高层次核心人才。

（二）实施思路

（1）课前、课中、课后融会贯通，线上线下相辅相成。引用国家精品在线开放课程，开辟"智能+教育"新途径。

（2）将学生作为教学主题，通过改革教学内容、教学方法和教学评价，提高教学效率。激发学生自主学习，实现师生同频共振。

（3）构建对话课堂，以知识的对话、思维的对话和心灵的对话为终极目标，引导学生"乐学""会学""学会"。

（4）合理提升学业挑战度，增加课程难度，拓展课程深度，创建高阶课堂、对话课堂、开放课堂。

（三）思政元素融入方式

以课程案例为切入点，引导学生在工程实践中理解和领悟思政元素，促使学生在好奇心的驱动下不断成长。

（四）教育教学方法

（1）结合实际工程实例，培养学生从实际工程、教材、参考书中去思考问题、发现问题、解决问题的能力。

（2）利用多媒体、翻转课堂等现代化教学手段与传统教学手段相结合进行课堂教学。

（3）引导学生扩展阅读，培养检索综述能力。

（4）激发学生学习兴趣，充分发挥潜能，巩固基础，拓宽专业视野。

（五）教学活动设计

（1）导入主题：从课程学习对象的切入开始，介绍土木工程专业在工程实践中的技能需求，进而引出土木工程师专业技能的重要性和对工程质量的决定性。通过工程实例，使学生领会专业课程的重要性，理解职业操守和职业道德的决定性作用；在学生心中埋下道德的种子，让学生体会到责任感和个人担当在工程实践中的重要性。进而在课堂中加强道德实践、道德情操和道德判断能力的培养，锤炼钢铁意志、社会责任感及个人担当。

（2）展开阐述：从桩基内力和位移的计算方法入手，介绍桩基础设计理论和设计方法的发展历史和演变历程，介绍现阶段智慧土木、智慧基础设施建设的科技先导地位，在学习中培养学生的专业自豪感。

以桩基础的适用范围为切入点，引入与常规设计和工程相左的工况，引导学生领悟世间万物都是二元对立的个体，不同的时间、环境、空间便造就了不同的结果。同时结合工程实例中的法律事故，使学生了解法制观念在工程实践中的重要性。以文化熏陶为载体增强法制意识，培养契合主流价值观和道德观的法制观念。

从基础工程的设计、施工过程和依据入手，引入土木工程行业规范和行业标准的核心地位，使学生理解土木工程实践中必须遵循的规范标准和法律法规，都必须是满足要求的，都是建立在社会主义核心价值观基础上的。进而列举其他国家现行规范标准与我国现行规范和标准的差异，使学生透彻理解社会主义核心价值观是工程实践的第一守则。

（3）深入研讨：以多排桩内力和位移的计算、设计为题目，让学生在计算过程中体会工程设计的艰辛和复杂。在计算错误、设计失败后通过重新计算、反复核算等过程，培养学生的耐心、耐力和抗挫折能力，使学生领悟到耐心、专业、技能、知识都是决定设计结果的关键因素。

从基础工程的设计原则和设计方法的发展历程的介绍着手，介绍我国土木工程在世界上极其悠久而辉煌的历史和现在，列举我国近年来创建的世纪工程，如港珠澳大桥等，让学生在学习之初便感受到民族自豪感和专业自豪感，使学生在赞叹敬畏之余产生学科归属感，在学生的心中厚植爱国主义情怀，倡导广大学生热爱祖国、拥护中国共产党，立志扎根人民、奉献国家。

（4）巩固加深：弘扬美育文化，夯实情怀基础。以砂井堆载预压法中砂井的布置方式、塑料排水板预压法中排水板的布置方式、搅拌桩的布置方式等内容为背景，引出基础设计中的工程美学和美学设计标准。纠正学生对工科专业的刻板认识，使学生在课堂中体会到土木工程的对称之美和几何之美，让学生在工程世界中得到美学的熏陶，拥有一双善于发现美的眼睛和一颗善于创造美的心灵。坚持以美育人、以文化人，提高学生的审美能力和人文素养，弘扬中华文化精髓。

以基础工程应用背景为切入点，介绍教师本人在学习及工作中的事例，突出对职业道德、职业操守的坚守，使学生在听故事的同时得到品德的熏陶和感化。在课堂教学中努力做到深化德育观念、坚定理想信念、秉持工匠精神及赤子之心教书育人，弘扬诚信美德和道德规范，做新时代的一流教师、金牌教师。

（5）总结提高：让学生在学习过程中体会工程设计的艰辛，使学生在动手做事的过程中真切地领会到，学好专业知识和提高抗挫折能力的重要性。培养学生勇于攀登、不懈追求的奋斗精神，历练敢于担当、自强不息、积极向上的品格。

（六）资源载体

教材，PPT，习题集，慕课，微课堂。

（七）特色与创新

（1）将德育教育和思政文化完美融入"基础工程"的课堂教学。

（2）将"激发内在动机"理念融入"基础工程"教学，推动主观能动性的培养，促进一流人才的培养。

（3）将"成果导向教育"理念融入"基础工程"教学，调整学生的主体地位，逐步实现一流课程的建设。

教 学 成 效

本案例内容是"基础工程"课程中的重点内容之一，主讲教师以学生为主体，通过由浅入深的课堂讲授，结合案例剖析及情境比拟，尝试具有创新性和挑战性的课堂互动模式，实现了掌握基本知识点、激发主观能动性，以及思政进课堂的教学目标。通过对授课内容和思政内容的科学设计与规划，开展了基于专业知识的思政引导，将"立德树人"具体化、目标化；整个教学过程遵循师生同频共振、教师积极引导、学生循序渐进的原则展开，有效提高了课堂教学效果和知识传授效率，为高阶课堂的创建、高层次人才的培养提供助力。

本案例的特色是将主观能动性的培养作为思政教育的核心，与专业知识相融合。主讲教师倡导将先进的教育学理论和心理学原理应用在课堂授课中，全方位多角度地促进课堂教学效率的提升。经过两个学期的授课，整个案例的实践过程得到了学生的认可，有效激发了学习热情，获得了较好的反馈。但是思政进课堂这一目标仍旧需要摸着石头过河，在不断地探索中前行，方可在日后获得更好的效果。

测量学典型教学案例

从我国三次珠峰登顶测量谈测量误差的分类与应用

学院名称	土木工程学院	课程名称	测量学
主讲教师	方绪华	教师职称	副教授
授课对象	土木学院、建筑学院、紫金学院各专业一、二年级本科生	课程性质	专业必修课

课程简介

"测量学"是一门以学习地球空间信息科学知识为主的专业技术基础课,主要为土木工程学院各专业学生开课,同时还为采矿、资源、建筑学、城乡规划和风景园林等专业开课,每年有700多名学生选课,课程包含课堂教学、实验教学和教学实习,目前"测量学"课程组有7位教师,其中副教授6人,5人具有博士学位。

2002年在学校网络教学平台建立了"测量学"网络课程,2018年申请出版"测量学"数字课程,2020年1月申请并建立了中国大学慕课"测量学"独立小规模限制性在线课程(SPOC),2020年9月通过省级线上线下混合式一流课程建设立项。

2007年"测量学"入选福州大学精品课程建设,积累了许多校级教研教改成果,已全面完成了课程的教学视频库、教学及思政案例库、教学习题库、电子教材和校园实践基地等方面的建设。2020年10月测量学课程组被评为福州大学优秀基层教学组织。

教学目标

(1)价值引领:中国人在极其简陋的条件下第一次登顶,选择从难度最大的中国境内的珠峰北坡,凭借血肉之躯两次登顶"连鸟也飞不过去"的珠峰,完成了不可能完成的任务,第一次站在了世界最高峰珠穆朗玛峰之巅,很大程度上决定了珠峰的归属与主权的宣誓。第二、第三次珠峰登顶测量,我们坚守着一个信念:珠峰最精确的数据,一定要由中国人自己来发布。2022年5月27日的第三次珠峰登顶测量,大量使用国产测绘仪器装备,队员们在峰顶停留了150分钟,这也创造了中国人在珠峰峰顶停留时长的新纪录,这些都具有重要的历史意义。

(2)知识拓展:珠峰的三次登顶测量,其高程成果分别是1975年的8848.13 m、2005年的8844.43 m和2020年的8848.86 m。关于珠峰的确切高度,人类几乎每次测量给出的高度结论都不一致,世界上出现了不少分歧。随着技术手段的进步,人类对测量产生的各种误差认识更加精确。通过对测量误差的认识和分析,将测量误差知识应用到工作、生活中的各种试错和纠错中。

(3)思维训练:误差是一个量在测量、计算或观察过程中由于某些错误或通常由于某些不可控制的因素的影响而造成的偏离标准值或规定值的数量,误差是不可避免的。只要有估计,就会有误差。误差理论是测试技术仪器仪表及工程实验等领域不可缺少的重要理论基础,它在科学与生产实践中起着重要作用,因此受到普遍重视并得到迅速发展。随着现代化、自动化和高精度测试技术的不断出现,测试结果数据处理的理论与方法也向高水平发展,其核心问题的误差理论也逐渐形成了现代误差理论新概念。

（4）能力建构：测量误差分析是实验成果研究的一个难点；学生的认知水平不够,如抽象逻辑思维能力和数学应用能力不强；学习方式为被动接受,能力没有得到全面发展等。基于以上思考,我们需要搭建测量误差教学与实践平台,提供学习资源,设置有阶梯的系列问题,引导学生自主合作学习,培养分析能力。

思 政 元 素

（1）家国情怀：2020年5月27日,珠峰登顶成功。巅峰时刻,全民沸腾,8名登山队员又站上了世界之巅,自豪之情油然而生。珠峰测量,是测绘技术的一次大规模集成,复杂性和难度可想而知。这次精确测定珠峰高程是对我国测绘科技水平的又一次考验。中国人征服珠峰的过程,正是新中国成立以来中国人民砥砺前行的一个缩影。一次又一次,我们直面风浪和挑战,一次又一次,我们向极限发起冲击。有中国力量和中国精神在,再高的山,我们也能登顶,再难的关,我们也能渡过。

（2）道德修养：测量误差按来源可分为内仪器误差、人为误差和外界因素导致误差；误差按性质可分为偶然误差、系统误差和粗差。偶然误差的出现是无法预知的,但总体上不会超出某个范围,服从正态统计规律,是误差的主要研究对象。对采样样本的获取必须真实可靠,但总有一小部分机构或个人,为了一些不可告人的目的或其他目的,或多或少地伪造一些原始数据资料,造成统计偏差,以影响或误导相关决策或对事物发展趋势的基本判断,这除了道德问题,还有法律问题。

（3）社会主义核心价值观："量天测地 爱国奉献"测绘局第一大地测量队是被国务院授予"英雄测绘大队"称号的英雄测绘队伍。国测一大队作为珠峰测量的开路先锋们,是名副其实的"最美奋斗者"。他们两下南极,七测珠峰,39次进驻内蒙古荒原,52次深入高原无人区,52次踏入沙漠腹地。自1954年建队以来,国测一大队徒步行程累计6000多万公里,相当于绕地球1500多圈。国测一大队的历史,就是一部挑战生命极限的英雄史。建队以来,有46名职工牺牲,还有许多人姓名难以寻找,连一块墓碑也没来得及立。他们的生命传奇唯有大地作证。

（4）创新驱动发展：2020年第三次珠峰高程测量工作有五个方面实现了技术创新和突破。一是依托北斗卫星导航系统,开展测量工作；二是国产测绘仪器装备全面担纲本次测量任务；三是应用航空重力技术,提升测量精度；四是利用实景三维技术,直观展示珠峰自然资源状况；五是登顶观测,获取可靠测量数据。测量珠峰不光可以得到珠峰的变化数据,也可以验证和展示我国北斗系统的精确度和可用性,展示我国地球物理探测技术水平的高低,不仅是我国科研实力的一个展示,同时也是军事技术实力的体现。

案例实施路径与方法

（一）导入我国三次珠峰测量成果案例

（1）第一次珠峰测量：1975年,测量高程为8848.13 m。

（2）第二次珠峰测量：2005 年，测量高程为 8844.43 m。
（3）第三次珠峰测量：2020 年，测量高程为 8848.86 m。
（4）插入"家国情怀"思政小故事：三次登顶测量的巅峰时刻。

（二）引出需要解决的问题

三次珠峰高程测量成果为什么存在如此大的偏差，这些误差或偏差是什么原因造成的，以此问题展开本次教学。

（三）教学知识点展开

1. 什么是误差，产生误差的原因

（1）在测量时，测量结果与实际值之间的差值叫误差。

（2）真实值或称真值是客观存在的，是在一定时间及空间条件下体现事物的真实数值，但很难确切表达，测得值是测量所得的结果，这两者之间总是或多或少存在一定的差异，这就是测量误差。

（3）测量误差主要来自以下三个方面。

① 外界条件：主要指观测环境中气温、气压、空气湿度和清晰度、风力以及大气折光等因素的不断变化，导致测量结果中带有误差。

② 仪器条件：仪器在加工和装配等工艺过程中，不能保证仪器的结构能满足各种几何关系，这样的仪器必然会给测量带来误差。

③ 观测者的自身条件：由于观测者感官鉴别能力所限以及技术熟练程度不同，也会在仪器对中、整平和瞄准等方面产生误差。

2. 测量误差的性质分类

（1）系统误差：测量量的大小和符号有规律的误差。许多测量中的系统误差，可以通过测量方案、方法进行消除或减弱，有的可以通过模型进行改正。

（2）偶然误差：当一个观测值的误差受许多因素的影响，而每一因素的影响都较小且量级相当时，则该观测值是随机变量，其误差属于偶然误差，且大多服从正态分布。

（3）粗差：粗差是大的偶然误差，其特点是随机出现，大小与精度有关，能否被发现与可靠性有关。粗差的发现与多余观测数有关。

3. 偶然误差特性

（1）在一定的条件下，偶然误差不会超过一定的限度。

（2）绝对值小的误差比绝对值大的误差出现的机会多。

（3）绝对值相等的正负误差出现的机会相等。

（4）偶然误差的算术平均值趋近于零。

（四）教学设计

1. 教学思路

（1）先入为主，先定义产生测量误差的三个因素。

（2）用测量案例说明仪器条件、人的条件和外界条件这三个因素是如何产生误差。

（3）拓展学生思维，让学生用生活中各种计量的例子说明产生测量误差的三个因素。

2. 教学案例

用射击打靶出现的各种现象来阐述分析产生观测误差的各种因素，同时引出测量误差的种类（图1）。

（1）观测条件：枪（仪器）、射击者（观测者）和靶场（外界）。

(2)等精度观测:枪、射击者和靶场不变(观测条件相同)。

(3)不等精度观测:枪、射击者和靶场其中之一不一样。

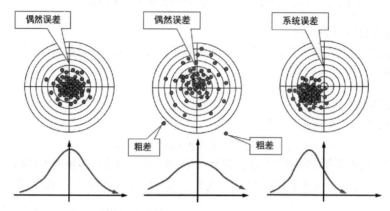

图1 射击运动中的偶然误差、粗差现象、系统误差

3. 教学目标

掌握系统误差、偶然误差和粗差的定义、联系及其区别。

4. 教学重点

由案例归纳引出测量误差种类:系统误差、偶然误差和粗差;并进行射击案例分析(观测条件相同)(图2)。

(1)第一种和第二种情况能分辨两者的射击水平,属偶然误差。

(2)第二种情况,出现脱靶现象,属于粗差范畴。

(3)第三种情况,如果仪器和外界条件无法改变,是否有办法消除这种误差,有一句话叫"歪打正着",这种误差称为系统误差。

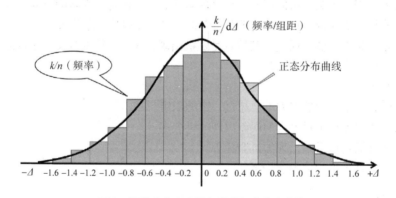

图2 误差分布直方图与误差概率分布曲线

5. 插入思政元素

测量数据造假与实事求是的科学精神。

(五)前沿扩展与高阶提升

1. 问题引入

在不同观测条件下,观测误差大小的比较分布情况;衡量误差标准;减少误差的方法。

2. 解决思路

（1）引入标准差的概念，分析标准差对测量误差评定作用。

（2）引入不同条件下观测数据，将其样本数据通过图表形式进行可视化应用分析，进一步分析产生误差的原因和减小观测误差的方法。

（3）将测量误差基本知识应用于观测数据获取的其他领域。

（六）应用测量误差基本知识，分析我国三次珠峰测量精度偏差的原因

插入思政元素：创新驱动发展。

1975 年第一次珠峰测量为 8848.13 m；2005 年第二次珠峰测量为 8844.43 m；2020 年第三次珠峰测量为 8848.86 m。

按测量误差来源分类，珠峰高程测量误差分别来源于仪器误差、观测误差和外界影响，在测绘发展的历程中，现代测绘技术不断地进步和发展，是提高测量精度和测量效率的根本因素。

2020 年第三次珠峰高程测量实现了五大技术创新和突破：一是北斗卫星导航系统；二是国产测绘仪器装备；三是航空重力技术；四是实景三维技术；五是登顶观测。测量珠峰不仅可以得到珠峰的变化数据，也可以验证和展示我国北斗系统的精确度和可用性，展示我国地球物理探测技术水平的高低，不仅是我国科研实力的一个展示，同时也是军事技术实力的体现。

（七）课程思政研讨

（1）为什么进行珠穆朗玛峰登顶测量？

目前最好的遥感卫星测量峰顶高程的精度在 2 m 左右，登顶人工操作测量精度达厘米级；专业测绘人员登顶测量数据更可靠更有说服力。

（2）为什么我国要进行第三次珠峰登顶测量？

珠峰由印度板块和亚欧板块碰撞挤压而成，珠峰的高程随着板块的变化而不断变动，作为珠峰主权国之一，我们有责任和义务把珠峰高程准确数据测量出来，给世界一个准确答案。

（3）插入思政元素、思政小故事：社会主义核心价值观。

对国测一大队被国务院授予"英雄测绘大队"称号的思考。

教 学 成 效

课前预习中国大学慕课福州大学"测量学"独立 SPOC 课程，完成线上选择题测验，并参与线上讨论有关日常生活误差来源及误差概念等问题。本课程针对线上测验及问题讨论情况的反馈，以问题为导向，深入理解误差的来源与分类，进一步促进学生应用测量误差的概念去解释工程实践中难以回避的误差现象。

教学理念：以学生的发展为中心，实践能力培养为导向；坚持高阶性、创新性、挑战度。

教学思路及教学成效：专业知识、工程能力和课程思政同步进行，培养学生独立思考和试错改错能力；以"测量学"独立 SPOC 线上平台为课前预习，以问题为导向的课程教学，以实践能力为宗旨的课后专业技能训练及第二课堂等教学模式展开教学工作。

学生达到的主要目标：掌握观测值、真值和真误差概念；掌握测量误差的定义、来源、性质和分类；将测量误差应用于日常学习生活，勇于试错、勇于实践。

展现了课程思政良好的示范效应：通过思政案例和思政小故事，让同学们对"家国情怀""道德修养""社会主义核心价值观"及"创新驱动发展"等思政元素有更加深刻的体会和理解。

城市交通信号控制典型教学案例

定时信号配时的基本方法

学院名称	土木工程学院	课程名称	城市交通信号控制
主讲教师	卓曦	教师职称	副教授
授课对象	交通运输专业三年级本科生	课程性质	专业必修课

课程简介

"城市交通信号控制"是为交通运输专业本科生开设的一门专业必修课。开设本课程是为了适应交通发展的需要,以达到交通运输安全、快速、高效、舒适、经济的目的。开设本课程的任务在于系统培养学生的交通控制能力,能对点、线、面交通信号控制进行组织、管理、控制的分析研究,以及设计与施工。

通过本课程的学习,要求学生学会应用系统工程学、交通工程学的观点来观察分析现代交通信号控制中的问题,掌握解决这些问题的基本原理和方法;了解我国交通信号控制的法律法规的主要内容和发展状况;掌握交通信号控制的基本原理和方法;熟悉交通信号控制及智能交通系统(ITS)的硬件设施,如信号控制机、交通数据检测器、信号传输设备、可变标志、通信设备等的功能、结构性能及制造;熟悉交通信号控制的软件系统,如交通模拟软件、交通控制软件。

通过本课程的学习,学生应理解城市交通信号控制的基本目的、原则和方法;学会如何按照既定的交通法规,根据道路的具体情况,运用各种手段、方法和工具,采取各种限制措施,对交通进行科学的组织和指挥;学会运用各种现代化技术(通信技术、控制技术、计算机技术等)和装置对动态交通流进行准确的调度,使其通畅运行;了解先进国家的城市交通信号控制的方法和技术,以及城市交通信号控制的发展趋势。

教 学 目 标

(1)价值引领:通过感知思政故事,牢固树立遵守交通法律法规的意识,培养扎根祖国科研的理想信念和持之以恒的决心,明确以服务人民为专业的出发点,增强社会责任感与使命感;让学生领会定时信号配时的最新科研进展,培养学生服务人民的理念,展开科研学习;培养学生勤于思考、严谨求实的工作作风和积极向上的工作态度,具有良好的职业道德。

(2)知识拓展:掌握定时信号配时的基本方法。从理论和实践上深入理解信号配时方法,能够针对不同道路情况确定最优信号配时方案,提升解决实际问题的能力。

(3)思维训练:了解现代化交通信号控制系统,开拓视野,学会运用各种现代化技术对定时信号配时进行设计和改善,使道路交通安全通畅运行。

(4)能力建构:领会定时信号配时的最新科研进展,培养创新思维,展开科研学习。培养学生自主学习的能力，以及发现问题、分析问题和解决问题的能力；使学生能正确分析实际生活中常见的问题并提出处理方案；培养学生与他人合作、交流的能力。

思 政 元 素

政治认同、家国情怀、道德修养、社会主义核心价值观。

案例实施路径与方法

（一）育人理念

以培养深厚的家国情怀、严谨的科学态度、开拓的创新精神为育人理念。

（二）实施思路

（1）课程思政与专业知识互浸，培养科研创新、服务社会的理想信念。

（2）构建"课前需求驱动、课堂问题驱动、课后实践驱动"的教学模式。

（3）采用"引导—思辨—阐释—实训"的教学策略。

（三）思政元素融入方式

思政小故事、启发式问题。

（四）教育教学方法

（1）依托福州大学课程平台，引导学生利用在线资源，课前预习，课上反馈学习难点。

（2）针对课程内容和学生反馈，凝练课堂问题，利用 PPT 等多媒体工具，结合思政小故事，讲解课程内容，组织师问生答、生生讨论、生问生答等方式，促进学生辩证思考。

（3）解释相关术语的基础概念并演示信号配时的基本步骤。通过实例展示信号配时前后的改善效果。

（4）授练同步的配时课堂练习与课下科研实训相结合，既促进知识点的理解，又提升解决实际问题的能力。

（五）教学活动设计

1. 问题导入

教学内容：通过城市道路交叉口图片（图1）以及视频实例引入信号相位配时设计的基本概念以及重要性。

教学设计：

（1）简要回顾线上预习情况，总结学生问题反馈。

（2）通过讲述与信号配时相关的交通案例，提高学生的交通安全意识，增强学生的责任感和使命感，使学生了解到单点信号配时对于服务人民、国家发展战略的重要意义。

2. 课程思政小故事

教学内容：引入信号控制发展历史过程中的一个重要科研故事。由于当时城市内机动车辆保有量较少，且历史上第一个信号灯为煤油灯，该信号灯发生了爆炸意外，导致当年信号控制技术受到了抑制。但几年后，随着社会的发展和信号灯具技术的进步，证明了交叉口信号控制的价值。现在交叉口信号控制技术已经在全球各个国家广泛应用。可见坚持理想信念对于科研工作是非常重要的。

图 1　城市道路交叉口

教学设计：

（1）讲解科研思政小故事，激发学生的学习兴趣，并组织学生讨论回答该故事内容带来的启示。

（2）教师针对学生回答，培养学生扎根祖国科研的理想信念和持之以恒的决心，明确以服务人民为专业的出发点，增强社会责任感与使命感，鼓励学生探讨交通信号控制对我国交通运输行业和经济发展的作用和意义，激发学生的爱国情怀，为早日实现交通强国的目标而努力奋斗。

3. 引入研讨，辨证思考

教学内容： 什么是定时信号控制？

定时信号控制是对应于交通需求的变动，将一天分为几个时间段，不同时间段设定不同周期时长、绿信比等信号控制参数，由时钟来控制参数变换的控制方式，使交叉口交通信号控制机按事先设置好的配时方案运行。

教学设计：

（1）通过启发式问题引导学生回答定时信号控制的定义及其基本原理。

（2）结合音视频多媒体，介绍信号控制的国内外发展情况，开拓学生视野，激发学生的学习热情和兴趣。

4. 启发剖析，阐释讲解

教学内容： 单点定时信号配时的基本内容。

1）信号相位方案

确定信号相位方案，是对信号轮流给某些方向的车辆或行人分配通行权顺序的确定。相位方案是在一个信号周期内，安排了若干种控制状态（每一种控制状态对某些方向的车辆或行人配给通行权），并合理地安排了这些控制状态的显示次序。相位方案一般用相位图表示，如图 2 所示。

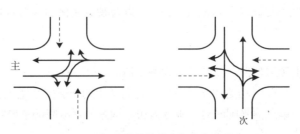

图 2　两相位信号的基本相位方案图

注：---▶ 表示红灯期间禁行交通流； ——▶ 表示绿灯期间通行交通流。

信号配时方案一般用信号配时图表达。图 3 所示是一种基本的两相位信号配时图。

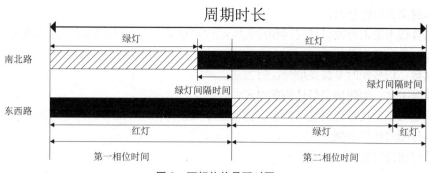

图 3　两相位信号配时图

2）信号基本控制参数

（1）周期时长：周期时长是信号灯各种灯色轮流显示一次所需的时间，即各种灯色显示时间的总和，用 C 表示。周期时长是决定点控制定时信号交通效益的关键控制参数，所以是信号配时设计的主要对象。

（2）绿信比：绿信比是一个信号相位的有效绿灯时长与周期时长之比，用 λ 表示。

3）评价信号交叉口交通效益的指标

信号交叉口交通效益的评价指标一般有通行能力或饱和度、行程时间、延误、停车次数、停车率及油耗等。

教学设计：

启发式问题引导，结合板书、PPT 等教学方式。基于两相位方案，组织学生讨论常见多相位方案，通过师问生答、生讲师评、生问生答等方式，增加师生交流机会，有效激励学生学习内动力和探索的活力，从而活跃课堂氛围。

5. 深度讲解，提高升华

教学内容： 有效绿灯时间和损失时间，如图 4 所示。

（1）有效绿灯时间：有效绿灯时间 = 实际绿灯时间 + 黄灯时间 − 损失时间

（2）损失时间：在一个信号周期内，任何方向车辆都不能通行的时间，属于信号损失时间，包括绿灯间隔时间和起动损失时间。

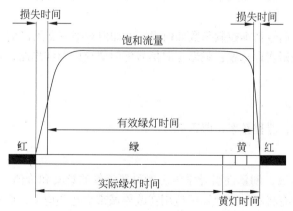

图 4　有效绿灯时间和损失时间示意图

教学设计：

启发式问题引导，结合板书、PPT，师问生答、生讲师评、生生讨论等。

（1）学生分组讨论设置绿灯间隔时间的目的，采用"自主探究、合作式"的学习模式，培养学生的集体观念和协作意识。

（2）结合板书绘出有效绿灯时间和损失时间的示意图，培养学生的动手操作能力。

6.前沿扩展，高阶提升

教学内容：信号配时参数及信号配时方法。

（1）问题引入：如何确定最佳周期时长？

最佳周期时长是信号控制交叉口上，能使通车效益指标最佳的交通信号周期时长。

（2）信号配时计算步骤。

计算最佳周期时长 C_0：

$$C_0 = \frac{1.5L+5}{1-Y}$$

$$L = \sum(l+I-A)$$

式中：L 为每个周期的总损失时间（s）；l 为启动损失时间（s）；A 为黄灯时间（s）；I 为绿灯间隔时间（s）；Y 为组成周期的全部信号相位的各个最大 y 值之和。

计算每个周期的有效绿灯时间：

$$G_e = C_0 - L$$

各相位的最大流量比值进行分配，得到各相位有效绿灯时间：

$$g_{e_1} = G_e \frac{\max[y_1, y_1', \cdots]}{Y}$$

计算各相位实际显示绿灯时间：

$$g_e = g + A - l$$

画出信号配时图。

（3）应用案例。

教学设计：

（1）通过课堂案例练习和课后实例设计，让学生从理论和实践上深入理解定时信号配时方法，提升解决实际问题的能力。

（2）课后引导学生阅读相关文献，了解最新定时信号配时研究内容和思路，运用各种现代化技术对定时信号配时进行设计和改善，培养创新思维，为后续科研打下坚实基础。

7.课后任务

（1）课后思考题：信号基本控制参数如何确定？如何对某一交叉口信号配时进行改善？

（2）文献阅读与科研实训选题：最新定时信号配时研究内容和思路；定时信号配时方法的应用与创新。

（六）资源载体

福州大学课程平台，课程教案，课程PPT。

（七）特色与创新

结合课程思政小故事，创新性引导学生思考科研工作的意义和价值，明确交通与国家发展、人民生活息息相关，只有将所学交通知识应用在改善城市交通环境中，服务于人民，服务于国家发展，所学知识才能发挥其最大的价值。

教 学 成 效

通过本案例教学，教师获得的课程思政教学经验为：本案例教学灵活运用启发式、探究式、讨论式、参与式等教学方法，积极探索案例教学、情景教学、线上线下混合式教学等新型教学模式，适时、适当、适量地融入思政元素，潜移默化地让学生感知到价值引领，提升了课程思政融入课堂教学的内涵和水平，提高了学生课堂参与度，活跃了课堂学习氛围。

在学生反馈方面，通过本案例教学，学生评教成绩较高，且培养了学生的科学精神、职业素养和家国情怀。在同行评价方面，教师们给予了较高的评价，并提出了完善建议。在示范效应方面，本案例教学可以为交通运输类专业课程的课程思政教学提供参考和示范。

"城市交通信号控制"课程思政案例经过教学实践，取得了良好的教学效果，为进一步丰富交通运输类专业课程思政教学提供了良好的思路和方法。

建筑给水排水工程典型教学案例

美好生活需要——厕所革命

学院名称	土木工程学院	课程名称	建筑给水排水工程
主讲教师	刘德明	教师职称	教授
授课对象	给排水科学与工程专业三年级本科生	课程性质	专业必修课

课程简介

本课程是给排水科学与工程专业的一门主干专业课,主要研究建筑给水系统、建筑消防系统、建筑污废排水系统、建筑雨水排水系统、建筑热水系统、建筑饮水系统、建筑中水系统等内容,以满足人们生活、生产与消防等需要,达到健康、安全、舒适、绿色、节能、节水、降碳等要求。

近几年来,建筑给水排水工程得到了极大的发展,在水质安全保障、建筑节能、建筑节水、非传统水源利用、绿色建筑、海绵建设、可再生能源的推广应用、减少碳排放等方面得到了加强与发展,为人们日益增长的美好生活需要提供了技术支撑。

教学目标

通过本门课程的学习,学生能够系统掌握建筑给水排水工程中主要系统的基本理论、设计原理和方法,能应用所学知识完成多层、高层公共建筑、住宅、小区等的给水排水系统设计,具备建筑给水排水工程的设计、管理、科研的基本能力。同时,通过本课程的学习,能了解合理利用水资源、节约用水、循环用水的措施和方法,引导学生理解节水设计理念、设计新型节水系统,为社会可持续性发展做更深入、细致和专业的研究。

思政元素

人民对美好生活需要。

党的十九大报告指出:"中国特色社会主义进入了新时代,我国社会主要矛盾已经转化为人民日益增长的美好生活需要和不平衡不充分的发展之间的矛盾。"

人民对美好生活需要,不仅对物质文化生活提出了更高要求,在民主、法治、公平、正义、安全、环境等方面的要求也日益增长。

案例实施路径与方法

（一）育人理念

育人优先，对学生要求是"三好、四会"。"三好"：主动比被动好；做比不做好；多做比少做好。"四会"：会做、会说、会写、会学。

（二）实施思路

注重理论联系实际。加强课堂理论教学，夯实学生专业知识，大力支持并鼓励结合专业知识的课外创新创业实践活动。

（三）思政元素融入方式

第一节绪论课的主题是"美好生活需要——厕所革命"，其中技术性内容结合后续课程的相关内容讲授。

（四）教学活动设计

1. 大背景

（1）党的十九大报告指出："中国特色社会主义进入了新时代，我国社会主要矛盾已经转化为人民日益增长的美好生活需要和不平衡不充分的发展之间的矛盾。"

（2）党中央和习近平总书记高度重视"厕所革命"，习近平总书记先后两次对"厕所革命"作出重要批示。

（3）每年的4月1日被确定为中国"厕所革命"推进日。

2. 厕所革命

（1）厕所革命是指对发展中国家的厕所进行改造的一项举措，最早由联合国儿童基金会提出，厕所是衡量文明的重要标志，改善厕所卫生状况直接关系到这些国家人民的健康和环境状况。

（2）世界厕所日：第67届联合国大会在2013年7月24日通过决议，将每年的11月19日设立为"世界厕所日"，以推动安全饮用水和基本卫生设施的建设，倡导人人享有清洁舒适及卫生的环境。

3. 政策与内涵

（1）国家层面出台了《厕所革命推进报告》《厕所革命：技术与设备指南》《厕所革命：管理与服务导则》等文件，各地政府也出台了关于"厕所革命新三年行动计划实施方案"的文件或通知。

（2）国家旅游局发布了《全国旅游厕所建设管理新三年行动计划（2018—2020）》。

行动目标：通过三年的努力，实现"数量充足、分布合理、管理有效、服务到位、卫生环保、如厕文明"的目标。

开展四大提升行动：按照"全域发展、质量提升、深化改革、创新突破"的基本思路，重点开展四大行动。

一是厕所革命建设提升行动。推进厕所分布由景区内向景区内外、由城市向城乡、由东部发达地区向东中西全面均衡发展；支持有旅游资源的建档立卡贫困村建设厕所2.26万座。

二是厕所革命管理服务提升行动。大力推广厕所社会化、市场化管理模式，建立健全科学有效的管护机制；推进厕所标准化建设；应用"互联网+"等信息技术创新管理服务手段；加快第三卫生间建设；进一步推动建立"厕所开放联盟"。

三是厕所革命科技提升行动。落实《厕所革命：技术与设备指南》，推动运用"循环水冲、微水冲、真空气冲、源分离免水冲"等技术，推广使用生态木、竹钢、彩色混凝土等绿色环保材料。

四是厕所革命文明提升行动。推动文明如厕进景区、进社区、进农村、进校园,充分发挥厕所革命志愿者作用,广泛开展厕所革命公益宣传活动。

(3)福建省层面发布了《福建省进一步推进"厕所革命"行动计划》。

4.重点学习四个方面的内容

(1)对厕所革命必要性的认识。

(2)厕所革命的相关政策与内涵。

(3)厕所革命的相关技术标准。

(4)厕所技术创新与未来发展。

(五)资源载体

(1)中国大学 MOOC(慕课)"水社会循环领域创新性训练基础"(教学团队编制的慕课)。

(2)小品《家有"所"事》。

(六)特色与创新

(1)要求与专业密切结合,按照国家与习近平总书记对厕所革命的要求,结合本专业的特点展开课程思政教学活动。

(2)借助"美好生活需要——厕所革命"的学习,让学生进一步深入领会厕所革命的相关政策与内涵。

(3)充分利用网络上大量针对厕所革命需求的视频等资源以及自编的关于开展厕所革命理论与技术的慕课资源,使课程思政教学更具生动性、现实性。

(4)借助"美好生活需要——厕所革命"的教学,鼓励并支持了一批学生参加各级各类创新创业活动。参赛学生获得了多项国家级、省级、校级竞赛奖。

教 学 成 效

通过本课程教学,深切地体会到工科教学应坚持理论联系实际,一定要把学生"会做"放在第一位。

2020—2021 学年第 2 学期(202002)学生评教分为 96.13 分。

2019—2020 学年第 2 学期(201902)学生评教分为 94.34 分。

运输经济学典型教学案例

国家综合立体交通网规划纲要之拓展

学院名称	土木工程学院	课程名称	运输经济学
主讲教师	陈少惠	教师职称	讲师
授课对象	交通运输专业三年级本科生	课程性质	专业必修课

课 程 简 介

本课程是交通运输专业必修的一门专业拓展课。课程学习以经济学的一般理论和方法为基础，研究探讨与运输有关的各类问题，从经济学的角度研究人和物的空间位移问题，探讨交通运输需求的产生以及交通运输供给的特征，分析运输市场的形成及作用，并将经济学原理应用于交通运输活动。

本课程的学习内容包括：了解经济学的发展；掌握经济学的基本原理与方法；了解交通运输经济学的应用；掌握交通需求基础理论；掌握交通运输供给（设施供给与运载工具供给）的基础理论；掌握交通运输市场的构成与作用；了解交通运输市场的形态与政府管制；掌握运输成本与运输价格分析方法；能够用经济学理念探讨交通拥挤收费等交通运输问题。

教 学 目 标

（1）价值引领：领会交通运输供给对国民经济发展的重要作用，以国为家，为交通运输建设保驾护航。

（2）知识拓展：能够对交通运输供给的特点有较深刻的理解，能够掌握供给法则、供给曲线、价格弹性计算等对各类运输经济问题进行判别与分析的基本方法和思路。

（3）思维训练：将理论应用于实践，能够应用理论分析解决实际交通运输问题，并不断创新，勇于探索新知识、新理论。

（4）能力建构：树立理性的经济学观念，培养持续性学习能力、研究能力、沟通能力、团队合作能力。将理性的经济学观念持续应用于生活及学习中。

思 政 元 素

国家力量、民族团结、交通强国、时代使命、社会主义核心价值观。

案例实施路径与方法

(一)教学理念

以产出为导向,以学生为对象,以学到为目标。从学生的角度引入问题、剖析问题、解决问题。

(二)实施思路

(1)遵循启发引导、循序渐进、促进发展的原则。

(2)课程思政与专业知识互浸,引入思政元素,培养交通强国的理想信念。

(3)构建"课前需求驱动、课堂问题驱动、课后实践驱动"的教学模式。

(三)思政元素融入方式

引入思政短视频:《国家综合立体交通网规划纲要》介绍视频,如图1所示。

2021年2月,中共中央、国务院印发了《国家综合立体交通网规划纲要》,纲要对建设现代化高质量国家综合立体交通网作出顶层设计,擘画了未来我国陆水空交通网络的蓝图。纲要为加快建设交通强国、构建现代化高质量国家综合立体交通网、支撑现代化经济体系和社会主义现代化建设提供了有力保障。

图1 《国家综合立体交通网规划纲要》介绍视频

当今世界正经历着百年未有之大变局,新一轮科技革命和产业变革深入发展,和平与发展仍是时代主题,人类命运共同体理念深入人心。《国家综合立体交通网规划纲要》以国际化视野角度构建对外发展大通道(图2),注重对外互联互通和国际供应链开放、安全、稳定,以体现强大的国家力量。

图2 国家综合立体交通网规划国际通道建设

与此同时，我国交通运输发展还存在一些短板，不平衡不充分问题仍然突出。纲要的提出更加突出统筹协调，如图3所示，注重各种运输方式融合发展以及城乡区域交通运输协调发展，推动交通运输更高质量、更高效率、更加公平、更可持续、更为安全的发展，全面促进民族团结、全区域共同发展。

图3　国家综合立体交通网规划统筹区域发展

交通强国建设人民满意交通，满足人民日益增长的美好生活需要。这些美好的愿景需要一代代交通人的不懈努力与艰苦付出。时代赋予我们使命，我们应当践行社会主义核心价值观，不辱使命，砥砺前行。

（四）教育教学方法

依托网络资源，引导学生进行课前预习及复习，结合学生问题，对课程设置展开持续性评价与改进。课堂上利用学生感兴趣的案例导入学习内容，组织学生讨论，促进学生辩证思考。通过课堂模拟，激发学生的学习兴趣，加强对抽象概念的理解。课后引导学生通过交通实际案例进行进一步探讨。

（五）教学活动设计

1. 学习主题导入

供给与需求是经济学中很重要的概念，本节课程学习供给基础，通过小故事引入主题。例如需求过程中买口红案例（假如你去买一只口红，你会考虑什么：喜不喜欢这只口红、适合不适合肤色、口红的价格、自己的收入情况、其他口红的价格、口红会不会涨价、口红会不会被抢光），通过需求反向分析供给，从而说明供给的概念。

2. 思政小视频引入

通过短视频了解《国家综合立体交通网规划纲要》制定背景与内容，进一步感受我国交通运输供给设施的飞速发展，加深对交通运输供给的了解，提升自豪感，培养专业责任担当。

思政小视频教学设计：

（1）讲解我国交通运输的发展。

（2）组织讨论，挖掘学习视频的背景与启示。

（3）开展未来交通运输设施的发展及建设探讨，建立交通强国发展信念。

3. 深入研讨、辩证思考

教学内容：供给的基本概念、供给曲线。

教学设计：课堂测试、启发式问题引导、可视化图表展示，结合板书、师问生答、师生讨论等。

4. 启发剖析、阐释总结

教学内容：供给价格弹性计算。

供给价格弹性的计算公式为：

$$E_{sp} = \frac{\Delta Q/Q}{\Delta P/P} = \frac{\Delta Q}{\Delta P} \cdot \frac{P}{Q} \begin{cases} \text{点弹性} \quad E_{dp} = \lim_{\Delta P \to 0} \frac{\Delta Q}{\Delta P} \cdot \frac{P}{Q} = \frac{dQ}{dP} \cdot \frac{P}{Q} \\ \text{弧弹性} \quad E_{dp} = \frac{\Delta Q}{\Delta P} \cdot \frac{P_1 + P_2}{Q_1 + Q_2} \end{cases}$$

其中：E_{sp} 为供给价格弹性；Q、ΔQ 分别为供给量及供给量的变化量；P、ΔP 分别为价格及价格的变化量。

教学设计：启发式问题引导，结合板书、过程讲解等。

5. 深度思考、高阶提升

教学内容：弹性系数五种类型分析与应用。

教学设计：师生讨论。

6. 课后任务

（1）课后思考题：分析各种运输设施供给受哪些因素影响？交通运输供给和一般的商品供给有何不同？

（2）课后思政延伸。

（六）思政元素拓展思考

《国家综合立体交通网规划纲要》思政拓展思考：

（1）纲要制定的国内外背景分析；

（2）纲要重点解决了哪些交通运输问题；

（3）如何加快新时代交通强国建设，不辱使命，砥砺前行。

教 学 成 效

本案例教学在课前预习基础上，由相关案例引出本节课学习主题，之后导入思政案例，切入学习要点，再深入研讨、辩证思考，进而启发剖析、提升前沿。

教学过程灵活运用启发式、探究式、讨论式、参与式等教学方法，插入小视频及讲解，整合沉浸式教学情景。适时引入且适量地融入思政元素，在情景中提升对国家力量的自豪感，也增加交通强国建设的责任使命感、紧迫感。整体课堂张弛有度，学生积极参与，课堂氛围活跃。

本案例教学同时展开思政延伸，进一步挖掘思政案例的拓展，培养学生持续学习的能力和兴趣，为后续学习做铺垫。

地下建筑结构典型教学案例

沉管隧道结构

学院名称	土木工程学院	**课程名称**	地下建筑结构
主讲教师	缪圆冰	**教师职称**	副教授
授课对象	土木工程专业三年级本科生	**课程性质**	专业必修课

课 程 简 介

随着我国地下空间建设水平的飞速发展，对地下工程专业技术人员的需求也逐年增长。"地下建筑结构"是地下工程专业方向的必修课，也是大土木工程类专业的核心课程。课程教学内容涵盖地下建筑结构设计总论和多种常见的地下结构，详细介绍地下结构的共同特点，并使学生对各类地下结构的主要作用、施工方法有一定的感性认识；力求使学生掌握建立力学模型、理解各种构造措施并进行结构设计的能力。

本课程教学内容兼具广度和深度，知识点组织合理。教学内容在国家级规划教材《地下建筑结构》的基础上进一步贴近工程实践，在强调地下结构的基本概念和力学分析方法的同时，紧扣实际工程和相关规范、规程。建设的线上课程已在中国大学MOOC（慕课）平台上线，2020年12月被认定为福建省一流线上课程。

教学中对知识点进行精心设计，注重引领正确价值、夯实理论基础和培养实践能力。在前四章总论部分，注意建立对地下工程的总体认识和思维方式，明确地下结构与地上结构在设计原理上的联系和区别。讲授新知识的同时，注意广泛联系先修课程，充分体现了本课程贯穿地下工程课程体系知识点的特点。在后六章地下结构设计部分，注意结合工程实践，引导学生认识到作为工程师的职业操守，提高分析复杂工程问题的能力。

教 学 目 标

1. 价值引领

（1）建立作为当代大学生的历史使命感，积极投身于中国特色社会主义建设，勇于承担民族复兴的时代重任。

（2）具有高尚的品德修养，认识作为工程师所必须具备的职业操守、行为规范与责任。

2. 知识拓展

（1）掌握地下结构的种类、基本概念以及基础知识等。包括地下建筑结构的形式、地下建筑结构的基本设计方法（荷载结构法和地层结构法）、地下建筑结构所承受的荷载类型及组合（土压力与围岩压力）、弹性地基梁理论。

（2）掌握6种常见地下建筑结构（包括浅埋式结构、沉井结构、地下连续墙结构、盾构隧道结构、沉管隧道结构和顶管结构)的构造形式、适用特点、分析计算与设计方法。

3. 思维训练

(1)逻辑思维训练:在充分理解地下结构基本概念和基础知识的基础上,借助判断、推理等思维形式,正确、合理地表达复杂地下工程问题。

(2)辩证思维训练:清楚认识建立复杂地下工程问题计算模型的基本前提或基本假定,并理解其局限性;分析这些基本前提或基本假定可能带来的影响。

(3)创新思维训练:了解地下工程建设技术的发展趋势和创新途径,提高对创新的兴趣,加深对创新方法的理解。

4. 能力建构

(1)具备地下结构设计专业知识,熟练掌握能用于解决复杂地下结构问题的设计方法和工具。

(2)能够运用本课程及相关先修课程知识设计满足地下结构特定需求的构件、节点、构造或局部体系。

(3)能够针对复杂地下工程问题,进行系统设计或设计满足特定需求的施工工艺和流程。

思 政 元 素

(1)政治认同和家国情怀:将国家大政方针、国家战略计划、社会经济形势等思政要点融入到典型的工程案例,通过学习我国地下工程领域的发展历程激发学生的爱国热情和民族自豪感。

(2)专业伦理和法治意识:在专业知识的传授过程中引用实际事故案例,使学生了解土木工程建设程序和相关法律法规,提高学生的法治意识,深刻认识工程师应具有的责任担当。

(3)学术志向和工匠精神:在课程学习过程中让学生认识到目前还有诸多岩土和地下工程难题尚未解决,使学生逐渐建立自身的学术志向和人生理想;结合重大工程案例介绍科技人员和工程建设者在解决科技攻关问题时不畏艰辛、艰苦奋斗的工匠精神,使学生树立正确的自我价值观。

案例实施路径与方法

本案例为课程的第九章沉管结构的内容,此时学生已学习了地下建筑结构的基本设计方法,建立了对地下工程的总体认识。相比于前几种地下结构形式,沉管隧道的建设涉及多学科知识,施工技术难度大、要求高,是非常复杂的系统工程,同时也充分体现了地下工程在理论、技术、材料和工艺等多方面的创新。因此,本章课程教学通过超级工程——港珠澳大桥沉管隧道的成功案例来引入课程内容,通过课前、课中和课后多个环节的教学活动设计充分融入思政元素,达成价值引领、知识拓展、能力培养和思维训练的教学目标。

(一)育人理念

以学生发展为中心,以问题和案例驱动为导向,着力培养适应地下工程领域高速发展需求,具有爱国之情、报国之志,勇于担当、善于学习、敢于超越的工程人才。

(二)实施思路

结合思政目标,深入梳理章节教学内容和思政元素,寻找专业知识和思政教育的最佳融入点。

精心设计课前、课中和课后多个环节的教学活动，激发学生线上和线下自主学习的热情。创新课堂教学模式，在混合式教学的基础上，采用问题式教学和研究性学习等手段，充分利用小组合作学习，使学生在潜移默化中接受思政教育。

（三）思政元素融入方式

自然融入：在课堂讲述过程中结合教学内容特点自然融入思政元素。例如，本章介绍的沉管隧道为建设水下隧道的常用施工方法之一，而"逢山开路，遇水架桥"常用于形容不怕阻力、奋勇前进的精神，以这句话来导入课程，进而介绍我国在跨海工程建设中遇到的困难和成就，激发学生作为未来建设者的自豪感。

工程案例引入：通过分析典型工程案例，在拓展学生知识的同时带入思政元素。例如，通过介绍厦门东通道在工可阶段进行的桥隧方案比选，使学生认识到，对于一个复杂的跨海工程往往有多种可行的方案，要对航运、水文、地质、生态环境以及工程成本等具体建设条件进行全面论证来确定，训练学生的思辨能力，并使学生深刻认识到工程师肩上的责任担当。

小组合作学习引入：通过小组学习的方式，在课前布置对相关思政案例的学习任务，在课堂上发表小组学习成果。

（四）教育教学方法

采用线上教学和线下课堂教学有机结合的混合式教学模式，即"SPOC+翻转课堂"模式，可以大大缩短课堂上的教学时间，把有限的课时用于重点解释教学的重点和难点问题，并更好地融入思政内容。

线下课堂除了教师讲授外，还采用小组合作学习、分组讨论、课堂测试和作业指导等多种方式开展教学。

（五）教学活动设计

图1为教学流程示意图，课前学生已在线上对课程知识进行了学习，并记录了学习笔记。因此课堂教学主要围绕重难点内容巩固和案例分析展开。教学环节设置的重点在于引导小组合作学习，在课前结合知识点和思政目标布置适当的合作学习课题，课中合理引入小组学习成果分享，并适时地进行引导和总结，加深学生的理解。

课前布置小组学习题目如下。

（1）分组查阅我国典型跨海工程和沉管隧道案例，结合MOOC（慕课）视频"9.1 桥隧比选""9.2 水底隧道方案比选"的相关知识，说明该工程在方案选择上的关键因素和沉管隧道的适用性。

（2）MOOC（慕课）视频中已对港珠澳大桥沉管隧道工程进行了介绍，该超级工程建设中遇到了许多难关，并开展了大量技术创新，如E15沉管安装中"三度出征"、创新性的半刚性管节、实现滴水不漏的超强水密性等，分组查阅该工程的文献资料，选择其中一项进行阐述，注意结合课程知识点，并分析克服工程问题和进行技术创新的思路。

图1 教学流程示意图

问题导入：由本章主题沉管隧道引入思政案例。港珠澳大桥所跨越的珠江口伶仃洋，见证了中华民族近代的一段屈辱历史。港珠澳大桥建成后，极大地提升了粤港澳大湾区的互联互通水平。

在港珠澳大桥建设之前，掌握沉管隧道先进技术的国家有美国、荷兰和日本。我国从零开始，成功建成了这一超级工程，体现了一个国家"逢山开路、遇水架桥"的奋斗精神，体现了我国综合国力和自主创新能力，体现了勇创世界一流的民族志气。

在教学重难点讲授中结合小组学习成果展示。

（1）桥隧比选和水底隧道方案比选。港珠澳大桥的高质量建成标志着中国在超级跨海通道领域里已经进入强国之列，意味着中国已经开启建设"交通强国"新征程。请某一小组派代表来分享该小组选择的跨海工程案例。

（2）沉管隧道结构设计。在沉管隧道结构设计的各项内容介绍中，结合各小组的选题，请相应小组进行分享，教师结合小组分享内容进行进一步深化和引导，并自然融入思政内容。

（3）分析复杂工程问题的能力和工程创新思维培养。港珠澳大桥工程规模和技术难度位居世界同类工程首位，仅在岛隧工程中就有11个方面的技术创新。结合小组的选题，请相应小组进行分享，重点分析工程创新的思路和途径。

（六）资源载体

本章节课程线上教学资源已在中国大学MOOC（慕课）平台上线，并充分利用慕课堂混合式教学工具。课程教学也利用了港珠澳大桥工程等重大跨海工程的丰富的视频、新闻和学术论文等资源。

（七）特色与创新

充分运用MOOC（慕课）教学技术，采用SPOC理念开展线上线下相结合的混合式教学模式，充分贯彻"以学生为主体，以培养学生各项能力为目标"的教学理念。以小组合作学习为主融入思政教育元素，并采用以过程评价为主的考核方式，充分发挥了学生的主观能动性。

教 学 成 效

课程根据MOOC（慕课）课程理念按知识点对课程内容进行精心设计，自2019年9月起在中国大学MOOC（慕课）平台上线以来，国内已有23所高校利用本课程MOOC（慕课）资源开展了教学。课程还向社会学习者开放，其中不乏已经参加工作的土木工程相关技术人员，充分体现了本课程实践性强且贯穿土木工程课程体系知识点的特点。

在线下教学过程中，结合课程内容特点，充分挖掘思政元素，明确思政教学目标，寻找"思政内容"与专业知识的最佳契合点。通过自然融入、工程案例引入和小组合作学习引入等方式，在教学中充分融入思政内容。

在教学中以重大工程案例或工程风险事故为切入点，鼓励学生个人或团队进行延伸性学习或研究，引导学生对专业知识进行深入思考，促进"思政"与专业相长，得到了较好的育人效果，学生反馈较好。

课程采用线上线下混合式教学方法，将课堂教学以教师为主体的传统模式，改变为以学生为主体，以师生互动为核心的模式。采用分组讨论、难点答疑、现场测试等丰富的形式，进行有效的师生互动，培养学生解决问题、表达观点等综合能力，教学效果较传统方式有了极大的提升，学生反馈较好。

水资源合理利用与保护，践行"绿水青山就是金山银山"的生态理念和党的十九大提出的可持续发展理念

学院名称	土木工程学院	**课程名称**	水资源利用与保护
主讲教师	范功端	**教师职称**	教授
授课对象	给排水科学与工程专业三年级本科生	**课程性质**	专业必修课

课程简介

"水资源利用与保护"是给排水科学与工程的专业必修课。它以水资源开发利用为背景，研究和探讨地表水、地下水等水资源的合理开发、利用和保护，学习节约用水的规律与工程措施。通过课程教学和案例分析，使学生掌握水资源的合理开发利用，实现水资源良性循环，维持水资源可持续利用的基本理论知识；掌握地表水与地下水取水构筑物位置选择、构造与计算方面的知识；掌握城市、工业、农业节约用水的理论与措施；培养学生具备水资源与取水构筑物方面的基本知识，具备节水理论与技术、水资源管理保护方面的知识，具有较强的自学能力及查阅相关资料的能力，具有初步的取水工程、水资源保护等方面科研和实际工作能力，具备综合运用所学水资源利用与保护的基本理论和知识解决工程实际问题的能力。

教学目标

以习近平总书记提出的"绿水青山就是金山银山"的生态理念和党的十九大提出的可持续发展理念为背景，结合我国水资源合理利用与保护的优秀案例，培养学生树立远大理想、热爱伟大祖国、担当时代责任、勇于砥砺奋斗、练就过硬本领、锤炼品德修养、深深扎根祖国工作的理想信念和持之以恒的决心。让学生了解世界和我国水资源的分布，关注世界和我国淡水资源目前存在的挑战，增强节约用水的意识。同时，了解合理开发和利用水资源的措施，了解水污染产生的主要原因，增强防止水污染的责任感。掌握水资源的合理开发利用，实现水资源良性循环，维持水资源可持续利用的基本理论知识。培养学生具备节水理论与技术、水资源管理保护方面的知识，具有较强的自学能力及查阅相关资料的能力，具备综合运用所学水资源利用与保护的基本理论和知识解决工程实际问题的能力。

思政元素

以大禹治水的故事、文学作品、古代名人事迹和水利遗产等为载体讲授得以保留和传播的中华传统水文化；2005年8月15日，时任浙江省委书记的习近平同志在浙江湖州安吉考

察时，首次提出了"绿水青山就是金山银山"的科学论断；2014年习近平总书记提出了"节水优先、空间均衡、系统治理、两手发力"的新时代"十六字"治水方针；2017年10月18日，习近平总书记在党的十九大报告中指出，要坚持人与自然和谐共生；2020年8月，习近平总书记在安徽省考察调研时指出要"尊重自然、顺应自然规律、与自然和谐相处"；2022年，习近平总书记在党的二十大报告中提出，要推动绿色发展，促进人与自然和谐共生；要尊重自然、顺应自然、保护自然；必须牢固树立和践行"绿水青山就是金山银山"的理念，站在人与自然和谐共生的高度谋划发展；要推进美丽中国建设，坚持山水林田湖草沙一体化保护和系统治理，统筹产业结构调整、污染治理、生态保护、应对气候变化，协同推进降碳、减污、扩绿、增长，推进生态优先、节约集约、绿色低碳发展。

案例实施路径与方法

（一）育人理念

将"立德树人"的育人理念具体化、目标化，提高课堂教学效率，实现人才培养质的飞跃；创建高阶课堂、对话课堂、开放课堂；实现知行合一、学思结合；强调自主性、能动性和创造性，激发学习愿望、学习动机、学习热情；挖掘专业知识背后的思政元素，践行社会主义核心价值观；构建正确的政治方向、民族精神及世界观；培养磊落的职业道德与职业操守；落实立德树人的根本使命；深化德育观念，坚定理想信念，秉持工匠精神及赤子之心教书育人，弘扬诚信美德和道德规范。强调学生在教学中的主体地位，培养学生的主动思考能力。

（二）思政元素融入方式

以大禹治水的故事、文学作品、古代名人事迹和水利遗产等中华传统"水文化"为切入点，引出"绿水青山就是金山银山"的理念；再由"绿水青山就是金山银山"的科学论断向探索实践展开，到最后贯彻落实。这一系列理念引出生态环境保护的重要性。生态环境是关系党的使命宗旨的重大政治问题，也是关系民生福祉的重大社会问题。

党的十八大以来，以习近平同志为核心的党中央把生态文明建设作为关系中华民族可持续发展的根本大计，明确强调"五位一体"总体布局中的生态文明建设。另外，在贯彻落实可持续发展战略的基础上，党的十九大将坚持人与自然和谐共生作为新时代坚持和发展中国特色社会主义道路的基本方略之一。生态文明是可持续发展的最终成果，集中体现着人与自然和谐共生的重要性。

（三）教学活动设计

采用精美的动画和多媒体生动演示，展示我国生态文明建设的优美画面，同时也要关注水资源的分布不均和污染情况，以及水资源研究现状与发展趋势（图1）。紧接着列举关于福州市治水（图2）和福州市智慧水资源调度（图3）的案例，让学生对本课程存在的必要性有深入的理解，从而产生好奇心和保护水资源的决心，激发学生学习本课程新知识的欲望。适时设疑，启发学生思考，调动学生学习的积极性。

首先，通过应用优秀案例或视频介绍等形式对抽象概念进行可视化教学，强化学生对抽象概念的理解。其次，多渠道引导和培养学生的自主自学能力，通过多方位的信息获取，了解学科发展前沿，拓宽知识面，激发学生学习兴趣。最后，通过分析实际工程案例，帮助学生学会运用所学的知识，培养其理论联系实际的能力，以及从实际工程中发现和提炼问题、分析问题和解决问题的能力。

本课程的考核方式与以往期末成绩占100%的方式不同，意在全方位培养学生的技能及其理论与实践相结合的能力。本课程考核方式由基础理论、实践创新和品德修养这三方面组成,具体分别以"期末考试"(60%)、"作图大作业"(30%)和"考勤+思政讨论"(10%)的形式体现。另外,本课程还设置了课程评价机制,供学生民主评价,以不断改进课堂教学效果。学生课后可以通过QQ群在线上对课程安排和课堂提出建议,或者通过学校教务系统进行意见反馈。通过这种方式促进师生之间的交流,有助于更好地安排教学,提高教学效率。同时,大力引导和培养学生的自主自学能力,更好地激发学生学习兴趣。

通过对本节内容的全面讲述,以提问的方式,引导学生掌握水资源的定义、本质属性、特性、研究进展及发展趋势的知识点,再举实际例子强调水资源合理利用的重要性,培养其理论联系实际,运用所学知识解决工程问题的能力。另外,采用课上和课下结合的方式,以分享会的形式对本课程的知识点进行巩固和提高。以小组的形式,利用图书馆资源制作PPT对国内优秀水资源合理利用和保护的案例或者技术进行课程演示,分享自己所学所悟,从而进一步巩固对水资源的合理开发利用、实现水资源良性循环、维持水资源可持续利用的基本理论知识。

教 学 成 效

本次专业课程与思政要素教学相结合,有助于学生更好地了解国家发展战略,并且与自身专业相结合,增强专业自豪感。在引入思政要素教学时,应充分利用多媒体的优势,调动学生的发散思维,激发学生的想象力,提高学生对国家发展战略和思政部分学习的积极性和主动性。同时,关注课堂导入,以吸引学生的方式和背景切入主题,营造民主和谐的学习氛围。

随着课程教学的改革,在实际的教学过程中,可以采取以学习和问题为中心的教学策略,充分应用情景教学的模式,主动创立开放的学习环境,坚持启发式教学尤其是在思政教学部分,这样才能真正培养学生学习课程思政内容的兴趣,更好地践行社会主义核心价值观,培养科技报国使命感。

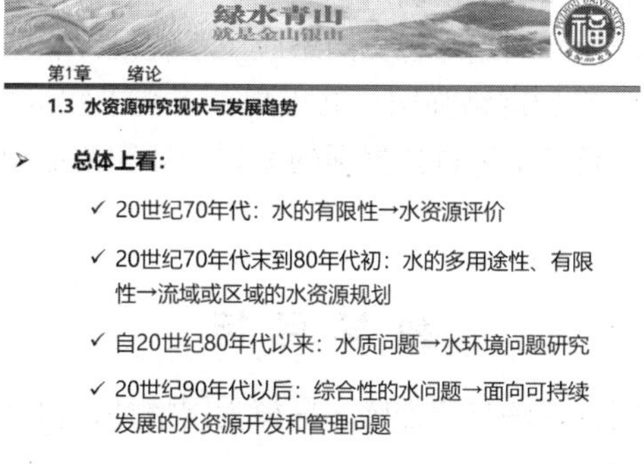

图 1 水资源研究现状与发展趋势

图 2 福州治水理念   图 3 智慧水资源调度系统

计算机通信与组网技术典型教学案例

互联网概述

学院名称	物理与信息工程学院	课程名称	计算机通信与组网技术
主讲教师	陈良琴、房颖	教师职称	讲师
授课对象	通信工程专业和电子信息工程专业三年级本科生	课程性质	专业必修课

课程简介

"计算机通信与组网技术"是通信工程、电子信息工程专业的专业方向课程。通过本课程的学习,了解计算机网络的概念、发展历史、体系结构;掌握物理层、数据链路层、网络层、传输层及应用层各个层次的功能实现与核心协议;理解计算机网络与互联网的工作过程,掌握网络系统的分析、设计与建设的基本方法和规范,根据各种类型的网络服务器的特点,学习网络接入的配置方法,分析故障并排除故障;熟悉当前的网络安全风险并掌握相应的网络安全技术,了解网络未来发展趋势。本课程着重培养学生正确认识问题、分析问题和解决问题的能力,提高解决实际网络通信问题的实践技能,为后期进行各类网络应用系统设计、网络相关实践及其他相关课程的学习奠定基础。同时培育学生的网络强国战略思想,正视未知世界,深化对网络的科学探索,树立正确的人生观、价值观,激发学生科技报国的家国情怀和使命担当,加强网络安全意识和网络"法律"意识。

教学目标

(1)价值引领:增强民族自豪感与荣誉感,厚植爱国情怀,树立自立自强的奋斗精神,培养科技兴国意识。

(2)知识拓展:理解计算机网络与互联网的基本原理与核心协议,掌握网络系统的分析、设计与建设,了解当前的网络安全风险并掌握相应的网络安全技术。

(3)思维训练:培养创新思维及工程思维。

(4)能力建构:培养自主学习,以及正确分析问题和解决问题的能力。

思政元素

通过具体案例增强学生的民族自豪感,同时居安思危,培养科技强国的家国情怀。

案例实施路径与方法

（一）导入主题

从计算机网络作为一种通信网络所具备的作用——信息传递、资源共享的角度出发，引导学生回顾信息传递方式的发展史与变化。

从烽火、信鸽的传递到信使和电报的传输，从电话的语音通信到互联网的多媒体通信，让学生感受互联网带给我们的变化。

进一步通过各种各样的网络服务，如直播带货、远程医疗、远程监控、通信大数据下的行程卡等，利用图片、视频等丰富多彩的方式让学生感受到互联网在当今信息时代的作用。

教学活动设计：提问学生作为用户都使用了哪些网络服务；播放直播带货视频；展示目前网络使用统计数据。

引导与设疑：从底层通信技术、计算系统、应用支撑技术及行业互联网各个方面来看，互联网已成为网络空间的核心。那么什么是计算机网络，互联网又是什么？

（二）进入知识点的阐述——计算机网络、互连网和互联网等概念

计算机网络是由若干节点和连接这些节点的链路组成的；多个这样的网络可进一步通过一些路由器相互连接起来构成覆盖范围更大的网络（网络的网络），这就形成了互连网（internet）。而互联网（Internet）则是特指当前全球最大的开放互连网，它前身来自于阿帕网，采用TCP/IP协议互连。

教学活动设计：启发式问题引导，提问学生对于计算机网络概念的理解；结合家庭、学校、机场、商场等各种场景下的网络接入与应用情况引导学生展开对于网络组成中的节点与链路概念的理解，特别是物联网环境下新型网络节点。

重要概念强调：Internet 与 internet。

（三）互联网的新发展与启示

按照时间脉络，将其划分为早期发展（20世纪90年代以前）和新发展（20世纪90年代以后）。早期发展重点介绍互联网产生的战略背景与技术支持；互联网的新发展则是按照基于Web的PC互联网到基于以手机为代表的智能终端设备的移动互联网的进程进行展开介绍；最后介绍中国的互联网发展历程。

教学活动设计：提问以及同学间讨论；结合中国互联网络信息中心（CNNIC）发布的《中国互联网络发展状况统计报告》的数据图表进行比较分析。

思政元素设计1：增强学生的民族自豪感。

通过介绍中国互联网应用全球领先、中国下一代互联网示范工程CNGI和宽带中国的国家战略，让学生深刻感受到互联网在中国的蓬勃发展与欣欣向荣。

思政元素设计2：科技创新能力是首要。

以网络设备商华为公司为例，该公司经过三十多年的发展已成为业界第一的网络公司，但是仍受到美国科技封锁行动的打压与威胁。因此从学术创新到产业落地、到制定国际标准，其核心都是技术创新，具有创新能力的高端人才是每个公司的财富，更是国家的未来。培养学生的创新思维和科技兴国意识。

（四）互联网标准的制定

简单介绍相关的组织与机构，包括国际标准化组织（ISO）、国际电信联盟（ITU）、国际电气和电子工程师协会（IEEE）和WI-FI联盟（WFA）等。进一步给出互联网工程任务组（IETF）

和互联网研究任务组（IRTF）及其制定互联网 RFC 的流程。

教学活动设计：思维导图式展示 RFC 生成流程；结合 TCP/IP 等 RFC 实例演示。

思政元素设计 3：居安思危，我辈仍需努力。

中国参与 RFC 的人数较少，主导的 RFC 数量有限，制定 RFC 的核心权力机构互联网工程指导小组（IESG）至今没有中国专家进入。这说明我国虽是互联网大国，但非互联网强国。因此鼓励学生继续努力。

（五）课程总结与作业布置

对本节课的知识点与概念进行总结，并布置开放性课后作业，引导学生进一步通过查找文献等方式去自主探索课上部分未尽的概念与细节。

综述，本节课采用形式多样的师问生答、生问生答，结合丰富多彩的图片、图表、视频等各类素材资源，从学生的生活与学习的环境出发，让其切身感受网络带给每个人乃至时代的变化，进而激发学生对于本门课程的学习兴趣与探索好奇心。同时，结合课程相关概念，引入华为公司等案例，一方面提升学生的民族自豪感，另一方面培养其具备居安思危的国家安全意识，增强其为国科研、科技报国的爱国情怀。课程思政与课程内容的无缝结合，教学方法与教学素材的多样融合，是本节课在教学设计上的最大创新与特色。

教 学 成 效

本教学案例中引入典型应用场景及典型相关事件案例进行分析，并进行适当的价值引导，要求学生从实际案例中进行反思。案例驱动教学，能够在进行思政教育的同时，拓展学生的知识面，活跃课堂气氛，激发学生的学习兴趣，提高学生学习积极性与课堂参与度。

数字后端设计基础典型教学案例

数字集成电路后端设计概述

学院名称	物理与信息工程学院	课程名称	数字后端设计基础
主讲教师	王仁平	教师职称	副教授
授课对象	集成电路设计与集成系统专业三年级本科生	课程性质	专业必修课

课程简介

"数字后端设计基础"课程是集成电路设计与集成系统专业一门实践很强的技术课,是数字方向必修课。学习本课程要求学生具备必要的数字电路、数字集成电路设计、硬件描述语言与FPGA(现场可编程门阵列)和集成电路可测性设计的相关知识。本课程的目的是让学生了解数字集成电路后端设计流程,掌握在前端综合生成门级网表的基础上,使用相关EDA(电子设计自动化)工具进行数字后端设计,具体内容包括:建立设计环境、时序设置、平面规划、布局、时钟树生成、布线、可制造设计和验证等。在版图设计中对减少芯片面积、缩短设计周期、时序收敛、优化扫描链、布线违规修复、消除天线效应、解决串扰、优化功耗、降低电压降和减少电迁移等问题进行分析和讨论,并应用于单片机芯片的后端设计。

通过这门课学习:

(1)让学生了解数字集成电路后端设计整个过程,掌握从前端综合生成门级网表到GDS生成相关EDA工具的使用和优化方法。

(2)培养学生能在数字集成电路后端设计过程中发现问题、分析问题、提出相应的解决方案,以及最终解决问题的能力。

(3)培养学生树立理论联系实际的工程观点,培养创新能力和实践能力,加强工程项目经验和终身学习意识。

(4)教育引导学生积极客观地评价我国集成电路EDA工具产业,并将爱国热情积极转化为努力学习专业知识、锤炼自身本领、投入伟大祖国建设工作的实际行动。

教学目标

通过本节课的学习,使学生达到以下主要目标:

(1)了解国内外集成电路EDA工具的发展情况,了解集成电路EDA工具的重要性。

(2)对标准单元库单元和时序的相关内容进行拓展。

(3)掌握数字后端设计的流程和各步骤主要工作。

(4)培养学生具备正确的世界观、人生观、价值观,具有社会责任感和服务国家发展战略的家国情怀。

思 政 元 素

本课程作为培养使用集成电路 EDA 工具进行芯片设计的专业课程，在讲授知识的同时，教育引导学生了解国内外集成电路 EDA 工具现状，让学生懂得没有自主的集成电路设计高端 EDA 工具，就难以摆脱受制于人的局面。以美国政府动用国家力量终止华为芯片设计 EDA 工具的使用权和福州大学在集成电路 EDA 算法方面的优秀成果为例，引领学生树立科学精神，刻苦学习，努力实现集成电路设计高端 EDA 工具关键技术的重大突破，把关键技术掌握在自己手里，激发学生科技报国的家国情怀和使命担当。

案例实施路径与方法

（一）育人理念

"数字后端设计基础"课程作为培养使用集成电路 EDA 工具的专业课程，在讲授知识的同时，在潜移默化之中将"明德至诚·博学远志"的校训铭刻在同学们心中，引导学生了解中国集成电路 EDA 工具现状，要让学生懂得没有自主的集成电路设计高端 EDA 工具，就难以摆脱受制于人的局面。强化学生振兴中华、建设强大中国集成电路 EDA 工具的事业心和责任感。培养学生具有坚定正确的政治方向，树立科学精神和正确的世界观、人生观、价值观。

（二）实施思路

（1）讲解国内外集成电路 EDA 工具的现状。

（2）针对我国在集成电路 EDA 工具领域被"卡脖子"的问题，组织学生讨论，并回答如何实现集成电路 EDA 工具国产化替代。

（3）针对学生回答，启发分析，并给出正确引导。

（三）思政元素融入方式

2020 年 5 月 15 日，美国政府动用国家力量"封杀"华为，终止芯片设计 EDA 工具的使用权，对华为进行了一次定点式精准打击。虽然华为可自主设计芯片，但集成电路设计的高端 EDA 工具仍然基本上由 Cadence、Synopsys、Mentor 三家美国公司垄断。而在中国市场上，这三家 EDA 工具公司占据了约 95% 的市场份额。

我国 EDA 工具的国产化替代到底面临哪些挑战呢？与美国高端、成熟的 EDA 产业链相比，我国在 EDA 产业发展上有哪些难点呢？

我们必须清醒地认识到中美两国在高端 EDA 工具方面的技术差距，以及国产化替代的难度。但同时我们也要放弃"妥协投降"的幻想，寻求技术突围的可能。毛主席说过："封锁吧！封锁它十年、八年，中国的一切问题都解决了！"

（1）EDA 工具已成为我国半导体行业实现自主可控的关键瓶颈。国家也在加大对 EDA 产业的资源倾斜力度，推动 EDA 工具的自主化发展。

（2）在政策扶持上面，面对国产 EDA 工具很少人使用的状况，给予国产 EDA 工具采购倾斜政策。深圳推出了首个国内明确支持 EDA 研发的政策，包括 EDA 研发的资助奖励、购买国产 EDA 工具的费用补贴等。

（3）在 EDA 工具领域，我国已拥有华大九天、广立微、芯禾科技、蓝海微、九同方微、立芯（由校友陈建利创建）等企业，实现由"点"到"面"的全面突破。本土 EDA 公司已获得我国各类投资机构的多轮投资。

（四）教育教学方法

通过引入在学习生活中常用的芯片产品介绍，理论联系实际；采用案例教学，让学生感受到所学知识的实际价值，从而产生好奇心，激起学习新知识的欲望。采用PPT演示、比较启发、适时设疑等方法相结合的教学手段讲授学生薄弱的知识点。引入思政元素组织学生讨论、师生互动交流，鼓励学生努力学习，培养其家国情怀。

（五）教学活动设计

（1）问题导入：讲解芯片设计面临的危机和挑战，以及国内外集成电路EDA工具现状。提出我国在集成电路EDA工具领域被"卡脖子"的问题，组织学生讨论，并回答如何实现集成电路EDA工具的国产化替代。

（2）展开阐述：阐述芯片设计流程、标准单元库，以及数字后端EDA工具的作用。

（3）启发剖析：讲授后端设计所需要的数据，包括逻辑库、物理库（参考库）、工艺文件、导线模型等。

（4）思考提高：介绍物理设计的挑战和EDA工具的发展，以及不同数字后端设计EDA工具的对比。

（5）前沿提升：基于中芯国际（SMIC）28 nm工艺数字芯片后端设计过程进行总结讲授。

（六）资源载体

课堂录制教学视频，把教学多媒体（PPT）和教学视频都上传到网络课堂，引导学生线上自主学习和互动，作为线下学习的补充和辅助。把教学心得进行整理汇集，形成教案，为以后的教学提供辅助，起到参考和指导作用。

（七）特色与创新

福州大学获EDA领域顶级学术会议DAC2017的最佳论文奖（54年来中国大陆首次以第一作者/第一单位获奖）、连续三年获国际集成电路辅助设计第一名。时序优化研究成果被集成到华大九天新一代ICExplorer-XTop工具中，该研究将百万级单元规模的布局修正时间从几个小时降低到几分钟，且已成功运用到华为海思、紫光展锐、兆易创新和中兴等公司的产品设计中。在做集成电路设计EDA工具的国内高校中，福州大学名列前茅。

福州大学在集成电路EDA方面如此优秀，身为其中一员，鼓励学生刻苦学习，努力实现关键技术重大突破，把关键技术掌握在自己手里，为学校的荣誉添砖加瓦，给学校的名誉锦上添花。

（八）课后任务

（1）调研目前国产EDA工具已经取得哪些成果。

（2）完成LAB1实验。

教 学 成 效

通过典型案例设计，创新教学方法，融入学生对学校、专业认同和专业兴趣的培养，将思政之"盐"融于专业课之"汤"。在教学过程中通过思政案例的讲授，让学生在准确地理解专业知识的同时，自觉树立起正确的世界观和价值观，进一步增强学生的爱国主义情操，增强使命感和责任感，积极投身于集成电路行业，推动我国集成电路向更高水平迈进。

1. 学生评教

教师向我们传递了正确的理想信念、价值理念和道德观念，劝告我们努力学习，刻苦奋进，珍惜今天的时光；同时教师根据专业课程知识结构的特点，课堂教学重点突出、层次分明、理论和实际相结合,通过案例使知识更条理化。

2. 同行评价

"数字后端设计基础"课程对课程科学知识教育内涵和思想政治教育内涵的相互关系进行了探索,采取知识点中融入思政模式,将集成电路相关的重大事件与具体的知识点相关联,并进行融合讲授,帮助大学生们树立"爱国、励志、求真、力行"的理想信念。

数字集成电路设计典型教学案例

数字集成电路设计概述

学院名称	物理与信息工程学院	课程名称	数字集成电路设计
主讲教师	王仁平	教师职称	副教授
授课对象	集成电路设计与集成系统专业三年级本科生	课程性质	专业必修课

课程简介

"数字集成电路设计"是面向集成电路设计与集成系统专业三年级开设的一门专业性很强的核心课程。学习本课程要求学生具备必要的模拟电路和数字电路的基础,掌握模拟集成电路设计、硬件描述语言与FPGA的相关知识。本课程通过组建教学团队,讲授数字集成电路设计领域的基础理论、前沿技术和产业应用,坚持产出导向和持续改进理念,将本课程打造成服务集成电路设计业发展需求的前沿课程。

通过本课程的学习,学生应具备以下能力:

(1)较全面地了解数字集成电路设计流程,掌握数字集成电路全定制设计的优化方法和相关EDA工具的使用。

(2)学会应用数字集成电路全定制设计方法设计更复杂、规模更大的电路和系统,并能在设计过程中发现问题、分析问题,提出相应的解决方案,从而最终解决问题。

(3)树立理论联系实际的工程观点,培养创新能力和实践能力,加强环境意识、社会意识、终身学习意识等。

(4)具备坚韧的科学精神和坚定正确的政治方向,践行社会主义核心价值观。

教学目标

(1)了解国内外数字IC(集成电路)芯片的现状、差距、优势和发展潜力。培养学生具备社会责任感和服务国家发展战略的家国情怀。

(2)了解数字集成电路设计、优化的原则和技巧。

(3)掌握对设计质量的定量评价:成本、功能、稳定性、性能和能耗等。

(4)通过具体案例,让学生理解详细的全定制设计流程。

思政元素

通过芯片相关案例激发学生的国家自豪感和爱国热情,坚定"四个自信",并引导学生将爱国热情积极转化为努力学习专业知识、锤炼自身本领、投入伟大祖国建设工作中的实际行动。

案例实施路径与方法

（一）育人理念

"数字集成电路设计"课程作为肩负着培养我国集成电路人才的专业课程，在讲授知识的同时，要有效地教育引导学生了解国内外数字 IC 芯片现状，要让学生懂得芯片设计自主创新如果上不去，一味靠引进，就难以摆脱跟着别人后面跑、受制于人的局面，引领学生刻苦学习，努力实现 IC 芯片关键技术重大突破，把关键技术掌握在自己手里，强化学生振兴中华、建设强大中国集成电路的事业心和责任感，激发学生科技报国的家国情怀和使命担当。

（二）实施思路

（1）讲解数字芯片设计面临的危机和挑战。

（2）针对我国在集成电路领域面临的"卡脖子"问题，组织学生讨论，并回答芯片设计面临的危机和挑战带来的学习启示。

（3）教师针对学生回答，启发分析，并给出正确引导。

（三）思政元素融入方式

1. 问题导入

针对美国对中兴通讯、华为等突施芯片禁售，非法拘捕华为 CFO（首席财务官）孟晚舟，强势打压华为，对福建晋华集成电路制造企业进行技术禁运，阻止中国海外并购半导体企业等行为，讲述我国在集成电路领域面临的"卡脖子"问题，"中国芯"曾被聚焦到公众的眼前，那时唱衰我国微电子科技与产业实力的声音甚嚣尘上。

2. 组织学生讨论，并回答芯片设计面临的危机和挑战

3. 破解中国集成电路产业的"卡脖子"问题

（1）讲授 CMOS 集成电路制造工艺时引入中芯国际在 14 nm 工艺的增强版即 $N+1$ 工艺的顺利进展。

（2）北方华创先后攻克集成电路领域半导体设备如 12 英寸 40 nm、28 nm 甚至 14 nm 设备的制造，正瞄准 5 nm、7 nm 设备，争取处于世界第一梯队。

（3）中微半导体刻蚀机率先通过台积电 7 nm 工艺验证，成为台积电 7 nm 产线刻蚀设备供应商，并研发 5 nm 工艺，技术优势突出。

（4）从 2015 年 6 月起，美国政府对华为采取了至少三轮不公平制裁，非法拘捕华为 CFO 孟晚舟。在美国的强压困境下，华为并没有被困难打败，反而是越挫越勇，在战略上，华为也开始逐步调整，包括出品了旗下智能手机品牌荣耀、推出了自己的鸿蒙系统等。

（5）长江存储只用 3 年的时间就完成了从 32 层到 64 层、再到 128 层的跨越，在 2019 年量产 64 层 3D NAND 闪存芯片时，落后于主流大厂 1.5~2 个世代，却在 2020 年实现弯道超车，生产水平追平了国际主流存储器大厂。

通过这些事件激发学生的国家自豪感和爱国热情，坚定"四个自信"，并引导学生将爱国热情积极转化为努力学习专业知识、锤炼自身本领、投入伟大祖国建设工作中的实际行动。

（四）教育教学方法

依托在线免费的数字集成设计培训资源，使用现代多媒体与现代信息技术，综合启发式讲解、传统板书等手段，采用理论联系实际，结合启发式教学与案例教学，既加强了学生对抽象概念的理解，又提升了其解决实际问题的能力。师生互动交流思政问题，并组织学生讨论，促进学生辩证思考。

（五）教学活动设计

（1）问题导入：先简要回顾数字电路中组合逻辑单元和时序逻辑单元的学习内容，再通过问题式导入主题——如何在数字芯片设计中应用组合逻辑单元和时序逻辑单元？

（2）展开阐述：阐述数字集成电路设计中的问题，如摩尔定律、特征尺寸、存储器容量、晶圆尺寸等。

（3）启发剖析：讲授数字集成电路设计的质量评价。

（4）思考提高：以数字全定制设计1位全加器为例，引导学生思考如何成为一名优秀的标准单元库研发工程师。

（5）前沿扩展：扩展介绍数字IC芯片的设计过程和全定制设计流程。

（六）资源载体

课堂录制教学视频，把教学多媒体（PPT）和教学视频都上传到网络课堂，引导学生线上自主学习和互动，作为线下学习的补充和辅助。把教学心得进行整理汇集，形成教案，为以后的教学提供辅助，起到参考和指导作用。

（七）特色与创新

实际科研案例介绍：同福州大学海矽微电子有限公司合作，成功研发FD650芯片并应用到实际产品。这个项目的难点在于：面积与现有市面上的芯片相比，还有一些差距。

如何减少芯片面积来降低成本？

基于上华工艺设计面积较小的D触发器标准单元，并进行MPW（多项目晶圆）来证明面积减少和功能正确，可以通过数字全定制设计减少芯片面积来降低成本。

（八）课后任务

（1）课后思政题：查找资料，截至目前，我们国内有哪些数字芯片达到了国际水平或领先水平？

（2）科研实训选题：理解全定制设计工具界面，通过反相器的设计了解全定制设计的整个过程。

教 学 成 效

通过各种生动有趣的教学思政案例，以春风化雨、润物细无声的方式将学生培养成有思想、能创新、有正确价值观的人才。结合数字集成电路设计课程特点，深入挖掘与本课程相关的课程思政内容，开阔学生的视野，增长学生的见识，吸引学生的课堂注意力，激发学生的学习兴趣，从而进一步引导学生将专业学习与国家集成电路发展战略相结合，突出培养踏实严谨、耐心专注、追求卓越的优秀品质，培育求真务实、不断创新、精益求精的精神，使本专业学生真正成长为心系社会并有时代担当的专业技术人才，能积极投身于集成电路行业，推动我国集成电路向更高水平迈进。

1. 学生评教

任课教师向学生传递了正确的价值理念、道德观念和积极向上的人生态度，强调科学精神，学生掌握了课程内容和相关知识点并做到运用自如，实现了本节课程的学习目标，自我学习能力、分析能力以及创新意识得到提高。

2. 同行评价

目前理工科专业课程思政建设面临教学设计简单和教师感召力不足等问题，本课程通过课程思政立项，积极探索典型知识体系的构建和科学方法论的掌握，取得了较好的思政育人效果。

国际经济学典型教学案例

要素禀赋理论

学院名称	经济与管理学院	课程名称	国际经济学
主讲教师	白瑜婷	教师职称	讲师
授课对象	经济学专业、国际经济与贸易专业、财政学专业二年级本科生	课程性质	专业必修课

课程简介

"国际经济学"是在经济学基本理论基础上发展起来的经济学独立分支，是经济学、管理学等专业学生了解国际贸易、国际金融理论与实践的学科必修课程，也是国际经济与贸易专业的核心主干课程。本课程是一门主要研究国际经济关系的课程，也是一门具有涉外活动特点、实践性很强的综合性应用科学。本课程教学体系的每一个环节，都蕴含着不同国家政治体制、经济政策、文化和意识形态等方面的差异，缺少思政元素很可能会使学生受到大量负面信息、负面新闻的影响，产生错误认知，因此，必须科学合理地设计本课程思政教学，将思政教育与课程教学有机融合。

"国际经济学"包括两大部分内容。一是国际贸易理论与政策：研究国际贸易的起因、贸易模式和贸易利得的分配；探讨当贸易利得分配不均匀时，不同国家实施的贸易政策；分析国家间出现贸易冲突或贸易摩擦时，解决贸易摩擦的有效合作途径。二是国际金融理论与实践：研究国际收支失衡的原因及解决途径；探讨汇率决定的主要因素、汇率波动的原因和汇率制度的选择；分析开放条件下的宏观经济政策如何调整财富在国家间的分配。

教学目标

（1）价值引领：强化职业道德意识，提升国际化的职业素养；引导学生的品格教育；拓展学生的全球化视野和国际化理念；培养具有国际化理念、领会中国特色、符合市场需要、维护国家利益的国际经济卓越人才。

（2）知识拓展：引导学生正确理解并深刻认识开放微观经济学和开放宏观经济学的基本原理，系统掌握国际贸易产生和发展的原因、过程和规律，全面认识经济一体化、汇率决定、国际收支等理论；帮助学生探索国际经济发展规律，求解国际经济发展中的疑问和难题。

（3）思维训练：启发学生善于观察、自主思考、严谨判断、独立分析和解决问题的能力；引导学生把握最新国际贸易、国际金融的前沿发展趋势，与国际接轨，塑造适应于国际经贸活动的系统思维、分析思维和创新思维。

（4）能力建构：指导学生综合运用所学知识分析时事热点，解答当前国际经贸往来中的现实问题；培养学生具有良好的创业意识和创业精神，增强学生的社会实践能力和社会适应能力，以便为学生未来从事国际经济发展研究、国际企业经营管理和进出口业务等工作打下基础。

思 政 元 素

（1）拓展学生的全球化视野：引导学生在复杂多变的国际政治经济环境中放眼世界、胸怀中国，提升其解决国际经贸问题的能力和素质。

（2）培养学生的爱国主义情怀，坚定"四个自信"：培养学生的爱国主义情怀，增强道路自信、理论自信、制度自信、文化自信。

（3）提升学生的职业素养和道德：培养学生的团队精神、诚信意识、公平竞争观念等。

（4）引导学生的品格教育：鼓励学生发挥自己的竞争优势，培养学生拼搏进取、创新等精神。

案例实施路径与方法

（一）育人理念

以学生的发展为中心，以目标为导向；坚持"知识传授与拓展、能力建构与培养、思维训练与创新、价值引领与塑造"的育人理念。

（二）实施思路

挖掘思政元素，加工、整合、优化课程思政内容供给，将思政元素有机融入专业教学，需做到三个"有机结合"：①顶层理论的科学指导与专业思想有机结合；②国际接轨的全球视野与中国特色有机结合；③价值引领的超前引导与现实需求有机结合。

（三）思政元素融入方式

将课程教学转化为拓展学生的全球化视野，培养学生的爱国主义情怀、坚定"四个自信"，提升学生的职业素养和道德，引导学生的品格教育的有效教学载体；依据学生成长需要，充分进行学情分析，在教学目标、教学内容、教学方式方法、教学环境、教学评价等教学设计中，将专业知识和思政元素巧妙、创新融合，做到润物无声、浸润有方。

（四）教育教学方法

（1）深化科学理论指导，发挥马克思主义理论在课程思政建设中的领航、示范和辐射作用。

（2）创新教学内容和方法，深挖思政元素，将价值塑造"润物无声"地融入课程教学。

（3）挖掘有效教学载体和路径，以信息技术为工具，依托多元化育人平台，提高课程思政教学实效。

（4）把握实践依据，以"源于问题、贴近生活"的现实土壤增强课程思政教学感召力。

（五）教学活动设计

1. 以"情"启发

"粮食安全，底气和风险从何而来？"

我国大豆对外贸易依存度高达 86.4%，是全球第一大大豆消费国和进口国。但全球大宗农产品期货市场主要在欧美市场，且一些粮食出口国采取了出口禁止或限制措施。新冠肺炎疫情对我国粮食的生产和贸易造成了直接负面影响。我国稻谷、小麦口粮进口比重较小，受到海外疫情的影响有限；但对于大豆等对外依存度较高的作物来说，海外疫情的影响显著，且国内植物油、饲料、畜牧饲养等相关行业也可能受到影响。

有人担心，未来国家粮食安全会出现恶化？也有人质疑，大豆进口这么多，为什么我们不能多生产一些大豆?

教学设计:时事资料、视频演示、适时设疑,启发学生思考。

2. 融情入理,以"理"服人

从"国际化"视角和"经济学"视角对案例教学内容进行多维度多层次解读,并挖掘出相对应的思政元素。

教学内容:一方面,从国际化视角来看,我国大豆进口来源国主要是巴西、美国、阿根廷等,选取对比明显的美国,对比分析我国与美国要素丰裕度、大豆生产的要素密集度和比较优势、粮食生产成本等。另一方面,从经济学视角来看,进口大豆的实际价格比我们自己生产的成本更低,主要涉及劳动力成本上涨、土地成本逐步上升、粮食增产科技创新支撑能力不足这三个因素,拓展分析我国劳动力市场、农业生产技术等。

采用实际数据(世界银行世界发展指标数据)计算两国要素丰裕度后可发现,相比美国,我国劳动更丰裕。根据要素禀赋理论的基本逻辑("靠山吃山,靠水吃水")、生产和贸易模式,我国拥有生产劳动密集型产品的比较优势,应出口劳动密集型产品,进口土地密集型产品。而大豆是土地密集型农产品。

同时,我国大豆生产的劳动力成本是美国的7.8倍,大豆生产的亩均土地成本是美国的1.4~3.0倍。拓展分析下列问题:我国的劳动力成本优势是否消失的问题;城镇化过程中的农业生产技术和成本问题;粮食安全是乡村振兴的重要基础,乡村振兴中的农业产业发展和粮食增收问题。

教学设计:逻辑推理、画图演示,解析和衡量要素丰裕和要素密集型产品两个概念,讨论大豆生产的要素密集度;情境预设、实地调研、分组讨论,使学生深度反思我国粮食生产的短板和不足。

3. 以"德"化人,立德树人

第一,面对疫情对全球粮食供应的冲击,加强国际合作是避免当前全球粮食危机的有效举措。通过课堂讲授使学生深刻理解"人类命运共同体"的思想内涵。

第二,中国特色粮食安全之路正发挥着强大作用,及时有效地应对疫情对我国粮食安全的冲击。通过课堂讲授使学生坚定中国特色社会主义制度自信。

第三,将个人成长与祖国前途命运紧密相连,鼓励学生树立远大理想抱负,依靠科技创新提升科技装备水平和劳动者素质,实现现代粮食生产内涵式、集约式增长;呼吁学生依托经管类专业优势,发扬"经世济民"之担当。

第四,大豆大量进口的原因还涉及到需求偏好的转变、浪费现象严重等问题。从个人层面来讲,呼吁学生自觉养成勤俭节约的好习惯,坚决制止餐饮浪费行为,弘扬中华民族勤俭节约的优秀传统。

(六)资源载体

(1)王晓君,何亚萍,蒋和平."十四五"时期的我国粮食安全:形势、问题与对策[J]. 改革,2020(9):27-39.

(2)多元化育人平台:福州大学乡村振兴工作站、福州大学经济与管理学院乡村振兴研究院、福州大学经管类课程思政研究与实践中心。

(七)特色与创新

(1)从国际化视角和经济学视角对教学内容进行多维度多层次解读,挖掘出相对应的思政元素。从国际化视角对比分析我国与美国大豆生产的要素密集度和比较优势;从经济学视角分析我国劳动力市场、农业生产技术等。

（2）以多元化实践育人平台为教学载体，采用"探究式教学""互动式教学""沉浸式教学""行走的课堂""劳动的课堂"等多元化教学方式，在闽清县桔林乡开展"行走的课堂"和"沉浸式"思政课，帮助学生理解粮食安全、乡村振兴战略和紧缺农产品进口之间的关系。

教 学 成 效

1. 学生评教和学习反馈

本课程学生评教的平均分为 96.30 分。以多元化实践育人平台为教学载体，采用"探究式教学""互动式教学""沉浸式教学""行走的课堂""劳动的课堂"等多元化教学方式，在传授基本知识的同时，也切实提升了学生解决国际经贸问题的能力和素质，培养了学生的爱国主义情怀，培养了学生的团队精神、沟通能力、诚信意识、公平竞争观念等，也鼓励学生发展个人比较优势，培养拼搏进取、创新等精神。

2. 课程思政教学经验、同行评价和示范效应

本课程积累了丰富的课程思政教学经验，逐步形成了多维度、多层次的"国际经济学"课程思政案例库。课程教学有显著成效和示范辐射效应。2021 年"国际经济学"课程案例入选"全国高校优秀课程思政示范案例课"，累计学习人数 5690 人；开展了以"党建引领促振兴，课程思政进乡村""经管类专业课程思政教学探索与实践"等为主题的课程思政教学研讨或讲座。

互联网金融典型教学案例

百谷王区块链助力小微企业逆境突围

学院名称	经济与管理学院	课程名称	互联网金融
主讲教师	林朝颖	教师职称	教授
授课对象	金融学专业三年级本科生	课程性质	专业必修课

课程简介

"互联网金融"是经济学领域的一门新兴学科,近年来得到了迅速的发展。互联网金融对传统金融产生了巨大的影响,推动了金融创新,也催生了泡沫风险。"互联网金融"是金融学的专业必修课,本课程主要介绍互联网金融的理论基础、业务模式、风险特征和监管法规。通过"互联网金融"课程的学习,帮助学生以正确的价值观分析国内外互联网金融的发展状况,规避互联网金融的风险,探讨互联网金融的监管模式,探索互联网金融的未来发展方向。本课程的学习有助于为学生将来从事互联网金融相关工作提供必要的知识储备,树立必要的风险意识,以适应现代信息技术和社会经济发展对创新型、复合型金融人才的需要,增强学生投身金融行业建设社会主义的使命感。

教学目标

1. 价值引领

(1)通过深入浅出地介绍区块链的内涵和特征,引导学生透过现象看本质,培养学生不畏困难、勇于攀登的革命精神。

(2)通过讲解区块链在信用穿透过程中的作用机理,培养学生诚实守信的优良品质。

(3)通过介绍百谷王企业在新冠疫情期间通过区块链助力小微企业破解融资困境的案例,阐释百谷王企业"为苍生着想"的文化理念,教育学生"不忘初心、牢记使命"。

2. 知识拓展

通过百谷王区块链的案例,理解区块链技术的内涵和特征,掌握区块链技术在信用穿透过程中的作用机理。

3. 思维训练

通过百谷王区块链的案例,引导学生由区块链在微观金融领域的应用上升到宏观金融领域的思考,并将区块链技术应用的思考辐射到各行各业领域,培养学生的发散思维。

4. 能力建构

(1)通过百谷王区块链的案例讨论,培养学生的团队合作能力。

(2)通过启发学生对区块链热效应的冷思考,培养学生的辩证思维能力。

（3）通过发放课后阅读材料以及布置思考题，向学生拓展介绍区块链金融尚待研究的领域，培养学生的创新能力。

思 政 元 素

2019年10月24日，习近平总书记在中共中央政治局第十八次集体学习时强调，区块链技术的集成应用在新的技术革新和产业变革中起着重要作用。我们要把区块链作为核心技术自主创新的重要突破口，加快推动区块链技术和产业创新发展。2021年10月18日，中共中央政治局就推动我国数字经济健康发展进行第三十四次集体学习，习近平总书记再次强调区块链等技术正成为重组全球要素资源、重塑全球经济结构、改变全球竞争格局的关键力量。在此背景下通过课堂讲授疫情时期区块链技术应用的案例，有助于弘扬社会主义核心价值观，加强学生道德修养，点燃学生探索新知识的热情，坚定学生努力学习报效祖国的信念。

案例实施路径与方法

（一）思政元素融入方式

（1）通过"百谷王"对《道德经》的内涵解读，介绍百谷王"为苍生着想"的文化理念，并通过百谷王企业助力小微企业在疫情时期逆境突围的案例讲述与讨论，教育学生牢记"为人民服务"的初心与使命，培养学生勇于担当的社会责任感。

（2）通过讲解区块链技术在信用穿透过程中的作用机理，培养学生诚实守信的优良品质。

（3）通过层层揭开区块链技术神秘的面纱，缓解学生对区块链陌生概念的畏难情绪，增强学生的自信心，并通过挖掘区块链技术的研究热点，培养学生勇攀高峰的进取精神。

（二）教学活动设计

1. 课前预习环节

观看中国大学慕课"区块链中的密码学"中"账户与签名数字化"部分，了解区块链的技术原理。

2. 导入主题环节

通过漫画生动形象地阐述玉石村的故事，启发学生思考两个问题：

（1）村主任记账有什么问题？

（2）每个村民都记账可能出现什么问题？

3. 展开阐述环节

（1）通过打比方加强学生对区块链内涵的理解。

（2）通过图1展示区块头和区块主体结构，帮助学生理解区块链的特征。

图1　区块链的结构

4. 深入研讨环节

（1）通过疫情时期百谷王区块链和供应链金融帮助小微企业融资的案例，讲解区块链在缓解银企信息不对称中的信用穿透机制（图2），带领学生探讨区块链如何助力供应链金融破困局、谋变局、开新局。

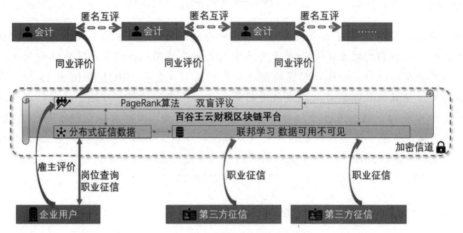

图2 百谷王云财税区块链平台

（2）将区块链技术在微观金融领域的讨论延伸至宏观金融领域，引导学生思考区块链技术在社会主义现代化经济建设中的作用，从智慧金融监管的维度挖掘区块链的作用，引导学生开拓思维，为社会主义建设添砖加瓦。

（3）启发学生应用辩证思维的方法，对区块链的热效应进行冷思考，开启发散性思维，展开区块链在各行各业应用场景的热烈讨论，并冷静分析其可能带来的正面与负面效应。

5. 总结升华环节

（1）内容总结：① What，什么是区块链；② Why，区块链的特征；③ How，区块链如何为金融服务。

（2）通过问卷星发布随堂测试题，并当场公布答题情况，讲评试题。

（3）向学生推荐阅读材料，布置两道思考题，并从思考题中延伸介绍区块链金融尚待研究的领域，为学生的学术研究指明方向，通过研究型探究式学习培养学生的创新思维。

（三）特色与创新

以百谷王案例为核心，深入浅出地阐述区块链技术的特征和原理，层层揭开区块链技术的神秘面纱，在案例讨论的过程中潜移默化地培养学生的社会责任感，引导学生透过现象看本质，开拓学生思维，鼓励学生勇于创新。

教 学 成 效

通过深入浅出地介绍百谷王在疫情时期如何通过区块链技术助力小微企业逆境突围的案例，调动学生学习的积极性，推动学生对区块链由畏难慢慢转向兴趣、由被动学习转向主动学习。学生通过本课程学习，深深地为百谷王企业"江海所以为百谷王者，以其善下之"的文化理念所打动，再次深刻认识到守正创新的重要性。本课程的随堂测试效果较为理想，以学生为中心、以问题任务为导向的翻转课堂教学模式有助于促进教学目标的达成。

质量管理工程典型教学案例

供应商质量管理

学院名称	经济与管理学院	**课程名称**	质量管理工程
主讲教师	林共市	**教师职称**	助理研究员
授课对象	工业工程专业三年级本科生	**课程性质**	专业必修课

课 程 简 介

工业工程是一门管理科学、工程专业技术和计算机信息技术相结合的、既古老又年轻的交叉学科专业。工业工程综合地运用自然科学、社会科学和工程技术知识，进行科学的规划、设计、实施、评价和创新，把各种生产要素组成更富有生产力和有效运行的整体系统，从而不断降低成本、确保质量和安全、提高生产率，获取多方面的综合效益。

"质量管理工程"是工业工程专业的一门重要的专业必修课程，主要讲述质量管理基本知识以及常用的统计质量控制方法。课程的内容包括质量管理概论、供应商质量管理、顾客满意度测评、全面质量管理、质量经济性分析、卓越绩效管理模式、常用质量管理工具、设计质量管理、统计过程控制、质量检验及抽样技术、六西格玛管理、质量认证概述以及质量管理体系。

本课程要求学生在学习完管理学、统计学等课程的基础上开展学习。通过对本课程的学习使学生初步掌握质量管理的理念、方法和工具，能够系统应用所学内容在生产、服务等领域针对实际情况来识别、分析、改善、控制质量管理实际问题，初步具备从事质量管理工作的能力，特别是具有运用常用统计方法分析和解决质量问题的能力。

教 学 目 标

产品的质量控制不仅仅是生产制造企业的事，更与上游的原材料供应商、零部件制造商甚至整个供应链密切相关。所以要通过包含案例在内的本章内容的学习，引导学生应用系统思维和战略思维，从产业链、供应链的视角，乃至国家经济安全的战略层面来理解和把握供应商质量管理的重要性，领会如何选择供应商以及对供应商的质量控制，掌握对供应商业绩评定的方法。

（1）价值引领："21世纪是质量的世纪。"针对质量，习近平总书记指出，推动中国制造向中国创造转变、中国速度向中国质量转变、中国产品向中国品牌转变，要坚持以提高质量和核心竞争力为中心，坚持创新驱动发展，发展壮大新动能，扩大高质量产品和服务供给，要树立质量第一的强烈意识，下最大气力抓全面提高质量，开展质量提升行动。中共中央突出强调，坚持以提高发展质量和效益为中心，供给侧结构性改革的主攻方向是提高供给质量，提升供给体系的中心任务是全面提高产品和服务质量。而提高产品和服务质量，除了生产制造和服务企业本身必须加强质量管理、提高产品质量以外，加强对供应商的质量管理，寻求优秀供应商作为合作伙伴也十分关键。

（2）知识拓展：在供应链管理中，共同利益可稳定供求关系，而稳定的供应关系对产品质量影响很大。做企业、做贸易，大的方向一定是自己（己方）尽可能多获利（利润最大化），产品质量尽可能好（产品差异化是很重要的竞争手段，提高产品质量、改进产品性能和结构是产品差异化的具体体现）。但企业在顾及自己利益的同时，也需要考虑合作伙伴的利益。稳定的利益才能带来稳定的供应关系，稳定的供应关系才能带来稳定的产品品质。所以要互惠共赢（双赢），不要总想着挤压供应商的利润。

（3）思维训练：产品质量的提升是一个系统工程，涉及质量管理工程的方方面面，必须从系统工程的观点来综合考虑；同时，必须要从战略角度考虑供应商的选择、合作与发展，实现长久的合作共赢，而不计较一时的得失。

（4）能力建构：要从系统工程的角度分析与产品质量相关的生产制造各个流程和各个环节，从上游的原材料制造、物流、产品的制造与销售、产品的售后服务等多个环节与供应商之间的关系，确定在不同的阶段如何对供应商的质量进行控制，对供应商的业绩如何评定，对不同等级的供应商如何管理。

思 政 元 素

> 自 2018 年中美贸易摩擦以来，中美两个大国的博弈进入了一个新的阶段。而自 2020 年初开始的新冠疫情对中国乃至整个世界的供应链、产业链甚至全球化也都产生了巨大影响。中美两国的博弈特别是美国带头并要求欧盟、日本等西方发达国家寻求与中国的经济、产业、供应链脱钩，对我国的经济发展特别是产业链、供应链安全产生了重大影响，也带来了严峻的挑战。
>
> 为此，习近平总书记于 2020 年 4 月 10 日在中央财经委员会第七次会议上发表的重要讲话中指出，我国必须优化和稳定产业链、供应链，供应链在关键时刻不能掉链子。为保障我国产业安全和国家安全，要着力打造自主可控、安全可靠的产业链、供应链，力争重要产品和供应渠道都至少有一个替代来源，形成必要的产业备份系统。今后，我国应努力重塑产业链，全面加大科技创新和进口替代力度，这是深化供给侧结构性改革的重点，也是实现高质量发展的关键。

案例实施路径与方法

采用"案例引导—内容展开—补充说明—总结提升"的教学策略。首先，引入波音公司的案例说明波音 787 表现不佳的一个重要原因是对外包商的管理不善，多次因质量问题、安全问题停飞；其次，引入华为遭受美国打压的案例说明供应链的重要性，进而学习习近平总书记关于要优化和稳定产业链、供应链的重要战略部署；再次，展开教材内容的分析，针对重点和难点问题进行讲解，再补充有关供应链质量管理的相关内容，做进一步的知识方面的拓展；最后，进行总结，让学生在思想意识和知识方面进一步提升。

1. 问题导入案例 1：波音公司的艰难旅程

波音 787（Boeing 787）是航空史上首先投入运营的超远程中型客机，是由美国著名飞机制造商波音公司于 2009 年 12 月 15 日推出的全新型号。它变体机型中典型的三层座位设计能容纳

242~335 名乘客。波音 787 的最大特点是大量采用先进复合材料建造的飞机骨架、超低燃料消耗、较低的污染排放、高效益及舒适的客舱环境。

波音 787 第一次亮相是在 2007 年 7 月 8 日，在波音的埃弗雷特工厂的推出仪式上。波音 787 的开发和生产涉及与全世界众多供应商的大规模合作，最终组装在华盛顿的波音埃弗雷特工厂和南卡罗来纳州北查尔斯顿的波音南卡罗来纳工厂进行。波音公司最初计划在 2008 年 5 月向首个用户全日空航空公司交付第一架飞机，但 2008 年 3 月在埃弗雷特工厂正式开始组装飞机时，波音发现，从世界各地的合作伙伴那里汇集到工厂的部件经常出现尺寸误差超标的问题（比如，会导致各部分机体无法接合），波音公司被迫推迟了 787 客机的首航计划。此后，该项目又因为各种原因经历了多次延误。该客机的首次飞行于 2009 年 12 月 15 日进行，并于 2011 年中期完成飞行测试。据报道，波音公司在 787 计划上总计花费了 320 亿美元。

波音公司最初认为波音飞机"梦想客机"具有的能源利用率和高科技手段能保证飞行顺利，而事实上波音的旅途屡遭挫折，出现了很多安全故障，发生了多起停飞事件。

据报道，在 2013 年 1 月 6 日到 16 日的 10 天内，全日空和日航这两家日本最大的航空公司连续发生了七起波音 787 事故，事故原因包括电池电路起火、燃料泄漏、刹车装置故障、驾驶舱挡风玻璃出现裂痕等。美国东部时间 2013 年 1 月 7 日 10 时，一架从东京出发抵达波士顿洛根国际机场的日航波音 787 航班报警，后舱突然冒出烟雾，机场消防人员迅速查看情况并将火扑灭。为此，2013 年 1 月 16 日，FAA（美国联邦航空局）和 NTSB（美国国家运输安全委员会）宣布，由于连续出现安全故障，美国航空公司暂时停飞所有波音 787 "梦想客机"，以进行相关安全检测。此外，因安全问题，印度、波兰、卡塔尔等多国的有关航空公司也宣布暂时停飞波音 787 "梦想客机"。

波音 787 表现不佳的一个重要原因是对外包商的管理不善。波音公司 80% 的销售额来自美国以外的其他国家，2/3 的业务都实现了外包，其外包范围未免过大。麦卡锡认为，波音 787 的管理者认为他们知道如何外包设计工作，而事实上他们并不知道。图 1 展示了波音 787 的子系统及其外包商。

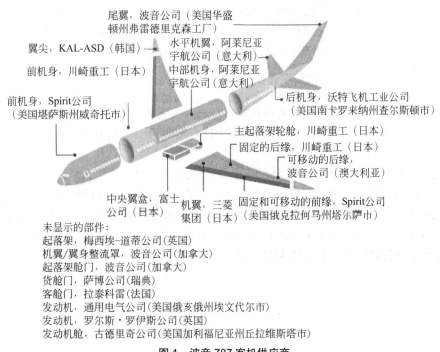

图 1　波音 787 客机供应商

从图 1 可以看出，供应商数量庞大，管理任务繁重。事实上，波音公司遇到了很多棘手的问题，而通常很难找到一个合适的方法来对如此复杂的供应商网络进行管理。显然，一部分供应商的产品质量最终影响到了最终产品的质量，造成了质量问题。因此，如何选择合适的供应商、如何对供应商的产品质量进行有效管理是一个十分重要的问题。而如果从我国供应链和产业链安全的角度来看，我们在积极推进经济全球化、与国外企业进行合作的同时，也要注重本土供应链和产业链的安全与可控。

2. 问题导入案例 2：华为遭美国全面打压的教训

我国的华为公司是全球领先的信息与通信技术领域的高科技企业，是我国高科技发展的一面旗帜。由于华为在 5G 方面的全球领先，引起了美国的深深忌惮，美国前总统特朗普于 2018 年发动了贸易战，对中国高科技企业进行打压。在打压了中兴通讯后，为了打压华为，特朗普不仅以举国之力全力打压，更是联合欧盟等西方盟友打压，不但联合加拿大非法扣押华为副董事长兼首席财务官孟晚舟长达 1028 天，更是通过不断修改的新规，彻底限制华为获得先进技术、产品的道路，例如谷歌停止了 GMS 服务并且对华为按下了安卓系统停止更新的按钮，限制台积电代工海思芯片，限制高通、联发科等出货 5G 芯片等，华为高端的 5G 手机无奈只能暂时落幕，荣耀手机业务被迫转让。

在 2022 年 6 月 19 日外交部网站发布的《美国对华认知中的谬误和事实真相》中指出："美国政府在没有任何事实依据的情况下，泛化国家安全概念，动用国家力量无端打压和制裁华为，限制华为产品进入美市场，'断供'芯片、操作系统，在世界范围内胁迫别国禁止华为参与当地 5G 网络建设。美国还策动施压加拿大无理拘押华为首席财务官近 3 年。"

我们可以感受到核心、关键技术没有掌握在自己手中的无奈，产业链、供应链不健全所造成的严重后果。华为可以设计出和苹果比肩的世界一流手机芯片，但受限于美国打压没有企业代工生产出来，原因之一就是没有自主可控的芯片制造体系。

不过，美国的全面制裁打压并没有压垮华为。在操作系统方面，华为公司开发的鸿蒙系统经过三年的布局和沉淀，如今已经完美实现了对于安卓的替代。而在半导体芯片上，华为近年来也一直在发力进入制造半导体芯片的领域，全面布局芯片产业链。一方面，在创新芯片上做足了工作，前不久华为发布了芯片叠加专利和堆叠封装专利，通过对芯片封装工艺的改良来实现部分芯片产品的国产化生产；另一方面，通过旗下的投资机构哈勃投资，投资国内半导体领域那些有设备、有技术能力的相关企业，通过推动芯片产业的全球化和国内芯片企业的发展来实现部分芯片产品的国产替代，进而实现产业链的自主可控。

据公开数据显示，华为旗下的哈勃科技投资有限公司（以下简称"哈勃投资"）成立于 2019 年 4 月 23 日，注册资本为 7 亿元人民币，由华为投资控股有限公司 100% 控股，其经营范围是创业投资业务。

在成立后的三年多时间里，哈勃投资积极出手，聚焦于硬科技，除了半导体设备之外，还涉及芯片设计、EDA、封装、测试、材料等各环节，主要涵盖了半导体材料、射频芯片、显示器、模拟芯片、EDA、测试、CIS（接触式图像传感器）、激光雷达、光刻机、第三代半导体、人工智能等多个细分领域，以此来完善自己的供应链和产业链。据不完全统计，截至 2022 年年底，哈勃投资已经在全国各地投资了 78 家半导体企业（表 1）。

表 1 华为半导体产业链版图一览表

类 别	投资的企业（所在地）
半导体材料 （9 家）	晶正电子（济南）、德智新材料（株洲）、天域半导体（东莞）、本诺电子（上海）、锦艺新材（苏州）、鑫耀半导体（昆明）、富烯科技（常州）、阜阳欣奕华（阜阳）、重庆鑫景（重庆）
半导体制造 （27 家）	华日激光（武汉）、中科晶禾（天津）、长进激光（武汉）、中科艾尔（北京）、微源光子（深圳）、特思迪半导体（北京）、山口精工（南通）、先普（上海）、晶拓半导体（苏州）、费勉仪器（上海）、杰冯测试（昆山）、天仁微纳（青岛）、强一半导体（苏州）、科益虹源（北京）、瀚天天成（厦门）、全芯微电子（宁波）、中科飞测（深圳）、庆虹电子（苏州）、天科合达（北京）、天岳先进（山东济南）、玟昕科技（上海）、熹联光芯（苏州）、海创光电（福州）、炬光科技（西安）、昱升光电（武汉）、长光华芯（苏州）、矽电半导体（深圳）
EDA 开发、工业软件（11 家）	天喻软件（武汉）、赛美特（上海）、励颐拓（重庆）、青芯意诚（宁波）、云道智造（北京）、阿卡思微电子（上海）、上扬软件（上海）、立芯软件（上海）、飞谱电子（无锡）、九同方微电子（武汉）、新共识（杭州）
芯片厂商 （31 家）	睿芯微电子（广州）、安其威微电子（上海）、旗芯微（苏州）、瑞发科半导体（天津）、美芯晟科技（北京）、物奇微电子（重庆）、知存科技（北京）、深迪半导体（上海）、欧铼德（北京）、云英谷科技（深圳）、锐石创芯（深圳）、北京晟芯（北京）、唯捷创芯（天津）、昂瑞微（北京）、源杰半导体（陕西）、芯视界微电子（南京）、思特威（上海）、东微半导（苏州）、纵慧芯光（常州）、新港海岸（北京）、灿勤科技（江苏）、好达电子（苏州）、鲲游光电（上海）、裕太微电子（苏州）、杰华特微电子（杭州）、纳芯微（苏州）、曼光信息（上海）、集创北方（北京）、聚芯微电子（武汉）、东芯股份（上海）、思瑞浦微电子（苏州）

教 学 成 效

案例教学是学生比较喜欢的一种教学方式。通过导入案例的分析，既可以让学生更形象、更直观地领会课程供应商质量管理的相关原理，也能够让学生深刻体会到，质量管理是一项复杂的系统工程，必须要有系统思维，也要有战略眼光，还要有科学的方法，才能把质量管理工作做好。同时，结合我国当下面临的复杂的政治、经济形势以及全球化的趋势和以美国为首的一些逆全球化的行为，也更能够让学生深刻体会到党中央在经济发展上特别是在优化和稳定产业链、供应链上的高瞻远瞩和重大战略布局。

统 计 分 组

学院名称	经济与管理学院	课程名称	统计学
主讲教师	张良强	教师职称	教授
授课对象	公共管理类专业三年级本科生	课程性质	专业必修课

课 程 简 介

本课程在学生学习统计调查的内容与方法、统计调查的组织形式基础上，深入学习在统计调查后，对获得的原始统计数据资料如何进行整理的理论、原理和方法，为今后开展实际统计工作打下坚实的方法论基础。

教 学 目 标

通过本课程的学习，使学生达到以下主要目标：

（1）通过对选择分组标志的原则的阐释，培养学生透过现象看本质的素质和能力，提高学生的政治思想素养，并且结合知识与所学专业的联系增强专业自豪感，培养理论联系实际、分析问题、解决问题的能力。善于发现生活中的知识，热爱生活，敬畏知识。

（2）掌握统计分组的概念和作用。

（3）掌握统计分组的程序与原则。

（4）掌握选择分组标志的原则。

（5）掌握分组标志的种类。

（6）掌握编制分配数列的方法。

思 政 元 素

培养学生践行社会主义核心价值观和宏观思维能力，培养科技报国使命感，增强专业自豪感。

案例实施路径与方法

（一）教学设计

（1）明确统计分组方法兼有"分"与"合"的双重含义，这体现了辩证唯物主义的对立统一规律的思想和工作方法。"分"是手段，是达到对社会经济现象各部分数量状况深入认识的方法；

"合"是目的,是为了达到对社会经济现象总体数量状况、特征、发展趋势的综合认识。

(2)选择分组标志的原则中,要选择最能反映被研究现象本质特征的标志。可结合列宁对分组标志选择的论述,强调若分组标志选择不当,就会掩盖现象本质特征上的差异,从而不能达到对社会经济正确认识的目的。

(3)在复杂分组方法的讲解中,结合我国职业分类概况和我国对三次产业划分的规定的内容,延伸介绍《中华人民共和国职业分类大典》和《国民经济行业分类》,使学生了解我国国家统计体系中实际所用的分类标准,积累知识,培养学生宏观思维的方式和习惯,提高学生指点江山、激扬文字的能力,培养学生形成参与公共管理思维的能力,增强学生专业自豪感。

(二)教学内容

引出统计分组:统计分组到底能完成什么任务?(4种任务)

1. 研究总体各部分之间的关系

例如某个牙膏厂要调查天津市牙膏市场容量(2020年牙膏销售总量),想了解本厂产品在天津市牙膏市场上与竞争对手的竞争态势。研究的是总体各部分之间的对立竞争关系。

统计总体(调查对象):2020年内在天津市市场售出的所有牙膏。

总体单位:售出的每支牙膏。

怎么做才能了解本厂产品在天津市牙膏市场上与竞争对手的竞争态势呢?

在调查中登记每支牙膏的生产厂家,按照"生产厂家"这个标志,把来自相同厂家的牙膏归并在一起计数。如此将整个市场售出牙膏总体分成若干互斥部分(子总体)。

为了简化,可以只对本厂以及几个竞争对手厂的产品做分别归并,余下的化为"其他厂家"。然后将各部分牙膏数量与市场总销售量相除,计算结构相对指标,即各厂牙膏产品在天津牙膏市场上的市场占有率。把本厂牙膏市场占有率与竞争对手的市场占有率相比较,就可以看出本厂与竞争对手的竞争态势了。

再比如研究某地区全年人口总体中,男女比例是否合理,研究的是总体各部分之间的比例关系。

2. 研究总体的内部结构

例如把整个国民经济中各个基层生产单位归并成三个产业层次,并计算每一个产业层次的增加值与国内生产总值(各产业层次增加值的总和)的比率。通过这些结构相对数可以看出一个国家的产业结构特征。

经济学认为,伴随一国经济发展水平的提高,劳动力将会从第一、第二产业向第三产业转移,所以可以从一个国家第三产业增加值在国内生产总值中所占比率的提高反映出一个国家经济发展水平的提高。

注意:计算结构相对指标的前提是选择适当的标志把总体划分成标志表现不同的若干互斥的部分。

3. 研究总体的次数分布特征

例如根据某次人口普查资料,研究我国人口在各个年龄段上是怎样分布的,用图形把这种分布状况描绘出来。

如果0岁到100岁之间,每1岁算1个年龄段,100岁以上算一个年龄段,则共分成了101个互斥部分(子总体)。按照"年龄"标志,将全国人口划在各自属于的年龄段,或者计算出每一子总体人口数与全国人口总数的比例,如此可绘出我国人口总体按年龄标志的次数分布特征。

4. 研究变量之间的关系

例如现有一份对已婚妇女的调查资料,资料中登记了每个人的文化程度和初婚年龄。研究妇女的初婚年龄是否与她们的文化程度有关系，即是否存在妇女初婚年龄的高低受其文化程度高低的影响。

研究可按照每位妇女的"文化程度"标志，将她们分为文盲、小学、初中、高中、大学五个部分（子总体），分别在每个部分中计算个人初婚年龄的平均数。

如果这些年龄平均数表明五种不同文化程度的妇女初婚年龄水平总体上没差别，就可以认为妇女的初婚年龄不受文化程度的影响；如果从总体上说的确有差异，就可以认为文化程度是妇女初婚年龄的影响因素之一。

（三）总结

在上述提到的四个案例中我们都做了什么呢？选择总体单位的某种标志，把就该标志表现相同的单位放在一起，把表现不同的单位区分开来，从而把总体划分成若干互斥的部分（子总体）。这个工作过程就叫统计分组，所划分的每个部分（子总体）叫作一个组。

上述四个案例表明，统计分组是基于人们研究总体各部分之间的关系、研究总体的内部结构、研究总体的次数分布特征、研究变量之间的关系等这样一些研究的需要而提出来的。

教 学 成 效

采用实际案例将教学问题引入，让学生感受到所学知识的实际价值，从而产生好奇心，激起学生学习新知识的欲望。通过适时设疑，启发学生思考，调动了学生学习的积极性。

数据库系统外部体系结构

学院名称	经济与管理学院	课程名称	数据库原理与应用
主讲教师	吴海东	教师职称	讲师、实验师
授课对象	信息管理与信息系统、工业工程、电子商务等专业二年级本科生	课程性质	专业必修课

课程简介

"数据库原理与应用"是经管类工科专业和部分文科专业的专业必修课,具有较强的理论性和实践性。结合大数据和经管背景,通过本课程的学习,使学生熟练掌握关系型数据库和非关系型数据库的基本概念、原理,在理论与 SQL、CQL 实践的紧密关联中,使学生形成更强的数据规范管理和战略意识,并与国家大数据战略形成共鸣。

教学目标

立足于新文科、新工科融合理念,本课程创新性提出了"融合型成果导向教育"(fusion outcome based education,FOBE)生态概念。FOBE 指的是在一个企业经济活动虚拟仿真循环系统中,某个环节的结果输出是另一个环节的输入原料,即下一个教学行为的推动来自于上一个或多个教育的成果,目的是为不同专业背景的学生提供多岗位的职业规划。

1. 价值引领

"一个人可以走得更快,但一群人可以走得更远。"系统存在的目的是达到个体所达不到的目标。任何单一的解决方案,都无法彻底地解决问题,甚至还会带来一连串其他问题,这就是系统考量的重点。

2. 核心知识

(1)关系型数据库外部体系结构概念、组件等。

(2)非关系型数据库外部体系结构概念、组件等。

(3)融合数据库外部体系结构概念及过程。

3. 思维训练

本课程主要完成或强化以下几方面的思维训练:系统思维训练、发散与聚合思维训练、前瞻思维训练和关联思维训练。

4. 能力构建

在价值引领下,基于 FOBE 生态理念,通过能力构建来完成思维训练、理论强化和技能提升,包括系统理解与规划能力,融合数据库管理理论,掌握 SQL 和 NoSQL 之间的数据关系本质,并实现结构化与非结构化数据的无缝融合管理。

5.思政扩展

在 FOBE 生态中,思政护航计划一直都存在并产生效用。从网络连接、硬件购置、架构,软件配置、安装、应用,到数据库管理、维护等,均以提供可靠的、可用的、稳定的、安全的系统数据服务为宗旨。

思 政 元 素

思政元素 1:"删库"就能"跑路"?——职业道德与法律边界。
思政元素 2:"阿里妈妈与阿里巴巴"——业务与数据的辩证统一。
思政元素 3:"千里之堤溃于蚁穴"——细节决定成败。
思政元素 4:"一石二鸟与狡兔三窟"——"备飞"同样重要。
思政元素 5:"深度防御补短板"——强化国家关键数据资源保护能力,增强数据安全预警和溯源能力。

案例实施路径与方法

(一)育人理念

本案例在实施过程中,注重融合经管类相关专业学生的特质,在"互联网+"背景下,基于"T3"育人框架体系,通过理论引领、理念引领、课堂引领、实践引领和能力引领,系统化推进课程思政与专业育人的高度融合。

(二)实施思路

采用"企业岗位模拟,案例引导推进,强化系统能力,提升强国理念"的实施路径实施课程教学。

(1)立足于 FOBE 生态,针对不同经管专业学生及其未来职业规划,从不同的岗位去观察、学习数据库系统的外部体系结构。

(2)结合业界典型的案例,有序推进理解数据库系统外部体系结构在企业经济活动中的重要地位。

(3)通过不同的应用需求分析,探讨数据库系统不同要素的关联及平衡。

(4)通过知识和实践的聚合,探讨实现核心数据库真正国产化对国家战略的重要意义。

(三)思政元素融入方式

思政元素沉浸式融入课程教学。既包含了文本、PPT、参考网页,也借用视频资料、动画片段等;或以故事陈述方式开展,或以社会生活实例进行对比;既有教师主讲,也有采取案例讨论、角色扮演等形式。实行线上线下混合式教学,真正体现"以生为本、以本为本"的本科教学理念。

(四)教育教学方法

融合型教育教学方法。教学方法包括教师讲授、学生研讨及项目实践三大方面,提供核心内容的讲解并辅助配套课程数据、线上视频点播等。同时,基于数据中台理念,构建了传统关系型数据库和非关系型数据库为基础的知识图谱在线实验平台,可接受师生补充的新数据,以此丰富数据中台。数据中台共建、共享的过程,也进一步体现了系统性设计、集中性管理所带来的优势;

而数据中台所遇到的挑战，则成为强化学生经验积累的机遇。

（五）教学活动设计

（1）问题导入——数据库真的那么重要？

讨论： "删库""跑路"的案例为什么时而发生？

身边的案例： 教务通如何应对选课高峰时的"尴尬"？

思政： 严谨求实的学习态度与精益求精的实践磨炼是满足岗位需求的必备条件，理论与实践相结合可以使二者相得益彰。教务通系统选课高峰时的"尴尬"是一时的，但若使用类似阿里巴巴集团应对"双11"的方案，则从性价比上来看不合适，难道没有其他的办法？

启下： 为了避免"千里之堤溃于蚁穴"的出现，我们应该要从哪几个方面进行系统鲁棒性的强化？

首先，要掌握外部体系结构的概念、种类和功能，引入下一小节内容。

（2）数据库与外部体系结构。

外部体系结构的概念；外部体系结构的种类；外部体系结构的功能；数据库与外部体系结构的关系（集中→分散）。

思政： "集中力量办大事"，中国作为大国，在重大战略项目的实施过程中，逐步形成了集中力量办大事优势。在党中央的集中统一领导下，明确发展的重点、次序、路径、方法，确保发展的系统性、整体性和协同性，既充分发挥市场在资源配置中的决定性作用（民主），又发挥政府的调控作用（集中）。

不管选择哪种外部体系结构，数据库在逻辑上要求是统一的（在某些时候可能不需要即时同步），以此保证事务的 ACID 特性，这些技术特征反映的正是"民主与集中的高度统一"。数据库逻辑上如果是分散的，必然会形成数据孤岛、数据不一致性、重复建设等问题，这就可能导致"政出多门、多头管理"，如美国的抗疫政策，最终受到损害的是美国人民。

启下： 什么样的数据库系统才能同时支撑不同的外部体系结构？引入下一小节内容。

（3）外部体系结构与数据库系统。

外部体系结构多样性可满足不同外模式用户接入与管理数据库的需求，比如通过不同的操作系统、网络连接、应用程序访问相同的数据库。这就需要数据库系统能够根据这些要素搭配，权衡需求与成本之间的关系，提供最优的服务方案。

思政： "业务与数据的辩证统一"——阿里巴巴集团集中的数据库系统通过不同的外部体系结构，接收不同的用户所产生的各种数据。同时，数据库系统经过整理后，又成为新型业务平台的生产资料。阿里妈妈业务模块就是典型案例。

启下： 集中的数据库系统最关注的是"一石二鸟"式的恶意攻击或者误操作，即使采用的是分布式的外部体系结构也可能难以幸免，那么，数据库系统的最后一根救命"稻草"是什么？引入下一小节内容。

（4）备份与恢复机制。

备份与恢复的概念；备份与恢复的流程；备份与恢复的种类。

思政： "有备无患"是任何系统都应该遵循的原则。面对重大挑战时，国家及各级部门的各种预案就能够发挥关键性作用，挽救人民、财产于危难之际。

启下： 具体备份和恢复方案与实施在后续第五章详细阐释。

（六）资源载体

本案例围绕专业人才培养，提供充分的软硬件虚拟化服务，主要包括硬件系统虚拟化载体、软件共享载体和数据共享载体。

　　硬件虚拟化载体和软件共享载体的目的是数据共享载体的构建与应用，这是数据库系统存在的价值。数据汇聚体现了"我为人人、人人为我"的奉献精神和协同理念，不仅为当前的用户，也为将来的使用者不断累积数据、迭代模型，以达到教学业务与数据管理的辩证统一，以此强化相关课程思政融合的效果。

（七）特色与创新

（1）虚拟仿真：立足FOBE生态理念，遵循"以生为本、以本为本"的本科教学要求，依据"虚实结合、相互补充、能实不虚"的虚拟仿真一流课程的建设标准，构建了为教学主体服务、业务与实验融合管理的数据库系统实验平台，配合学生自身的数据库系统，更加完整地体验数据库系统的外部体系结构及其他元素之间的连接与互动。

（2）全系统：本课程案例模块，不仅涉及到硬件系统，还涉及到软件系统和数据流，学生在学习过程中能够比较真切地体验到系统管理的严谨性，体会到数据库系统管理对业务系统的重要意义。

（3）全领域：基于大数据背景，数据库系统的构成发生了较大的变化。因此在本案例中，在数据库新技术方面着重介绍了与经管类相关专业关系比较密切的图数据库理论、系统及实践操作；同时，本课程学习可为后续课程的学习奠定更加扎实的基础，进一步整合教学效果，激发学生学习的积极性。

教 学 成 效

　　在近三学年的教学实践中，学生评教平均分为99.11分。从本案例中也衍生了众多的教学成果，包括获批省级精品共享课程，立项、出版《数据库原理及应用综合实践教程》《数据分析原理与应用基础》两本教材，正在编写的相关教材两部。

先进制造技术典型教学案例

先进制造工艺与中国制造

学院名称	经济与管理学院	课程名称	先进制造技术
主讲教师	刘虹	教师职称	副教授
授课对象	工业工程专业三年级本科生	课程性质	专业必修课

课程简介

随着经济全球化和信息技术、网络技术的发展，先进制造技术在国家发展中起到了重要作用。先进制造技术的发展中涉及机械、电子、自动化、计算机及通讯、管理等相关技术。因此本课程内容包含先进设计技术、先进工艺技术、先进自动化技术和现代管理理论，通过融合提炼组成一套新的体系，它既具有较深和较宽的理论基础，又是一门实践性较强的学科。

教学目标

通过学习先进制造技术的基本概念、基本原理、方法以及应用，使学生了解或掌握先进制造技术的基本知识和最新技术成就，了解先进制造技术的理论和方法，以适应当前先进制造技术的不断发展，为进一步的学习、研究和实践打下基础。

（1）掌握先进制造工艺技术的基本知识、基本原理以及应用，不断拓展，培养学生的创新能力。

（2）强化理论联系实际，培养和训练学生应用相关知识解决生产实际问题的能力。

（3）通过思政案例，结合中国制造和大国工匠精神的内涵，密切结合中国社会主义经济发展和改革的实践，提升学生的政治认识，增强学生的爱国自豪感和国家荣誉感，建立专业知识能力与政治素养之间的联系，更好地理解中国正在进行的经济建设，促使学生投身到社会主义现代化国家的建设中。

（4）了解最新科研进展，展开科研训练，为进一步学习打下基础。

思政元素

坚定正确的政治方向、理想信念和价值观念，实现知识、技能、价值观的有机结合；培养学生的科学精神、工匠精神和社会责任意识，厚植家国情怀，使学生践行社会主义核心价值观，为祖国发展建设、为实现中华民族伟大复兴贡献自己的力量。

案例实施路径与方法

（一）案例实施路径

（1）通过对知识类的分类，由易到难层层深入，结合图表、视频、工艺案例分析等形式使工艺加工原理步骤化、可视化，加强对抽象工艺技术相关概念和原理的理解。

（2）建立课程QQ群，通过师生互动交流，加强理论联系实际，启发式教学与案例教学的有机结合。

（3）课堂讲授和课后作业相结合，促进对知识点的理解。

（4）密切结合中国社会主义经济发展和改革的实践，结合思政教育的案例分析，提升学生的政治认识，增强学生的爱国自豪感和国家荣誉感，建立专业知识能力与政治素养之间的联系。

（二）案例实施方法

（1）引入20世纪80年代发生的"东芝事件"思政案例，培养学生的爱国主义情怀并坚持理想信念。

前苏联-日本-"东芝事件"：1987年5月27日，日本警视厅逮捕了日本东芝机械公司铸造部部长林隆二和机床事业部部长谷村弘明。东芝机械公司曾与挪威康士堡公司合作，向前苏联出口了大型铣床等高技术产品，东芝公司被指控在这起"高科技走私案"中负有直接责任。这就是"冷战"期间著名的军用敏感高科技走私案件之一——"东芝事件"。

装备对工艺的改进、产品质量的提高具有重要影响，进一步可能会影响国家安全。在经济全球化和信息化时代，制造业是高新技术产业化的基础和载体，是实现现代化的重要基石，也是国家安全的重要保障。培养学生热爱祖国、坚持理想信念，更好地理解中国正在进行的复兴建设，投身到社会主义现代化国家的建设中。

（2）引入"中国电动自行车的科研及其发展"的思政案例，鼓励学生不畏困难，要勤动脑、敢创新、做科研。

中国国产电动自行车专利产生及其发展：电动自行车最早于20世纪80年代末至90年代初发源于日本，20世纪90年代末电动自行车的概念进入中国，但由于技术壁垒以及生产工艺上的原因，中国企业无法研发出动力辅助系统。而从日本进口重要零部件成本极高，大大超出当时中国的主流消费水平。直到创办于清华大学的轻客（TSINOVA）通过自主研发打破了技术壁垒，让电动自行车在中国的普及成为可能。

先进制造工艺包含基础理论和实践，符合中国制造和大国工匠精神的内涵，充分结合思政教育，以马克思主义、爱国主义为指导思想，把思政工作贯穿教学全过程。在教学过程中进一步凝练萃取先进制造技术课程的政治内核，密切结合中国社会主义经济发展和改革的实践，结合思政教育的案例分析，提升学生的政治认识。

（3）教学设计：① 结合时事，讲解思政案例；② 结合课程内容和思政案例，组织学生进行案例讨论和回答问题；③ 教师针对学生回答，启发分析，给出正确结论。

在讲授课程理论知识的同时，也注重培养学生的政治认同、家国情怀、法治意识、道德修养、社会主义核心价值观等。

（4）课后思考题：

思考题1：为什么说制造业是国家高新技术产业的基础和载体？

思考题2：东南亚经济危机给我国的经济建设带来怎样的启示？

思考题3：如何理解经济的竞争归根结底是制造技术和制造能力的竞争，请谈谈你的观点。

教 学 成 效

（1）通过思政教育培养学生正确的态度和价值观，学生可通过思政课堂充分认识到自身肩负的社会责任，以及思想素质的提高对于实现个人自我发展的重要性，激发学生勇于承担社会责任，致力于为社会发展和民族复兴作出自己的贡献。

（2）思政教育能有效提高学生对课程学习的热情，加深对课程理论的理解、应用和思考，提高教学效果。

大数据分析典型教学案例

非结构化对象的结构化数据获取

学院名称	经济与管理学院	课程名称	大数据分析
主讲教师	吴海东	教师职称	讲师、实验师
授课对象	信息管理与信息系统、工业工程、电子商务等专业二年级本科生	课程性质	专业必修课

课程简介

"大数据分析"课程首先从解决经管类相关专业学生学习难点、痛点着手,紧紧围绕经管热点、焦点,将内容消化、糅合、重构为八个部分:环境准备、Python 基础、数据准备、数据整理、数据分析基础、数据可视化基础、数据挖掘与可视化、机器学习基础等,利用典型案例,将完整的数据分析理论与实践全过程展现给学生,为学生提供了更加切合自己实际的切入点。

本案例着重引导经管类相关专业学生利用身边的软件、模型、方法,解决经管活动的疑点,推动学生对于数据管理、数据资源、数据分析、数据挖掘和创新创业的全新认识。同时,融合数据驱动,培养具有数据生产要素理念、"经世济民、公听并'管'"家国情怀的复合型经管专业人才。

教学目标

基于 OBE 理念,本课程立足"以生为本、以本为本"的育人理念,构建、践行思政护航下的大数据分析相关教学活动。

1. 价值引领

正确认识和处理"小我"与"大我"的价值关系,具体化为个人的小数据管理与国家的大数据战略如何实现高度统一。

2. 核心知识——"1H5W"

以价值引领为出发点,进行专业知识拓展。

(1) What:回顾数据与大数据的概念——"个体与系统,孰轻孰重?"

(2) Where:数据所有权?数据用在哪里?——身边的数据与云上数据的统一性。

(3) How:数据如何获取?数据如何分析?数据如何利用?——数据的知识产权体现在哪几个方面?

(4) Who:数据使用权?——数据中隐私的保护问题(什么是"脱敏")。

(5) When:数据何时使用?——数据使用有哪些时空限制("为什么会有杀熟")?

(6) Why:什么是生产要素?为什么数据是新的生产要素和战略资源?——回归价值引领,注重数据生产要素的积累、数据资产的保护和利用。

3. 思维训练

本课程主要完成或强化以下几个方面的思维训练：辩证思维训练、创新思维训练、批判性思维训练、关联思维训练和逆向思维训练。

4. 能力构建

在价值引领下，基于"T3"框架，通过能力构建来完成思维训练、理论强化和技能提升，包括数据获取、提取、处理、分析和可视化能力以及数据优化管理流程能力。

5. 思政融合

"人民至上、生命至上"是如何实施的？在新冠疫情阻击战中，全国人民万众一心，将个人、各地的数据及时、如实地上报、汇聚，再快速、准确地反馈到各个部门、终端，并从健康大数据中提取、分析、研判疫情的发展趋势，为灵活管控、动态清零防疫政策的成功实施提供了强大的数据驱动力保证，取得了有效的疫情防控成绩，为世界提供了持续、相对可靠的供应链支持，为实现疫情期间的"构建以国内大循环为主体、国内国际双循环相互促进的新发展格局"提供了数据智慧支撑，这就是"小我"与"大我"高度融合的良性结果。

思 政 元 素

> 思政元素 1：生产要素与大数据交易市场——道德、法规、行规以及数据的管与用。
> 思政元素 2："没有数据就没有发言权！"——独立自主在虚拟空间的新含义。
> 思政元素 3："解放思想、实事求是、与时俱进"——用全球数据说好中国故事。
> 思政元素 4："人民至上、生命至上"——大数据背景下个人与集体关系的新型高度统一。
> 思政元素 5："人的本质是一切社会关系的总和"——数据连接所蕴含的巨大能量与价值。

案例实施路径与方法

本案例在实施过程中，注重融合经管学科与专业学生的特质，在大数据背景下，基于"T3"育人框架体系，通过理论引领、理念引领、课堂引领、实践引领和能力引领，沉浸于科学世界观和方法论的价值引领，系统化推进课程思政与专业育人的高度融合。

（一）育人理念——"FCDI"

融合信息、数据和管理理论知识与技术（IT、DT、MT，即"T3"），最终达到"FCDI"四个主旨目标：

（1）以信息理论与技术为基础（IT），提升专业学生发现和解决问题效率的能力（find）。

（2）以数据理论与技术为驱动（DT），强化专业学生重构、分析内在关联的能力（construct）。

（3）以管理理论与技术为核心（MT），培养专业学生发掘问题、优化流程的能力（discover）。

（4）以系统的融合管理理论与技术，驱动专业学生数据资产管理与创新应用能力的可持续提高（integrate）。

（二）实施思路——"四阶四数"

采用"案例引导，职场虚拟，思辨讨论，提升扩展"的实施思路。

（1）一阶做到手中有"数"：课前引导学生做好预备工作，通过不同渠道获取不同状态的图片数据。

（2）二阶做到心中有"数"：课中利用自己编写的程序对图片（非结构化对象）进行结构化

数据提取。

（3）三阶做到脑中有"数"：课后思考手机照片还有哪些数据可以提取，以及图片中蕴含的信息如何析取。

（4）四阶做到对未来有"数"：结合专业探讨提取这些数据（信息）对于个人、企业、社会管理机构等有什么积极作用或消极作用。

（三）思政元素融入方式

思政元素融入课程的原则是方式服务于内容：既包含了文本、PPT，也借用视频资料、动画等；有以历史史实陈述，也有以现实数据进行对比；既有教师主讲，也有采取案例讨论、角色协同等形式。实行线上线下混合式教学，最终实现让学生"共鸣、共识、共振、共行"。主要通过以下主题融入课程：

（1）"没有调查就没有发言权"——未雨绸缪战略观（数据获取的准备工作）。
（2）"用全球数据，讲好中国故事！"——个体与集体（数据获取）。
（3）"共享单车成也大数据，败也大数据？"——对立统一（数据处理）。
（4）"疫情防控的精确'制导'"——精益求精的工匠精神（数据分析与挖掘）。
（5）"一图胜千言"——抗疫过程中的数据可视化效能（数据可视化与应用）。
（6）"转战陕北与华为转型"——依靠人民群众提高战略决策（决策支持与迭代提升）。

（四）教育教学方法

借助 SPOC 和相关辅助平台，教学方法包括教师讲授、学生研讨及项目实践三大方面。教学过程中提供核心内容的讲解并辅助配套课程数据、线上视频点播等，同时，整理不同梯次的数据提取方法和技术，既介绍基础知识，分析具体案例，使学生接触经典与最新的数据提取技术，又启发创意、训练思维、提升能力。

（五）教学活动设计

（1）问题导入：公众人物的行踪轨迹图与个人手机照片图库。

思考：公众人物与普通个人的数据对象的异同点？时间和空间上的数据承载；都是对象，即数据载体，还不是真正意义上的数据；不同点在于后者数据对象所蕴含的内容更加丰富（下一节对象中非结构化数据的提取中详述）。

思政融入，启下：如何获取到这些数据？引入下一节内容。

（2）对象获取。

根据上文载体类型，获取非结构化对象的数据来源往往来自于众多的公共社交平台（如SNS），它们是开放的，也是动态的。教学中回顾数据爬取章节的内容。

思政融入，启下：能够从这些数据中得到什么启示？引入下一节内容。

（3）数据提取。

非结构化对象的结构化数据提取指的是针对视频、图片、音频中的属性及属性值的提取。而非结构化数据指的又是什么呢？下一章节中将详细介绍。

思政融入，启下：提取后的数据是否满足将来分析的基本需求？引入下一节内容。

（4）数据处理。

观察提取到的数据特征数量、特征类型、总记录数，以及可能的统计描述（主要针对数值型数据），重点观察时间数据、空间数据（经纬度数据），是否存在空值、异常值等，并进行有效的整理。

思政融入，启下：海量数据如何高效支持决策优化？引入下一节内容。

（5）可视化呈现与分析挖掘。

整理后的数据往往以特定的二维或非结构化数据形式存在，不利于对对象、事务进行分类判断和趋势分析，往往需要借助可视化。

思政融入，启下：可视化的结果不是终极目的，而是要为决策支持服务的，并能够满足严谨的逻辑要求。引入下一节内容。

（6）决策支持与迭代提升。

综合性的可视化面板可实现对后台数据及其关联性的动态呈现，有利于高效、科学地开展决策支持活动。

思政融入，启下：乡村"驴友""最爱拍摄的题材"是怎么获取的？引出非结构化对象的非结构化数据提取及分析章节讲解。

（六）资源载体

技术与载体都是为目标服务的。技术与载体相互影响，载体决定技术的性质，技术推动载体的演化。本案例围绕专业人才培养，提供充分的富媒体服务，或直接或间接，但不提供经过数据处理后的分析数据给学生，以达到让学生体验数据管理和应用的全流程。

可按照是否具象、是否直接、是否可变，将资源载体划分为具象资源与抽象资源、直接数据载体与间接数据载体、可变数据载体与不变数据载体。

针对以上分类的数据载体，教学团队不仅提供了可参考的数据样本，同时也采取鼓励共建、共享的方式，推动学生和其他教师参与数据载体的建设，以此进一步体验全流程数据管理。

（七）特色与创新

（1）全流程：围绕培养经管类相关专业新时代复合型人才，针对不同教学对象和不同教学阶段，在内容上各有侧重，做到因材施教。充分利用SPOC等协同教学平台，充分融合创新创业训练内容，进一步提升学生数据管理意识和创新能力。特别是在了解数据管理和应用工程中，让学生更加深刻地理解个人与集体的关系、法律法规道德与行规、量变与质变的关系等。

（2）全维度：在每个教学环节融入了与课程内容相关的思政元素，使学生不仅能学习到具体的专业知识，还能通过案例的引导，使学生获得五个维度的能力发展，包括问题解决能力、批判、创新、算法思维，以及协作能力，实现价值引领全维度覆盖。

（3）全方位：改变以往专业课程教学和思政教育互不关联的现象，充分发挥课堂教学主渠道作用，探究专业教学与思政教育的融合与优化。同时，关注产教融合教学体系的构建，如响应数字经济和乡村振兴的国家发展战略，形成大数据分析和理解应用于实践的产教融合教学模式，为教学、科研提供数据和模型支撑，实现全员育人、全程育人、全方位育人的开展。

教 学 成 效

近三年本课程学生评教平均成绩在98.60分以上，同时也衍生了多项教研教改项目和教学成果。其中，承担教育部产学合作项目1项，省级教研教改项目3项，获省级教学成果奖一等奖2次、二等奖1次，入选省级教改案例库1项、全国电商教指委课程思政优秀案例1项。

本案例属于"面向新文科、新工科融合数据管理与应用"系列教程中的经典内容。该系列教程共规划五部，其中《数据分析原理与应用基础》已于2023年1月正式出版。

学生感言：

2022届推免生经济统计专业周泽海（重庆大学管理科学与房地产学院，管理科学与工程方向）

"大数据分析课程中融合了思政教育、计算机科学、数据科学等方面,在课程中教授了较为常用的软件、Python 代码与数据思维方式,同时结合我国社会所面临的 IT、DT 痛点问题进行大数据分析教学,教学内容紧跟时事。通过对数据分析前沿问题的教学展示,开拓了我在 IT、DT 相关领域的眼界,激发了我对目前高校贫困生的认定、监督、隐私保护相关问题的思考与研究,引导我结合课程内容将相关研究撰写成论文并投稿。"

高级语言程序设计典型教学案例

课程思政理念下"高级语言程序设计"教学初探

学院名称	计算机与大数据学院	课程名称	高级语言程序设计
主讲教师	孙岚	教师职称	讲师
授课对象	计算机专业一年级本科生	课程性质	专业必修课

课程简介

"高级语言程序设计"是计算机专业的一门专业必修课，是算法与数据结构、面向对象程序设计、操作系统、软件工程等后续课程的先修课程。C语言作为一种通用的高级程序设计语言，它的语法是很多其他编程语言的基础，既具备了现代程序设计的基础要求，同时又具有其他高级语言所不具备的低级语言功能。C语言不但可用于编写应用程序，还可用于编写系统程序，在嵌入式系统等领域依然是无可替代的编程语言。

本课程于2019年获得省级精品线上线下混合式课程。通过本课程的学习，旨在使学生掌握C语言的语法规则、结构化程序设计的基本思想，具备代码阅读、分析、编写和调试的能力，掌握主流的C语言编程开发工具，培养学生基于计算机的问题求解基本能力和思维方法，具备对实际问题进行正确分析和编程解决的能力。

"高级语言程序设计"是一门实践性很强的课程，本课程的学习有其自身的特点，如果听不会，也看不会，那么只能练会。学生需要通过一定的编程训练，在实践中掌握编程知识，培养编程能力，并逐步理解和掌握程序设计的思想和方法。

教学目标

（1）掌握C语言的基本语法；掌握顺序结构、选择结构、循环结构三种基本的C语言程序结构；能够利用数组处理批量数据；用函数实现模块化程序设计；灵活使用指针；根据实际问题独立建立数据类型。

（2）熟练阅读和运用结构化程序设计方法设计、编写、调试和运行C语言程序。

（3）培养学生程序设计、开发与测试的能力，以及应用计算思维方法分析和解决问题的能力。

（4）培养学生的创新能力和团队合作精神；锻炼学生坚忍不拔的品质；引导学生具有端正的科学态度、职业规范和社会责任感。

思 政 元 素

（1）努力学习，增强社会责任感。根据计算机课程的特点，将学科前沿知识融入课程教学及案例设计中，一方面体现课程的前沿性和时代性，另一方面引导学生运用所学知识解决实际问题，鼓励学生要学习好专业课程，提升自我价值，树立正确的人生观，增强学生的社会责任感。

（2）与时俱进，厚植家国情怀。介绍一些C语言发展过程的科学家，让学生了解科学家对实现国家富强的重要性；在设计课程实践练习时，以抗击疫情、建党百年、北京冬奥、航天强国等案例作为题面描述的背景，培养学生的家国情怀。

（3）坚忍不拔，培养探索精神。设计分层次、有梯度的编程练习，培养学生一丝不苟、锲而不舍的精神。鼓励学生通过查找资料、团队合作的方式解决课程中提供的拓展性问题，培养学生的探索精神。

案例实施路径与方法

（一）育人理念

在课程教学中融入思政元素，使课程教学与思想政治课同向同行，实现协同育人。注重传道授业解惑与育人育才的有机统一。将"培养什么样的人""如何培养人"的问题与专业知识的传授有机结合。加强对学生世界观、人生观和价值观的教育，为中国特色社会主义事业培养合格的建设者和可靠的接班人。

（二）实施思路

（1）确定思政主题，找准切入点。在课程教学大纲的教学目标中，体现引领学生树立正确的世界观、人生观、价值观，并具有科学探索精神，践行社会主义核心价值观。结合程序设计课程的特点，在课程教学内容上，充分挖掘课程内容的思政元素，确定课程的思政主题，在课程导论、程序编写与调试环节中融入相关元素，使得专业知识教育与思政教育同向同行。

（2）把握融入的最佳时机。一般而言，学生产生心理共鸣、情绪低落或情绪高涨的时候是融入的最佳时机。例如，在学生长时间调试程序但未获得正确结果时，学生的毅力面临挑战，这时候就是融入思政元素的最佳时机。可以通过融入"女排精神""航天精神"勉励学生不畏艰难、勇往直前，深植"敬业、爱岗"的社会主义核心价值观。

（三）思政元素融入方式

思政元素的融入需结合课程的实际特点，不刻意、不牵强、不教条。一方面在编程语法的示例讲解过程中，采用问题导入的方式分阶段层层递进，通过循序渐进的问题求解过程，提升学生的心理素质，磨炼学生的毅力；另一方面，围绕课程实践训练这一重要环节，以学生为主体，设计分层次、有梯度的实践练习，将实践练习与实际问题相结合，培养学生的计算思维能力以及应用计算思维方法分析和解决问题的能力，培养学生坚忍不拔的探索精神，从而达到知识、能力、素质有机融合的课程"高阶性"。

（四）教育教学方法

采用问题导向对知识点及语法进行启发式讲解；适时设疑，学生参与，师生互动交流，深化知识融入；优秀作业评选、解题报告分享，激发学生的主动性与积极性。

（五）教学活动设计

以选择结构教学内容为例，展示教学活动的具体设计。

首先从一个简单的问题引入选择结构的不同语法结构。

问题 1：从键盘输入两个整数，如何以升序方式输出这两个数？

问题分析：为了得到从小到大的顺序，必须对两个数进行大小比较，满足不同大小关系时，有不同的处理方式。

学生根据已经预习掌握的知识给出不同的实现方法，总结得出实现的方法大致有三种，如图 1 所示。

```
int main(){
    int a,b,t;
    scanf("%d,%d",&a,&b);
    if(a>b){
        t=a;a=b;b=t;
    }
    printf("%d,%d\n",a,b);
    return 0;
}
        （a）方法一
```

```
int main(){
    int a,b,t;
    scanf("%d,%d",&a,&b);
    if(a<=b)
        printf("%d,%d\n",a,b);
    if(a>b)
        printf("%d,%d\n",b,a);
    return 0;
}
        （b）方法二
```

```
int main(){
    int a,b,t;
    scanf("%d,%d",&a,&b);
    if(a<=b)
        printf("%d,%d\n",a,b);
    else
        printf("%d,%d\n",b,a);
    return 0;
}
        （c）方法三
```

图 1 问题 1 的三种实现方法

方法一和方法二都采用了单分支的结构，而方法三是方法二的变形，为双分支结构。

通过上面简单的例子，引导学生思考方法二中两个条件之间的关系。由学生总结得到结论：当两个单分支的条件之间构成一种排斥关系时，可以直接用双分支结构代替两个单分支。通过此过程培养学生勇于发现问题的探索精神。

问题 2：居民应交水费 y 与用水量之间的关系为

$$y = \begin{cases} 0, & x \leqslant 0 \\ 2.5x - 10.5, & x > 0 \end{cases}$$

编程实现水费的计算。

问题分析：根据问题 1 的引导，容易得出该问题可以采用双分支结构来编程实现。

问题进阶：将上面的函数关系变为如下关系时

$$y = \begin{cases} 0, & x \leqslant 0 \\ 4x/3, & 0 < x \leqslant 15 \\ 2.5x - 10.5, & x > 15 \end{cases}$$

此时用双分支结构已无法实现，从而引入多分支结构的讲解。

分析程序结构并运行程序，输入 3 个不同区间值 x，调试程序，引导学生观察程序执行的过程，进一步理解分支结构的执行逻辑。

小结：通过比较分析，掌握多分支的实现方式。同时引导学生面临多种选择时要慎重抉择，承担抉择之后带来的后果，不要患得患失，要坚持到底，持之以恒。使学生养成良好的逻辑性，同时也通过条件语句引导学生，在生活中"鱼和熊掌不可兼得"的道理。

问题 3：根据输入的考试等级打印出对应的百分制成绩范围。

　　A. 80~100   B. 70~79   C. 60~69   D. <60

其他情况输出"error"。

该问题是一个基本的多分支结构问题，大多数同学首先想到的自然是图 2（a）中所示的 if-else if-else 的结构。但是除了这种结构外，C 语言还提供了一种开关语句 switch-case 结构，如图 2（b）所示，来实现多分支情况。

通过例子说明 switch 语句的功能、一般形式，以及 case 后常量表达式的判断方式。

思考：将程序中（图 2）的 break 语句删掉，程序的运行结果如何？如果将问题 3 变成问题 4，该如何实现？

```
#include <stdio.h>
int main(){
    char grade;
    printf(" 请输入考试等级 A~D:");
    scanf("%c",&grade);
    if(grade=='A')
        printf("80~100\n");
    else if(grade=='B')
        printf("70~79\n");
    else if(grade=='C')
        printf("60~69\n");
    else if(grade=='D')
        printf("<60\n");
    else
        printf("error\n");
    return 0;
}
```

```
#include <stdio.h>
int main(){
    char grade;
    printf(" 请输入考试等级 A~D:");
    scanf("%c",&grade);
    switch(grade)
    {
        case'A':printf("80~100\n");break;
        case'B':printf("70~79\n");break;
        case'C':printf("60~69\n");break;
        case'D':printf("<60\n");break;
        default:printf("error\n");
    }
    return 0;
}
```

(a) if-else if-else 多分支结构　　　　　　(b) switch 语句的多分支结构

图 2　问题 3 的两种多分支结构实现

问题 4：根据输入的考试成绩（百分制整数）打印出等级水平。
A. 80~100　　B. 70~79　　C. 60~69　　D. <60

问题 4 是问题 3 的逆向变形，问题的难点在于，分数段如何表示成具体的整型常量？

解决方案：p=score/10；将成绩转换成其十位的值，从而将一个数值范围转换成一个具体的整型值。

通过问题 4 的分析，培养学生逆向思维的能力。通过发现问题、解决问题的过程培养学生碰到问题不畏艰难的坚韧品格。同时延展到"一丝不苟、锲而不舍"的工匠精神，引导学生在学习过程中也要"一丝不苟"，遇到困难不能轻言放弃，要有"锲而不舍"的精神，培养学生的社会责任感。

（六）资源载体

本课程以中国大学 MOOC（慕课）"程序设计入门——C 语言"作为学生课前线上自主学习的资源；课程教学团队专门开发了课程的网络教学平台用于辅助课堂教学和实践教学，该系统用于实践作业的发布、提交、在线评测、优秀作业评选、解题报告分享等。

（七）特色与创新

（1）问题驱动式的教学方式

课程按照"问题前导、问题总结、问题拓展与延伸"三个阶段组织课堂教学，并将一定比例的课堂教学时间用于开展以"问题探索分享"为主题的教学互动。课堂教学模式的变革使学生由知识接受者变成问题探索者，培养学生端正的科学态度和执着的探索精神。

（2）线上线下资源有机融合

以慕课资源为依托，学生完成课前的自主预习；利用课程组研发的课程教学平台发布实践练习，了解学生的学习状况，借以实现"因材施教"式的个性化服务。线上线下的融合为探究性的教学提供课堂翻转的支持。

（3）递进式的作业难度设置

根据课程特点，采用递进式的作业难度设置，平时练习与综合训练相结合，在训练学生基本编程能力的同时，提升计算思维能力和解决实际问题的能力。培养学生坚忍不拔、锲而不舍的精神。

教 学 成 效

通过课程思政内容的融入，学生在吸收掌握新知识的同时，也学会了使用辩证思维去分析问题求解的不同方法之间的优缺点，在程序的编写与不断调试中深切感受到精益求精的工匠精神和锲而不舍的探索精神。目前课程思政还处于探索阶段，虽然已取得了一定的效果，但教师课程思政水平、思政内容的内涵和深度挖掘、思政内容融入方式等方面，还有待进一步提高。

国际服务贸易基本范畴

学院名称	经济与管理学院	课程名称	国际服务贸易
主讲教师	刘秀玲	教师职称	教授
授课对象	国际经济与贸易专业三年级本科生	课程性质	专业必修课

课程简介

"国际服务贸易"是国际经济与贸易专业的一门专业必修课。通过本课程的学习，使学生掌握国际服务贸易的基本原理，熟悉国际服务贸易相关的协议与政策，了解我国服务贸易政策及管理体制、主要服务贸易模式的开放管理与发展趋势，为今后从事国际服务贸易与管理工作提供必要的理论知识和专业技能基础。

教学目标

（1）将爱国主义、辩证思考和科学思维融入到课程的教学中，发挥立德育人的作用。一方面，把中国服务贸易案例、发展特征、政策和参与的服务贸易协议融入到课堂教学中，增强学生爱国主义情怀；另一方面，采用案例、数理模型、统计、计量分析和文本分析等方法多角度剖析国际服务贸易理论、政策和实务，培养学生辩证思考和科学思维的能力。

（2）讲授和研讨国际服务贸易理论、政策和实务，为学生今后从事国际服务贸易与管理工作提供必要的理论知识和专业技能基础。①掌握国际服务贸易的基本知识和理论，了解国际服务贸易的理论前沿和发展动态，能够针对现有研究的不足提出改进研究建议；②理解国际服务贸易的政策措施及其产生机理，熟悉国际服务贸易协调机制、中国服务贸易形势和贸易政策，能够针对现有具体协议、政策提出改进建议；③掌握主要服务贸易模式的开放管理与发展趋势，熟悉企业服务贸易业务流程和实践操作知识，能够应用服务贸易模式管理理论优化实务案例解决方案。

（3）将服务贸易学术研究和发展前沿成果引入课程，帮助学生理解服务贸易理论前沿和发展动态。将新兴贸易理论、权威期刊/学者关于服务贸易的最新研究、中美第一阶段经贸协议服务贸易内容、历次世界贸易组织部长级会议中关于服务贸易的内容等引入国际服务贸易课程，培养学生跟踪和理解服务贸易理论前沿和发展动态的能力。

（4）教学中融入国际服务贸易研究性、创新性和综合性内容，致力于开启学生内在潜力和学习动力，培养学生自主学习和团队合作的能力，满足复合型国贸人才培养的要求。一方面在课程讲授中对课程涉及到的微观经济学、宏观经济学、国际经济学、计量经济学等多学科知识与学生共同回顾讲解；另一方面课程初期就按3~5人组合成小组，为学生分组布置不同的前沿性国际服务贸易研究性学习小论文，在教学团队教师的指导下要求学生按学术规范完成论文写作，论文且占期末最终成绩的30%，以激发学生内在潜力和学习动力，培养学生自主学习和团队合作的能力，满足复合型国贸人才培养的要求。

思 政 元 素

辩证思考、科学思维和爱国主义情怀。

案例实施路径与方法

（一）运用案例导入课程，提出主要学习目标，使学生掌握构建目标导向的思维方法

导入国际服务贸易典型案例：

（1）国际旅游，如出境游、入境游等。

（2）运输，如国际货运、国际客运等。

（3）通信服务，如国际速递服务、在线信息和数据检索等。

提出本章学习的主要目标：

（1）什么是国际服务贸易？

（2）国际服务贸易如何分类？

（3）国际服务贸易有哪些特点？

（4）国际服务贸易如何统计？

在课程导入过程中，通过设问与讨论引起学生的兴趣，达到引出本章知识点的目的，让学生带着问题学习。在潜移默化中引导学生掌握构建目标导向的思维方法。

（二）运用案例剖析促进学生对知识点的思考、理解和掌握，培养学生辩证思考和科学思维能力

1. 案例剖析：服务的异质性特征的理解和掌握

（1）肯德基和麦当劳都主打汉堡、薯条、可乐等，但二者的服务是否一致？若存在异质性，该服务的异质性是来自于供方还是需方？

（2）A医生为患者B和C同一天做同样的心脏手术，患者B手术成功了，患者C却失败了，二者服务的异质性是来自于供方还是需方？

解析： 服务的异质性，即同一种服务的质量差别。服务提供者自身因素会产生影响，服务消费者也会对服务的质量和效果产生影响。统一的服务质量标准只能规定一般要求，难以确定特殊的、个别的需要，因此服务质量具有很大的弹性。

思政： 分析问题须从整体上、本质上完整地认识对象，要学会辩证思考。

2. 案例剖析：国际收支统计与《服务贸易总协定》对国际服务贸易定义差异的例解

（1）中国银行纽约分行为中国企业在美分支机构提供金融服务，是否属于国际收支统计定义的国际服务贸易？是否属于《服务贸易总协定》定义的国际服务贸易？为什么？

（2）图1（1）~（7）交易中哪些属于国际收支统计定义的国际服务贸易？哪些属于《服务贸易总协定》定义的国际服务贸易？为什么？

解析： 判定是否属于国际收支统计定义的国际服务贸易或是否属于《服务贸易总协定》定义的国际服务贸易，其关键是掌握两个定义的核心：只要是居民与非居民之间的贸易就是国际收支统计定义的国际服务贸易，否则就不是；只要是一个经济体拥有所有权的单位与其他单位之间的

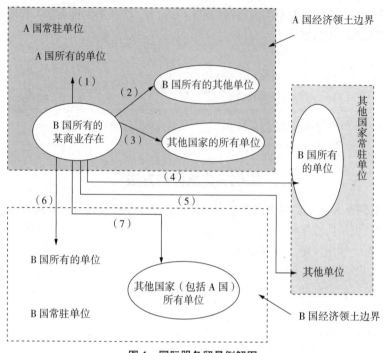

图 1 国际服务贸易例解图

交易就属于《服务贸易总协定》定义的国际服务贸易,否则就不是。

思政:提高科学思维能力,把握分析要点,问题就可迎刃而解。

3.案例剖析:国际服务贸易的统计

(1)沃尔玛在华提供服务,各国如何统计?

(2)国内某大学美国外教有偿为来华旅游的法国人提供导游服务,各国如何统计?

解析:国际服务贸易的统计是为了国际服务贸易决策提供支撑,统计的是《服务贸易总协定》定义的国际服务贸易,其统计主要涉及到出口国和进口国。商业存在是母国的出口、东道国的进口,母国和东道国可通过附属机构服务贸易(FATS)的统计得到。自然人流动是母国的出口、服务对象国的进口,但有可能发生地是在第三国,自然人流动应依据《2008年国际旅游统计建议》《2008年旅游附属账户:建议的方法框架》以及《关于国际移民统计的建议》修订收集这些资料,如有必要,可扩展收集范围。

思政:辩证地看,目前各国虽对国际服务贸易开展了统计,但国际服务贸易统计难度大,事实上做不到完全统计。

(三)剖析中国服务贸易发展,增强学生爱国主义情怀

1.中国跨境服务贸易

从 2000—2022 年中国跨境服务贸易进出口世界排名(见表 1)可看出中国跨境服务贸易位列世界前列。

表 1 中国跨境服务贸易进出口世界排名

年份	出口	进口
2000	12	10
2001	13	10
2002	13	9

续表

年份	出口	进口
2003	9	8
2004	9	8
2005	9	7
2006	8	7
2007	6	5
2008	5	5
2009	4	4
2010	4	3
2011	4	3
2012	3	3
2013	3	2
⋮	⋮	⋮
2022	3	2

原始数据来源：历年 *World Trade Statistical Review*。

从中国跨境服务贸易进出口绝对值看，2008—2021年跨境服务贸易进出口在波动中趋于增加，跨境服务贸易逆差先扩大后缩小（图2）。

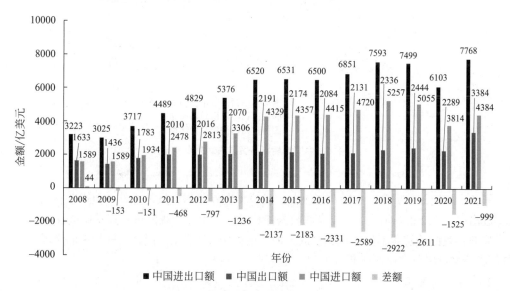

图2　中国跨境服务贸易进出口
原始数据来源：中国国际收支平衡表

从中国跨境服务贸易结构看，2016—2020年知识密集型服务进出口增速大，占比持续增加（图3）。

在中国对外贸易中，中国跨境服务贸易还处于弱势，1982—2020年跨境服务进出口、出口、进口占比均低于25%（图4）。

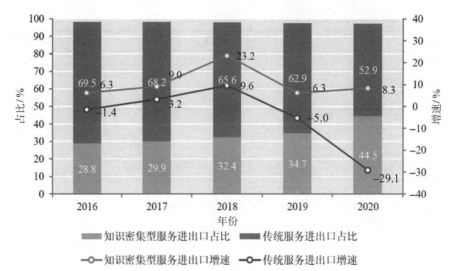

图3　中国跨境服务贸易进出口构成

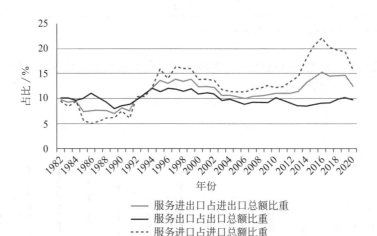

图4　中国跨境服务贸易占对外贸易比重

解析： 从统计数据看，中国跨境服务贸易位列世界前列，虽是逆差，但逆差在缩小，知识密集型进出口占比在逐渐增大，但与货物贸易相比还有差距，占我国对外贸易比重较小。

思政： 我国的发展不仅体现在量的方面（中国服务贸易位列世界前列），也体现在质的方面（知识密集型进出口占比在逐渐增大）。

2. 中国商业存在

2016—2018年，中国内向附属机构服务销售收入从8530.4亿美元增至11544.1亿美元，年均增长16.3%。其中，2018年中国内向附属机构服务销售收入同比增长10.6%，内向附属机构服务销售收入比外向附属机构多398.5亿美元。

2018年，中国内向附属机构销售收入排名前五的国家（地区）分别是：中国香港、日本、新加坡、英属维尔京群岛和德国。实现销售收入合计8687.9亿美元，比2016年增长26.7%，占中国内向附属机构销售收入的75.3%；利润总额1448.2亿美元，比2016年增长29.4%；从业人员总数356.9万人，比2016年增长24.7%。其中，中国香港是内地服务业投资最主要的来源地，2018年中国香港内向附属机构销售收入6172.2亿美元，占中国内向附属机构销售收入的53.5%。

2018年，中国内向附属机构销售收入排名前五的行业依次为：租赁和商务服务业，信息传输、软件和信息技术服务业，批发和零售业，房地产业，金融业。实现销售收入合计8956.7亿美元，比2016年增长32.3%，占中国内向附属机构销售收入的77.6%。前五大行业利润总额1829.6亿美元，比2016年增长56.6%，从业人员总数478.0万人。其中，金融业销售收入增长61.7%，利润增长50.6%，均明显高于其他行业，显示中国金融业对外开放进一步深化，外资金融机构在华经营业绩较好。

解析： 内向附属机构服务贸易稳定增长。

思政： 我国基础设施完备、劳动力素质不断提高、生产者和消费者需求大等特点，促进了中国内向附属机构服务贸易的发展。

教 学 成 效

课程思政教学是贯穿在整个教学过程中，并不是简单的说教，通过知识点的讲解和学生的讨论、参与，在潜移默化中加强了对学生的思政教育。

农村电子商务

学院名称	经济与管理学院	课程名称	电子商务
主讲教师	王海燕	教师职称	副教授
授课对象	电子商务专业二年级本科生	课程性质	专业必修课

课程简介

"电子商务"是电子商务专业的一门专业基础课,也是全校性的公共选修课。本课程具有很好的理论和知识的通识性、专业性,以及趣味性、时效性,且实践可操作性强,是受到学生广泛欢迎的一门课程。

本章主要在介绍电子商务、农村电子商务的基本理论的基础上,从电子商务化、物流、运营维护、人才培养等维度构建农村电商的运营体系。通过学习,让学生了解电子商务、农村电子商务的核心概念、分类、发展现状与趋势,全面认识农村电商,了解农村电商及物流的特点,掌握农产品电商化、农产品品牌策划,以及农村电商平台化运营、社交化运营、短视频运营、直播运营等的方法和技巧,掌握农村电商人才的培养及团队的打造方法和注意事项。

在国家的乡村振兴战略、美丽乡村建设策略、新农村发展策略、精准扶贫攻坚目标等的大环境背景下,本课程具有丰富而鲜明的思政元素。

教学目标

(1)价值引领:贯穿融入习近平新时代中国特色社会主义思想和党的十九大精神,尤其是精准扶贫政策、乡村振兴战略、共同富裕目标、全面小康社会等精神,将专业知识深植到习近平新时代中国特色社会主义思想和党的十九大精神体系中,帮助学生更好地理解自己的专业、所学的专业知识在新时代下的价值和意义,理解自己的专业所学与党的方针政策、人民群众的生活、社会经济的振兴和发展休戚相关。培养又红又专,具有时代使命和创新精神的高层次人才。

(2)知识拓展:让学生全面了解电子商务、农村电子商务的核心概念、分类、发展现状与趋势、农村电商及物流的特点,掌握农产品电商化、农产品品牌策划,以及农村电商平台化运营、社交化运营、短视频运营、直播运营等的方法和技巧,掌握农村电商人才的培养及团队的打造方法、技巧与注意事项。

(3)思维训练:提升学生对于农村电子商务的基础理论、应用现状、实践模式、现实困难、典型案例等的理解,能够将专业知识与时代背景、经济形势紧密结合。

(4)能力构建:扎根实际,培养学生农产品经营、农产品电商、农村产业创新创业等相关的能力。

思 政 元 素

本单元内容思政元素丰富而鲜明。在专业知识教学中，映射党和国家的精准扶贫、乡村振兴、美丽乡村、新农村建设、农村电子商务等的战略思想和对策思路，进行课程思政。

案例实施路径与方法

（一）教育教学方法

通过启发思考、案例讨论、方案设计、理论凝练等多种形式的教学设计，系统讲述农村电子商务的知识、理论和实践技术与方法。

（二）教学设计总体思路

（1）课程思政与专业知识互浸，培养学生的时代使命感和家国责任感，学以致用，用所学回报社会，用真情服务人民。

（2）构建"课前需求驱动、课堂问题驱动、课后实践驱动"的教学模式。

（3）采用"主题引导—案例分析—思辨讨论"的教学策略。

（三）教学活动设计

1. 问题导入：通过漳州市三坪村最美乡村案例进行课程导入

结合两个百年奋斗目标、"五个一批"、"六个精准"的扶贫思路等，导出精准扶贫十大工程。电商扶贫便是这十大工程之一，2014—2018 年连续五年的中央一号文件都明确地提出要发展农村电子商务。

2. 教学内容：农村电子商务的新变化

（1）从工业品下行向农产品上行进行转变。要发展农村电子商务，主要的目的是通过电子商务帮助农民发家、致富、脱贫，以实现小康社会的百年奋斗目标以及建成社会主义现代化强国的第二个百年奋斗目标。农民创收是非常重要的一个内容，所以需要对农民进行培训和教育，帮助他们把农村的特色农产品、技能和服务，通过电子商务实现销售，达到创收、致富的目的。

（2）从单纯电商交易向农村综合服务转变。农村电子商务最先是通过网络销售或者消费实物产品。后来发现除了实物产品外，有很多服务，如在线旅游、在线餐饮、技术和能力交换等，也是农村电子商务中重要的产品类型。交易从实物交易向农村综合服务转变。

（3）从注重农村经济发展向助力美丽乡村的建设转变。乡村振兴战略的总体要求是：产业兴旺、生态宜居、乡风文明、治理有效、生活富裕。围绕这个目标，农村电商也要围绕经济、社会、文化、生态等各种乡村振兴的方面，增强亿万农民群众的参与感、获得感和幸福感，努力形成农村互联网新经济，最终成为数字乡村。

（4）从电商的公益扶贫向可持续性的系统性扶贫转变。2018 年中央一号文件指出，要采取更加有力的举措、更加集中的支持、更加精细的工作，坚决打好精准扶贫这一场对全面建成小康社会具有决定意义的攻坚战。为加快扶贫攻坚，中共中央提出了"五个一批""六个精准"的思路，国务院扶贫办也提出了精准扶贫十大工程，电商扶贫就是这十大工程之一。

"五个一批"工程：通过扶持生产和就业发展一批，通过异地搬迁安置一批，通过生态保护脱贫一批，通过教育扶贫脱贫一批，通过低保政策兜底一批。

"六个精准"是指在扶贫的过程当中，对象精准、项目安排精准、资金使用精准、措施到户精准、因村派人精准、脱贫成效精准。

通过"五个一批""六个精准"思路的推广和实践可以帮助实现脱贫攻坚目标。

3. 深入研讨

农村电子商务要发展,最根本的是要激发农民脱贫致富的内生动力,把电商扶贫同扶志和扶智结合起来。激发脱贫的内生动力,真正实现精准扶贫、彻底脱贫。改变外部的"输血式"扶贫,实现"造血式"扶贫。要让农民具有通过电子商务脱贫致富的信心。

政府投入很多资源在县域做电子商务人才培训,然而一些调查发现,政府所组织的这些电子商务人才培训,部分农民的积极性不高,导致培训效果大打折扣。询问学生如何看待这种现象?有什么解决的对策建议?引导学生进行更深层次的思考。以小组为单位讨论,每个小组形成观点。

4. 课后思考题

(1) 当前发展农产品电商的主要困难?

(2) 当前农村电商主要困难有哪些?如何解决?

(3) "扶贫"与"扶智"的关系?

(四)课程思政开展的方式

在专业知识教学过程中,适时映射党和国家的相关战略思想和思路,达到课程思政的目的。帮助学生树立自信、自强、践行等信念,让学生全面理解精准扶贫、乡村振兴战略的深远意义和价值、扶贫与扶智的关系、解决三农问题的根本举措所在,激发新时代大学生的政治责任感、时代使命感和创新精神。

教 学 成 效

主要采用专题讲座、案例研讨、实践调研等方式,在本科生中实施课程教学。本课程把党中央、国务院的关于乡村振兴、农村电子商务发展、电商精准扶贫等的战略、精神、思想、思路和建议的实践模式等很好地与专业知识相结合。将专业知识深植到习近平新时代中国特色社会主义思想和党的十九大精神体系中,将大学生的思想政治建设、专业知识和技术建设、理论建设、综合素质和能力培养等目标整合成统一的体系。

(1) 教学内容与理论前沿结合紧密。

(2) 教学方法和手段更具科学性与创新性。本课程的教学方法努力实现线上线下(O2O)结合,针对全校不同年级、不同专业的学生,开设"难易有别、方法一致、方向有异、各具特色"的课程。

(3) 校企合作,提升学生的实践能力、创新能力和科研能力。结合相关实践基地,将课程的教学活动紧密地与研究所的项目相关联。

金融市场学典型教学案例

蚂蚁金服 IPO 叫停

学院名称	经济与管理学院	课程名称	金融市场学
主讲教师	黄祥钟	教师职称	副教授
授课对象	金融学专业三年级本科生	课程性质	专业必修课

课程简介

"金融市场学"是高等院校金融学专业一门重要的学科必修课。本课程以近年来金融市场发展趋势为背景,以介绍金融市场基本理论和知识为基础,以开拓学生视野为辅助,在概要介绍国内外金融市场理论与实践发展的基础上,对金融市场各个子市场进行系统叙述,使学生能够对金融市场各子市场运行有整体上的认识,能够深入了解我国金融市场发展现状,了解在习近平新时代中国特色社会主义思想指引下我国金融市场发展所取得的成就,并能够运用所学理论、知识和方法分析我国金融市场发展过程中的相关问题,达到金融学专业培养目标的要求,为日后进一步学习、理论研究和实际工作奠定扎实的基础。

教学目标

(1)价值引领:通过案例教学,引导学生理解"金融安全是国家安全的重要组成部分"的理念。
(2)知识拓展:通过案例教学,引导学生了解金融科技发展情况及带来的问题。
(3)思维训练:通常案例教学,引导学生运用唯物辩证法分析金融市场实际问题。
(4)能力建构:通过案例教学,培养学生思考问题、分析问题、解决问题的能力。

思政元素

金融安全是国家安全的重要组成部分,形成金融安全观念是本课程的重要目标之一。邓小平同志在1991年视察上海时指出"金融很重要,是现代经济的核心"。习近平总书记在主持的中共中央政治局第十三次集体学习中发表讲话并指出:"金融是国家重要的核心竞争力,金融安全是国家安全的重要组成部分,金融制度是经济社会发展中重要的基础性制度。必须加强党对金融工作的领导。"

案例实施路径与方法

（一）实施思路和思政元素融入方式

本案例教学分成明确教学目标、梳理案例基本情况、创设案例问题、开展案例讨论、总结讨论意见等五个步骤。在创设案例问题、开展案例讨论和总结讨论意见过程中，将思政元素融入整个过程。

（二）教学方法、资源载体、特色与创新

本案例教学采用讲授法、观察（视频观看）教学法、讨论法相结合。

本案例资源载体包括课堂讲授PPT和网络视频。

本案例教学的特色在于将宏观金融事件与微观个人观察相结合，将金融事件与国家安全相结合，以小见大，大小结合。

（三）教学活动设计

1. 案例基本情况介绍（5分钟）

2014年10月蚂蚁金服正式成立，这得益于阿里巴巴集团推出的"支付宝"在全国的大范围推广使用，从此其业务开始了无限扩张。2015年9月蚂蚁金服开始将自己的移动数字支付业务延伸至海外多个国家和地区。2016年4月收购饿了么、淘票票等企业。2018年6月陆续推出自己的技术风险防控和双模型微服务平台。2019年推出阿里健康来进一步掌握更多用户大数据。2020年7月蚂蚁金服正式更名为蚂蚁集团，同年8月25日，蚂蚁集团向上海证券交易所科创板提交了IPO（首次公开募股）申请，随后上海证券交易所同意蚂蚁集团科创板上市申请，蚂蚁集团宣布将于2020年11月上市，发行价为每股68.8元，对应市值2.1万亿元。2020年10月24日第二届外滩金融峰会在上海如期举行，然而马云却借此对国家有关部门和机构"炮轰三连"，这也导致了随后的11月2日他及蚂蚁集团其他相关重要人物被相关机构和部门联合监管约谈，银保监会也同中国人民银行等部门公布了《网络小额贷款业务管理暂行办法（征求意见稿）》。隔日（2020年11月3日），上海证券交易所便公布了暂缓蚂蚁集团科创板上市的决定。

2. 案例分析过程（20分钟）

讨论分析1：蚂蚁金服的运营特点

蚂蚁金服的运营特点可以归纳为高利率、高杠杆和借鸡生蛋。民间借贷利率的司法保护上限为15.4%，蚂蚁金服虽然没有违规，但是其利率紧紧贴着这道红线。蚂蚁金服最早只有30多亿元的资本金，仅用4年的时间就循环了40次，造成30多亿发放3600多亿的网贷规模，形成接近120倍的高杠杆。蚂蚁金服打包不同信用风险的合同放到SPV（特殊目的载体）机构中，形成资产证券化（ABS），卖给银行、基金等资产管理机构，将融入的资金用于放贷并循环进行。

上述特点意味着蚂蚁金服存在明显问题：一是花呗等信贷业务杠杆过高，甚至高达数百倍；二是蚂蚁金服的资产证券化之前一直缺乏有效监管，容易引发聚集性的风险；三是蚂蚁金服在放贷过程中产生了较多次级贷款，其基于大数据、人工智能的信用评级方法，容易在将资金贷给消费者后，发生道德风险、发生信用降低、推迟还款甚至违约的情形；四是互联网金融市场一直缺乏强有力的、系统的监管。

上述问题意味着蚂蚁金服对国家金融安全构成了重大威胁。

讨论分析2：蚂蚁金服对国家金融安全的威胁

（1）巨大的负外部效应。蚂蚁集团的上市估值已经远超工农中建四大行，它在攫取巨额利润的同时却不用承担资金的巨大风险。它的自有资本很少，依靠银行贷款和外部融资运营，一旦崩盘将给国家和社会带来严重危害和巨大风险。

思政融入：商业银行在经济中的作用。我国最主要的金融机构是商业银行，特别是以国有资本为主的大型商业银行。通过执行和落实国家宏观经济政策，商业银行对经济的平稳发展作出了重要贡献。如在疫情冲击下，商业银行通过降低贷款利率、减免业务费等方式，减轻企业负担，帮助企业发展；通过发放扶贫资金贷款，助力实现共同富裕；通过乡村振兴贷款、助学贷款等方式，助力乡村振兴和教育发展；通过向国家支持的重点行业、重点领域发放贷款，助力重点行业实现快速发展。

（2）互联网的开放性和多变性加大了监管难度。蚂蚁金服钻金融不断创新而法律监管存在滞后性的法律空子，因为放贷属于央行和银监会的监管范围，而其进行的资产支持证券（asset-backed securities，ABS）属于证监会的管辖范围，它便游走在两不管的灰色地带，即使后来三家联合监管要求 ABS 发行次数不得循环杠杆超过五次，它也总能找到联合贷款的方式，以加大杠杆撬动更多的资金。

（3）垄断经营形成巨大潜在风险。蚂蚁金服的支付宝 App 用户粘性大，能够轻松零成本地获取大量的用户个人隐私信息和交易数据，这就涉及到侵犯隐私的问题。蚂蚁金服采取垄断竞争的方式，行业高度集中，无法实现数据共享，支付宝利用其绝对优势对除淘宝、天猫以外的商家收取服务费，实行价格歧视，这也涉及垄断问题。侵犯隐私和涉嫌垄断，对于消费者和社会都是潜在的隐形风险。

思政融入：金融监管与金融创新是什么关系？维护金融稳定和提高金融效率是金融监管的重要目标，金融创新往往使原有的金融监管手段失效或出现原有的金融监管未能应对的情形，这会促进金融监管的变革和完善，从而促使金融创新健康发展。

3. 案例启示：如何守住金融风险底线？（15 分钟）

（1）要建立预防性监管体系。金融科技绝不是金融监管的法外之地，国家应当用标准化的监管供给，充分满足金融新产品新服务不断迭代、新业务模式快速发展、新营销手段不断花样翻新的要求。要切实构建金融市场的风险预警机制，提前防范，并用严格的法律条文加大对违规、犯罪行为的惩罚力度。

（2）强化监管技术进步，实现智慧化、穿透性的联合监测。加强金融与科技的联合攻关，确保金融系统的安全与稳定。合理利用云计算、人工智能等现代化科技手段，进行智慧化监测。重视交易过程的监测，不仅只监测某一家金融公司，还要对其上下游关联公司进行监测，并对其所有交易行为、交易过程进行资金往来的实时穿透性监控。

（3）强化金融消费者权益保护，完善金融科技法律法规建设。在互联网传输交易的过程中，是否存在信息的泄露及盗取，普通金融消费者也是不能轻易知晓的。当数据被商品化且大量交易时，就隐藏着巨大的风险和隐患。因此，国家应该完善保障金融消费者权益的法律法规，切实保护每个消费者的个人隐私不被侵犯和敏感信息不被滥用。

4. 学生提问与讨论（5 分钟）

教 学 成 效

蚂蚁金服 IPO 叫停是近两年我国金融市场非常重要的一个事件。这一事件影响很大，社会上有不同的解读，学生也会有自己的看法。通过本案例教学，使学生理解：在日常生活中使用的支付宝（金融科技创新应用），通过与 ABS（传统的金融创新工具）相结合，会对金融体系产生巨大的冲击；传统银行业金融机构与蚂蚁金服这类新兴的机构相比，承担了更多的责任和风险；蚂蚁金服的经营方式，对国家金融安全构成威胁。

案例教学引发了学生思考金融问题的兴趣，学生在课后还通过 QQ 群和邮件等方式对案例进行讨论。

宏观经济学典型教学案例

从 GDP 看"中国经济增长奇迹"

学院名称	经济与管理学院	课程名称	宏观经济学
主讲教师	蔡乌赶	教师职称	教授
授课对象	经济学专业一年级本科生	课程性质	专业必修课

课程简介

"宏观经济学"是经济学类、工商管理类本科生的专业基础课,也是经济学类、工商管理类专业核心课程之一。本课程主要研究社会总体的经济行为及其后果,探究产出(收入)、就业(失业)、物价、国际贸易等宏观经济总量决定及变动原因,进而为解决宏观经济问题提供相应思路和建议。相应基础理论包括国民收入决定理论、乘数理论、IS-LM 模型、总需求-总供给模型、失业与通货膨胀理论、蒙代尔-弗莱明模型、经济周期理论、经济增长理论等。本课程通过讲授宏观经济运行和宏观经济政策理论体系,让学生能够利用所学的概念和原理来理解宏观经济运行规律,分析各种宏观经济变量之间的因果关系,并具备评估宏观经济政策影响和预测未来宏观经济走势的能力,为今后专业学习和宏观研究打下良好的理论基础。

教学目标

本课程将宏观经济学基本理论与中国宏观经济运行实践相结合,构建"广度有基础、深度有拓展"的课程内容体系,实现对学生"价值、知识、思维、能力"四位一体培养。

首先,把中国经济建设所取得的伟大成就、面临的现实环境与未来的严峻挑战融入授课中,引导学生深刻理解中国经济发展的制度优势,并自觉将自身成长成才与国家未来发展命运紧密联系起来,培养学生的民族自豪感和使命担当,实现价值引领和知识传授的同频共振;其次,在讲授宏观经济学基础理论知识的同时,将科学研究成果引入日常教学,带领学生阅读前沿论文,拓展学生的宏观经济知识;再次,综合运用串联知识教学法、案例教学法和分层教学法等多种教学方法进行授课,缓解学生学习"宏观经济学"课程过程中可能产生的枯燥感和无用感,训练学生的经济学分析思维;最后,采用线上 MOOC(慕课)和线下授课相结合的教学模式,拓展相关知识的广度和深度,引导学生从经济学的浅层理解过渡到深入理解,提升学生对经济现象和经济问题的分析、判断和决策能力。

思 政 元 素

"宏观经济学"课程致力于推动思政育人与理论学习、思维训练和能力提升的有机融合，将思政元素融入课程之中，寓价值观引导于知识传授之中，引导学生树立崇高的理想信念。

本案例旨在使学生掌握国内生产总值（gross domestic product, GDP）的概念及测度，并了解我国近些年 GDP 水平和变动趋势，增强学生对中国特色社会主义制度优越性的认同感，增进实现中华民族伟大复兴的使命担当，坚定中国特色社会主义道路自信、理论自信、制度自信和文化自信。此外，本案例结合习近平总书记在不同阶段对 GDP 的论述，如"要看 GDP，但不能唯 GDP""既要 GDP，又要绿色 GDP"等，提升学生对 GDP 观点的全面认知，深化学生对习近平新时代中国特色社会主义思想的理解。

案例实施路径与方法

（一）育人理念

本案例应用"价值引领、知识拓展、思维训练、能力建构"四位一体的育人理念，以"中国经济增长奇迹"作为切入点，力求将宏观经济基本指标及测算的教学内容讲深、讲透，注重培养学生的爱国情怀，坚定"四个自信"，同时训练学生比较分析思维，提升其预测宏观经济未来发展趋势和判断决策的能力。

（二）实施思路

首先，向学生讲授宏观经济基本指标及测算相关基础知识：① 国内生产总值（GDP）和国民生产总值（gross national product，GNP）的概念；② 计算 GDP 的三种方法（支出法、收入法和生产法）；③ 国民收入核算中的其他总量；④ GDP 和 GNP 的区别；⑤ 国民收入核算的恒等式。在学生掌握 GDP 内涵、核算方法和国民收入基本公式的基础上，以中国 GDP 水平、GDP 增长率、GDP 组成要素增长情况及我国经济建设实践为背景，引出"从 GDP 看'中国经济增长奇迹'"案例，启发学生深入思考"中国经济增长奇迹"的原因，融入思政元素。

（三）思政元素融入方式

在相关专业知识讲解的基础上展示中国 1994—2021 年 GDP 总量及增长率数据，如表 1 所示，引导学生观察 GDP 增长率特征并思考如下问题：什么是"中国经济增长奇迹"？其产生的原因是什么？

互动讨论后，对案例进行解释：中国经济连续数十年的快速增长，被国内外学者称为"中国奇迹"。在全球深受新冠肺炎疫情冲击背景下，中国在 2020 年仍然实现 GDP 正增长，2021 年 GDP 增长率高达 8.1%。中国的经济增长速度不仅高于发展中国家的平均水平，而且高于发达国家的平均水平。通过与其他国家的横向比较向学生展示中国经济建设所取得的伟大成就，增强学生的民族自豪感和爱国情怀。同时，进一步阐释中国特色社会主义制度优越性是中国创造经济快速增长奇迹的根本，强化学生对中国特色社会主义制度优越性的理解，坚定"四个自信"。

（四）教育教学方法与教学活动设计

首先，采用线上线下混合式教学，促进信息技术和教育资源的融合，通过线上 MOOC（慕课）完成 GDP 概念、国民收入基本公式等基础知识传授，而线下则着重讲解本章重难点问题，解决学生在基础知识学习过程中的疑惑，并进一步引入案例以强化对学生的价值引领及思维训练，激发学生主动学习的热情。其次，在案例讲解中采用纵横向比较分析、互动讨论的方式启发学生深入思考,有助于学生理解相关知识点并提高分析经济问题的能力。

表1 1994—2021 年中国 GDP 总量及增长率数据

年份	总量/万亿元	增长率/%	年份	总量/万亿元	增长率/%
1994	4.86	13	2008	31.92	9.7
1995	6.13	11	2009	34.85	9.4
1996	7.18	9.9	2010	41.21	10.6
1997	7.97	9.2	2011	48.79	9.6
1998	8.52	7.8	2012	53.86	7.9
1999	9.06	7.7	2013	59.30	7.8
2000	10.03	8.5	2014	64.36	7.4
2001	11.09	8.3	2015	68.89	7.0
2002	12.17	9.1	2016	74.64	6.8
2003	13.74	10.0	2017	83.20	6.9
2004	16.18	10.1	2018	91.93	6.7
2005	18.73	11.4	2019	98.65	6.0
2006	21.94	12.7	2020	101.36	2.3
2007	27.01	14.2	2021	114.92	8.1

注:由于小数保留位数原因,增长率与总量数据可能略有差异。

(五)特色与创新

(1)采用多元、交叉、智慧的教学模式,拓展教学的广度和深度。线上内容主要是基础性知识、概念性内容以及拓展性资源,侧重把国家精品在线开放课程和自建课程相结合,保证教学的广度;线下内容主要是前沿性、讨论性内容及实际问题,课堂教学进行签到、案例讨论、随堂练习、调研汇报等形式,与学生多维互动,结合学术讲座和学科竞赛,深化教学的深度。

(2)授课内容前沿性和时代性较强,思政元素较为浓厚。在讲授理论知识的基础上,以"中国经济增长奇迹"为切入点,着重以新冠肺炎疫情冲击背景下中国的经济韧性阐释中国特色社会主义制度优越性,较好地做到了思政育人与理论学习的有机融合。

教 学 成 效

在教学体会方面,教师应自觉加强政治理论学习,以帮助学生构建知识理论体系与思政元素有机结合的多元知识网络,提升教学效果。

在学生评教和学习反馈方面,本课程每学期学生评教分数均为 90.00 分以上;学生树立了正确的价值观,在有限课时内较好地完成了理论学习,提升了经济分析思维,具备较强的创新意识和实践能力,在科技竞赛中屡获佳绩,如获得第七届福建省"互联网+"大学生创新创业大赛银奖、第十五届"挑战杯"福建省大学生课外学术科技作品竞赛二等奖等荣誉。

在同行评价方面,本课程教学效果良好,授课方式和授课内容受到同行专家的好评,被认定为 2021 年福州大学线上线下混合式一流课程。

企业合并中的商誉问题

学院名称	经济与管理学院	课程名称	高级财务会计
主讲教师	许萍	教师职称	教授
授课对象	会计学与财务管理专业三年级本科生	课程性质	专业必修课

课程简介

"高级财务会计"是会计学专业与财务管理专业必修的一门专业主干课程,其以"初级财务会计"中的基本概念、理论和方法等入门知识为基础,以"中级财务会计"中具有普遍性和共性的会计处理原则和方法为依托,对传统财务会计未包括的业务、需要深入论述的业务,以及随着客观经济环境变化而产生的一些特殊业务进行反映和监督,主要阐述经济发展中财务会计的"难""新""特"问题。本课程以专题形式,介绍了所得税会计、外币业务及外币报表折算、企业合并、合并财务报表编制、衍生金融工具等特殊经济业务与复杂经济业务处理的相关财务会计知识。"高级财务会计"课程紧密结合我国市场经济发展的需要,反映企业会计准则改革发展新动向,同时借鉴国际会计准则一些规定及处理方法对上述问题进行确认、计量和报告。

教学目标

(1)价值引领:让学生具备用马克思主义的精髓"实事求是"指导会计处理的能力,明确在对商誉确认、计量进行会计职业判断时应基于企业实际情况,践行诚信、法治的社会主义核心价值观,确保会计信息的真实可靠。

(2)知识拓展:让学生掌握我国《企业会计准则第20号——企业合并》与《企业会计准则第8号——资产减值》中规定的企业合并中商誉确认、计量及商誉减值测试的方法及结果。

(3)思维训练:通过案例导入,按照"提出问题—分析问题—解决问题"的思路开展教学,训练学生提出案例企业因确认了商誉导致哪些问题出现,分析为什么会出现这样的问题,应如何解决这些问题。

(4)能力建构:通过线上线下学习、案例讨论等,使学生具备综合分析问题与解决问题的能力、团队合作能力、创新能力。

思政元素

社会主义核心价值观:诚信、法治。马克思主义的精髓:实事求是。

案例实施路径与方法

（一）育人理念

以学生的发展为中心，目标导向；坚持高阶性、创新性、挑战度。

（二）实施思路

借鉴翻转课堂教学理念对课堂流程进行重塑，运用规范学习理论为思政内容的隐性融入提供理论支持，完成的教学设计在实践过程中取得了良好的课堂效果。

（三）思政元素融入方式

以上市公司案例"商誉引发的牢狱之灾——香榭丽并购案中的商誉虚增"为切入点，融入企业并购定价要恪守"诚信、法治"的社会主义核心价值观，要"实事求是"地进行企业估值。

（四）教育教学方法

线上线下混合教学、案例教学、任务驱动教学。在具体教学实施过程中采用翻转课堂、小组讨论、小组汇报、分组辩论等教学方法。

（五）教学活动设计

1. 教学设计总体思路

（1）教学目标提升高阶性，教学内容和教学方法突出创新性，考核设计增加挑战度。

（2）实施上，课前、课中、课后融会贯通，线上线下相辅相成。促使学生自主学习，师生同频共振。

（3）引入课程思政案例，通过案例讨论，使学生明确在对商誉确认、计量进行会计职业判断时应基于企业实际情况，践行诚信、法治的社会主义核心价值观，确保会计信息的真实可靠。

课堂主要教学过程设计见表1。

表1 课堂主要教学过程

时长/分钟	主要内容	教学手段	备注
3	测试线上学习对知识点的掌握程度	通过云班课系统中预设的单选、多选、判断等测试题测试学生课后自主学习相关知识点的情况	
5	新知识点的讲授	和学生一起梳理知识点的掌握情况。对测试中正确率低的知识点，进行着重分析与讲解；对于正确率高的知识点通过现场抢答、随机抽人等方式由学生予以解释	
20	案例汇报	学生按预定方式划分小组，所有组别均在上课前一天上传案例报告及汇报PPT到云班课平台。教师事先阅读学生上传案例并从中选出汇报小组，课堂上临时告知学生	采用情景模拟教学法：要求案例汇报由小组成员合作进行，小组成员分别站在粤传媒、香榭丽、中企华资产评估公司、东方花旗证券、中天运会计师事务所及监管部门角度进行问题分析
8	其他同学提问、讨论	由每小组的代表或随机抽取同学对汇报小组进行提问、点评	
9	实务专家及教师点评与总结	1. 华兴会计师事务所经理、我院兼职教授陈碧云点评案例。 2. 教师根据学生讨论情况进行点评与总结	课堂连线陈碧云主任，如时间无法安排，在课堂上播放陈主任的事先录像

2. 教学重点与难点

重点：非同一控制企业合并、商誉的初始确认、商誉减值测试、商誉的列报。

难点：商誉的确认与减值测试。

3. 解决重点与难点的方法

1）课前充分准备：线上学习与准备

（1）要求学生课前学习中国大学 MOOC（慕课）上关于企业合并的教学视频。

（2）在云班课教学平台提交相关资料：

① 粤传媒关于发行股份购买资产事项的系列公告（2013 年）；

② 粤传媒（002181）2013 年至 2020 年年报；

③《A 股并购奇案，粤传媒并购香榭丽案，致 7 人陷入囹圄》；

④《粤传媒 4.5 亿收购香榭丽，转让股东被判合同诈骗，并购如何避免遇"李鬼"》；

⑤《粤传媒拟 1 元转让香榭丽 三年前花 4.5 亿收购》；

⑥《粤传媒并购案仍在发酵，又一中介机构被罚！》；

⑦《揭开假财务报表的面纱：商誉减值》；

⑧ 粤传媒并购案相关其他资料（2013 年至 2020 年）。

2）为了实现案例目标，要求学生应具备下列相关知识背景

（1）资本市场并购背景。

（2）制度背景：我国企业会计准则关于企业合并及其会计处理方法的现行规范；我国企业会计准则关于资产减值及其会计处理方法的现行规范。

（3）理论背景：企业合并、合并方式及其性质的判断；不同合并方式下商誉的初始计量及其体现情况；商誉的后续计量及其终止确认。

3）事先给出案例讨论题目

（1）粤传媒并购香榭丽的背景与动机？

（2）粤传媒并购香榭丽估值、对价及商誉是否存在问题？

（3）粤传媒并购香榭丽虚增商誉的主要原因？

（4）粤传媒并购香榭丽案，致 7 人陷入囹圄，是专业知识不够，还是缺乏职业精神？资产评估机构在这场并购中有什么过错？保荐机构东方花旗证券及中天运会计师事务所又有什么过错？这些过错能避免吗？

（5）粤传媒拟 1 元转让三年前花 4.5 亿收购的香榭丽对粤传媒是好事还是坏事？转让后对粤传媒的影响？

（6）资本市场并购催生万亿商誉，你如何看待并购潮下的"商誉泡沫"现象？

（7）商誉减值日渐成为一些上市公司业绩下滑的"黑天鹅"，你如何看待这一问题？上市公司是否可以通过商誉减值进行盈余管理？

（8）在企业合并中，在商誉确认、计量及减值处理中，如何践行马克思主义的精髓"实事求是"和社会主义"诚信、法治"的核心价值观？

（六）资源载体

（1）中国大学 MOOC（慕课）和云班课平台。

（2）上市公司案例资料（来源于深圳证券交易所网站及媒体平台）。

（七）特色与创新

（1）贯彻以学生为中心的教学理念。教学实施以教师为主导，以学生为主体，充分利用信息

化教学手段，完善教学方法，提升了课程学习的实践性、活动性、主动性、参与性、情感性、体验性，反映了价值塑造、知识传授和能力培养三位一体的培养理念。

（2）采用情景模拟教学法对上市公司真实案例进行展示。在分析讨论中，让学生深刻领会企业合并中应恪守"诚信、法治"的社会主义核心价值观，要"实事求是"地进行企业估值，执业过程要遵守会计职业道德规范。

（3）进行整合性课程设计，让实务界专家走进课堂。邀请华兴会计师事务所专家走进课堂，从中介机构角度分析执业过程应如何践行"诚信、法治"的社会主义核心价值观。

教 学 成 效

1. 教师体会

思想政治教育与专业教育协同育人是新时代高等教育事业的发展方向，高校教育不仅要加强学生专业技能与知识的培养，更应注重学生核心思想理念的构造，而课程课堂教学是高校最重要的育人平台。如何将思政点渗透在专业课的教学中，是每位专业课教师需要思考的问题。通过对上市公司真实案例的讨论与分析，实现思政元素与专业知识的融合，达到润物无声的育人效果。

2. 学生评教和学习反馈

通过在准备案例讨论过程中资料的查找与阅读，特别是在查阅法院判决书的时候，真真切切体会到绝对不能造假，真正体会到"诚信、法治""实事求是"不是说说而已，在执业过程中一定要牢牢把握职业道德。

3. 同行评价

主讲教师许萍教授应邀到江夏学院、闽江学院、福州外语外贸学院等院校进行了思政课程建设经验介绍。

时间序列分析典型教学案例

平稳时间序列模型

学院名称	数学与统计学院	课程名称	时间序列分析
主讲教师	林月琼	教师职称	副教授
授课对象	经济统计学专业三年级本科生	课程性质	专业必修课

课 程 简 介

"时间序列分析"是一门应用性非常强的课程，它与社会经济活动联系十分密切，通过对社会经济活动中的时间序列数据进行观察、研究，寻找其内在的发展变化规律，并通过建立合理的统计模型来预测变量的未来走势。通过教学提高学生分析和解决实际问题的能力。

教 学 目 标

通过本案例的学习，使学生达到以下主要目标：
（1）了解 ARMA 模型（自回归滑动平均模型）的特性及其优点。
（2）掌握 ARMA 模型的模型结构、基本假设、结构特征以及系统解释。
（3）掌握 ARMA 模型的统计性质。
（4）懂得用 ARMA 模型来处理实际数据。

思 政 元 素

结合课程与各研究领域数据的紧密联系，让学生了解我国近几十年在社会经济、医学、体育等各方面的"数据成就"，增强"四个自信"，树立科学探究的精神，养成较强的社会责任感，能够践行社会主义核心价值观。培养学生树立理论联系实际、实事求是的科学态度和勇于探索的创新精神；培养学生对于数据的思考和分析能力，能综合运用已学过的统计方法分析数据；训练并提高学生在调查研究获取信息、统计数据处理、计算结果显示与分析及其调查研究报告撰写的能力。

案例实施路径与方法

（一）简要回顾之前的教学内容，再问题式导入主题

国家统计局每年都会发出各种统计年鉴、统计摘要等，里面包含各种月度、季度、年度数据，对于每个统计指标来说，这都组成一个时间序列数据。那么对于具有平稳性质的时间序列数据，应该怎么去挖掘数据背后的规律，从而对未来做预测呢？

教学设计：采用实际的统计年鉴，展示时间序列数据，让学生感受到所学知识的实际价值，从而产生好奇心，激起学习新知的欲望。适时设疑，启发学生思考，调动学生学习的积极性。

（二）展开阐述教学内容

知识点：ARMA 模型的定义、基本假设、模型结构、物理解释。

重点：ARMA 模型的基本假设、模型结构、物理解释。

难点：ARMA 模型物理解释。

1. 模型的定义及基本假设

设 $\{X_t, t\in T\}$ 为零均值平稳序列，若具有以下模型结构

$$X_t = \phi_1 X_{t-1} + \phi_2 X_{t-2} + \cdots + \phi_n X_{t-n} + a_t - \theta_1 a_{t-1} - \theta_2 a_{t-2} - \cdots - \theta_m a_{t-m} \quad (1)$$

且满足以下条件：

① $\phi(B)$ 和 $\theta(B)$ 无公共因子；② $\phi_n \neq 0$，$\theta_m \neq 0$；③ $\{a_t\}$ 为白噪声序列，$a_t \sim NID(0, \sigma_a^2)$；④ $EX_t a_s = 0$，$\forall t < s$，这个限制条件说明当期的随机干扰与过去的序列值无关。

则称模型（1）为自回归移动模型，简记为 ARMA(n, m)，称 $\{X_t, t\in T\}$ 为 ARMA(n, m) 序列。模型（1）等式的左边是模型的自回归部分，右边为模型的移动平均部分，非负整数 n 为自回归阶数，非负整数 m 为移动平均阶数，实系数 $\phi_1, \phi_2, \cdots, \phi_n$ 称为自回归系数，$\theta_1, \theta_2, \cdots, \theta_m$ 为移动平均系数。

引进延迟算子，中心化 ARMA(n, m) 模型可简记为

$$\phi(B)X_t = \theta(B)a_t$$

式中，$\theta(B) = 1 - \theta_1 B - \theta_2 B^2 - \cdots - \theta_m B^m$；$\phi(B) = 1 - \phi_1 B - \phi_2 B^2 - \cdots - \phi_n B^n$。

2. ARMA(n, m) 模型结构

从 ARMA(n, m) 模型可以看出，当 t 固定时，$X_{t-1}, X_{t-2}, \cdots, X_{t-n}, a_{t-1}, a_{t-2}, \cdots, a_{t-m}$ 是已经确定的，而 a_t 为随机变量，是不可观察的随机扰动，因而 ARMA(n, m) 将 X_t 分解成两个部分，一部分为确定性部分，由 n 部分组成，为 $\phi_1 X_{t-1} + \phi_2 X_{t-2} + \cdots + \phi_n X_{t-n} - \theta_1 a_{t-1} - \theta_2 a_{t-2} - \cdots - \theta_m a_{t-m}$，另一部分为随机性部分，由白噪声 a_t 来确定的。

3. ARMA(n, m) 的特例

（1）AR(n) 模型

$$\phi_1 X_{t-1} + \phi_2 X_{t-2} + \cdots + \phi_n X_{t-n} + a_t$$

（2）MA(m) 模型

$$a_t - \theta_1 a_{t-1} - \theta_2 a_{t-2} - \cdots - \theta_n a_{t-m}$$

4. ARMA(n, m) 模型的物理解释

（1）从数理角度看，ARMA(n, m) 是一个转化装置，是把相关序列转化成独立序列的装置。

对于 ARMA(n, m) 模型，有 $a_t = \dfrac{\phi(B)}{\theta(B)X_t}$。

上式表明，无论 $\phi(B)/\theta(B)$ 的形式如何，ARMA(n, m) 是一个将相关序列 $\{X_t\}$ 转化成独立序列 $\{a_t\}$ 的装置。

ARMA 模型的这种转化的意义在于，对于独立的时序，数理统计中已经具有标准的方法对其进行统计处理，而一个实际物理系统的输出观测数据本身总是具有某些相关性。如果能够寻求出一种将相关序列转化成独立序列的数据工具，则可以利用对独立时间序列进行统计处理的方法

去处理相关序列。

（2）从信号处理的角度来看：ARMA 是一个估计器——利用已知的观测数据对某一未知指标的取值进行估计。当此未知数据是过去的历史数据时，ARMA 是一个平滑器；当此未知数据是现在数据时，ARMA 是一个滤波器；当此未知数据是未知数据时，ARMA 是一个预测器。

教学设计：启发式问题引导，结合板书、师问生答、生讲师评、生问生答等。

思政融入 1：过去的自己能解释今天的自己吗？或者说过去哪个阶段的自己最能解释今天的自己？什么事显著地、持续地影响自己到现在？这种影响是正是负？

思政解读 1：其实上面的模型（1）列出来，学到时间序列的同学应该知道，下面要进行的工作是考查哪一期最显著。换通俗一点的解释就是，现在的"我（X）"可以由过去若干时期的"我（X）"来共同解释。但并不是过去每一个时期都对今天我的样子做了最大贡献，可能是最近时期发生的事情塑造了现在的我，也可能是很久远的某一个时期造就了现在我，当然，也同样有可能过去某几个重要的时间点共同造就了"我（X）"。这是抛开周边和自己无关的因素分析自己的一个视角。把这些显著地、持续地影响自己到现在的时间段或因素找到，就是对自己的一种认识过程。此外，ϕ_j 也是自我分析的一个入手点，即过去某段时间对现在自己的影响是正是负？就像我小的时候超级想当歌唱家，而现在……

思政融入 2：你能控制已发生的事对自己的影响吗？

思政解读 2：这个公式其实可以大致理解为过去某一件事（X_t）对现在的自己（X_{t+k}）的影响。可这样说也并不严谨，真的是那件事影响到自己了吗？这中间还有 $\{X_{t+1},\cdots,X_{t+k-1}\}$ 这么长的时间。如果是件坏事，这么长的时间还不够忘掉它吗？而如果是件好事，这么长的时间有没有持续保证它的好？还是比如突然发奋图强要背单词，结果却三天打鱼两天晒网呢？

思政融入 3：看似随机，实则趋势，一直没在意的"随机"小事，却通过不断地积累对今天的结果做了最大的解释。

思政解读 3：例如随机游动 $y_t = y_{t-1} + \varepsilon_t$，通过迭代得到 $y_t = y_0 + \sum \varepsilon_t$，初始点 y_0 和加总的随机项 $\sum \varepsilon_t$ 对现在的 y_t 起到了最主要的解释，起始点 y_0 是我们改变不了的，解释我们现在的只有加总的随机项。所以我们会看到，这些随机项单独哪个都没多大功能，可一旦加总，那就不是随机地影响自己了。所以可以思考我们今天的自己，有多少是可以由过去的不经意来加总解释的，一次不经意、两次不经意……一直加到现在。

（三）深入讨论 ARMA 模型的特性

ARMA 模型，一方面，它是基于观测时间序列 $\{x_t\}$ 建立起来的随机差分模型，因而，它揭示了动态数据的统计特性，另一方面，由于 $\{x_t\}$ 可视为某一系统的输出，因而，它又揭示了产生此动态数据的系统的动态特性。无论是数据的统计特性，还是系统的动态特性，均可在时域和频域中得到描述，所有这些特性构成了 ARMA 模型的基本特性。本节将重点讨论 ARMA 模型的最主要的时域特性之一——系统的单位脉冲响应函数 G_j，在时序方法中又称为 Green 函数。

1. 格林函数（Green 函数）的定义

（1）引例

以 AR（1）模型作为一个例子

$$X_t = \phi_1 X_{t-1} + a_t, a_t \sim NID\left(0,\sigma_a^2\right) \tag{2}$$

若对 X_{t-1} 进行迭代计算，有

$$X_t = \phi_1\left(\phi_1 X_{t-2} + a_{t-1}\right) + a_t = a_t + \phi_1 a_{t-1} + \phi_1^2 X_{t-2}$$

反复运算，迭代 k 次后，应有

$$X_t = a_t + \phi_1 a_{t-1} + \phi_1^2 a_{t-2} + \cdots + \phi_1^k a_{t-k} + \phi_1^{k+1} X_{t-k-1}$$

$$= \sum_{j=0}^{k} \phi_1^j a_{t-j} + \phi_1^{k+1} X_{t-k-1}$$

问题1：我们可以找到满足方程（2）的平稳过程吗？

首先，假如这样的过程 $\{x_t\}$ 的确存在，它会是什么样的？

既然 $\{x_t\}$ 满足方程（2），它必须有如下形式

$$X_t = \sum_{j=0}^{k} \phi_1^j a_{t-j} + \phi_1^{k+1} X_{t-k-1}$$

暂假定 $|\phi_1|<1$。既然 $\{X_t\}$ 是平稳的，那么 $\forall t \in T, EX_t^2$ 为常数。特别地，令 $\|X_t\|^2 = EX_t^2$，则当 $k \to \infty$ 时，有

$$\left\| X_t - \sum_{j=0}^{k} \phi_1^j a_{t-j} \right\|^2 = \phi_1^{2k+2} \| X_{t-k-1} \|^2 \to 0$$

因此 L^2 收敛，$X_t = \sum_{j=0}^{\infty} \phi_1^j a_{t-j}$。对于这个新定义的过程，具有如下性质：

① $\forall t \in T$，$X_t = \sum_{j=0}^{\infty} \phi_1^j a_{t-j}$；② $\forall t \in T$，$EX_t = 0, DX_t = \sigma_a^2 / (1 - \phi_1^2)$；③ $Cov(X_t, X_{t-k}) =$

$$Cov\left(\sum_{j=0}^{\infty} \phi_1^j a_{t-j}, \sum_{l=0}^{\infty} \phi_1^l a_{t-k-l} \right) = \sigma^2 \sum_{j=0}^{\infty} \phi_1^{2j+k} = \sigma^2 \phi_1^k / (1 - \phi_1^2)$$

所以这个新定义的 $\{X_t\}$ 是平稳的，且问题1的答案是：存在平稳过程 AR（1）过程 $\{X_t\}$ 满足方程（2）。

问题2：假设 $|\phi_1|>1$，情况又怎样呢？

虽然当 $|\phi_1|>1$ 时，过程 $\{X_t\}$ 不再收敛，我们仍可以得到以下公式

$$X_t = -\sum_{j=0}^{\infty} \phi_1^{-j} a_{t+j}$$

这是方程（2）的平稳解。然而，过程 $\{X_t\}$ 是不自然的，因为它依赖于不可观察的 $\{a_t\}$ 的将来值。所以我们必须提出一个条件，一个有用的 AR 过程应该仅仅依赖于它的历史值 $\{a_t, a_{t-1}, a_{t-2}, \cdots\}$，而不依赖于将来值。

$$X_t = \sum_{j=0}^{\infty} G_j a_{t-j}, G_o = 1$$

从动态数据的描述中可以看出，无论是 AR（1），还是一般的 ARMA(n, m) 模型，均可以用 a_t 及其过去值 a_{t-j} 的线性组合来表示 X_t。对于 AR（1），线性组合的权函数为 ϕ_1^j，对于 ARMA(n, m)，线性组合的权函数为 G_j，ϕ_1^j 是 G_j 的一种特殊形式。

（2）格林函数（Green 函数）定义

当一个相关的平稳时间序列 $\{X_t\}$，可以用一个无关的平稳时间序列的 $\{a_t\}$ 现在值和过去值的线性组合表示时，其"权"定义为 Green 函数，即

$$X_t = \sum_{j=0}^{\infty} G_j a_{t-j}, G_o = 1$$

式中，G_j 称为 Green 函数；$G_o \equiv 1$，显然 G_j 是一个实数列。

2. 格林函数（Green 函数）的物理意义

（1）G_j 是系统的单位脉冲响应函数

需要指出，在 ARMA 模型建模的适用性检验中，$\{a_t\}$ 必须为白噪声，但模型一旦建立后，ϕ_i、θ_j 已经确定了，从系统的观点来看，$\{a_t\}$ 可为任意形式的输入。因而，若输入为单位脉冲，即 $a_{t-j} = \delta_{t-j}$，式中，δ_{t-j} 为 δ 函数，根据 δ 函数筛选性质，只有在 $j=t$ 时，$\delta_{t-j}=1$，而在 $j \neq t$，$\delta_{t-j}=0$。因而，上式变为

$$x_t = G_t$$

此式表明，G_j 是系统的单位脉冲响应函数，即系统对 t 时刻作用的单位脉冲所产生的响应。而若引进单位脉冲 δ_{t-k}，表示在 k 时刻对系统作用的单位脉冲，则有

$$X_t = \sum_{j=0}^{\infty} G_j \delta_{t-k-j}$$

同理可得，只有在 $j=t-k$ 时，$\delta_{t-k-j}=0$，$x_t=G_{t-k}$。

G_{t-k} 表示系统对 k 时刻作用的单位脉冲而产生的 t 时刻的响应：

① 当 t 固定、k 变动时，G_{t-k} 表示过去 k 时刻作用于系统的单位脉冲 δ_{t-j} 对现在 t 时刻系统响应 X_t 的影响的大小；② 当 t 变动、k 固定时，G_{t-k} 表示系统对于过去 k 时刻所受到的单位脉冲的衰减情况。

（2）G_j 是 Wold 正交分解的坐标

$$X_t = \sum_{j=0}^{\infty} G_j a_{t-j}, G_o = 1$$

由上式可知，由于 $\{a_t\}$ 是彼此无关的白噪声，则可视其为一个可数无限维向量空间中的一组正交基，因而 X_t 是该向量空间中的一个无穷维向量，G_j 则是 X_t 在相应基上的坐标，数学上称之为 Wold 正交分解。这种解释是合理的，因为 $\{a_t\}$ 是白噪声，当 t 变动时，$\{a_t\}$ 间彼此无关，而随机变量彼此无关就相当于向量之间彼此正交。

教 学 成 效

通过本案例的教学，实践与理论相结合，把枯燥复杂的理论知识用浅显通俗的语言来进行讲解，激发学生的学习兴趣，积极主动地参与课堂讨论，提高学习效率，能把所学知识用来处理实际数据，增强学生的实际动手能力。

高级德语（中）典型教学案例

德国农业部部长谈农业出口

学院名称	外国语学院	课程名称	高级德语（中）
主讲教师	王晓霞	教师职称	讲师
授课对象	德语专业三年级本科生	课程性质	专业必修课

课程简介

"高级德语（中）"作为德语专业高年级核心系列课程"高级德语"的一个重要组成部分。通过组建教学教师团队，使用基于课堂教学和课外拓展与延伸的混合式教学模式，介绍德语国家在八个重要/热点领域的历史发展与现状分析；通过引入与中国相应/相关领域的对照与比较，进一步阐述有中国特色的方针政策及其重要意义，坚持语言产出导向和持续更新/改进理念，努力将课程打造成服务国家人才战略的全新课程。

通过本课程的学习，学生应：①进一步提升综合德语能力，尤其是文本阅读与拓展、中德文化的比较探究、中德文学对比研究、跨文化能力的提升、中德互译过程中的文化思考、德语专业知识的提升与巩固等方面的能力；②丰富知识内涵、全面增强对农业及其政策、城市规划、能源与环保政策、绿色旅游、德国当代文学、女性及其职业、养老服务、移民问题等主题的认识，具备较好的人文修养和职业修养，为后续系列课程奠定坚实基础；③初步具备服务"走出去"战略的能力和服务国家发展战略的家国情怀。

教学目标

（1）较好地具备服务"走出去"战略的能力和服务国家发展战略的家国情怀。

（2）丰富知识内涵，全面增强对农业及其政策、城市规划、能源与环保政策、绿色旅游、德语当代文学、女性与职业、养老服务、移民问题等主题的认识，为后续系列课程，尤其是毕业论文写作和毕业实习奠定坚实知识和能力基础。

（3）能以开放的态度对待多元文化现象，培养文化敏感性，能合理诠释文化差异，树立并保持文化自信，能够在与目标语言国家或文化群体的各种接触中实现有效沟通。

（4）进一步提升综合德语能力，包括德语阅读与德语词汇辨析及其在汉德互译实践中的体现，以及主题阅读与理解中深化汉德历史、文化、文学等方面的异同认识。

思 政 元 素

（1）通过文中的德国时任农业部部长对农业出口/生态农业/特色农业的主要特点阐述联系本国农业发展实际，践行"爱国"的社会主义核心价值观。

（2）将本章节所学知识与我国国内在发展农业方面的举措与成果联系在一起，通过比较对比，进一步增强民族自豪感。

（3）由本章谈及的德国特色美食延伸到展示"我的家乡特色美食"，增强民族自豪感。

案例实施路径与方法

首先提出导入问题"读到农业二字你会立刻想到什么？"对学生的回答进行简要评述和必要补充。对文本中的名人名言（歌德："你知道那个柠檬花开的国度吗？它们的叶子是深色的，果实金黄。"《迷娘》）进行学习与探讨。此外，简要回顾学习文学巨擘歌德和海因里希四世的生平、他们所处的历史时期、他们对农村和农民的关注，以及他们的重要功绩和历史影响。观看新华短视频"新农村故事｜诗画田园哈沙图"，组织学生讨论中国在"三农"问题上的重要成绩。针对学生讨论，启发分析"三农"问题对我国和谐与稳定、可持续发展和实现第二个百年奋斗目标的重大意义，并给出积极科学的结论引导。

正式进入文本的学习：本篇采访稿"德国农业部部长谈农业"是对德国时任农业部部长的采访，由四个关键词（农业在德国的角色和地位、绿色食品在德国市场的繁荣与发展、绿色基因技术、金融危机对世界粮食安全的影响）对文本进行深入学习，并探讨学习德国时任农业部部长伊尔泽·艾格纳（Ilse Aigner）在发言中的语言策略、应对技巧及德国特色。此外，对采访稿中问答内容进行进一步深入学习与探讨。

本采访稿中有明显的口语特色，因此，对一些有特色的表达进行口头解释，例如 jm etwas näher bringen、in Kürze、sich über A einig sein、etwas verbieten、Maßnahmen bündeln und fokussieren、einen hohen Stellenwert haben。对于本单元涉及到的语法——同位语、不定式结构、名词化短语进行必要的讲解与复习。学习掌握课文之后，以"德国的特色饮食/小吃 - 我家乡的特色饮食/小吃"为主题进行小组讨论学习，讨论学习接触过的德国美食，互相推介家乡美食，最后形成简单的小组报告。

通过本章的学习，对本章主题"农业"进行进一步深度思考，探索农业发展及其在国民经济、国家稳步发展、国民身体健康中的重要性；此外，通过本文采访稿的学习与把握以及阅读文献《中国为世界粮食安全作出积极贡献》，对比比较中德两国各自在应对世界粮食安全中所作的努力与贡献并对中德在农业发展方面的异同进行探讨。

结束本章的学习之前，布置课后小组探讨作业：① 中德"三农"问题与解决方案的异同及其原因分析，并进行主题报告；② 撰写主题为"我的家乡美食"的作文，在这个过程中训练写作能力，同时，由此进一步增强文化自信和民族自豪感。

教 学 成 效

通过本章的学习，学生不仅增强了文本理解力，同时对德国文学名人、德语口头表达的多样性、德国政党、其发言人及语言特色有了更加深入的了解或理解。课程可以在主题上进一步扩展，对中国"三农"问题的重视、"三农"问题所取得的成效、中国和德国在世界粮食安全上所作的努力、德国特色美食、中国各地美食进行进一步学习、思考与探讨。

在教学设计上，始终以学生为中心，较好地实现了学生在专业知识与专业能力方面的全面提升，使学生能以开放的态度对待多元文化现象，培养文化敏感性，能合理诠释文化差异，树立并保持文化自信，能够在与德语国家或文化群体的各种接触中实现有效沟通。

知识产权法典型教学案例

凝聚家国情怀　激励创新创造

学院名称	法学院	课程名称	知识产权法
主讲教师	贾丽萍	教师职称	教授
授课对象	法学专业二年级本科生	课程性质	专业必修课

课 程 简 介

"知识产权法"课程是教育部高等学校法学学科教学指导委员会确定的法学专业本科阶段必须开设的16门核心课程之一。知识产权法是规定知识产权的创造、运用、管理、保护、服务所产生的法律规范的总称,为科技之法、创新之法、商品经济之法,课程内容具有"以民法理论为基础,以多学科内容为背景"的特点。课程按照一流课程要求,在体例安排、内容设计等方面充分体现课程广度、深度与温度。

课程体例安排:按照"提出问题—分析问题—解决问题"的思路进行课程体例设计,首先梳理网络化、数字化、智能化时代面临的知识产权问题,然后系统讲解著作权法、专利法、商标法、反不正当竞争法等知识,最后运用专业知识,针对前述问题提出应对之策。

课程内容设置:从私人微观层面—企业中观层面—国家宏观层面进行课程内容的安排。从微观层面来看,知识产权是私主体享有的民事权利,是一种私权。首先知识产权法是调整平等主体之间(公民之间、法人之间、公民及法人之间)的有关知识产权权利义务的法律,因此,知识产权是一项民事主体享有的重要的民事财权。从中观层面来看,知识产权是企业一项重要的无形资产。结合华为、腾讯等企业知识产权战略构建,讲解知识信息时代企业知识产权战略理念与安排关涉企业生死存亡。从宏观层面来看,知识产权战略是国家战略。知识产权具有强烈的公共政策属性,与一个国家对外政治、经贸、科技、文化活动密切相关,是关涉民族复兴大业的战略;尤其是第四次工业革命时期,知识产权作为激励和保护大数据、人工智能、云计算、基因生物工程等领域创新创造的法律制度,与未来国家、民族命运息息相关。

教 学 目 标

课程以"立德树人、德法兼修"卓越法治人才培养为核心追求,从"厚德育、强专业、练思维、重能力"等方面明确课程目标。

(1)价值引领:通过知识产权法保护创造性劳动,融入马克思主义劳动观教育,树立诚实、守信的合法劳动意识,培养公正、法治、平等、诚信、敬业的价值理念;明确知识产权战略与国家发展、民族复兴、国家安全密切关系,提升新时代知识产权强国建设的自豪感与使命感。

(2)知识拓展:在夯实知识产权法基本原理、著作权法、专利法、商标法等知识的基础上,聚焦大数据、人工智能、基因生物工程等新形态、新业态、新领域知识产权热点问题，拓展课程内容广度与深度；以新文科建设为指引，构建具有内在逻辑性的"多学科交叉融合"整体性知识体系。

（3）思维训练：通过多学科知识融会贯通，培养系统性思维；通过对高新科技的关注，对创新创造的激励与保护，培养创新性思维；通过知识产权战略构建，提升课程站位，培养国家层面战略思维。

（4）能力培养：培养学生构建以民法基本理论为基础、以知识产权法为本体、以多学科知识为补充的整体性知识结构；提升学生运用专业知识，解决知识产权法或相关领域复杂问题能力，提升跨学科知识融通能力、系统化思维与创造性劳动能力。

思 政 元 素

以习近平法治思想引领中国自主知识产权制度体系建设。培养马克思主义的劳动观念，树立尊重创新、保护创新价值理念，强化"公平、法治、诚信、敬业"社会主义核心价值观教育，坚定青年学生为知识产权强国建设、民族伟大复兴不懈奋斗的理想信念，厚植爱国情怀。

案例实施路径与方法

（一）育人理念

坚持"立德树人、德法兼修"的育人理念，夯实知识产权基础知识，以新文科建设为引领，坚持课程多学科知识背景，进行法学、大数据、人工智能、经济学、社会学、管理学等多学科交叉融合，培养多维度、系统化思维，树立尊重创新创造、尊重劳动理念，提高知识产权强国建设的责任感、使命感与自豪感。

（二）实施思路

课程坚持"以学生为中心、以学习产出为导向"，开展"线上+线下"双线互动、"课前+课中+课后"三阶段混合式教学，课程内容层层递进，进行课程专业知识与课程思政内容的重构、教学流程重塑。

（三）思政元素融入方式

从课程教学组织方式与教学内容两个方面定位思政切入点。小组案例研讨、项目式研讨、线下翻转等方式培养学生信息素养，以及团队协作、探究式思考等能力；通过案例教学方法进行课程思政教学情境设置。从案例中总结立德元素，尊重、激励及保护知识，尊重创造，有利个人，造福社会和国家。

（四）教育教学方法

（1）PBL问题链递进式教学法。以教学目标为导向，根据学生认知规律和特点，从"教材知识点+学生关注点+教学结合点"三点出发形成环环相扣"问题链"，展现课程理论逻辑，激发学生学习的好奇心与求知欲。

（2）"线上+线下"混合式教学。

（五）教学活动设计

1. 第一阶段：视频观摩，播放"琼瑶打官司"今日说法视频。

案情与诉讼请求

2015 年 4 月琼瑶发表一封公开信（《琼瑶写给广电总局的一封公开信》），同年 5 月，琼瑶向北京市第三中级人民法院起诉，诉称于正《宫锁连城》剧本侵犯其《梅花烙》剧本著作权。诉讼请求：① 判决于正构成侵犯改编权与摄制权并赔礼道歉；② 判决电视剧《宫锁连城》停止复制发行与传播；③ 五被告连带赔偿损失 2000 万元人民币。

争议焦点：① 剧本《梅花烙》著作权的归属；② 小说《梅花烙》与剧本《梅花烙》的关系；③ 原告主张被改编和摄制的内容是否受著作权法保护；④《宫锁连城》剧本是否侵害了《梅花烙》剧本及小说的改编权；⑤《宫锁连城》剧本是否侵害了《梅花烙》剧本及小说的摄制权；⑥ 侵害改编权及摄制权主体及民事责任的认定。

判决

一审判决：① 被告湖南经视公司等四被告停止《宫锁连城》的复制、传播和发行；② 判决生效 10 日内，被告于正需要在门户网站的公开位置向原告琼瑶赔礼道歉；③ 于正在内的五被告一同支付原告 500 万元人民币。

二审判决：驳回上述、维持原判。

案例小组讨论问题

（1）请问小说、剧本与电视剧之间著作权法上的关系？
（2）你觉得被告构成侵权吗？"思想与表达的界限"在哪里？
（3）本案判决损害赔偿数额你觉得合理吗？为什么？

2. 第二阶段：类案引入，进一步深化拓展知识。

通过"庄羽《圈里圈外》起诉郭敬明《梦里花落知多少》侵权案、刘三田《暗箱》起诉周梅森《人民的名义》侵权案（2017 年）、李霞《生死捍卫》起诉周梅森《人民的名义》著作权侵权案"等系列案件深入研究著作权领域中"思想与表达"的内涵及界限、著作权侵权的判断标准及私权保护与影视文化产业发展关系。

3. 第三阶段：思政融入，此案件给我们的启示是什么？

郭敬明在案件判决时隔 15 年后、于正在案件判决时隔 6 年后，即 2020 年 12 月 31 日分别向各自原告公开赔礼道歉。

提问：赔礼道歉的背景是什么？这些类案的启示是什么？

引导学生提炼：尊重知识产权是对创造性劳动的尊重，对人格的尊重，强化马克思主义劳动观教育，培育尊重、诚信品质，践行"公平、法治、诚信、友善"社会主义核心价值观。

教师总结提升：在知识经济时代，尊重知识产权就是尊重劳动，就是对人格的尊重，只有这种尊重体现在我们的立法中，体现在我们的社会生活中，内化到我们的意识之中，我们的国家与民族才有创造的原动力，才能不断提升知识产权强国建设的责任感与使命感。

（六）资源载体

（1）课程思政教材：精选 30 个课程思政案例，形成《知识产权法》课程思政教材，作为马工程教材配套资料使用。

（2）线上慕课资源：课程依托自建"互联网创新创业中知识产权素养培养"慕课开展同步 SPOC 教学，包括 700 分钟课程视频、慕课题库等。

（3）多师多域师资源学科资源整合：充分依托福州大学理、工、经、管、文、法、艺等多学科平台，进行学科资源及师资资源整合，协同创新，将文学、影视及新技术等有机融入课程中，实现多学科知识交叉融合。

（七）特色与创新

（1）课程思政教材配合马工程教材使用：课程思政教材对课程马工程教材形成补充、细化，以点带面，通过思政要素的体系化设计，进行课程知识系统的重构。

（2）课程内容具有"法学为主+多学科知识"交叉融合特点：知识产权法为因科技而生、因科技而变的法律制度，课程内容紧扣科技发展最前沿，融合法学、管理、人工智能、文学等不同学科知识，学科交叉融合特点显著，契合新文科"多学科融合"建设要求。

（3）科教融合：课题负责人将慕课、SPOC教学改革与学术研究相结合，出版《大规模开放在线课程（慕课MOOCs）版权制度研究》学术著作一部，将丰富的科研资源转化为人才培养优势。

教 学 成 效

1. 课程思政教学经验

（1）根据思政元素重构课程知识体系。首先进行课程思政元素的系统总结，然后根据课程思政元素进行课程知识体系重构，实现思政元素与知识点两点融合。

（2）现代教育技术与灵活多样的教学方式相结合。充分运用线上线下资源，通过模拟法庭、案例研讨、项目推进、辩论赛等情景带入方式融入尊重知识、尊重创新、马克思主要劳动观教育，深刻感受知识产权国家战略实施对国家强大的重要意义。

2. 学生评教和学习反馈

通过课程多种灵活的教学方式、丰富的课程内容、多元化的师资配备，深刻感受到知识产权的多维属性，强化了知识产权战略作为国家战略的必要性认识，提升了尊重知识产权、保护创新创造的意识，大大提升了新时代投身建设知识产权强国的使命感、紧迫感与荣誉感。

3. 同行评价

校教学督导团专家刘丹教授对课程评价：课程充分挖掘课程思政元素，进行课程知识体系的重构，结合时下热播电影电视剧、结合新冠肺炎疫情与疫苗研发等讲解著作权、药品专利等知识，提升学生家国情怀与知识产权强国建设责任意识，课程思政效果好。

教育部法学类专业教学指导委员会原副主任委员、著名知识产权专家、中南财经政法大学原校长、文澜资深教授吴汉东对课程评价：课程遵循"学生中心、产出导向"原则，坚持"立德树人、德法兼修"卓越法治人才培养目标，积极践行"思政元素+现代教育技术+教学内容+教学方法"四方面的深度融合，致力于实现"价值塑造、知识传授、思维训练、能力培养"四位一体课程目标，课程思政教学质量高，具有很强的示范与推广价值。

4. 改革成效

提升了学生家国情怀、爱国意识；学习目标更加明确，学习积极性更高，课程成绩显著提升；取得相关教改项目八项；完成课程思政教材文稿；课题负责人获校创新创业导师奖；2020年课程获批省级线上线下混合一流本科课程；课程入选福州大学"共克时艰不停学、课程思政在行动"课程思政典型案例，在党建网、中国教育新闻网等网站展播。

消费与广告心理学典型教学案例

消费者的感觉与广告设计

学院名称	人文社会科学学院	课程名称	消费与广告心理学
主讲教师	刘微	教师职称	讲师
授课对象	应用心理学专业二年级本科生	课程性质	专业必修课

课程简介

"消费与广告心理学"是应用心理学专业应用社会心理学方向的一门重要的专业选修课程。本课程的教学目的在于以消费心理学和广告心理学的理论为基础,以营销和广告设计为视角,通过对当代消费心理学和广告心理学的主要研究成果及其可操作方法的系统阐述,结合课程思政,采用课堂授课、案例驱动、课程调查、广告设计、课堂讨论等授课形式,使学生了解或掌握消费与广告心理学的概念、研究意义及方法,掌握消费者的认知、动机、态度、决策与广告策划,了解亚文化与消费、广告的关系,能利用所学理论解释分析消费行为、简单设计广告,具备研究消费与广告相关课题的能力,在倡导理性消费观和诚信宣传等素养的基础上,发扬良好的思想品德,建立社会责任感,培养爱国、爱家乡的社会情感。

教学目标

(1)价值引领:通过课程学习,能够增强学生对心理学科的自豪感,感受和思考心理学科在消费与市场、广告领域的应用空间,拓展学生的知识面,增强学生对自我创新能力、实践能力的自信,提升专业自信与社会责任感。

(2)知识拓展:通过课程学习,帮助学生理解并掌握消费者感觉的理论与特点。

(3)思维训练:通过课程学习,使学生能够从理论出发进行消费者认知方向的文献查阅与调研,在研究结论的思考中提升科学素养;使学生能够解释、评价、分析感觉因素在广告设计中的运用,思考实践操作中的合理运用,体验理论运用于实践时的社会责任感与职业素养。

(4)能力建构:对知识的理解、分析和评价能力;对消费者行为的分析能力;交叉学科的学术研究能力;对广告从感觉元素进行分析评价的能力;利用感觉因素进行广告设计的能力。

思政元素

理性消费观;社会责任感;"爱国、敬业、诚信、友善"的社会主义核心价值观;家国情怀;文化自信。

案例实施路径与方法

（一）育人理念

以培养实践能力为中心，问题和案例驱动，产出导向。

（二）实施思路

（1）课程思政与知识运用相互渗透，培养理论与实践相结合的理想信念，增强社会责任感与科学素养、职业素养。

（2）构建"课前案例与问题驱动、课堂问题驱动、课后实践驱动"的教学模式。

（3）采用"引导—思辨—阐释—实训"的教学策略。

（三）思政元素融入方式

（1）在课堂知识传授与讨论中渗透理性消费观、诚信市场观，建立社会责任感。

（2）利用课堂小实验的方式，让学生感受消费者的感觉在不同文化和群体中的差异，帮助学生提升文化认同感，理解群体间差异，推动群体间和谐意识。

（3）通过布置小组作业，将实践操作建立在思政导向基础上，让学生在实践过程中通过调查、访谈、设计等操作，感受家国文化，坚定家国情怀。

（四）教育教学方法

使用课程QQ群进行预习内容布置和预习作业提交，综合启发式讲解、传统板书、现代多媒体课件等手段，适时设疑，师生互动交流，理论联系实际，启发式教学与案例教学、发散思维与收敛思维有机地结合。

（五）教学活动设计

1. 导入主题

先简要回顾预习作业完成情况，再通过几则广告导入主题——感觉在广告中的表现。通过对这些广告的观察和思考，引出感觉的概念和类型，同时促进学生对联觉的体验，在广告有限的表现手段里拓宽思维，思考多种多样的感觉表现方式，激发学生的探索欲望，调动学生学习的积极性。

2. 展开阐述

不同类型的感觉元素在广告中的运用——感觉营销。

（1）通过引入当下学术热点和研究结论，引导学生关注感觉元素对消费者决策的影响，如具身认知与消费行为的研究。

（2）对各种感觉元素知识点进行巩固，通过提问请学生回忆并回答在先修课程中曾经学习过的概念，包括感觉是什么，感觉中的视觉、嗅觉、听觉、触觉等因素对人们知觉、情绪和行为的影响。

（3）通过课堂小实验的方式，利用图片（视觉）、音频（听觉）、香水（嗅觉、触觉），请学生感受不同的感觉刺激呈现引发身心与理解上的微妙变化。

（4）感觉中的视觉是重点也是难点。在课堂小实验的体验之后，选取通过视觉进行营销的实例，从案例出发，与学生讨论、分析视觉元素在这些案例中起到的作用，循序渐进、层层深入地引导，启发学生发现视觉对营销活动的意义——影响消费者情感与决策。更进一步，通过冷暖颜色的呈现，选取不同类型广告色彩基调，分别在男女生、南北方学生中进行课堂小实验，请学生感受颜色感知和理解在性别和文化间的差异，强调文化和群体的重要性，请学生思考利用色彩元素进行营销时需要注意的元素，在此基础上帮助学生理解群体间差异，推动群体间和谐意识，渗透家国情怀和文化自信。

3. 深入研讨

感受性与感觉阈限在消费与广告领域的运用。

（1）通过提问的方式，请学生回答绝对阈限与差别阈限的概念，以及它们之间的区别，并通过该方式验证学生是否能够清晰鉴别。

（2）阈下知觉是重点也是难点，解决办法是通过分析评价研究文献加深对这个问题的思考。介绍两项消费者行为的研究，请学生讨论这两项研究的结论说明了什么问题，请学生分析和评价这两个研究的研究设计，并探讨研究结论的可信度。通过对这两项研究的研讨，加强学生的学术研究思维，激发学生学术研究的热情。

（3）展示现实生活中的图片，如超市里促销活动、产品降价销售、包装设计的变化历史等，请学生思考差别阈限的实践运用，提升学生对日常生活的观察能力、思考能力，以及对知识的运用能力。在此基础上，展示几则"山寨"产品和商标的图片，引导学生深入思考理论的使用必须建立在诚信和社会责任感的基础上，进而践行诚信的社会主义核心价值观。

4. 巩固加深

布置小组作业，利用习得的理论进行市场调研和广告设计。

小组作业题材：为响应2021年"我们的中国梦——文化进万家"活动，请为你家乡的特色文化（产品）设计一个包装，你会在颜色象征体系和图形设计等包装要素上如何设计？通过学生分组讨论和实际操作的教学方法，加强学生将理论应用于实践的意识，增强学生的操作能力，并从实践操作中加深对知识点的领悟。以此为契机，让学生们体验家乡的美好，增强家乡自豪感，感受家国情怀。

5. 总结提高

借助学生的课堂讨论结果与实操训练结果进行总结。

（1）内容小结。与学生一起将课堂知识用思维导图串讲，结合学生课堂讨论的结果，深化对知识点的解释，以及应用中需要重点关注的因素。

（2）目标小结。强调知识点在实际运用中的诚信和社会责任感，强化学生体验到的家国情怀与文化自豪感。

6. 课后任务

在消费者行为领域查阅与感觉有关的研究结论，并进行简单介绍和评析；复习《普通心理学》中知觉相关的内容。

（六）资源载体

图书馆文献库、网络。

（七）特色与创新

课程思政主要通过案例驱动、实操训练、交流讨论等手段渗透，将课程思政的元素融合在课堂的案例及文献的讨论中。创新之处在于将思政元素渗透在实践操作的环节，以"文化进万家"为主题，请学生为自己家乡的特色文化（产品）设计宣传推广思路。此设计题将贯穿整个课程，根据理论学习的进程不断完成新的任务，更新设计思路，由此将诚信、社会责任感、和谐社会、可持续发展等核心价值观渗透课程始终，引导学生在设计和讨论中感受家国情怀，加深对祖国和家乡的自豪感，增强文化自信。

教 学 成 效

在知识讲授、案例分析、研究成果探讨、课堂小实验等环节中渗透思政元素,潜移默化地引导学生坚定社会主义价值观,坚定诚信的价值导向,强化社会责任感。从学生的讨论中反映出他们总体积极正面的价值观,课堂的讨论将这些积极正面的价值观融入教学内容。而课堂小实验形成了"看得见的思政",将他们积极正面的价值观清晰地呈现在意识层面。群体内的互动和讨论,使得这些呈现在意识层面的价值观更加坚定和升华,也增强了学生群体内的认同,提升了学生群体和谐团结的情境。

为家乡文化进行宣传的实践作业,充分激发了学生对祖国和家乡的赞叹,学生们表示从来没有这么充分地感受到家乡的美好,以前总想离开家走得远远的去看世界,现在就想回家看看,支持家乡的建设。从学生为家乡文化宣传的实操活动中,通过交流讨论,了解学生们的成长背景,探讨学生的家国信念,感受学生们的乡情,也能够更深入地理解学生,更有针对性地关怀学生,更实际地帮助他们解决困难,让每个学生在远离父母或家乡的求学路上,也能感受到大家庭带给他们的温暖,健康成长,积极向上。

生理心理学典型教学案例

从"铁皮人"到大脑 GPS 定位

学院名称	人文社会科学学院	课程名称	生理心理学
主讲教师	郑新夷	教师职称	副教授
授课对象	应用心理学专业一年级本科生	课程性质	专业必修课

课 程 简 介

生理心理学是心理学、神经科学和信息科学之间的边缘学科,它综合了生理学、神经解剖学、神经生理学、生物化学、心理(或行为)药物学、神经病学、神经心理学、内分泌学以及行为遗传学等交叉学科,研究心理和行为产生的生理过程,尤其是大脑组织结构和行为反应之间的联系,以此来解释生活中的心理现象的生理机制。

"生理心理学"是心理学专业的一门必修专业基础课,本课程也常被称为"生物心理学""心理生物学"或"行为神经科学"等。教学对象是心理系一年级学生,这些学生首先需具备神经解剖生理学的知识。课程教学要求学生掌握心理现象和行为产生的生理原因,即心理行为的大脑和神经机制,同时培养学生通过自学获取新知识的能力等。通过课程教学,着重培养学生善于运用所学基本理论知识的能力,探究现实生活中心理现象的生理机制,锻炼学生从生活中寻找科研的灵感的能力,增强专业自豪感,树立科技报国的使命感,践行社会主义核心价值观。

教 学 目 标

(1)价值引领:理解生理心理学是学习心理学的自然科学基础,建立自然科学研究的思路。

(2)知识拓展:领会生理心理学研究的历史是结合了生理学、心理学、神经学、行为学、生物学等学科的综合研究。

(3)思维训练:掌握生理心理学的基本概念和基本研究方法,培养理论联系实际、分析问题、解决问题的能力。

思 政 元 素

(1)政治认同:号召学生响应国家提出的"健康中国"的战略目标,关注各个群体心理健康下的生理机制,特别是大学生群体、社会职业人群、弱势群体、老年群体等心理认知现状,探究各群体的主要心理健康问题背后的生理特点,增加学生科研的责任感和使命感,树立为人民身心健康服务的意识。

> （2）家国情怀认同：通过宣传中外科学家在脑神经科学和神经生理心理学的科研事迹，比较中外科学家的学科贡献差距，激发学生永攀科学高峰，力争获取科技话语权，提升学生使命担当和爱国情怀。
>
> （3）民族科技自信认同：通过当代中国大脑神经科学的研究实例，宣传中国科技者追求祖国的健康事业、造福人民的奉献精神，激励学生在实现个人理想的同时要以祖国复兴的理想为根基，增强科技报国伟大信念。

案例实施路径与方法

采用精美的动画和多媒体生动演示，让学生感受到所学知识的实际价值，从而产生好奇心，激起学习新知的欲望。适时设疑，启发学生思考，调动学生学习的积极性。

先简要介绍本课程的考核要求和参考资料，再采用以下三大问题导入主题。

（1）猜想生理心理学研究的范畴，有哪些研究问题？

（2）为什么生理和心理密不可分？

（3）为什么学习生理心理是必要的？产生心理的物质和客观基础——心理的器官在哪？心理学是哲学还是自然科学？

坚实的物质基础奠定心理学的理学性。

具体教学内容：用5个生理心理学典型案例开展课堂讨论，树立科学观，践行社会主义核心价值观。

案例1：学习神经元的发展和抑制。

（1）不断学习可以促进大脑神经的不断发育（图1），而停止学习，会导致已经发育完全的神经萎缩。

（2）神经科学的研究证据证明了学习的生理机制。

（3）"学习强国"是习近平新时代中国特色社会主义思想最权威、最全面的信息平台。

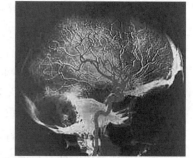

图1　学习促进大脑神经管道的增加

（4）"学习强国"提供了终生学习的平台，避免大脑神经萎缩。

案例2：英国男子安装了"金属心脏"（图2），丧失了情感。

课堂提问，激发思考：

（1）心脏是心理的器官吗？

（2）这个金属心脏的案例告诉我们什么？

器官是什么？听力的器官在耳朵，视觉的器官在眼睛，那么，心理的器官在哪？是心脏吗？如果不是，又是哪里呢？

图2　金属心脏

案例3：单身基因存在吗？

据英国《每日邮报》网站2014年11月20日报道，科研人员发现一种"单身基因"，携带这种基因的人单身的概率比别人高20%。研究者认为，这种基因可以降低大脑中负责感觉良好的化学物质血清素的浓度，使人对亲密关系感到不自在。这可能导致这个群体从一开始就难以构建交往关系，甚至导致一再分手。

北京大学的科研人员从将近600名中国高校学生身上提取头发样本，检测分析一种名为5-HTA1的基因，这种基因有两个不同的类型。携带"G"型基因的人比携带"C"型基因的人单身的可能性更大。报道称，"G"组人群中约有60%的人没有交往对象，"C"组的比例为50%。重要的是，这种关联无法用影响交往的其他因素来解释，比如相貌和财富。

这项研究的关键之处似乎在于大脑中 5-HTA1 基因的作用。携带"G"型基因的人群产生的血清素较少。血清素与情绪和幸福感有关。科研人员已经知道，等位基因为"G"的人群感觉难以与他人亲密，另外，这类人群更容易神经质，出现抑郁。

课堂对单身基因的实验研究展开讨论。

案例 3 小结：

这个单身基因的研究有思维创新，但是缺少科学的技术分析。首先实验对象没有普遍性，都是大学生群体；其次，单身的状态是暂时的，不能用暂时的行为结果推论基因的特性；最后，基因的特性不是和行为一一对应的。因此，该研究结果具有片面性。

案例 4：大脑 GPS（全球定位系统）定位（诺贝尔生理学或医学奖）。

课堂介绍 2014 年诺贝尔生理学或医学奖获得者的研究历程，三位师徒发现了大脑定位系统的特殊细胞：位置细胞，John O'Keefe；网格细胞，May-Britt Moser，Edward I. Moser。

诺贝尔奖评选委员会在声明中说："我们如何知道自己在哪里？我们如何从一个地方到另一个地方？我们如何在大脑中储存信息，以便下一次能够找到相同的路径？"他们发现了大脑的定位系统，即"内部的 GPS"，从而使人类能够在空间中定位自我。三位科学家的发现为了解记忆、思维和计划等大脑认知功能拓展了新的空间。

案例 4 小结：

（1）研究的重大发现不是一代人的努力，也许需要两代人或者几代人的努力。

（2）研究的灵感来源于现实生活中的观察和思考。

（3）本研究属于典型的知识创新。

（4）科技创新包括知识创新、技术创新和管理创新。

（5）科技创新是国家提升竞争力的必由之路。

案例 5：人类和黑猩猩的基因差异研究历程——仅有 1% 的差异吗？

1975 年，《科学》杂志发表了一篇惊人的论文：美国加州大学伯克利分校的进化生物学家 Allan Wilson 和研究生 Mary-Claire King 认为，人类和黑猩猩的基因差异仅有 1%。在一片质疑声中，DNA 测序研究最终支持了他们的观点，这也成了人们的普遍认识。2005 年，美国黑猩猩测序与分析合作组织（Chimpanzee Sequencing and Analysis Consortium）首次得到了黑猩猩的基因组，在对比了人类和黑猩猩的 24 亿个碱基对后，研究人员发现了 1.23% 的差异。不过，研究人员注意到，这一数字仅仅反映了二者的碱基取代（base substitution）的不同，并没有包括基因组中 DNA 的插入缺失多态性（Indel），而正是这些插入缺失多态性会破坏基因从而引起多种严重疾病。合作组织认为，这些插入缺失多态性会阻断基因，从而引起人类与黑猩猩之间大约 3% 的额外差异。在 2006 年 12 月的 *PLoS One* 发表的一篇文章中，印第安纳大学 Matthew Hahn 的小组通过对多个物种的对比研究发现，人类和黑猩猩的全部基因也在不断地复制和丢失，这进一步加大了二者的差异。Hahn 和同事得出结论，人类和黑猩猩的基因副本数量差异高达 6.4%。之后，加州大学洛杉矶分校的神经学家 Daniel Geschwind 小组在 2006 年 11 月 21 日的《美国科学院院刊》上指出，就大脑皮层而言，17.4% 的基因关联是人类所特有的。

案例 5 小结：

（1）1975 年的 DNA 测序，2005 年碱基序列比对，2006 年扩大物种比较法，基因复合表达，开发新的测基因标准……

（2）人类和黑猩猩的差异是多少？这还未知！

（3）持续的技术创新才能揭开最终的谜底。

（4）掌握了技术，就掌握了学术话语权！

教 学 成 效

1. 自身师德建设成效

任课教师在教书育人中,自觉响应党中央师德育人的号召,努力学习和领悟中央的决议和讲话精神,落实社会主义核心价值观教育,牢记集爱国主义、集体主义、社会主义教育为一体的大思政教育理念,坚持言传和身教相统一,坚持潜心问道和关注社会相统一,坚持学术自由和学术规范相统一,努力实现以德立身、以德立学、以德施教。

2. 学生评教

自开设本课程以来,学生对于课堂的教学评价总分都保持在 98.00 分以上。大部分学生对于课堂中讲授的科学故事和科学研究历程非常感兴趣,激发了学生科研报国的热情。教学中的科技兴国、民族自尊和文化自信融汇在每一个教学案例中,端正了学生的社会主义价值体系,唤醒了学生的家国情怀和民族自信。

3. 经验反思

教师的思政理念是决定课程价值体系的方向,教师的德育素质要从心而发,具体案例具体剖析,避免假大空的思政宣传,学生作为思德教育的接受者才能真正感同身受,并将继续传承祖国的核心价值观。

中级英语视听说（下）典型教学案例

当视听英语遇见中国美食故事

学院名称	外国语学院	课程名称	中级英语视听说（下）
主讲教师	郑丽钦	教师职称	副教授
授课对象	英语专业一年级本科生	课程性质	专业必修课

课程简介

"中级英语视听说（下）"是高等学校英语专业的必修课。课程将以立德树人为抓手，将价值观塑造、知识传授和能力培养贯穿整个课程。在视听技能训练方面，主要培养学生的语音辨别能力，例如弱读、重读、连读和缩略语等；在视听策略方面，主要训练学生的长句听力，以及根据语境和提示语进行预测与判断的能力；在理解方面，本课程打破教材原有的编排，以专题形式重新分类和整理教材内容，此举既有利于学生熟悉该专题的词汇、句法和话语，又便于在各个专题中融入课程思政元素，做到既聚焦视听说的提升，又聚焦立德树人。此外，由于本课程课时较少，通过引导学生选择适合的视听材料、检查学生课外自主视听情况等方式，培养学生每日视听的良好习惯。在视听的基础上，本课程注重培养学生用英语讲好中国故事、传播中国声音的能力，每个专题视听练习结束后，要求学生挖掘中国元素，以短视频或演讲等形式讲好与专题相关的中国故事。

教学目标

中国素有美食天堂之称。本节通过视听 BBC（英国广播公司）纪录片《舌尖上的中国》并完成主题任务"用英语讲好家乡的美食故事"，旨在达成以下教学目标：

（1）厚植学生的爱国情怀，增强民族自豪感和文化自信。
（2）培养学生健康饮食理念和习惯。
（3）基本能够听懂和理解常速英语，并能够归纳和复述所视听的素材。
（4）掌握与食物相关的一些英语词汇和句子。
（5）具备用英语讲好中国故事、传播中国声音的能力。
（6）制作动态 PPT、短视频，并完成视频剪辑、配音。

思政元素

了解和学习中国博大精深的饮食文化和健康理念，挖掘家乡的美食文化，弘扬和践行优秀传统文化，将"健康中国"理念传递给世界，为世界的文明互鉴贡献中国力量，增强民族自豪感和文化自信；所采用的BBC纪录片为外媒制作，引导学生甄别真实性和是否有隐藏的外国意识形态。

案例实施路径与方法

（一）育人理念

本案例旨在训练学生能够听懂并理解真实度较高的英文视听材料，如BBC纪录片，促进学生视听能力、理解能力和分析归纳能力的提升。同时，通过在课程中润物细无声地融入立德树人理念，培养学生民族自豪感、社会责任感、健康饮食理念以及传播中国故事的能力。

（二）思政元素融入方式

任务型教学是课程思政背景下外语教学的主要模式。通过产出导向，以项目和主题任务为驱动，可以实现价值塑造、知识传授和能力培养三者的"基因式"融入，润物细无声地将思政融入专业课教学，实现立德树人的目标。

（三）实施路径与方法

在实施路径与方法上，本案例打破传统视听课以输入为导向的教学模式，转向以产出为导向、以主题任务为驱动的教学路径，具体体现在课前、课中和课后各环节。

课前布置主题任务——"用英语讲好家乡的美食故事"，要求学生通过查找资料、田野调查或访谈等形式，深入挖掘家乡美食的食谱、烹饪方式和特色，同时引导学生了解膳食营养表，关注餐桌食品的营养和卫生情况，培养学生健康饮食理念以及关注食品安全的社会责任感。

课中以问题为导向——"BBC纪录片《舌尖上的中国》如何介绍和传播中国美食？哪些方面值得你借鉴？"结合主题任务和问题，播放一至两集BBC纪录片系列《舌尖上的中国》，解释和引导学生重点关注以下几方面：① 与食物和营养有关的英语词汇和句子；② 视频中配音的发音、语音语调等；③ 长句和难句；④ 思考BBC纪录片在传播中国美食时如何实现叙事再现和观众代入感；⑤ 甄别外国媒体是否真实反映中国以及是否植入外国思想意识形态，不仅促进学生提升视听理解能力，同时培养学生叙事传播能力和思辨能力。

课后，要求学生反复视听课堂所播放的纪录片，直到完全听懂和理解，并让学生相互之间以问答、讨论或复述等方式深度加工视听材料；同时，以小组为单位，制作短视频或动态PPT完成"用英语讲好家乡的美食故事"主题任务，小组成员分工合作，撰写剧本，配音和制作短视频或动态PPT。在规定时间内提交作品后，通过教师点评、小组间互评的方式，提升和完善短视频或PPT质量。最后，甄选优秀的短视频或动态PPT，报送院团委，在微信公众号刊登和宣传。通过完成主题任务，学生可以深入了解和挖掘中国所富含的美食文化，增强学生的民族自豪感和文化自信；通过制作短视频和动态PPT，学习和掌握现代科学技术；小组成员分工合作、共同完成主题任务，有利于团队合作意识的培养。

（四）特色与创新

（1）转变传统视听课单纯重视视听技能，不重视产出，将输入与产出割裂的状况，将完成主题任务的"产出"贯穿整个教学过程，实现视听课输入与产出的融合。

（2）改变传统外语教学以目标语的语言和文化为主要教学素材的状况，以中国博大精深的美食文化为素材，挖掘并使用中国元素，扎根中国，厚植爱国情怀。

（3）培养复合型人才，为了制作短视频和动态PPT，使学生学习和掌握录视频、剪辑、合成、配音等技能。

教 学 成 效

教学相长，有效的教学活动，教师和学生都能从中获益。

通过本课程教学，本人获益如下：

（1）自身得到成长。在教学之前，教师自身先学习并贯彻课程思政教育思想，学高为师，行正为范。

（2）积累了课程思政教学经验。意识到课程思政有利于外语教学的内涵式提升，改变之前单纯聚焦外语语言知识和技能的教学，将语言教学与育人深度融合，提升教书育人的能力。

（3）促进科研能力。为了课程思政教学需要，必须大量阅读文献，形成自己的思考和教学之道。本人在此基础上撰写了相关的论文。

学生也从本课程中获益颇多，摘取一些学生的反馈："我十分喜欢Project（主题任务）这一环节。这是一个我们能大展拳脚的地方，因为这一环节需要我们各方面的能力，不单单是专业能力，还需要许多别的方面的能力。""这个学期最令我印象深刻的是用英文介绍家乡美食，我和我的partner选择了她的家乡——云霄的饮食文化作为主题，并用视频形式进行呈现。这是我第一次通过英文来传播本土文化，闽南风味的美食和那些我平时不常用的英文词汇碰撞出巧妙的化学反应。通过这个主题，我不仅了解了闽南独特的饮食文化、其中蕴含的历史故事，也在制作视频的过程中提高了筛选素材、剪辑视频的能力以及口语水平。"

漆饰品设计与制作典型教学案例

漆饰品草图设计

学院名称	厦门工艺美术学院	课程名称	漆饰品设计与制作
主讲教师	叶明珠	教师职称	讲师
授课对象	漆艺设计专业二年级本科生	课程性质	专业必修课

课程简介

"漆饰品设计与制作"是漆艺设计专业本科二年级的专业必修课,同时也是一门综合性、多元化的课程,内涵丰富的思政元素。本课程理论与实践并重,讲解与训练相结合,主要学习和研究现代大漆首饰设计概念和现代加工工艺基础知识,包括首饰的造型设计原理、首饰设计的创作思维,以及制作工艺与材质之间的相互关系等。此课程侧重于培养学生的大漆首饰设计技能和首饰加工能力,在本专业教学环节中起到将艺术设计、材料学与漆工技术整合的重要作用。通过本课程的学习,使学生掌握大漆饰品设计的原理及方法,了解制作流程的内在规律,熟悉加工工具与设备的使用方法和操作技巧,从而使学生对大漆首饰造型设计有更全面的认知,进而培养学生独立完成大漆首饰设计与制作能力。在知识传授过程中,利用漆艺家的事迹、漆艺工艺的革新等,润物无声地影响学生,引导学生,培养学生吃苦耐劳的工匠精神和对本土文化的重视,增加学生的民族自信和文化自信,进而提高学生的综合素质,实现"漆饰品设计与制作"课程的思政教育。

教 学 目 标

(1)价值引领:学生能够在漆饰品草图设计中将创意设计与传统工艺结合,培养学生具备吃苦耐劳的"工匠精神",增强学生的民族自信和文化自信,融入现代审美理念,立足国际视野,让中国本土艺术走向世界。

(2)知识拓展:学生能够掌握漆饰品设计与制作的原理及方法,了解制作流程的内在规律,清楚漆饰品草图设计创意的着眼点、相关设计方法及注意事项,使其具备现代艺术创新设计与生产管理的综合能力。

(3)思维训练:掌握漆饰品造型设计与制作工艺技法和材质之间的相互关系,在漆饰品草图设计方案中考虑将艺术设计、材料学与漆工艺技术整合,能够利用所学的知识打破传统的认知,具有独立自主的探索精神,进而培养学生能够解决、分析和应用所学专业知识的能力。

(4)能力建构:了解漆艺设计专业的发展趋势和时尚前沿,使学生将自身专业素养与社会资源进行整合,实现可持续发展;能够结合当前的潮流特征和人们的审美需求,通过所学专业知识发挥创新能力,将自己的设计构思与实际应用联系起来,实现以人为本的设计特性,设计出独特的本土文化大漆饰品。

思 政 元 素

（1）工匠精神元素：介绍漆艺家甘而可和漆线雕非遗传承人沈锦丽的事迹。菠萝漆工艺代表甘而可，十年如一日地重复着髹漆的工作，"以技入道""物我同一"，他自身对技艺的执着追求、对产品的精益求精，以及对产品做到极致的执念，是值得学生思考和学习的。沈锦丽将祖传技艺漆线雕进行传承和发扬，成立了优必德漆线雕文化艺术公司，其漆线雕精品曾作为国礼赠送给国外领导人和贵宾。尽管在传承漆线雕的过程中几经磨难，但她顶住压力，打造漆艺非遗传承，用"以艺载道"的传承观念弘扬中华民族的传统文化。通过案例培养学生具备工匠的精神，调动学生的积极性，落实其中的内涵和温度，保持工匠精神的传承和发展。

（2）社会主义核心价值观元素：结合有关专业知识讲解中国大漆文化的内涵和价值。学校是传承中华优秀文化、弘扬社会主义核心价值观的文明阵地。漆艺专业作为学院的特色专业，在艺术的实践中，重视学生的设计主题和方向，将社会主义核心价值观培育融入艺术元素，达到潜移默化、润物无声的美育功能。

（3）民族文化：结合有关知识讲解漆艺史，以漆饰品设计与制作课程为基础，整合资源，达到非遗文化的传承，加载美育，让学生在设计草图的实践中，感知到传统匠人的智慧，落实民族文化复兴。增强学生对民族文化的感悟和创新，在实践的过程中，取其精华，净化心灵，保持个性化的发展路径。在产品的升华中，找到民族的文化基因，将真善美的一面呈现到大家的生活当中。

案例实施路径与方法

（一）育人理念

坚持"匠心塑魂，艺科融通"的育人理念，为培养"懂材料、知科技、能动手、会创造"堪当民族文化复兴大任的新时代漆艺设计人才不竭动力。

（二）实施思路

（1）课程思政与专业知识互浸，培养大学生积极进取的精神面貌和工匠精神。
（2）构建"课前需求驱动、课堂问题驱动、课后实践驱动"的教学模式。
（3）采用"案例研究、小组讨论、示范和实践、自主学习"相结合的教学策略。

（三）思政元素融入方式

在教学的过程中有意识地融入课程思政元素。具体表现在以下几方面。

（1）中国传统民族文化的融入：通过简介漆艺历史的环节，引入中国传统民族文化及设计理念，引导学生通过漆饰品草图设计彰显传统民族文化的内涵和价值。漆艺是福建有代表性的艺术品牌之一，通过介绍福建不同地区漆艺文化的内容，了解当下国情、社情、民情，以润物无声、潜移默化的方式提升学生的本土文化自信，鼓励学生将本土文化引入设计思考中，提高学生的艺术修养，使其自觉传承和弘扬民族文化。

（2）漆艺家事迹的融入：课前提前布置学生去收集漆艺家甘而可和沈锦丽的相关资料，在课堂导入环节，播放两段视频分别介绍漆艺家甘而可和沈锦丽髹漆的日常，介绍他们"以艺载道"的传承观念和对技艺的执着追求、对产品的精益求精，以及对产品做到极致的执念。引导学生在漆饰品草图设计时就应该考虑"以技入道""物我同一"的理念，发扬漆艺人的匠心精神。

（3）设计主题和方向的巧妙融入：在课堂学生讨论与实践环节，有意识地引导学生在设计主题与方向的选择上应考虑当前的潮流特征和人们的审美需求。通过小视频介绍国内知名漆艺公司在开发漆艺产品上基于人们的需求进行的对主题和方向的选择。以此引导学生在草图方案推导和设计物化方面要考虑当下人们需求的元素，践行社会主义核心价值观。

（四）教育教学方法

（1）案例教学法（线上与线下相结合）：通过视频案例导入，带领学生欣赏漆艺家在设计与制作方面精益求精和对产品极致的追求，引入思政元素，引导学生追求匠心精神。其次通过视频和图片介绍国内知名漆艺公司在开发产品上既会考虑社会需求的元素，又会融入本土文化，力求将中国漆艺品牌推向国际。

（2）讲授法：通过PPT形式讲授大漆发展的历史，介绍福建不同地区漆艺文化的内容和漆饰品分类，结合漆饰品设计与制作的原理，借助案例图片解析漆饰品设计初始阶段即以草图的形式记录，解析草图设计的概念。

（3）启发式教学法、示范法：通过介绍设计草图的三种不同表现方法，启发学生独立思考，让学生动手，将本土文化元素以不同的设计表现形式融入草图中。理论与实践相结合，课上邀请漆艺大师现场示范，激发学生内在的学习动力，培养独立解决问题的能力。

（五）教学活动设计

本课程的教学活动设计主要由以下三个模块组成。

1. 以教为主导，讲授大漆文化与设计

（1）导入视频介绍漆艺家事迹，将思政元素与专业知识巧妙相融。

（2）介绍大漆历史和福建不同地区漆艺文化的内容，讲授不同时期漆饰品的特点和漆饰品的种类，总结传统饰品在设计上的规律，培养学生从传统单一的漆饰品设计认知进入到多元、创新、创意的专业学习中。

（3）在教学过程中引导学生整合自身专业素养与社会资源，通过所学专业知识，发挥创新能力，将新兴产业（如3D成型技术）融入传统工艺，将自己的设计构思与实际应用联系起来。通过理论与实践相结合，以设问的方式，引发学生的思考潜力。

（4）本课程邀请漆艺大师进课堂，在教学过程中，教师与漆艺大师相互配合。漆艺大师通过讲授分享自己的从艺心得，通过示范教授学生从绘图到制作成品需要注意的事项。课程鼓励学生对漆饰品草图设计的表现形式进行提炼、概括和创新，把本土元素运用到现代的设计作品中。

2. 以学为中心，鼓励自创大漆品牌

（1）发挥学生积极主动的特性，使其能够利用所学的专业知识打破传统的认知，具有独立自主的探索精神。

（2）促进学生从弘扬本土文化的设计思维出发，形成创新、创意、实践和应用相结合的驱动意识。

（3）在随堂练习过程中，学生以自主学习和自主合作的方式围绕本土文化这一主题进行深入思考、讨论和发问。

（4）在课下引导学生主动查找国内外漆饰品相关资讯和文献，鼓励自发学习和深度创作，鼓励自创大漆饰品品牌。

3. 线上线下教学结合互动

课堂录制教学视频，把教学PPT和教学视频都上传到网络课堂，引导学生进行自主线上学习，作为线下学习的补充和辅助。

（六）资源载体

（1）教材整合：漆饰品设计与制作课程无固定教材，教研组就上课内容、具体教学、相关资料等内容进行整合，把教学心得进行整理汇集，形成教学讲义或教案，为以后的教学提供辅助，起到参考和指导作用。

（2）创新教育平台：线上与线下教学相结合，引导学生进行线上自主学习互动，倡导新工艺、新科技、新观念，坚持传承和创新相融合，强调工艺与设计、艺术与科技的结合。

（3）引进大师进课堂：邀请漆艺大师进课堂，将传统的漆艺工艺与国际前沿的设计理念相融合，在保有传统的基础上开阔学生的视野，拓宽学生的设计思路，提高学生设计的科学性和可应用性，将民族文化以艺术的形式推向国际。

（七）特色与创新

（1）思政元素与课程内容的巧妙融合。通过视频案例将思政元素融入教学环节中，培养学生的工匠精神；使学生在学习过程中更加了解中国民族文化的力量，把民族文化精神运用到现代设计中，从而达到潜移默化的教学效果；引导学生在设计主题上把握社会审美风尚，提高学生的审美和人文素养，践行社会主义核心价值观。

（2）漆艺大师进课堂，拓展多元课堂教学。邀请大师进课堂既丰富了教师资源结构，又拓展了课堂形态的多元化。漆艺大师把他们几十年积淀的真知灼见和创作经验带进课堂，激发学生主动学习、研究、传承和创新的兴趣与责任。课程作业完成后，邀请漆艺大师对学生设计方案进行点评和辅导，给出具体的修改和调整意见，帮助学生把设计方案在接下来的制作课程中实际落地，制作成品。

（3)"艺工融合、理实一体"的教学策略。在新文科新工科的教育背景下，漆艺设计课程体系是跨学科交叉融合，掌握多学科知识体系、思维方式、学科素养以及研究范式，引导学生在草图设计时可将大漆与服装、产品设计、陶瓷等元素融合，培养学生能够从多元视角来观察、分析以及解决设计需要考虑的社会现实问题。

（4）新兴产业（如3D成型技术）融入传统工艺，改变传统的产品制作工序。在教学中指导学生进一步了解设计流程，引导学生使用3D成型技术把设计方案从图纸转化为成品。及时把学生的设计计划、设计草图及设计模型进行集中，为后续的学习和工作奠定良好坚实的基础。

（5）线上线下相结合的教学方式，丰富教学手段，适应时代特点。学生课前自主线上学习，进行小组思政研讨，课中线下交流，生讲师评，作为线下学习的补充和辅助。

教 学 成 效

（1）通过本课程的讲解与学习，以漆艺家的事迹案例，润物无声地影响学生，培养学生吃苦耐劳的工匠精神，进而提升学生的综合素质。引导学生在进行漆饰品草图设计时，将本土文化和民族文化融入到学生的设计，鼓励学生自创中国特色的漆饰品品牌。

（2）通过小组合作的方式讨论和解决漆饰品从设计方案转化为实物的过程中可能遇到的困难，培养学生的合作意识，强化学生的团队精神和健全的人格，了解国情、社情、民情，践行社会主义核心价值观。

（3）课后学生较为正面地对本课程进行了评价，学生反映教学过程中专业知识与思政元素的巧妙相融，增加了他们对知识学习的欲望，增强了他们对民族文化的自信。漆艺大师进课堂，让他们近距离地观看大师示范，开拓了他们的视野，使他们找准了自己的定位，受益匪浅。

（4）有的学生过去对学业和人生规划较为迷茫，没有清楚地认识到专业的价值和社会地位，经过了思政融合教学的教育之后，学生找回了自信，感受到本土文化的价值，对未来目标和学习规划较为明确，形成了积极学习、团结互助、努力奋斗的风气。

中国传统纹样设计应用

学院名称	厦门工艺美术学院	课程名称	中国传统纹样
主讲教师	李昭庆	教师职称	教授
授课对象	服装与服饰设计专业三年级本科生	课程性质	专业必修课

课程简介

"中国传统纹样"是服装与服饰设计专业的必修课程,课程分为几何纹样、动物纹样、植物纹样、人物纹样、吉祥纹样、传统纹样与现代设计等章节。中国传统纹样课程的思政教学改革,用心传达了课程思政教学精神,用简单、清晰、易懂的案例融入教学一线,使学生真切地感受到激励和尊重,感受到教师的尽心和负责。

本课程课上课下全面提高,引导专业伦理。课程挖掘与中国传统纹样相关的现当代图案设计中所蕴含的中华文化基因,在实际教学中弘扬家国情怀、传递德育心灯;以动态教学消除教与学的距离感,赴服饰博物馆、色彩工作室、服装品牌企业等地进行艺术调研实践;结合及借助科学技术的力量,通过线上课程、网络答疑、云端知识库分享等方式,使学生及时获取学科前沿资讯,全面提升其综合素质。

本教学案例旨在使学生掌握中国传统纹样设计与应用,具体分为20世纪西学东渐的纹样设计潮流、中国图案教育与图案学的重要奠基者与推动者、中国传统纹样设计应用实例三个部分。以新中国成立后林徽因、梁思成等爱国知识分子在国徽设计中对纹样的运用等为例证,生动而详细地揭示纹样运用过程,使学生掌握中国传统纹样技巧实践章节的核心知识点,激发学生的爱国情怀,增强学生的文化自信。

教学目标

(1)价值引领:价值观教育与专业教育互融并进,弘扬主旋律,传播正能量,引导学生将中国传统图案时尚化地运用在服饰设计中。

(2)知识拓展:鼓励学生从展示家国情怀的优秀艺术作品、我国大好河山和民俗生活中,提取及绘制图案运用在服饰设计中。

(3)思维训练:挖掘中国传统图案文化中所蕴含的中华文化基因,以优秀设计作品为例,激发学生的文化自信和艺术创作动力。

(4)能力建构:掌握本章节中国传统纹样设计应用的相关知识点,即20世纪西学东渐的纹样设计潮流、中国图案教育与图案学的重要奠基者与推动者、中国传统纹样设计应用实例三个部分的内容。

思 政 元 素

引导学生树立正确价值观，传承家国情怀。在知识更迭迅速的时代，在向学生传授知识的同时，要更加重视学生的品德修养和心灵世界。引导学生找到正确内驱力，传递德育心灯。引导学生只有拥有为大众服务的远大志向和宽广胸怀，才能获取和激发人生路上不断前行的原动力。

案例实施路径与方法

（一）育人理念

秉承课程思政入课堂，培养德才兼备的高水平人才的教学理念，培养学生"明德至诚、博学远志"的高尚品行和专业素养。

（二）实施思路

课前：引导学生在课前对中国传统纹样设计相关资讯进行检索和学习，充分了解国内外纹样设计现状与趋势；根据学生线上反馈的学习难点，微调讲授方案。

课上：以递进式提问的方式，与学生在互动中展开教学，阐述要点，引导思辨；培养学生专业学习能力，使学生对相关知识和研究方法有更深刻的认识。

课后：通过实践练习，以课后作业的方式使学生巩固所学知识；通过线上方式及时解决学生的作业问题。

（三）思政元素融入方式

将20世纪西学东渐的纹样设计潮流、中国图案教育与图案学的重要奠基者与推动者、中国传统纹样设计应用实例三个部分作为重点，逻辑清晰地层层引出。以举例和分析优秀作品的方式讲述教学重点和阐释教学难点，使学生在理解和掌握中国传统纹样设计应用相关专业知识的同时，收获德育、美育的熏陶。

（四）教育教学方法

通过线下教学，用简单、清晰、易懂的案例融入教学一线，培养学生的学习能力、学习习惯、学习方法和学习态度。通过线上教学，以网络答疑、云端知识库分享等方式，使学生及时获取高精尖的学科前沿资讯，全面提升其综合素质。

（五）教学活动设计

在教学中注重逻辑递进和课程思政的巧妙融合。使学生在专业且生动的讲解中提升道德修养，陶冶审美情操，掌握专业知识。在PPT展示中，首先展示新中国成立后林徽因、梁思成等爱国知识分子在国徽设计中对纹样的运用，引出本章节主讲内容；再以提纲挈领和互动问答的方式，逐步展示重点条目内容，并以优秀作品作为例证进行分析解说；最后引导和鼓励学生从展示家国情怀的优秀艺术作品、我国大好河山和民俗生活中，提取及绘制图案运用在服饰设计中，激发学生的艺术创作潜力和动力。

（1）举例我国的国徽图案设计（图1）。国徽图案生动地体现了中国传统纹样的创新应用，是群策群力的智慧结晶。林徽因、梁思成带领的清华大学营建系国徽设计小组为国徽设计作出了杰出贡献。清华大学营建系1949年10月提交的国徽设计初稿，由汉八分书体的国名、玉璧、五星、齿轮、嘉禾、红绶图案组成，整体图案组织呈现汉镜式样；1950年6月第一届全国政协常委会第五次会议审阅初稿后决定在国徽中添加天安门城楼图案,同月清华大学营建系修改稿设计中,将天安门、五星作为国徽主体图案;国徽图案通过后,清华大学营建系高庄教授对国徽图案进行了进一步的简化和规范,成为了今天我国的国徽图案。

图1 从左到右为我国国徽的初稿、修改稿和定稿图案

(2)举例福州大学美院徐君山同学的设计作品《厝行》(图2)。徐君山同学本科毕业后作为本课程主讲教师的准研究生,选择休学到宁夏固原市三营中学做了一年普通支教教师,上课之余还参与了妇女扫盲、留守儿童四点半课堂等脱贫攻坚工作。其作品《厝行》服装图案出众,获全球华人时装设计大赛奖,图案设计灵感源自参加厦门市"鸟巢计划"、教城中村留守儿童手工的课程,在这一段时间里徐君山同学走过了厦门的大街小巷,同时也了解到了厦门珠绣这一国家级非遗的独特之处,于是在系列设计中他运用了厦门珠绣来呈现厦门的城市天际线剪影图案,以期让更多的人了解到厦门珠绣这一中国优秀传统手工艺。

图2 福州大学美院徐君山同学的设计作品《厝行》中的图案运用

(3)举例福州大学美院王柯同学的设计作品《九色鹿》(图3)。该作品获得了福州大学校级本科生优秀毕业设计奖,作者希望传承敦煌鼎盛时期的开放包容的精神内核,弘扬其美美与共之大美,不断丰富敦煌石窟艺术的当代价值,丰富和提升当代中国服饰文化精神,传承并探索中国

传统纹样的创新设计，展现历史发展脉络和风貌，展示中外文化交流的结晶和敦煌文化艺术发展的无限可能。系列服装以敦煌壁画《鹿王本生图》改编的《九色鹿》为灵感来源，以壁画中的九色鹿图案为切入点，提取壁画中的图案并以铺棉车线压皱工艺体现立体效果。服装中的图案并在一起形成一幅完整的鹿王本生图。设计作品将敦煌的传统壁画元素与现代运动潮流有机地结合，极具中国风，呈现出全新的国潮服装，图案上在还原壁画中九色鹿的神态，既保留了原有本生故事的完整性，又是对中国传统图案元素的再次创新与设计。

（4）举例福州大学厦门工艺美术学院柳露佳同学的毕业设计《石印》（图4）。该作品获得了福州大学校级优秀毕业生奖，在福州大学晋江校园内走秀活动中获得了观众的一致赞赏。在整个系列中，图案设计是重要的一环，作者通过将传统技艺扎染出的图案结合现代技术，复刻到大面积服装中，与钉珠工艺结合，是一种中国传统纹样传承创新的尝试。为了表达环保的观念和立足于可持续发展的理念，图案钉珠所用的珠子都是二手回收而来，扎染图案使用的各种不同测试面料也是由渔民邻居们提供的常见衣服中而来，并进行了二次改造。柳露佳同学将中国传统印染图案融入设计中，这种古为今用的方式赋予中国传统纹样以当代美学的新面貌。

图3　福州大学美院王柯同学的设计作品《九色鹿》中的图案运用

图4　福州大学美院柳露佳同学的设计作品《石印》中的图案运用

（六）资源载体

（1）多媒体展示：利用动画、视频和幻灯片展示纹样的历史、文化和现代应用，帮助学生直观理解纹样的传统与现代价值。

（2）实物样本与制作工具：提供传统纹样如绣品、瓷器的实物样本和制作工具，鼓励学生实践并尊重传统工艺。

（3）数字化互动平台：创建在线平台集成纹样资源，支持学生设计、编辑、分享，并与设计师互动。

（七）特色与创新

给予学生正确的价值观引导，是课程的特色与重点。教导学生心怀仁人之心，为中华的发展和进步而读书，是课程的创新与亮点。

教 学 成 效

1. 课程思政教学经验及体会反思

深入提炼和打磨授课方案。紧跟学科前沿发展，对课程思政素材资料进行整合，以完善教学。

发挥团队优势，重视集思广益。在团队建设方面发挥特长、分工合作、群策群力、协同进步。同时向课程思政专家咨询以获取指导建议，积极与同行优秀教育工作者交流经验。

持续提升思政课程质量。打造课程思政的优质课程、标杆课程，让更多学生受益。

2. 学生评教和学习反馈

在学生学习反馈方面，课程开展了学生调研，明确知晓学生的反馈和所需，进行及时指导和引导。在学生评教方面，福州大学本科教学管理系统中，中国传统纹样课程的学生评教分为96.40分，有学生评价为："任课教师向学生传递了正确的理想信念、价值理念和道德观念；任课教师为人师表；任课教师注重过程考核；学生自我学习能力、分析能力、表达能力以及创新意识得到有效提高。"

3. 同行评价及示范效应

中国传统纹样课程开展课程思政教学成效显著，受到校内外同行的好评，并产生了积极的示范效应，实现了课程思政教学的持续良性循环，增强了课程的示范作用和学生的辐射范围。

课程主讲教师还将中国传统纹样课程的思政教学方式、方法和经验，应用在其教学的其他本科课程及研究生课程中，课程主讲教师申报的"服饰色彩"课程获得福州大学课程思政示范项目立项。

中国古代文学（一）典型教学案例

宏伟壮丽的政治抒情诗——《离骚》

学院名称	人文社会科学学院	课程名称	中国古代文学（一）
主讲教师	梁桂芳	教师职称	副教授
授课对象	汉语言文学专业一年级本科生	课程性质	专业必修课

课程简介

"中国古代文学（一）"是汉语言文学专业的专业必修课，内容为中国古代文学史系列课程的上古阶段：先秦秦汉时期。本课程引导学生运用马克思主义的立场、观点与方法，坚持古为今用的方针，通过系统地介绍先秦秦汉时期的主要作家作品和文学样式，使学生认识并牢固掌握这一时期文学发展的基本特点和规律，熟识此时期重要的作家和作品，增加中国古代文学的基本知识，帮助学生获得较为系统的中国文学发展史认知，获得阅读、分析、鉴别和欣赏古代文学作品的能力，从而提高思政修养、美学修养和语言文学修养，并为此后其他阶段文学史的学习打下良好基础。

教学目标

（1）价值引领：坚持历史唯物主义思想，渗透人格教育，厚植爱国情怀，弘扬主旋律，促进学生对中国传统文化的理解和热爱。

（2）知识拓展：掌握《离骚》的含义、主旨、结构、艺术特色和影响等，能够诵读并结合注释理解《离骚》内容。

（3）思维训练：领悟《离骚》构建的艺术世界，欣赏其美学内涵，提升学生的鉴赏能力和文学素养，训练其运用正确的文艺理论独立分析、鉴赏、评述作家作品的思维方式。

（4）能力建构：通过掌握《离骚》的遣词造句、修辞谋篇等基本知识和技能，提升学生凭借工具书和注释读懂一般文言作品并加以分析、鉴赏及文字表述的能力。

思政元素

通过对屈原人格精神的理解和《离骚》思想内容、艺术精神的掌握，理解和传承中国优秀传统文化精神，修养自我身心，养成健全人格，增强文化自信，陶冶深厚的爱国主义情怀。

案例实施路径与方法

（一）教学总体设计

整体采用"引导—阐释—思辨—训练"的教学策略，构建"课前需求驱动、课堂问题驱动、课后训练驱动"模式。

（1）课前：依托中国大学MOOC（慕课）平台的"中国古代文学"国家精品慕课和QQ教学群，设置预习问题，交流难点问题。

（2）课堂：结合多媒体和有声资源，设计线索及段落引导问题，通过教师讲授与生生讨论结合，使学生掌握课程基本知识和思想内涵。

（3）课后：以后世包括当代作品为出发点，探讨屈原和《离骚》的影响，避免孤立看待古代作品。

（二）教学重点难点

（1）如何正确理解屈原的人格精神及其政治主张。

（2）《离骚》美学风格的把握。

解决方法：

通过图片展示和有声吟诵资源，发挥学生主观能动性，由教师结合时代和《离骚》展示的屈原心路历程对学生进行引导。

（三）教学活动设计

问题导入：

（1）谈谈你对端午节文化内涵的了解。通过讨论使学生明确自己知识的不足之处。

（2）你赞成屈原舍身汨罗江吗？为什么？通过学生的各抒己见引出对屈原选择的思考。

思政融入：引导学生思考屈原人格精神和爱国思想。

展开阐述：

1.《离骚》创作背景分析

1）屈原所处的时代特征

通过展示战国时代的形势图及各国变法图片来引导分析：

战国中后期是我国古代社会大变革的关键时期。一是开始于春秋末年的变法革新运动进一步扩展到更多诸侯国。楚悼王公元前383年任用吴起变法，一度使"诸侯患楚之强"；接着秦国任用商鞅施行变法，秦国日益强大。二是各诸侯国之间的兼并战争十分激烈，楚国处在十字路口，"连横"还是"合纵"成为命运的抉择。

2）屈原的"美政"理想

对外，联齐抗秦；对内，圣君贤相、举贤授能、修明法度。

讨论环节：结合战国形势谈谈屈原"联齐抗秦"主张是否正确。

展示战国时期形势图，一为公元前350年（屈原出生前10年左右），一为公元前279年（屈原投江前1年）。通过屈原生活时代楚国形势变化的对比，明确屈原"美政"理想对楚国发展的重要性，是楚国命运转折的重要抉择，具有历史的正确性。

2.《离骚》的主旨、创作年代

1）《离骚》主旨：忠怨之情、爱国精神

启发学生思考："怨"体现了屈原什么样的思想情感和性格特征？后世如何评价屈原之"怨"？结合司马迁、刘安、班固等人的评论，让学生看到各界对屈原的争议，加深对其人格精神的理解。

2)《离骚》的创作年代

结合屈原生平，引导学生思考《离骚》创作于屈原哪个时期。结合作品内容和思想情感，有助于学生对作品的整体把握。

第一种观点认为是屈原前期任左徒，遭谗被疏之后所作；第二种观点认为是屈原第二次被流放期间所作。

3.《离骚》的结构和内容

1）把握《离骚》结构整体，引导学生对作品的整体认知

全诗可分三部分（另有两部分说，即把二、三部分合在一起）。

第一部分：总述身世、遭遇、心志、理想，述爱国忠君、九死不悔之情。以写实为主。

第二部分：极写己之为理想上下求索，然不见容于君，不获知于世。以想象为主。

第三部分：描写通过灵氛、巫咸之譬喻劝导，欲去国远行，而到底不忍离开故国，终乃选择以身殉国、殉理想。现实与想象相结合。

2）《离骚》内容的理解

（1）逐段播放《离骚》吟诵和朗诵视频，纠正字词读音。

（2）以屈原主张为线索，引导理解全文脉络。

讨论思考环节：具体分析中，每个段落都以问题为导向，启发学生深入思考，问题如下。

（1）屈原如何自我定位？这一定位是狂妄还是符合事实？

（2）屈原对人才培养持什么态度？他成功了吗？

（3）屈原的"圣君贤相"思想，在文中是如何体现的？

（4）哪些内容展示了"举贤授能"的思想主张？他列举了哪些古帝王为鉴戒？

（5）"联齐抗秦"的外交策略有没有得到君臣的支持？

（6）屈原当时的处境如何？屈原对楚君怀有怎样的思想感情？

（7）屈原除留在楚国外，还有哪些选择？

（8）屈原面临抉择时内心的矛盾彷徨，文中是如何体现的？

（9）屈原最终决定留在楚国，你觉得有哪些原因？

重点讨论环节：

（1）屈原处境孤危，为各方所不容，怎么看待这一情况？

思政融入：学习屈原独立不迁，正道直行不妥协的精神。

（2）屈原在对个人前途做出选择时，如何进行反思和确证？

思政融入：自我反省、上下求索、坚持理想的精神。

（3）战国时代背景下，屈原留在楚国，意味着将要面对什么？

思政融入：以身殉道、以身许国、忠贞不渝的爱国精神。

4.《离骚》的艺术世界

此处由教师主导分析并梳理其在后世的流传及影响。

由学生罗列文中一些神话传说、往古、美人香草的比喻等表现内容，具体理解由这些内容构成的《离骚》丰富的想象和令人目眩神夺的艺术世界。

归纳总结：

《离骚》是中国古代最长的政治抒情诗，作品以诗人自述身世、志趣、遭遇、心志为中心，反映了屈原在艰危处境中自我反思、感叹抱负不申、多方求索并做出抉择的心路历程。全诗运用美人香草的比喻、大量的神话传说和丰富的想象，形成绚烂的文采和宏伟的结构，表现出积极的浪漫主义精神，并开创了中国文学史上的"骚体"诗歌形式，对后世产生了深远的影响。

课后作业：

结合教材和文献检索，找一篇受《离骚》影响较大的作品，具体分析屈原和《离骚》对后世文学的影响。

教 学 成 效

本课程经多轮实践，已形成较成熟的教学模式，效果良好，并凝练出较丰富的教研成果。

（1）形成多篇教研论文，如《美育：中国古代文学教学的金钥匙》（刊于《成都大学学报》）、《〈中国古代文学〉学科导论教学初探》（刊于《宁波大学学报》）、《学生主体性导向下的高校国学教育浅析》（刊于《创新教育研究》）等。

（2）凝练出教学团队，申报福建省本科高校教育教学改革项目，获批立项并顺利结题。

（3）该教学模式得到校院专家认可，获批校网络精品建设课程，衍生、辐射出"诗骚分类选讲""先秦散文选讲"等选修课程。

社会工作概论典型教学案例

由地震灾后重建和疫情防控引发的思考

学院名称	人文社会科学学院	课程名称	社会工作概论
主讲教师	王圣莉	教师职称	讲师
授课对象	社会学专业一年级本科生	课程性质	专业必修课

课程简介

　　学生课前预习教材相应章节，观看教学平台里的视频并完成线上相关测验题。本次课程针对学生线上测验题完成情况，首先讲解该节的重难点和易错点，之后讲授教材重点，对相关知识点进行拓展，帮助学生理解社区工作的模式，学会将其运用于开展活动。

教 学 目 标

　　（1）价值引领：通过"灾后重建的社区工作"视频，培养学生关注基层、服务人民的理想信念；促进学生践行社会主义核心价值观，增强专业自信。

　　（2）知识拓展：掌握社区工作的三个模式（地区发展模式、社会策划模式、社区照顾模式）各自的定义、策略、特点及优劣。

　　（3）能力建构：学会运用社区工作模式设计社区活动方案，培养理论联系实际、分析问题、解决问题的能力。此外，促进学生较流利地发言和进行口头汇报、文档撰写。

思 政 元 素

　　培养学生的社会人文关怀素质和专业价值观，理解并掌握社区工作的基本理论和方法，并能运用于解决社会工作实务领域中遇到的问题。课程将我国社区工作的理论与实践创新融入教学之中，帮助学生践行社会主义核心价值观，增强专业自信。

案例实施路径与方法

（一）育人理念

　　以培养大学生的实践能力为中心，问题和案例驱动，目标导向。

（二）实施思路

　　（1）培养关注社区基层、服务弱势群体的信念。

（2）构建"课前需求驱动、课堂问题驱动、课后实践驱动"的教学模式。

（3）教学内容和教学方法创新，考核方式多元化；线上线下相结合，激发自主学习的热情。

（三）思政元素融入方式

培养良好的思想品德；培养专业素养和社会责任感；掌握社区工作的理论和方法，用以分析社会问题，制订解决问题的方案。

（四）教育教学方法和特色创新

总体上，形成"理论学习—课堂实务—课外实践"的模式。首先，依托陆由云在线资源和现代多媒体软件，学生课前看该平台的视频案例并完成测试题，线上反馈难点。其次，针对课程内容和学生反馈设置问题，采用问题驱动、启发式教学，组织生生讨论、生问生答、生答师评，启发学生思考，加强对抽象概念的理解。最后，通过案例教学法，示范和指导学生设计社区活动方案，鼓励学生在课外实践中去实施社区工作方案，这样既促进了知识点理解，又提升了解决实际问题的能力。

（五）教学活动设计

1. 问题导入：汶川地震灾后重建的过程中，为何灾民有抵触情绪？后来社工如何让灾民接受服务？

教学内容：先简要回顾上一节课的重点，即社区工作的定义；回顾线上学习情况，再问题式导入主题——社区工作的模式。

案例一：2008 年汶川地震以后，有不少心理工作者及社会各界人士奔赴灾区提供援助，社工也参与其中。本视频展示了社工如何从一开始的探访社区、了解社情民意、制定目标，到后来扎根社区、动员社区力量一起制订服务计划，培育社区领域和社区组织，通过综合式服务协助灾民恢复家庭生计、重建社区。

教学设计：通过汶川地震后社区在灾区的工作的真实案例视频，让学生感受到所学知识的现实意义，激发学习新知的欲望，也让原本抽象的专业理论模式、方法和价值观，变得更容易被感知、理解、接受和内化。此外，适时设疑，启发学生思考，调动学生学习的积极性。

案例二："社工参与疫情防控"的事迹。

教学设计：请学生说说家乡社工面对新冠疫情开展的社区工作；之后教师总结，引导学生体会专业作用，增强专业自豪感。

以下内容供参考：

（1）社工参与疫情防控的工作包括：链接与整合资源；开展志愿者培训和管理；关怀一线工作者身心健康及其家人；为确诊者、被隔离人员、特困人员提供情绪疏导等个案介入；协调邻里关系，去污名化，减少排斥歧视，化解矛盾纠纷等。

（2）启示：作为社会学专业的学生，要关爱弱势群体，关注社会现实问题，勇于担当，积极参与社区公共事务。

2. 展开阐述：社区工作三个模式的定义

（1）地区发展模式：鼓励居民通过自助和互助去解决社区共性问题。

（2）社会策划模式：通过专家调研、论证，自上而下解决社区问题。

（3）社区照顾模式：动员社区资源，让需照顾的人在家或在社区得到照顾。

教学设计：补充每一模式产生的历史背景，教师结合板书举例说明，并请学生举例。

3. 深入研讨：三模式的实施策略

（1）地区发展模式的实施策略：举办活动；建立基层联络网、居民小组会议；协助居民熟悉社区资源，调动其参与解决社区问题。

（2）社会策划模式的实施策略：分析环境及自身能力；界定问题；建立目标及其标准；选择和执行可行方案；评估结果。

（3）社区照顾模式的实施策略：第一，"在社区照顾"是指将服务对象留在社区内而开展的服务；第二，"由社区照顾"是指由家庭亲友、邻里志愿者等提供的服务；第三，"对社区照顾"是指需要充足的支援性社区服务。

教学设计：启发式问题引导，举例说明；结合板书、师问生答、生生讨论、生讲师评。

4. 巩固加深：三模式的特点

（1）地区发展模式的特点：关注社区共性问题、过程目标和居民参与；建立社区自主能力来实现社区重新整合。

（2）社会策划模式的特点：注重任务目标；强调理性原则、由上而下的改变。

（3）社区照顾模式的特点：协助服务对象正常地融入社区；强调社区责任和非正规照顾的作用。

教学设计：启发式问题引导，举例说明；结合板书、师问生答、生生讨论、生讲师评。

5. 前沿扩展：对三模式的评价

（1）地区发展模式

优点：营造良好民主的氛围；提高居民参与解决社区问题的能力。

不足：调和不同利益群体的手段不足；可能成本高而效益低。

（2）社会策划模式

优点：保证服务质量较有效率。

不足：居民参与率低；对服务的依赖性上升。

（3）社区照顾模式

优点：对服务对象人性化关怀；动员居民参与；倡导社区服务综合化。

不足：社区资源和家庭结构状况可能不符合社区照顾的要求；非正规照顾的质量难以保证；社区对困难人士的排斥。

教学设计：启发式问题引导，举例说明；结合板书、师问生答、生生讨论、生讲师评。

6. 应用案例

案例一：地区发展模式

以我系学生之前依托福州市榕树社工服务中心与社区、学校、青少年活动中心合作开展的"禁毒""防性侵防拐骗"活动为例，展示如何运用该模式策划实施方案，深入开展社区活动。

案例二：社会策划模式

某化工厂是否适合进驻某村庄，需要环保等相关领域的专家调研论证后给出意见，然后通过政府部门推行。

案例三：社区照顾模式

展示福州鼓楼区温泉街道汤边社区养老家园的图片，介绍其提供的居家养老服务，从而对社区照顾模式有更感性的认识。

7. 总结本节内容

教 学 成 效

通过本课程，培养学生关爱弱势群体、服务人民的责任感，促进学生将"社区工作模式"的知识运用于解决社区问题。课后布置学生设计社区活动方案，于下次课点评，并鼓励学生利用班级团日和社团去校内外实施方案,把第一课堂所学的理论知识和方法技巧运用到第二课堂,践行服务理念,提升实践水平和创新能力。本课程学生评教分数较高,近三年评教平均分为 98.20 分,学生普遍反馈实验软件平台的视频增加了课堂的趣味性,促进了他们对抽象知识点的理解和主观感受,课外实践提升了他们的实践能力。该教学模式的教学成果获福建省社会学 2019 年度优秀教学成果奖一等奖和福州大学 2020 年本科教学成果二等奖。学生策划实施的活动,被福建电视台、《福建老年报》、《福州日报》、东南网、共产党员网、今日头条、搜狐网、中国侨网等媒体报道,策划的活动项目入选 2018 年《福州市社会组织参与社会服务优秀案例》,因社会效益良好,被福清市妇联、福州市三坊七巷等单位复制,多地妇联陆续出资购买该项社工服务。

人机工程学典型教学案例

典故里蕴含的中国古代传统人机思想

学院名称	厦门工艺美术学院	课程名称	人机工程学
主讲教师	刘云、洪歆慧	教师职称	副教授、副教授
授课对象	工业设计专业二年级本科生	课程性质	专业必修课

课程简介

"人机工程学"是工业设计专业四年制本科生必修的一门学科基础课程，根据课程目标安排在第二学年的第二学期。"人机工程学"是探讨人、机、环境三要素及其交互关系，并运用科学理论、原理、数据和方法进行设计，以优化系统工效和人类健康幸福的关系的一门多学科交叉的技术性课程。通过以人为中心的设计研究可以为人类生存质量的提高提供重要的手段、方法及体验性强的产品。"人机工程学"讲授以"人"为核心的人机工程系统性理论知识，以理论、案例、设计三个阶段进行授课，并引入先进的数字化技术提升理论和设计的可用性，通过理论指导实践的模式培养综合型设计人才。

课程要求学生从四个部分学习基本理论框架：第一部分是人机工程学发展历史和概念，并了解人机工程学的基本研究方法；第二部分是从人的物理、认知、感性三个层面理解人的因素的各个方面；第三部分了解影响人机交互的物理及人文社会因素；第四部分从系统角度掌握人机协调设计的一些原则。

教学目标

（1）了解人机工程学发展历史和概念，理解人机工程学的基本研究方法；通过对中国传统人机发展的认识，深植家国情怀，培养文化认同，增强民族自信。

（2）从人的物理、认知、感性三个层面理解人的因素的各个方面，加强为人民创造更舒适安全美好的产品和生活方式的社会责任感。

（3）深入理解影响人机交互的物理及人文社会因素，树立节能、环境友好、可持续的发展价值观，以及体现以人为本的设计价值观。

（4）熟练掌握从系统角度进行人机协调设计的原则方法，培养创新精神、科学精神，树立正确的人生观和价值观。

思 政 元 素

深植家国情怀，培养文化认同，增强民族自信。
坚持以人为本的设计初心，深入掌握科学严谨的设计方法。

案例实施路径与方法

教学内容一：

用生活中司空见惯的非人机设计的图片、事例，如图1、图2，引发学生的思考和讨论，带动对学科的初步认识和进一步探索的兴趣，激发社会责任感。

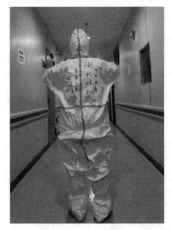
图1 不合身的女性医用工作服

图2 公共厕所内女厕设置的男童小便池

教学设计：

学生先思考由照片所能想到的，再相互讨论，分析背后的原因及依托本专业知识的解决方法；而后教师参与讨论和点评，因人与人造物、人与环境失去了和谐而出现了此学科，导出本课程的学习内容。

教学内容二：

人机工程学的发展历史及各阶段特征。

1. 古代人机关系

人类开始发明和使用工具，最原始的人机关系——人和器具的关系就诞生了。这种原始的人机关系源于人类对周围环境的理解和适应，人们开始创造简单的工具来满足生存和生活的需求。从石器时代到青铜时代，再到农耕时代，人类的技术和社会逐步演化，人机关系也随之变化体现在人们与工具之间的互动和依赖上。人们不仅是工具的使用者，更是创造者和改进者。他们通过与工具的互动，不断提升工具的功能和效率，进而影响社会的发展。这种柔性的关系体现了人类的智慧和创造力，也让人与工具之间的界限变得模糊，从而更加紧密地融为一体。

举例：对中国古代人机关系的认识和讨论（思政元素融入方式）。

中国古代工匠对器物的宜人性，已有一些深入、精到的把握，以《考工记》和《天工开物》这两部著作记载为例。《考工记》是我国最古老的一部科技汇编名著，出现于2400多年前的战国初期，书中对一些器物的宜人性考究深入精彩，见图3（摘自《考工记》）。

图3中第一段大意如下：……进攻方的兵器要短，防守方的兵器要长。攻方人员行军路途远，

饮食缺乏，需跋山涉水，所以兵器要短。……用于劈杀的兵器，如大刀、剑戟，使用中有方向性，应该避免容易转动的弊病，因此它的握柄截面应该做成椭圆形，使用中凭手握柄杆所感知的信息，无须眼看，便可掌握刀刃、钩头的方向。用于刺杀的兵器，如枪矛，使用中没有方向性，为避免握柄在某一扁薄方向容易挠曲，它的截面应该做成圆形。……

图 3 中第二段大意如下：要根据弓箭手的脾性、气质配给不同性能的弓箭。性情温和、行动迟缓的人，要配置强劲急疾的硬弓；而刚毅果敢、暴躁性急、行动快猛的人，则要配置较为柔韧的软弓。假若慢人用软弓，易延误时间，箭行的速度快不了，自然不易命中目标，即使射中了也无力深入敌体。急人用硬弓，则因过于急促，也影响命中率。……

明代科学家宋应星所著《天工开物》插图丰富，内容为大量生产作业场景，其中人们的工作、劳动姿态总是那么自然、舒展，难见有工作姿势扭曲不当的劳动动作，表示劳动工具、生产设备与人体尺寸的适应性好。如图 4 左图中"分金炉清锈清底"的工作，操作者坐着干活，情态放松自得，工作姿态舒适，说明"分金炉"相关部分高度设计合理；图中风箱把手的高度大体与人的胸、肘部位平齐，而这正是立姿下推拉施力的最适宜高度。图 4 右图中风箱下面的底盘使其把手达到适宜高度，也可说明这是"刻意设计"的结果；图中有两处画着两个人抬着一个铸钟、铸鼎的化铜炉，由于炉子下有脚，使得抬炉人只要稍稍弯腰便可把炉抬起，不会很费劲，抬着化铜炉时抬炉人直着腰，作业姿势合理，此时炉脚离地面有半尺多距离，抬炉人行走方便，上下台阶也没有困难。

图 3 《考工记》兵器宜人性字段　　图 4 《天工开物》插图（左为分金炉清锈清底，右为铸钟、铸鼎）

2. 近代人机关系——人与机器

以 19 世纪 80 年代和 90 年代初的工业运动为起点。

举例：《摩登时代》视频。

美国工程师泰勒（W. Taylor）是最早进行人与机器匹配问题研究的学者，被称为科学管理之父。他在 1898 年进行了著名的"铁锹作业实验"。该实验包含若干专题，专题之一是用每锹分别能铲煤 5 kg、10 kg、17 kg 和 30 kg 的 4 种大小不同的铁锹，交给操作工使用，比较他们在每个班次 8 h 里的工作效率。结果表明工效有明显差距，其中以使用 10 kg 铁锹的工效为最高。还有吉尔伯瑞斯（F. Gilbreth）有名的时间和动作研究、手术研究等著名实验。

该阶段核心是最大限度提高人的操作效率，要求人适应于机器，即以机器为中心进行设计，是一种刚性的人机关系，研究的主要目的是选拔与培训操作人员。

3. 现代人机关系——科学人机工程学诞生

举例：第二次世界大战期间战斗机内部操控台设计。

20 世纪的两次世界大战期间，制空权是交战各国必争的焦点之一。从第一次世界大战到第二次世界大战，随着科技进步，飞机逐渐实现了飞得更快更高、机动性更优的技术升级。与之相应，机舱内的仪表和操作件的数量也急剧增多，这使得经过严格选拔、培训的"优秀飞行员"也顾不过来，致使意外事故、意外伤亡频频发生，使人们醒悟到，一味追求飞机技术性能的优越，倘若不能与使用人的生理机能相适配，是不能发挥预期效能的。因此，一些国家开始聘请专家参与设计，改进仪表显示方式、尺寸、读值标注方法、指针刻度和配色，重新布置位置和顺序，使之与人的视觉特性相符合；改进操作件的形状、大小、操作方式、操作方向、操作力、操作距离及安置的顺序与位置，使之与人手足的解剖特性、运动特性相适应，大大提高了操作速度，减少了操作失误。因此，从第二次世界大战到战后初期，各国科技界加深了这样的认识：器物设计必须与人的解剖学、生理学、心理学条件相适应。这就是现代人机工程学产生的背景。该阶段重视工业与工程设计中"人的因素"，从使人适应于机器转入了使机器适应于人的新阶段。

4. 人机工程迅速发展时期

20 世纪 60 到 80 年代，军事领域的继续发展和太空竞赛的促进，人机研究迅速地延伸到民用品等广阔的领域，如家具、家用电器、室内设计、医疗器械、汽车与民航客机、飞船航天员生活舱、计算机设备与软件、生产设备与工具、事故与灾害分析、消费者伤害的诉讼分析等。此时人机工程常成为设计竞争的焦点之一，在较长时期内集中在产品的造型、使用方便等方面。其中"使用方便"即优良的人机性能尤为关键。人机学的学科思想在继承中又有新的发展，提出设计中重视人的因素固然仍是正确的原则，但若单方面地强调机器适应于人，强调使操作者"舒适""付出最小"，在理论上也是不全面的。且该阶段提出了与特殊群体设计相关的概念，如通用设计（Universal Design）、包容性设计（Inclusive Design）等，出现了一批人机工程著作。

5. 弹性人机关系

20 世纪 80 年代后，计算机技术的快速发展引发了人机交互领域的革命。设计逐渐聚焦于强调人的价值，而非仅关注技术本身。这标志着更为弹性和人性化的人机关系的兴起，计算机不再是孤立的工具，而是成为与人互动的伙伴。这一趋势促使界面设计、人性化体验等概念的出现，推动技术更好地适应人类需求，加强了人与技术之间更紧密、共生的联系。

总结：人类的社会文明进程中，首先对自然进行改造成为其他生物和自然资源的主人，然后又用自己所支配的自然资源创造出越来越多的机器，从而将原来纯粹由人和其他生物活动于其中的世界变成生物与机械混合运行的世界。

人机工程学的发展史其实是"以人为本"的思想在工程和设计领域的运用和实践的历史。

教学设计：

启发式问题引导、可视化图表、视频展示，结合板书、师问生答、生讲师评、生生讨论等。

思政小故事讨论：

山西襄汾丁村旧石器时代石器，大部分石片均有使用痕迹，很少进行第二步加工，多以碰砧法制成。石器类型有砍斫器、刮削器、尖状器和石球，其中厚三棱尖状器为其所特有。与 2019 年苹果公司出品的鼠标相比较，形态颇为相似，追求同样的手感体验，见图 5。

图 5　山西襄汾丁村厚三棱尖状石器与 2019 年苹果的鼠标

课程思政研讨：人机关系和人机矛盾的演变和发展。产品的功能越强大，用户使用的时候越要简单。通过对中国传统人机发展的认识，深植家国情怀，培养文化认同，增强民族自信。

教 学 成 效

本次课程以案例为导向，引入人机工程学案例，挖掘人机工程概念和学习中的重难点和易错点，促进学生从历史的角度认识人机工程学的本质和意义，以及前沿创新应用。借助《考工记》《天工开物》典籍片段的分享讨论，并将山西襄汾丁村旧石器时代的石片与 2019 年苹果公司鼠标的形态对比，加强学生对中国传统人机发展的认识，深植家国情怀，培养文化认同，增强民族自信。此外，也引导他们始终坚持"以人为本"的设计初心，深入掌握科学严谨的设计方法。

综合设计表达典型教学案例

用视频讲述中国品牌故事

学院名称	厦门工艺美术学院	**课程名称**	综合设计表达
主讲教师	黄星源	**教师职称**	讲师
授课对象	工业设计专业二年级本科生	**课程性质**	专业必修课

课程简介

"综合设计表达"是工业设计专业本科生必修的一门学科基础课程,训练学生在学习、掌握了一定的表现技法后进行视频表达的综合应用能力。通过设计项目的导入,让学生在项目流程中,进一步理解与领会视频表达方式在设计中的作用,提升综合表达技巧。

通过学习本课程,学生应具备以下能力:
(1)熟练掌握景别、运镜方式、场景的过渡方法在产品展示视频制作中的应用;
(2)掌握不同类型产品展示视频拍摄步骤,并应用到具体拍摄项目中;
(3)立足社会国情及地域工业发展需求,完成视频制作选题,并在视频内容中体现中华民族精益求精的工匠精神及健康向上的审美情趣。

教学目标

(1)通过课前作业感受短视频发展的时代潮流,立足社会国情及国际视野,培养对民族工业、国产品牌的热爱,感受中华民族精益求精的工匠精神及健康向上的审美情趣,为今后的学习与工作树立精进求实、敬业创新的理念信仰。

(2)熟练掌握景别、运镜方式、场景的过渡方法在产品展示视频制作中的应用,掌握不同类型产品展示视频拍摄步骤,并实践到具体拍摄项目中;通过视频表现的理念让设计构思能够更有效地传达与呈现,学会思考设计表达与传播媒介的发展的关系,从设计制作向设计传播的知识学习拓展。

(3)通过撰写剧本,训练逻辑思维与发散思维;通过导演、编剧及观看者的角色体验,建立设计传播思维。

(4)通过团队拍摄合作,培养独立思考、团队协作与组织协调沟通能力;通过在做中学、边学边做,培养开拓创新与自主学习能力;通过文案撰写,提升设计思维表达的语言能力。

思 政 元 素

以海尔水晶系列洗衣机视频作为案例进行展示，引导学生深入了解国产产品的成长背景及品牌故事，培养对民族工业、国产品牌的热爱。

通过视频拍摄与制作实践，培养学生独立思考、团队协作与组织协调沟通能力，通过在做中学、边学边做，培养开拓创新与自主学习能力，通过视频脚本设计与拍摄实践感受中华民族精益求精的工匠精神及健康向上的审美情趣，培育精进求实、敬业创新的理念信仰。

案例实施路径与方法

（一）育人理念

课程以"价值目标与兴趣融合，以实践促创新，敢想敢创"为育人理念。将弘扬主旋律，传递真善美为价值目标引导，融合学生对视频创作的兴趣，通过案例完成视频拍摄基本流程与方法的学习，在此基础上进行课后拍摄实践，鼓励学生在实践的过程中敢于尝试、敢于创新。

（二）教育教学方法

课程运用了线上线下协同育人，在做中学、边学边做等教育教学方法，具体包括以下内容。

（1）可视化图表＋线上实操参观＋课堂实操训练。通过可视化图表让学生从整体上理解视频的制作步骤与重难点，便于学生制订拍摄计划；通过线上连线校外摄影棚的摄影师，给大家展示拍摄的场景布置，讲解在拍摄过程中可能遇到的问题，以及如何解决；通过课堂实操训练让学生在实践中解决问题，真正掌握产品展示视频实拍的拍摄技巧。

（2）案例分析＋头脑风暴＋课堂练习。通过案例分析引导，让学生学习与借鉴优秀脚本设计的创意方法，以及不同风格与不同的脚本的设计表达方式；通过头脑风暴，让学生从多角度思考与体会不同类型脚本设计的优缺点，以及展示方法；通过课堂练习让学生真正掌握脚本设计的基本方法，探索适合自己的表达方式。

（三）思政元素融入方式与实施思路

以案例融入、实践融入的方式实施思政元素的教学，将海尔水晶系列洗衣机展示视频作为案例进行展示，并通过问题引导、师问生答、生生讨论等方式对视频案例进行结构拆解，并对表现手法和表现内容进行思政分析，完成价值导向与兴趣驱动；同时进一步引导学生在脚本撰写、脚本与分镜头绘制的过程中通过产品的细节呈现与设计构思理念展现工匠精神，通过导演、编剧及观看者的角色体验，建立设计传播思维，激发弘扬爱国主旋律的热情。

具体实施思路如下。

（1）案例融入：案例展示—思政研讨—思政元素与专业知识互浸分析。

（2）实践融入：方法理论阐述—实践指导—思政元素总结与提升。

（四）教学活动设计

1. 环节一：产品展示视频优秀案例分析与思考

产品展示视频案例介绍：选取获中国十大工匠精神品牌称号的海尔产品——海尔水晶系列洗衣机展示视频作为案例进行探讨。这个视频从内容展示、视频后期制作过程都很好地体现了产品在设计上的工匠精神。在案例展示过程中引导学生进行思考。

课程思政研讨：从海尔的品牌故事及洗衣机生产制造过程中我们学习到了什么？为什么海尔

品牌会成功？该视频从哪几个视频表达要素与产品要素来体现产品的工匠精神以及民族自信？其在镜头的景别、运镜方式、镜头的过渡、产品画面的构图中是如何应用的？

2. 环节二：实拍类产品展示视频拍摄步骤理论阐述

（1）构思创意：深入了解产品，观看视频，搜索素材，整理出剧本。

（2）选择材料：主体产品、辅助道具、背景材料。

（3）分镜头绘制：一般需要拍摄表现的五组镜头：① 正面拍摄（使用者视角）；② 多个侧面（深入的整体印象）；③ 局部特写（表现创意点与功能）；④ 产品 LOGO（结合灯光移动创造闪烁效果）；⑤ 产品的使用状态拍摄。

（4）场景搭建：

① 拍摄场景（光源稳定的室内空间）；② 拍摄台（牢固、足够大、便于操作）；③ 背景板（若为俯拍，则拍摄台就是背景板）；④ 灯光；⑤ 拍摄设备（如手机）；⑥ 拍摄辅助设备（三脚架、快门线/耳机线、稳定拍摄的工具）。

（5）调整机位，开始拍摄：

① 连续镜头拍摄方法。

相机运动，产品不动。

相机固定，产品移动：把产品放在旋转拍摄台上；把产品放在一块布上，然后移动布。

灯光移动：来回移动台灯或闪光灯，得到产品表面光线变化的画面；在画面内加入动感元素。

② 定格镜头拍摄。

变形法：产品或部件每改变一次造型拍一次。

移位法：产品或部件每移动一次位置拍摄一次。

添加法：画面中每添加一次新的产品或部件拍摄一次。

替换法：原本拍摄的物体为 A，在下一次拍摄时将物体替换为 B。

3. 环节三：通过脚本绘制进行讨论反馈

脚本类型的展示，故事板绘制的方法，以及优缺点讨论。

具体的设计流程如下：

第 1 步，先了解使用者的个性特征，需要什么，想做什么，也就是常指的"用户故事"。

第 2 步，拟定情境背景中的角色、时间、地点、事件，可以用快照的方式来展现在不同的时间、地点的情境下，使用者与产品发生的关联的分镜头。这也是进行最初的情境影像的收集评估以作为适当样本的过程。

第 3 步，透过不同的场景分镜头来发现使用者在使用产品时遇到的不便，想办法解决问题，从而达到改善和创新产品的目的。

第 4 步，提出新的设计方案，让构想在新的故事中验证，然后进行评估。

4. 环节四：实践指导

指导学生以 3~5 人组成一个小组，通过小组讨论、团队合作的方式进行实拍类产品展示视频制作计划的探讨，完成拍摄任务的分配，并撰写实拍类产品展示视频制作计划，完成脚本撰写和场景设计。

5. 环节五：总结与提升

对实拍视频展示的优缺点进行讨论与总结，展开实拍视频与三维建模视频展示的结合探讨。

（五）资源载体、特色与创新

案例以海尔水晶系列洗衣机展示视频为资源载体，通过问题引导进行思政分析，完成价值导向与兴趣驱动；引导学生在脚本撰写与分镜头绘制的过程中通过产品的细节呈现与设计构思理念展现工匠精神,通过导演、编剧及观看者的角色体验,建立设计传播思维,激发弘扬爱国主旋律的热情,提升设计思维表达的语言能力;通过团队拍摄合作,培养独立思考、团队协作与组织协调沟通能力。本课程形成了从案例到理论、从理论到实践,在做中学、边做边学,并在自主学习与探索的过程中进行思政元素感悟教学的特色与创新。

教 学 成 效

通过本课程的教学发现,虽然运用视频案例结合师问生答、问题引导进行课程思政的方式能让学生在视觉上形成较为直观的印象,接受思政元素和理念较快,但通过讨论总结提升后仅能在脑中形成理论概念,容易遗忘,无法在学生身上形成本能反应。只有进一步通过实践应用,并结合自主学习才能内化和加深学生对专业知识和思政元素的理解,并在思想潜意识里生根发芽;团队合作有助于实现学生的互帮互助,在思想上形成统一,意识到思政元素的重要性,并促进激发专业知识的学习主动性和探索创新的动力。

本课程学生评教良好,对视频展现的表达方式较有兴趣,完成作业热情度与主动性较好,对思政元素与专业知识的互浸学习方式较认可,接受度较高。同时学生也反映由于课程时间较短,在拍摄技巧及镜头语言表达的学习内容丰富性及时间上有些不足。

学生将视频拍摄的理念和方法运用到其他课程的汇报表达中,同行评价反映良好。尤其是"工程设计基础"课程中的传动装置设计,学生学会通过故事脚本的撰写,将装置的动态表现赋予情节内容,通过镜头语言展示机构运动方式。生动有趣、丰富的课程汇报表达的氛围,以及视频的展现也促进了学生在作业制作的过程中践行工匠精神。

CI 视觉识别系统设计（一）典型教学案例

具有社会主义核心价值观的品牌战略研讨

学院名称	厦门工艺美术学院	课程名称	CI 视觉识别系统设计（一）
主讲教师	甘锦秀	教师职称	副教授
授课对象	视觉传达设计专业二年级本科生	课程性质	专业必修课

课程简介

"CI 视觉识别系统设计"是视觉传达设计专业必修的专业课程，本课程分两个阶段进行，分别为"CI 视觉识别系统设计（一）"和"CI 视觉识别系统设计（二）"。"CI 视觉识别系统设计（一）"主要讲授 CI 策划，也称品牌战略，为二年级下学期课程；"CI 视觉识别系统设计（二）"主要讲授品牌视觉形象（VI）设计，重点在于品牌视觉形象设计，为三年级上学期课程。

本课程为"CI 视觉识别系统设计（一）"，是以理论联系实际为原则，以品牌战略为蓝本，以视觉识别系统的核心设计为重点进行教学。在本课程中，讲授和分析 CI 视觉识别系统设计，结合品牌战略的基本理论、构成关系，导入调研、策划设计，研讨符合社会主义核心价值观的品牌战略典型案例，使学生初步掌握 CI 视觉识别系统设计的基本知识和策划能力。

CI 视觉识别系统设计（品牌战略）由品牌文化（MI）、品牌行为（BI）和品牌视觉形象（VI）三部分构成，品牌文化（MI）是确立品牌的发展战略目标，它可以规范品牌行为（BI）的基本准则，是品牌视觉形象（VI）形成的基础和原动力。

品牌不仅仅是商业行为，不只为公司或商品形象推广独有，一种文化、一个非遗项目、一场活动、一个国家、一座城市、一个政党，乃至一个人等，都可以做品牌战略。本课程的重点在于研讨符合社会主义核心价值观的品牌战略，研讨的品牌可以是商业性的，也可以是非商业性的。

教学目标

通过本节课的学习，使学生达到以下主要目标：

（1）通过符合社会主义核心价值观的品牌故事、品牌策划、品牌设计、品牌实施、品牌维护等实例，培养学生服务国家发展战略的家国情怀。

（2）了解品牌战略思想不仅仅适用于商业，对国家、政党、城市、公益活动等符合社会主义核心价值观的项目同样具有作用。

（3）掌握符合社会主义核心价值观项目的品牌设计，展开科研学习。

思 政 元 素

"为人民服务"为中国共产党的品牌文化理念,把中国共产党这一根本宗旨,以及从建党到现在如何在"为人民服务"的品牌文化理念下发展壮大作为思政元素,植入品牌战略的品牌文化建设课堂,使学生在学习过程中得到政治认同,同时,使学生的家国情怀、文化素养、宪法法治意识、道德修养、社会主义核心价值观等得到提升。

案例实施路径与方法

(一)育人理念

通过典型案例的学习,养成科学精神、社会责任感和积极向上的人生态度,践行社会主义核心价值观。

(二)实施思路

(1)课程思政与专业知识互浸,培养坚持科研的理想信念。
(2)构建"课前需求驱动、课堂问题驱动、课后实践驱动"的教学模式。
(3)采用"引导—思辨—阐释—实训"的教学策略。

(三)思政元素融入方式

在本课程的品牌构成品牌文化(MI)模块教学中,讲授品牌文化概念、品牌文化核心诉求,列举多个案例,说明创建品牌的过程其实就是一个将品牌文化进行充分展示的过程,持续不懈地演绎,与时俱进地传播,使品牌文化深入人心。在此提出非商业品牌的品牌文化建设如出一辙,巧妙地融入共产党作为非商业品牌的品牌文化相关问题,引发学生去调研并进行探讨。

(四)教育教学方法

采取与科研实训项目相结合的授课方式。

线上资源:依托网络,引导学生利用在线资源进行调研,并线上反馈调研难点。针对学生反馈,凝练相关问题。

线下资源:实地考察、访问、咨询。

结合线上线下课堂教学,组织生生讨论、生问生答、师生讨论、师问生答等方式,促进学生分析、思考、解决问题。如此,既促进了学生对知识点的理解,又提升了其解决实际问题的能力。

(五)教学活动设计

1. 应用案例

"中国共产党"的品牌战略。

2. 问题导入

教学内容:

品牌一定是商业性的吗?"中国共产党"是个品牌吗?"中国共产党"的品牌文化理念是什么?从品牌的角度探讨"中国共产党"是如何执行品牌战略的。

教学设计:

(1)"中国共产党"的品牌发展?
(2)"中国共产党"的品牌执行?
- "中国共产党"的品牌文化(MI)?

- "中国共产党"的品牌行为（BI）？
- "中国共产党"的品牌视觉形象（VI）设计？

（3）"中国共产党"的品牌维护？

3. 课程思政小故事

教学内容：

为什么"为人民服务"是"中国共产党"的品牌文化？引入"中国共产党"发展历史过程中的某些重要故事，论证"中国共产党"从建党到现在如何始终在"为人民服务"的品牌理念下发展壮大。

教学设计：

（1）讲中国共产党"为人民服务"的故事。

（2）组织学生讨论，并回答该故事内容带来的学习启示。

（3）教师针对学生回答，启发分析，并给出正确结论。

4. 启发剖析阐释总结

教学内容：

讲述中国共产党的品牌行为（BI）和品牌视觉形象（VI）设计，以及其是如何贯彻执行"为人民服务"这一品牌文化的。

教学设计：

对比"中国共产党"和"国民党"两个政党在品牌战略上的不同表现，探讨中国共产党战胜国民党的必然性。

5. 深度思考、提高升华

教学内容：

坚信品牌文化在品牌战略中的重要性。

教学设计：

思考中国共产党自建党至今的百年岁月中"为人民服务"这一品牌文化在不同时期所发挥的重要作用。

6. 前沿扩展、高阶提升

讲解国内外不同文化的差异性下品牌发展和实施的多样性，特别是符合社会主义核心价值观的品牌策略、设计实施和发展状况。

（六）资源载体

依托网络资源和图书馆图书资料，查阅关于品牌战略和近代革命史相关书籍，采用传统的板书与现代的多媒体教学手段（PPT、图片、现场示范等）相结合的方式，通过列举典型画面和悬念式提问增加与学生的互动交流。

（七）特色与创新

本课程的特色与创新之处在于以中国共产党的品牌建设为楷模，把品牌文化这个大众固有的只追求经济利益的商业思维模式的认识，提高到具有家国情怀、文化素养、道德修养和以社会主义和谐发展为核心价值观的高度，以期未来的品牌战略更多地站在为人民服务的角度，促进我国和谐社会的繁荣发展。

教 学 成 效

有句话说："教学相长。"通过本次课程教学，不管是教学前的备课、课程设计，还是教学过程中与学生的互动和研讨，收获和进步最大的还是当教师的自己，无论在品牌策略的专业理论知识、对中国共产党的信仰，还是为人民服务的家国情怀，都有进一步的提高。

同时，在课程研讨过程中，也提高了学生调查研究、文献检索和搜集资料的能力，提高了理论与实际相结合的能力，培养其独立分析问题和解决实际问题的能力。通过感受品牌建设在社会的发展、祖国的兴起中为人民服务的重要性，激发了学生的科学求学、职业素养、党性认识和家国情怀。

在本课程中，学生能遵守各方纪律、严格律己、努力学习、虚心请教、互相帮助。总体来说课程效果还是显著的，得到了同行的好评。

整合创新设计典型教学案例

以设计驱动社会创新

学院名称	厦门工艺美术学院	课程名称	整合创新设计
主讲教师	洪歆慧	教师职称	副教授
授课对象	工业设计专业三年级本科生	课程性质	专业必修课

课程简介

  整合创新是设计师面向未来科技、经济、社会以及文化发展的必备能力。"整合创新设计"作为工业设计专业的核心必修课程，共计4学分、64课时，是学生进入毕业设计环节前的重要一课。在课程体系设计、理论与实践教学、配套教材撰写、教学资源建设、综合考核评价中，坚定"设计向善，六度驱动"的价值主张和"主动设计，积极应变"的行动纲领，以润物无声的方式在教学中积极融入思政元素，在行动中切实强化使命担当。

  本课程现为国家级一流课程，围绕"以设计行动解决民生问题，推动文化传承，促进产业升级，实现社会创新"相关命题，以"协同教学"的模式，导入服务设计、社会创新和商业模式创新三大交叉学科内容，引导学生串联运用利益相关者分析、用户旅程图、系统流程图、服务蓝图、商业模式画布等国际前沿的设计工具与方法，积极挑战复杂且未知的工程或社会问题；以设计学科作为纽带，使学生建立多学科视角和立体化思维，具备从需求洞察、趋势预测，到设计策划、项目执行和商业推广全流程的设计执行与团队协作能力；使学生能够融会贯通所学知识及技能，关注社会民生，聚焦科技前沿，面向可持续发展，成为兼具国际视野与人文情怀、创新思维与责任意识、创业精神与实践能力的全链路创新创业人才。

教学目标

  （1）价值引领：具有正确的世界观、人生观、价值观；具有科学精神、人文修养、职业素养、社会责任感和积极向上的人生态度，了解国情社情民情，践行社会主义核心价值观；建立环境和可持续发展的意识，在选题中充分关注、理解和评价环境保护、社会和谐，以及经济可持续、生态可持续、人类社会可持续的问题。

  （2）知识拓展：学习与掌握服务设计、商业模式和社会创新等高阶性的知识体系和专业技能，塑造完善的知识结构，能串联运用过去所学的知识及技术，积极挑战复杂且未知的工程或社会问题。

  （3）思维训练：以"设计向善"为价值主张，聚焦国家战略，关注社会民生，面向可持续发展，成为具有国际视野与家国情怀、创新思维与责任意识、创业精神与实践能力的复合型人才。

  （4）能力建构：以设计学科作为纽带，建立多学科视角和立体化创新思维，具备从需求洞察、趋势预测，到设计策划、项目执行和商业推广的全流程设计执行与团队协作的创新创造创业能力。

思 政 元 素

通过理论讲授、案例研讨，呈现"整合创新设计"在传承中国优秀传统文化、倡导健康生活、推动智能制造、提升服务水平、改善生态环境、促进开放共享、实现社会创新等方面的成功探索，让学生对产业现状和行业趋势有更全面和系统的认知，进一步增强使命意识，弘扬工匠精神，提升文化使命感和设计责任感，激发干事创业的激情。

通过选题引导、设计实践和方案讲评，教导学生灵活运用设计工具，熟练掌握设计思维、创新方法；学会通过洞察社会、民生、经济、技术、文化等方面的问题，发现创新机会，并基于"以用户为中心、以社会可持续发展"为目标的设计原则，组建团队，整合资源，协同完成设计实践。基于人文关怀做有温度的设计，基于系统研究做有深度的设计，基于跨界探索做有广度的设计，基于价值引领做有态度的设计，并以"速度"强调执行力和高效性，以"高度"突显高阶性和挑战性，成为"有理想、有本领、有担当"的时代新人。

案例实施路径与方法

（一）育人理念

设计的最大作用不是创造商业价值，也不是在造型和风格方面提升竞争力，而是成为社会变革过程中的要素。设计师必须有良好的职业道德并承担社会责任，不仅为设计的过程负责，也为设计的后果负责，应该为社会做更多真正有意义的设计。

（二）实施思路

社会创新设计，是打破边界、跨界协作，涉及社会生活的基本理念、组织和制度的创新过程和模式，在世界范围内都是一个相对较新的概念。我们将其导入课程，一方面是希望学生有意识地思考设计在当今社会中的作用和未来趋势，投入关注，应变而变，另一方面是借助社会创新设计所涉及问题的全面性，建立系统的设计观和方法论，提升整合创新的能力。

（三）思政元素融入方式

建立使命意识。以联合国《2030年可持续发展议程》为蓝本，对标17个可持续发展目标，引导青年学子深刻认识设计在可持续发展等方面的重要意义；积极应对当前所面临的各种全球性挑战；通过深入调研，了解国情社情民情，树立设计使命感、公民责任感。

展开切实行动。设计可以让生活更美好。在项目实践中激励青年学子以设计学科作为纽带，运用设计思维进行跨学科的自主创新和整合式的设计实践。根据所学知识和技术，结合可持续发展的痛点、难点问题，提出具有独创性、可行性、实用性的设计解决方案。

（四）教育教学方法

综合运用案例分析、小组研讨、情景体验等教学方法，依托线上线下教学资源，按照"什么是社会创新、为什么要社会创新、做什么社会创新"的内在逻辑，以及"提出问题、分析问题、解决问题"的认知路径，引导学生由"知"内化为"识"，进而付诸于"行"，锻炼学生的高阶思维能力。注重师生互动和生生互动，引导学生自主性学习和探究。结合课程教学内容特点，提炼课程思政元素，专业知识与思政元素深度融合，实现价值性与知识性的统一。

（五）教学活动设计

首先，以"设计何为"作为问题导入，引导学生思考设计的价值，讨论设计与人、设计与社会的关系，以及设计未来的走向；其次，借助书籍《为真实世界而设计》和《设计，在人人设计的时代》的核心观点作为回应，梳理"社会创新设计"的源起和本质；再次，通过对共享单车、后疫情时代社会创新设计等案例的介绍和剖析，阐述并带领学生探索设计介入社会创新的可能；然后，呈现联合国可持续发展17项目标，"以问题为导向，以创新破难题"，通过分组讨论和代表发言的方式加深学生的对社会创新设计内涵和外延的认知；从次以本专业学长学姐的作业为范例，详细讲解设计参与社会创新的方法、要点和工作流程，以身边真实的故事，说明设计作为一种社会行为，可以产生积极的推动作用，是社会功能不断转型的过程；最后，任课教师引导学生讨论并总结，强调设计师应具备"设计向善"的责任感、使命感，为人类的福祉、社会和生态的可持续发展作出力所能及的贡献。

（六）资源载体

1. 案例研讨"共享单车"

2017年共享单车大范围出现，被评为年度社会创新TOP10。它的出现极大地改变了人们的出行方式，从解决"最后一公里"的洞察出发，运用"互联网+"和共享经济的创新模式，使其成为了一种新型的交通工具租赁方式。任何人都可以通过手机轻松方便地扫码骑车，不仅解决了人们短程出行选择代步工具的困扰，也缓解了大城市公共交通的负担，提高了人们的出行效率。另外，共享单车作为一种低碳健康的出行工具，也被越来越多的人所接受和提倡，开始成为一种新的城市生活方式。无论在技术应用上，还是服务模式与商业模式创新上，都是整合创新设计的典型案例。

2. 情境代入"疫情之下"

经历了2020年以来的新冠疫情，设计群体更需要思考创新和设计的目的，不应只本着商业价值来推行艺术与设计，而要真正地站在社会的价值和责任上来思考。比如，疫情带来的社交隔离并不是人类生存的常态，在社会创新体系下思考健康的社区建设和社会学意义上的健康生活方式，以"大健康"理念引领大设计观，将成为后疫情时代整合创新设计的重要方向和思考层面。此外，后疫情时代，在新发展理念之下，是否还可以拓展思考除了健康新生活之外的社交新关系、旅居新观念、循环新价值和文化新共生？

3. 朋辈激励"拯救食堂"

介绍2016级"拯救食堂"的课题训练项目。一方面作为"选题参照"，鼓励学生关注身边事、身边人，从身边的小事做起，用设计解决问题、改善民生；一方面说明"推进方式"，将用方案竞标的方式让学生自己推选出最佳解决方案，并协同推动整体项目的落地实施，创新评价的方式，让师生、生生之间可以更平等地对话交流，实现合作共赢。真实的"故事"有助于学生在课程中保持亢奋，激发"自主设计"的积极性，提升"整合创新"的协同性，在实践中践行"民主、友善、敬业"的社会主义核心价值观。

（七）特色创新

树立"设计向善"价值观念。强调"人格重于能力，能力重于知识"，在案例解析、设计实践和考核评议方面，强调在"发现问题、分析问题、解决问题"的探索中，发现可能性、寻找机会点，为社会进步和增进人民福祉持续注入向上向善的力量。

建立学业评价"六度模型"。以工业设计系构建的人才培养"六度模型"作为评量矩阵，基于人文关怀做有温度的设计，基于系统研究做有深度的设计，基于跨界探索做有广度的设计，基于价值引领做有态度的设计，以"速度"强调执行力和高效性，以"高度"突显高阶性和挑战性。

教 学 成 效

在多年的教学实践中，根据学生特点、社会热点，以问题为导向，动态"设计"课程任务，充分调动了学生激情，及时回应了社会需求。近三年以"智联未来""拯救食堂""厕所革命"作为年度主题，引导学生以高度的使命感和责任感，主动设计、积极作为，增强"学习效能感"，提升"岗位胜任力"，同时激发学生以"设计改变世界"的更大动力。

本课程受到学生的喜爱，评教平均成绩均在 95.00 分以上。在学生看来：课程真正将设计专业的学生带离固化的传统意义上的造型和形态的设计变化（15 工设，孙逢辰 | 华为）；带领我们走出自己知识的"舒适区"，探索和学习设计更多的可能性（16 工设，徐世哲 | 帝国理工大学）；将课堂扩展延伸到了真实问题场景中，用设计的思维对接真实需求，解决复杂问题，展现了一如既往贯彻的"六度目标"（16 工设，梁可 | 湖南大学）。

本课程受到行业协会、兄弟院校和专业学者的高度评价。在专家看来：其倡导的"向上向善引领、六度目标驱动"方向明确、可操作性强（应放天 | 浙江大学）；突出"整合＋创新"，树立多维的人才培养价值理念，拓展学科边界和藩篱（邱松 | 清华大学）；充分体现了国家的人才战略和国际设计组织的"设计"属性定位（余隋怀 | 西北工业大学）。

本课程 2020 年被评为福建省一流本科课程，2023 年被教育部认定为国家级一流课程，并被推送申报福建省课程思政示范课程。正在撰写的配套教材《整合创新设计》获福州大学课程思政教材建设立项资助，已与国家一级出版社签订出版合同，并入选"十四五"部委级规划教材目录。

专题设计典型教学案例

纯净水包装塑料瓶回收体系

学院名称	厦门工艺美术学院	课程名称	专题设计
主讲教师	王丞	教师职称	讲师
授课对象	工业设计专业三年级本科生	课程性质	专业必修课

课 程 简 介

本课程是工业设计专业本科三年级的专业必修核心课程，是学生由技能基础课过渡到专业课的重要环节，此时学生已经完成了大部分设计基础课的学习，同时对所学专业也有了一定的理解，深层思考欲望强烈。

本课程从可持续设计出发，阐述可持续设计的定义、相关理论研究现状和未来发展趋势，培养学生权衡环境、社会、经济三者间关系的系统思考能力，并从新角度启发引导学生结合可持续性设计原则、国家发展策略和相关技术、人文支持产品进行创新设计。

课程讲授采用精讲与串讲相结合的教学方式，基本理论与案例分析相结合，深入浅出地讲解课程重点难点，并且以课堂讨论的形式进行专题研究，使学生把握可持续设计方向，通过理论指导实践的模式，培养有科学精神、人文修养、职业素养、社会责任感的综合型设计人才。

教 学 目 标

（1）价值引领：培养学生从发现问题到解决问题，达到课程创新设计思维育人的目标；培养学生的审美素养、人文关怀和重视生态文明的设计意识，达到理论和实践综合育人的目标。

（2）知识拓展：了解可持续概念的起源、发展、定义、特点和作用，进而拓展掌握基于可持续发展概念的创新设计思维和方法。

（3）思维训练：从产品概念与科技创新、产品概念与交互设计理念、产品概念与服务战略等方面，训练可持续设计的衍生思路，掌握可持续设计的构思方向和创新高度。

（4）能力建构：培养学生从需求分析到创意，再到可持续设计的实践，达到创新设计实践育人的目标。

思 政 元 素

挖掘可持续发展策略背后的思政元素，引导学生将社会主义核心价值观融入生态文明建设中，同时使学生认识到可持续发展理念对于设计理念和实践的重要指导作用，并在今后的设计中不断实践和体悟。

案例实施路径与方法

（一）育人理念

以国家可持续发展战略为中心，增添课程思政目标导向，坚持高阶性、创新性和挑战度。

（二）实施思路

教学目标提升高阶性，教学内容和教学方法突出创新性，考核设计增加挑战度。时空两个维度，师生两个主体，教学两条主线。实施上，线上线下相辅相成。

（三）思政元素融入方式

引入课程思政案例，特别通过对当代环境保护和可持续发展理念的学习，使学生能践行社会主义核心价值观和培养环保爱国使命感，增强专业自豪感。

（四）教育教学方法

依托在线开放课程资源，使用现代信息技术，综合启发式讲解、传统板书、现代多媒体软件、慕课堂智慧教学等手段，适时设疑，师生互动交流，理论联系实际，启发式教学与案例教学、发散思维与收敛思维有机地结合。

（五）教学活动设计

课程导入采用图片案例和多媒体演示，简要介绍一系列历史著名环境危害事件（纽约爱河废物污染事件、"阿莫科·卡迪兹"号石油泄漏事件、三哩岛核电站 2 号反应堆放射性物质泄漏事故等），让学生快速直观地认识环境问题的实际危害，进而引出主题——可持续研究和设计。

首先指出"绿色"和"低碳"一般意味着对自然环境造成的影响最小，而"可持续设计"比"绿色设计"需要考虑更大范围的影响。世界环境与发展委员会在 1987 年提供给联合国的报告中，提供了可持续发展的定义："在不损害未来人类发展需要的前提下，满足当代人需要的发展。"

进而结合学生在先修课程中对于产品设计的基础认知，讲解相较于传统产品设计，基于可持续理念的产品设计的主要特点。

（1）以整体思维方式看待产品设计，产品设计的价值不再以人类为中心，而是具有生态价值观，允许人类、非人类的各种正当利益在一个动态平衡的系统中相互作用。

（2）它是传统设计观念的演进与发展，强调在产品达到特定功能的前提下，材料、能源在制造、使用过程中消耗得越少越好，产品在使用过程中和使用后对环境的污染越小越好。

（3）产品设计优良的标准不再是单一的经济性（利润），不只关心产品的功能、性能、外观，而是将环境、经济和社会的可持续性纳入产品的评价体系。

（4）产品生命周期包括了产品的回收再利用过程，在各个阶段都有可持续要求。

（5）新的质量观包括传统质量管理中的可靠性和稳定性等概念，把环境质量作为产品质量不可或缺的一部分。

在使学生初步理解可持续产品设计的基础上，进一步拓展讲解可持续的典型设计方法。

（1）最少消耗型设计：降低产品生产制造、使用、回收过程中的能源和资源消耗，既要考虑经济性，又要有益于环境的良性循环，做到既节约资源又经济可靠。

（2）回收再利用设计：回收再利用是可持续设计的关键环节，要真正实现这一环节，使重复使用达到最佳的状态，最初在设计概念产生的时候就要综合考虑，使报废后的产品便于回收、便于拆卸，此外还要对有毒材料进行考虑，等等。

（3）延长产品生命周期设计：典型的产品生命周期一般可分为四个阶段——引入期、成长期、成熟期和衰退期，可持续设计可以通过各种手段，延长这几个阶段，延长产品寿命，实现延长产品生命周期的目的。

（4）服务设计：消费者购买的最终目的并非是占有产品，而是为了获得产品提供的服务。由于人们将生活消费的中心放在有形物品的追求和占有上，而忽略了真正需要的是产品的功能和服务，容易导致各种过度占有和非可持续消费现象的出现。对此要竭力减少单位服务量的成本，并优化服务量的配给渠道，以尽可能少的资源去满足尽可能多的需求，才能恰如其分地利用资源。

最后借助 2015 级校级优秀毕业生姜嫘同学的作品集和相关视频，举例解析其关于纯净水包装塑料瓶回收体系的优秀毕业设计全过程。

该设计率先关注旅游型海岛（以鼓浪屿为例）游客废弃的一次性纯净水包装塑料瓶回收和运输处理成本高昂问题。在设计前期，通过对游客进岛前、在岛上、离岛后三个时间节点进行一系列定性与定量的观察，并从整个游客、环卫工人、管理处系统出发，对用户的使用情景进行了分析，得到游客与风景区管理处两方待解决的痛点。调研分析发现在塑料资源回收这一关键问题点上，游客处于主动方，而景区管理方处于被动方。所以要更好地解决这个问题，必须要从其源头游客本身的观念与意识出发，做好垃圾分类，完成资源二次回收。

在具体解决方案上，该同学尝试在旅游型海岛上吸引最多游客的地方设置多台产品终端——旅游纪念品机。游客通过在各景点对应的旅游纪念品机处投入废弃的 PET 塑料瓶，通过一系列机械加工再塑形的方法得到相应景点形态的纪念品，既能以收集岛上不同万国建筑纪念品的方式来记录自己的足迹，又能借由这样的方式，使得游客将自己产生的塑料垃圾带离海岛，从而为促进海岛环保和提升游客体验作出一些积极贡献。

（六）特色与创新

本课程注重采用本系部以往毕业学生的相关优秀作品进行案例讲解，能充分贴合在校学生的实际能力和水平，更具说服力，避免瞻仰过多的大师级作品而产生疏远感，从而有效激起学生学习探索可持续发展与设计新知识的主观能动性。

教 学 成 效

可持续发展设计是更加深刻、涉及面更宽的设计思想，和谐的社会生产环境，包括了对社会各方面与自然界之间关系的全面思考。将人 - 机 - 环境三者结合起来进行可持续发展的思考，具备了更全面的设计重点，设计的工业产品是对环境、人体生理与心理的综合考虑，把可持续发展理念渗入设计意识中，能够用以指导产品设计中的整个系统设计流程。通过本课程的学习，使学生加深对可持续设计背后蕴含的生态价值观和方法论的认识，进而尊重自然、维系生态。通过案例分析使学生理解废弃物管理中资源回收再利用中的现实问题，树立可持续设计思想，支持国家"十四五"规划要求的生态文明建设。

综合材料的空间表达典型教学案例

雕塑创作本土化精神传达

学院名称	厦门工艺美术学院	课程名称	综合材料的空间表达
主讲教师	陈海影	教师职称	讲师
授课对象	雕塑专业三年级本科生	课程性质	专业必修课

课程简介

"综合材料的空间表达"是雕塑专业必修的核心前沿课程之一。本课程旨在艺术创作中有机地运用各种媒材来创造新的、富有生命力的视觉语言。其中包括金属、木头、石头、陶瓷等传统自然的材料,也包含现代工业材料、现成品等生活材料,也指正在发展的新材料、新媒介及表现技法等,它是动态性的。

本课程培养学生对综合材料的运用和现代艺术形式的拓展能力,使学生了解和掌握综合材料在空间中的重要表现方式,在发挥材料自身特性的前提下形成现代雕塑创作观念,强调在创作的过程中赋予作品人文精神与审美内涵,更好地拓展雕塑创作的表现力和艺术感染力。在习近平总书记倡导"文化自觉自信"的当代背景下,鼓励学生多立足于中国本土文化,通过综合材料在空间中的语言转换,寻找出一条具有中国特色的当代综合材料雕塑教学模式,这是本课程的特色与创新,也是课程培养的重要目标。

教学目标

(1)价值引领:培养学生爱国主义情怀,强调立足于本土文化进行创作,使学生能够创造出具有积极面貌的雕塑艺术作品,具有良好高级的审美情趣和服务国家发展战略的基本能力。作品的立意和精神内涵要体现出"热爱祖国、热爱人民、拥护中国共产党的领导,有实验探索精神、职业素养、家国情怀"等价值观和品德修养。

(2)知识拓展:了解雕塑材料的类型和语言特点。通过赏析古今中外的优秀作品,使学生对综合材料雕塑的发生发展历史有一个全面的认识,了解雕塑材料的范畴和多样性,对不同材料所蕴含的特性和语言有更加深刻的感悟和理解,并能够思考和探索材料介入艺术作品的诸多可能性。

(3)思维训练:通过"抽象形态研究""抽象绘画训练""抽象雕塑训练"等方法对雕塑综合材料进行创造性的使用,引导学生对雕塑材料的思考从单纯形态造型的层面吸引到材料自身语言的层面上来,培养学生抽象造型和空间构成的基本造型思维方式。

(4)能力建构:在专业技能层面,让学生通过对材料的实践操作和运用,认识和掌握各种材料的基本特性和独特艺术表现力,培养学生对材料的审美能力和对材料运用的实际动手能力;在人文素养层面，培养学生建立起更高的审美意识、开阔的国际视野和艺术综合素养，两者构成了学生综合专业能力要求，缺一不可。

思政元素

  课程一开始引入当代艺术中一个关于材料的案例：2017年中国著名艺术家宋冬和十多位中美志愿者用无数饼干、甜点、榛子酱、彩色糖霜、奶油搭建的大型公共艺术参与项目《吃城市》在美国Mana当代艺术中心揭开了帷幕。整个艺术作品坐落在美术馆的大厅，到场的4000多位国际观众还未进门，就被眼前的壮观场景震慑住。而后在艺术家引导下到场的观众一边"吃掉这座城"一边热烈地交流，展览的思想高度与观众的互动思考跨越了文化障碍，以独特的方式达到了深刻的融合。在这件作品中，"饼干"作为一种即逝的材料被艺术家所使用，并将它的功能属性转移成对"人的欲望"的隐喻，材料和作者所传达的观念相吻合，把作品提高到另一个文化的层面。而后几年，该艺术家还辗转了许多国家持续进行这个项目，根据不同的地域特征用"饼干"搭建出当地特有的建筑和地理样貌。这样一类优秀的、伴有观众参与互动的艺术作品提高了中国当代艺术在国际上的影响力，将中国艺术家所传达的精神传达到更广泛的地区，彰显了我国当代艺术思想的前沿性。

  习近平总书记在中国文学艺术界联合会第十一次全国代表大会上强调"增强文化自觉，坚定文化自信，展示中国文艺新气象，铸就中华文化新辉煌"，他认为当代中国，江山壮丽，人民豪迈，前程远大，时代为我国文艺繁荣发展提供了前所未有的广阔舞台。广大文艺工作者要增强文化自觉、坚定文化自信，以强烈的历史主动精神，积极投身社会主义文化强国建设，坚持为人民服务、为社会主义服务方向，坚持百花齐放、百家争鸣方针，坚持创造性转化、创新性发展，聚焦举旗帜、聚民心、育新人、兴文化、展形象的使命任务，在培根铸魂上展现新担当，在守正创新上实现新作为，在明德修身上焕发新风貌，用自强不息、厚德载物的文化创造，展示中国文艺新气象，铸就中华文化新辉煌。

  作为艺术工作者和高校教育者，我们更加要注重对学生思政和品德的潜移默化教育，在艺术创作中要着重培养学生的家国情怀和自身的文化认同感，立足于本土，去不断挖掘出属于我们自身深厚的文化精神和底蕴，并通过艺术创作手段彰显出文化自信和格局。

案例实施路径与方法

（一）育人理念

  注重学生的思想品德培养，树立正确的三观，不简单以作业完成度为评判标准，而应多关注学生在上课过程中的学习积极性和参与度，从专业能力、人文素养，以及思想观念等多个角度对学生综合能力进行全面的培养。其中，专业能力方面旨在培养学生扎实的美学造型基本能力，人文素养方面旨在培养学生更高的审美意识、开阔的国际视野和艺术综合素养，思想观念方面主要是培养学生爱国主义情怀，能够立足于中国本土文化，通过雕塑艺术创作语言讲好中国精神和中国故事。

（二）实施思路

  本课程实施思路分为课前、课中、课后三个阶段，每个阶段都会有相应的阶段目标和教学方式。课前主要以学生前期收集资料、对课程理论知识进行预习的方式，制作课前PPT阐述对课程内容的初步认识;课中包含教师理论授课、学生课堂实践、师生讨论、生生讨论、教师课堂示范教学辅导等方式,将课程的目标从理论落实到作品的实物呈现上;课后主要是针对作品进行展示设计,并撰写课程小结,内容包括作品创意构思、创作步骤,以及制作过程中的个人感受,这是对整个创作的总结,有助于学生对课程的全面梳理,对创作中所遇到的重、难点总结相应的实践经验,为后期的进阶课程打下基础。

(三)思政元素融入方式

在整个教学过程中,教师和学生就现阶段的社会热点和现象进行讨论,思政元素以潜移默化的方式融入课堂。教师在课前对课程所对应的艺术史做一个较为全面的梳理,在列举案例时多以中国本土艺术家为例,介绍其如何向外宣扬中国优秀传统文化来达到国际影响力,同时鼓励学生多立足于自身文化,通过多样性的手段来弘扬中国传统文化魅力,传达时代精神。

(四)教育教学方法

由于本课程为雕塑专业创作实践型课程,是对学生前三年打下的美学、造型基础而进行的较为自由的创作,没有特定的命题,教师会根据每个学生的个人关注点和特长进行因材施教,通过"抽象形态研究""抽象绘画训练""抽象雕塑训练""材料与观念相结合"等教学方法,打破传统的思维方式和观察方法,使学生感知材料语言特性、感知空间形态,并能够建立综合材料与空间、综合材料与观念相结合的逻辑体系。

(五)教学活动设计

1. 理论阶段

课程开始前,要求每个学生在课前准备好演讲 PPT,介绍一位喜欢的艺术家和其最有代表性的艺术作品,向班级同学和教师阐述作品所使用的材料以及材料在作品中的重要性,并充分阐释该作品所传达的意图和观念,而后进行生生讨论,最后再回到教师系统的理论授课上来。

教师的理论授课部分会在课前导入问题:作为雕塑的材料有哪些?哪些是传统材料,哪些是新兴的材料?不同的材料具有哪些属性?……让学生带着这样的问题进入全面系统的理论授课环节,边听课边思考,并把这种思考带入到接下来的实践创作阶段。

2. 实践阶段

该阶段分为方案设计和制作实施两部分内容。在方案设计阶段要求学生根据自身的喜好、关注点进行多个作品构思,无论是从材料出发进行创作抑或是观念先行再寻找合适的材料创作,都是需要在不断讨论和深化中对作品的视觉呈现有一个较为充分的构思;而后学生需要在众多方案中梳理出最恰当以及最具有实施可能性的作品进行实物呈现,课程的理论讲授会始终贯穿在整个实践环节,对本土化的精神传达也会潜移默化地进入到创作的课堂辅导和沟通中。

(六)资源载体

本课程是雕塑专业最前沿的创作型课程,它需要学生大量吸收最前沿的理论知识,开拓国际视野,了解国内外当下的艺术发展形势概况。目前学习资料大多依托各种网络和线上平台,还有线下的图书馆资源,引导学生利用线上、线下资源,进行课前预习,并记录反馈学习难点。教师针对课程内容和学生反馈,凝练课堂问题,结合多媒体等工具,组织生生讨论、生问生答等方式,促进学生辩证思考。通过"启发、剖析、总结"相结合,阐释对"雕塑综合材料在空间中如何运用"的多重理解。

(七)特色与创新

综合材料雕塑是在中国改革开放、国际化趋势与信息大量流通影响的背景下发展起来的,中国的艺术家们在吸收西方近百年的艺术形式中开始了多样的尝试，并逐渐在国际上崭露头角。综合材料的空间表达课程作为一门正在兴起的雕塑创作新兴课程，其发展空间广阔，具有源源不断的艺术生命力和可挖掘的潜力，它培养的是学生综合性的专业能力和艺术修养，具有前沿性的学术研究价值；其次，中国深厚的历史文脉和民族文化给我们艺术创作提供了取之不尽的养分，中国的综合材料艺术有很多可利用的本土资源。在习近平总书记倡导的"文化自觉自信"的当代背景下，立足于中国本土，通过综合材料在空间中的语言转换，寻找出一条具有中国特色的当代综合材料教学模式，这是本课程最大的特色与创新，也是课程培养的重要目标。

教 学 成 效

福州大学厦门工艺美术学院雕塑系本着学科发展的前沿性和学术性，在传统雕塑的基础上逐渐融入了现代雕塑教学模式，"综合材料的空间表达"作为近几年开设的新课程，已经在实践中摸索出一条较为清晰的教学思路，并且积累了很多优秀的学生作品和教学成果。

15级雕塑专业杨俊同学的作品《厦门记忆》运用了废弃金属材料，构筑了两组关于厦门老街的场景，废弃金属材质本身固有的机理非常巧妙地将老街中的历史感、斑驳感呈现出来，体现了工业化背后一个时代的变迁。依稀记得作品在厦门美术馆展示期间得到了厦门本地市民和许多观者的好评，他们在作品前驻足而观，似乎这光影婆娑的老街勾勒出了他们对过去生活的记忆。18级雕塑专业程亚洲同学的作品《新千里江山图》借用了中国传统山水画——青绿山水的构图形式等视觉要素，通过充斥在我们当下生活中的电子废弃垃圾"电路板"为主体材料，构建出了具有当代气息的新图景——"新千里江山图"，这里的"新"除了新材料带来的视觉张力，更重要的是自然和工业的一种碰撞，从而产生了一种新的形式语言和意味。

这些优秀的案例使我在几年来的教学中积累了大量宝贵的经验，并深刻地体会到：

（1）要沉下心来从中国传统文化或自身的生活里找寻素材，挖掘出富有魅力的艺术语言，并运用当代材料及手段进行视觉转换和空间再创造，在当前我们国家大力提倡"文化自信自觉"的时代背景下，这样的作品所带来的思考将具有很深的社会意义和价值。

（2）综合材料雕塑教学目前较缺乏系统的理论支持，不足之处还是比较明显，但是作为一个尚在成熟中的课程，它又保有强大的艺术生命力和可能性，需要教师和学生带着强烈的热情不断沟通、共同促进，才能产生更多更优秀的教学成果。

目前雕塑专业本科生对本课程有着很强的兴趣，课程结束后均创作并参与了展览活动，作品广受教师学生和社会同行人士好评。福州大学厦门工艺美术学院雕塑系将本着初心，以课程培养目标和宗旨作为指导思想，培养出一批又一批高素质专业人才。

综合设计基础二典型教学案例

材料与结构：木结构

学院名称	厦门工艺美术学院	课程名称	综合设计基础二
主讲教师	洒玉波	教师职称	副教授
授课对象	工业设计专业一年级本科生	课程性质	专业必修课

课程简介

"综合设计基础二"是工业设计专业的基础必修课，注重学科的学术性，课程内容包括学科基础和学科前沿，与国家发展和时代发展同步。课程团队以教研立项为先导，利用互联网等先进教学技术，创新性地导入线上线下混合式教学模式，在解决"以学生为主导"的学习模式上起到了助力作用。通过引入线上优质的教学资源，丰富了课程的内容。课程团队组注重挖掘课程思政元素，以爱国主义、人文素质、科技强国、工匠精神教育等为核心，落实立德树人根本任务，提高人才培养质量。线上线下创新教学模式对课程"两性一度"的建设起到了推动作用，细化课程实施过程中课前、课中、课后的任务，让学生真正忙起来。本课程旨在从发现问题、分析问题、归纳问题和判断问题过程中培养学生的创新能力。课程从理解形态的本源入手，让学生掌握设计的目的是整合及协调材料、结构、技术、工艺之间的关系，运用科学与艺术的原理，培养正确的设计思维方法，是培养创新型人才的基础课程。

课程严格、科学地进行过程性评价和终结性评价，提高了教学效率。团队通过研究—实践—反思—总结的思路，探索形成了一条以"能力导向，协同混合"为特色的教学创新路径。

教学目标

本课程以教学为重点，面对信息时代，以学生为中心，针对学生的网络属性，本着"两性一度"的原则，进行教学方法改革。本课程的教学目标是建立和培养工业设计人才的4个核心素养。

（1）价值引领：本课程开设在本科生大一下学期，在教学过程中不仅强化专业基础对于学科的重要性，同时注重课程思政的挖掘，以爱国主义、文化自信、科技强国、工匠精神教育等为核心；注重学生基本人格、基本道德、基本情感的养成；培养学生对生命的热爱，对世事的关心，用生命感、价值感把学生的专业创造力诱导出来，体现课程的高阶性。

（2）知识拓展：将课程作为知识的载体，用具体的设计案例解释设计知识体系的运用，培养学生自主获取知识、整合已知知识、创造新知识的能力。根据布鲁姆教育目标分类法，知识素养是认知的基础，领会、应用、综合、评价都是基于专业知识的学习和实践。

（3）思维训练：引入线上线下混合式教学模式，融合BOPPPS教学模型，把智慧教室的使用落在实处，强调学生参与式、体验式、自主式学习，更充分地利用有限学时。创新教学方法，经典案例点评，小组研讨辩论，以练代讲，边练边讲，随时翻转课堂。以比赛项目任务驱动学生的学习主动性，"以赛促学""以赛促优"，注重学生创新能力的形成和提高，提升实时的课程学习反馈闭环，形成不断改进课程教学方法的机制。

（4）能力建构：学习本课程后达到一定的造型能力和材料赋能造型的能力，造型能力是工业设计专业的基础能力。在设计实践中，培养学生利用合适的材料将设计思维从虚拟推演到二维表达乃至三维实现的设计转化能力，明确设计是实实在在解决问题，绝不是纸上谈兵。学生的能力可以分成研究型、实践型、创业型，能力素养对学生的未来规划有指导性作用。

思政元素

综合设计基础二是工业设计专业的核心专业基础必修课之一，是培养高素质、复合型、创新型设计人才的关键课程。结合历史新时期对设计人才的需求，培养学生扎实的专业理论基础，让学生具有较好的服务国家、服务社会的家国情怀，良好的文化素养、道德修养和坚定的社会主义核心价值观；将知识学习和思想政治教育相结合，培养为国家立心、为民族立魂的中国特色社会主义事业合格建设者和可靠接班人。

（1）敬业乐群，培养学生的社会主义核心价值观。应县木塔从设计到施工严谨清晰，900多年前，在山西，中国匠人们聚集在一起，像搭积木一样，建了一座用料多、结构复杂、构件繁多的纯木结构的塔，是中国现存最高最古且唯一的一座木构塔式建筑。

一座木塔是多少匠人的全心投入，敬业是中国人的传统美德，也是当今社会主义核心价值观的基本要求之一。通过本案例的介绍直接展示中国工匠的敬业精神，以匠心筑梦想，提高学生对专业学习的兴趣。

（2）精益求精，提高学生的职业操守和道德修养。应县木塔，整个建筑由塔基、塔身、塔刹三部分组成。全塔在结构上没用一个铁钉，全靠构件互相榫卯咬合。全塔共使用54种不同形式的斗拱，种类之多，国内罕见，应县木塔也被称为"斗拱博物馆"。通过本案例的介绍让学生充分认识到只有不断强化专业的学习，全面提高专业能力，才能在每道工序中凝神聚力，坚持自己的职业操守，追求极致，也是新时代社会主义发展阶段的职业品质。

（3）专注执着，培养学生的家国情怀及政治立场。应县木塔，这座历经千年风雨的高层木塔，属于稀世珍宝、全国孤例，已经十分衰老疲惫，开始倾斜和扭曲了，目前修缮工作尚未实施。传统技艺的传承，需要专注与执着，一世择一事，一事做一生，恐怕是这世上最美好的体验。通过本案例的介绍让学生领悟到只有专心专注，有大局意识、核心意识，在专业领域才能拥有一技之长。

（4）创新突破，提高学生追求卓越的钻研精神。应县木塔的建造处处体现了中国古代匠师们的智慧之光。从建筑学的角度分析，木塔是建筑体例的开创，内部结构形式的改进，这些闪光点需要的是创新思维。斗拱，木结构中非常重要的传力构件，在应县木塔上应用得非常恰当。一方面，斗拱的应用使得塔的每一承重檐可以形成极其优美的外挑，这种建筑手法在中国古建筑里面属于常用的方式；另一方面，斗拱的构造层层展开，横纵相互咬合，相互限制，使得斗拱的构件紧紧形成一体，体现了刚柔相济的良好力学结构。斗拱是中国古代匠人的创新，也是中国人的骄傲。

案例实施路径与方法

（一）育人理念

专业类课程思政建设与实施是目前高校人才培养的核心和关键，本课程以"立德树人"为课程思政建设宗旨，"两性一度"的建设、"创新人才"的培养为课程思政建设任务，人文素养、知识素养、能力素养的健全为课程思政的建设目标，采用线上、线下、课内、课外协同的教学方法。本课程的育人理念总结为"一个宗旨、二项目标、三大素养、四类协同"，如图1所示。

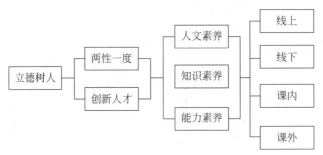

图1 "一个宗旨、二项目标、三大素养、四类协同"

（二）实施思路

课程思政不是在课程讲授中硬生生插入思政元素，更不能把专业课上成思政课，需要找准"综合设计基础二"课程思政切入点，分解课程中理论知识点的思政育人元素，如家国情怀、文化自信、工匠精神、合作意识、创新突破及诚实守信等理念，通过反复打磨、调整思政要点，不断提炼专业课程的思政内涵，融入到课程教学的各个环节中，探索适应工业设计专业课程思政的路径，有效执行"三全育人"原则。

（三）思政元素融入方式

将思政元素融入到教学全流程中，首先要进行教学大纲和教案的完善，在教学内容、课程讲授和评估考查环节均有课程思政元素的融入。

本案例是材料与结构之木结构章节，从课程思政的高度了解木结构建筑在人类发展历史中的重要地位，山西应县木塔是主讲案例。木材作为一种永恒的建材，古老而又现代，是环保材料的首选。木结构建筑的灵活性与地方地域特点相呼应，消除建筑冰冷的感觉，彰显人文特点。认识到山西应县木塔在世界木结构建筑史中的地位，有助于培养学生的民族文化自信，激励学生将传统与创新相结合，弘扬新时代的工匠精神。

（四）教育教学方法

（1）教材精读法。就教学而言，教材是开启专业的钥匙，不仅要做好教材精读，还要广泛阅读相关的资料，充实知识的储备。课堂的课时对于教学是远远不够的，广泛阅读且能带着问题读书在提高学习效果上起着重要的作用。例如，木材来自天然，人类很早就学会了用木结构建造房屋，这跟地理和人文有很大的关系，可以做具体的考证。除了建造房屋外，木材的家具更具生活性，家具的发展历史也是木材加工工艺的历史，值得延伸阅读。

（2）案例教学法。这是综合设计基础的主要教学方法。木材结构选用应县木塔作为案例详细讲解斗拱结构、榫卯结构与木材料结构的完美结合，是中国古代工匠的智慧结晶。用现代设计的方法解读木结构，还原榫卯结构和斗拱结构，体会、传承工匠精神。课堂中利用视频和图片进行教学，激发学生的学习兴趣，提升专业自豪感，在课程中践行敬业乐群、精益求精、专注执着、创新突破的工匠精神。

（3）课题教学法。从基础开始研究，探索设计的发生、发展的过程。设计的原点是为解决问题，虚题实做、实题实做，适当引入时事课题。2020年春季学期，为抗击疫情实行全网络教学，课程以后疫情时代社交距离为主题展开，具有时代性和学术性，调动了学生们的学习热情，启发了学生们的创新意识，真正做到了"停课不停学"，同时也培养了学生的家国情怀。

（4）问题导学法。对知识有兴趣才能提出有效的问题，兴趣是最好的教师，是激发学生深入学习的动力。如何构思？选择一个基本形，利用草图和简易模型试制等方法展开设计构思，探索各种可能性。材料怎么选？根据构思方案，绘制出尺寸图，选择适当的制作材料（如卡纸、瓦楞纸或KT板），根据尺寸裁剪材料，组装做出实物模型。版面设计怎么做？模型拍照，构思创意图、设计草图和工程制图等拍照或扫描，结合设计说明做成版面。结构怎么评价？基本形之间必须能自由拆卸，并能组合成一个结构稳定的整体。

（5）讨论法。通过讨论，锻炼学生的沟通能力和表达能力。搜集世界不同地区木结构建筑的资料，组织有效的课程讨论，加深学生对木结构的理解，同时建立正确的历史观，培养文化自信。

（五）教学活动设计

将课程思政元素融入到整个教学过程。

（1）课前部分：预习教材，课程积累，了解材料与结构的关系。

（2）课堂部分：知识梳理，融会贯通，木结构建筑的特点，工匠精神是中华民族的传统。

（3）课堂、课后讨论：深入学习，传承工匠精神。

（4）课后部分：创新发展，完成作业，提升专业能力。

（5）教学反思：设计是一个求解的过程，但没有唯一答案。按照程序进行设计，最终获得一个或多个设计结果，善于利用创造性思维去解决问题才是设计的本质。将设计的问题纳入到一个产品的服务体系中，最终形成相应的设计方案。

（六）资源载体

在教学中，注重线上课程资源建设，引入中国大学慕课精品课程，采用视频播放和图片详解多种教学方式展示斗拱木结构的构成特色，提高学生的学习兴趣。通过对斗拱结构的临摹，引导学生体会敬业、精益、专注、创新的工匠精神，从而树立正确的国家观、民族观、历史观、文化观，为社会培养更多德智体美劳全面发展的人才，为中国特色社会主义事业培养合格的建设者和可靠的接班人。

（七）特色与创新

（1）以丰富的课程思政内容为中心，严格挑选真实思政案例上传到线上教学平台，加快线上课程思政资源的更新速度。

（2）以教研室建设为基本点，探索混合式教学模式课程思政的优势。"学生为主，教师为导"，强调自主学习能力的培养，保证个人素质的全面发展。

（3）以立德树人为课程的根本使命，坚持以线上线下混合式教学模式贯彻课程思政。

教 学 成 效

本课程2021年获校级线上线下混合式教学模式一流课程立项，并获省级线上线下混合式教学模式一流课程立项。

针对本课程教学模式中思政元素融合方式对学生进行问卷调查，调查结果表明：100%的学生可以接受，最近一学期的学生评价满意度达 96%。教学过程中学校专家督导团，通过随堂听课、参与线上互动、与学生交谈等方式，随时参与到课程教学环节中，对教学态度、内容、方法和效果进行评估，总评等级为优秀。

通过本案例教学，教学团队通过研究—实践—反思—总结的思路，充分挖掘、分析教学内容中的思政内容，利用合适的教育载体和教学手段，不断完善课程思政教育教学过程。课程建设不仅是要将课堂变为一个知识传授的平台，更是要将课堂变成一个思想传播的有效载体。充分利用课堂教学过程中育人的实效性，对学生进行"润物细无声"似的思想教育渗透，这样才能真正实现全员育人、全程育人、全方位育人的"三全育人"方针。

今后，本课程将持续课程思政案例建设工作，以"立德树人"为基本要求，探索课程思政新模式，提升课程高阶性，以教研室建设为基本点，加快引进课程资源和前沿理论的更新速度，突出课程创新性，发挥混合式教学模式的优势，"以学生为主，以教师为导"，提高过程性评价的占比，增加课程挑战度。

科研素养与创新训练（二）典型教学案例

看"中国牌"晶体，忆陈创天院士

学院名称	材料科学与工程学院	课程名称	科研素养与创新训练（二）
主讲教师	冯亚南、陈飞飞	教师职称	讲师、副教授
授课对象	材料科学与工程专业三年级本科生	课程性质	实践课

课程简介

本课程是材料科学与工程学院针对材料科学与工程专业创新实验班设置的实践课，目的在于培养具备"厚基础、善思维、重科研"的高素质拔尖创新人才，是一门以提高学生科研实践能力为宗旨的综合性实践必修课。通过参与科技实践和项目实施等方式，使学生在材料结构表征、材料性能分析、科技论文写作和学术交流等方面得到系统的学习和体验，培养和强化学生的科学意识和科学素养，提升学生的信息检索能力以及将理论知识应用到科研实践中的能力，使其掌握从事科学研究的基本技能。

教学目标

（1）培养学生实事求是、求真务实的品质，弘扬学术道德，树立学术规范。
（2）培养学生精益求精的思想品质与工作精神。
（3）掌握常见的材料制备方法、结构表征和性能分析方法。
（4）能够选择合理的分析表征方法，设计合理的实验方案，对结构进行表征，对性能进行分析。
（5）能够使用常用的软件对材料的结构和性能进行分析，并理解其优势和局限性。
（6）培养学生检索、阅读、翻译本专业及相关领域文献的能力，具备了解相关领域的国际发展现状的能力，具备良好的学术交流能力。

思政元素

在课堂讲授中，一方面通过讲述"中国牌"晶体的发展历程以及在国际上的领先地位，凸显我国在人工晶体技术领域的优势，激发学生的民族自豪感以及锐意进取的科学精神，另一方面通过讲述BBO（偏硼酸钡）晶体在发展过程中遇到的挫折以及解决过程，启发学生实事求是、学以致用。

案例实施路径与方法

（一）育人理念

秉承"学生中心，产出导向"的理念，坚持教学内容的高阶性、创新性和挑战度。

（二）实施思路

（1）借助"中国牌"晶体案例，总结中国在人工晶体领域的优势，激发学生的民族自豪感，吸引学生注意。

（2）将BBO晶体（"中国牌"晶体之一）在发展过程中遇到的困难设置为问题，引导学生分析问题，激发学生探索解决问题的动力。

（3）归纳总结相关知识点，引出历史中的解决方案，与学生自己设计的解决方案相对比，帮助学生建立不同表征手段应用领域不同的概念。

（三）案例设计

【案例讲授】1962年，陈创天从北京大学物理系毕业，投身于中科院华东物质结构研究所（现为福建物质结构研究所），在卢嘉锡所长的指导下开始了为期三年的化学学习，其后又专注于非线性光学材料的研究。当时，世界上所有的非线性光学晶体材料均为国外发现，中国尚未研发出自己的晶体。1977年，陈创天被正式任命为非线性光学材料探索组组长，开始了系统深入的研究。20世纪80年代，陈创天带领团队在硼酸盐体系中相继发现了BBO晶体和LBO（三硼酸锂）晶体，晶体引起了国际激光界的关注，被称为"中国牌"晶体。

2001年，陈创天团队研制出了KBBF（氟代硼铍酸钾）晶体。该晶体可以直接倍频产生深紫外激光的非线性光学晶体，用途广泛，打破了国际激光界长期以来的"200 nm壁垒"。这也是继BBO晶体、LBO晶体后的第三个"中国牌"非线性光学晶体。2009年《自然》杂志发表文章《中国藏起了这种晶体》。文章称中国禁运KBBF晶体，将对美国相关领域的研究产生严重影响。为了挖走陈创天，美国人不惜重金请求购买晶体或邀请他去美国工作，都被他严词拒绝。直到2016年，美国APC公司宣布他们终于研制出KBBF晶体，打破了长期以来中国对该晶体的技术封锁，而这距离陈创天的发明，已过去了整整15年。

【总结】在科技创新领域，经常听到西方国家对我国进行技术封锁，而在人工晶体领域，我国的研发成果领跑全球。一颗又一颗"中国牌"晶体的相继问世，凝聚的是陈创天院士团队与相关科技工作者精益求精和不断创新的工作态度和科学精神。

【案例讲授】此外，作为第一颗"中国牌"晶体的BBO晶体的发展历程也不是一帆风顺的。BBO晶体的看家本领之一就是可以把激光的频率加倍，从而使光的波长变成一半，例如把红外光改变为可见的绿光，而且效率很高，因此具有极佳的应用价值。这一发明，在当时的材料界引起了巨大轰动。因为德国科学家早已发表研究结果，认定BBO晶体是有对称中心的晶体。众所周知，有对称中心的晶体是不可能有倍频性能的。那么究竟谁是正确的呢？如果不能搞清楚BBO晶体的晶胞参数，确定BBO晶体的晶体结构，BBO晶体的进一步研究将难以进行。

【讨论】怎么确定BBO晶体的精确结构呢？通过我们前面学过的结构表征方法，能不能确定BBO晶体的精确结构？

带领学生分析不同结构表征方法的适用领域，最后得出结论，前面学习过的方法难以对BBO晶体的精确结构进行解析。

【自问自答】作为BBO晶体"娘家"的福建物质结构研究所是怎样解决这个难题的呢？答案是X射线单晶衍射。

【讲授与互动】介绍X射线单晶衍射仪的基本原理、设备和测试方法，借助虚拟仿真实验视频帮助大家熟悉具体的测试流程。带领学生回顾晶体学相关知识，尤其是空间群部分，和学生一起归纳有对称中心的空间群和没有对称中心的空间群，引导学生回答上述涉及对称中心的问题。

【结束语】以 BBO 晶体结构的最终确定过程结束本次课程。

20 世纪 80 年代伊始，福建物质结构研究所尚无四圆衍射仪，更无可用于直接分析结构的成套程序，需要经过一系列繁复操作、静心分析的经典步骤，最终才能解出该晶体的完整空间结构。在我校前校长黄金陵先生的指导下，经过近一年废寝忘食的研究，卢绍芳研究员终于以翔实的数据和无懈可击的实验报告得出了正确结论：BBO 晶体是无对称中心的晶体。2006 年，应国外研究 BBO 晶体专家的建议，卢绍芳研究员在众多同事的协作下再次测定 163 K 下 BBO 晶体的空间结构，并与之前在 293 K 的结果进行详细比较，为国外物理学家研究 BBO 极性晶体的物理性质提供了准确的结构依据。

（四）资源载体

PPT、图片、虚拟仿真实验视频等。

教 学 成 效

在教学过程中，首先要合理地选择思政教学内容。纵观材料领域发展史，有趣的案例有很多，将这些有趣的案例与教学内容有机结合起来，并从中挖掘凝练思政元素，在传递知识的同时把正能量有效地传递给学生，对学生价值观和人生观的建立是至关重要的。

其次要合理地设计教学活动。科技的发展往往不是一帆风顺的，根据学生的知识基础，把科技发展过程中遇到的挫折设置为难度适中的问题，引导学生思考，帮助学生建立与历史对话的体验，有助于提升学生学习的积极性以及探索问题的主动性。

此外，采用"传统＋现代"的教学模式。近年来，线上视频资源和虚拟仿真实验等资源的更新速度非常快。这些资源能够有效地弥补传统课堂教学过程中内容过于抽象以及传统实验教学过程中大型设备缺失等缺点。采用"传统＋现代"的教学模式，有助于加深学生对课堂内容的理解，也能让学生对大型仪器设备有更加直观的认识。

行政法模拟法庭典型教学案例

"行政法模拟法庭"课程思政创新探索

学院名称	法学院	课程名称	行政法模拟法庭
主讲教师	陈胜	教师职称	副教授
授课对象	法学专业三年级本科生	课程性质	实践课

课程简介

本课程力求以模拟法庭的课内实践方式,让学生产生身临其境的感觉,尽可能逼真地扮演法庭上处于不同诉讼地位的各角色,如原告及其诉讼代理人、被告法定代表人及其诉讼代理人、法官和律师等。学生可以通过这种"亲身经历"的模式,将所学基础理论知识与司法实践环节有机地结合起来,基于逼真地体验,更能娴熟地知晓及掌握行政诉讼程序及流程而积累应有的实战经验,从而避免因受传统填鸭式教学模式负面影响下养成的不爱思考及钻研的弊端,为学生将来继续升学或能顺利走出校园结束单纯学生生活、脚踏实地步入复杂社会奋斗生涯,奠定务实基础。本课程旨在对学生历练并养成运用法律专业知识去积极地发现问题,进而客观地分析问题,最终达到勇于创新解决问题的一系列必要的权衡应对能力;同时培育学生健康的心理素质,明辨是非、信守职业道德、维护公平正义的法律觉悟及素养。

本课程立足基础理论掌握及实践应用发挥,夯实理解我国社会主义核心价值观的基本内涵,深刻感悟习近平法治思想精髓以及中国特色社会主义法治理论的重大意义。

教学目标

通过"亲身经历"模式,将所学基础理论知识与司法实践环节有机结合,培养以习近平新时代中国特色社会主义思想以及习近平法治思想为指导的具有忠于宪法、坚持国家主权原则、健康心理、明辨是非、信守职业道德、维护公平正义的高法律觉悟及素养的法治人才。

思政元素

培养以习近平新时代中国特色社会主义思想以及习近平法治思想为指导的忠于宪法、坚持国家主权原则、维护公平正义的法治人才。

案例实施路径与方法

本课程力求以模拟法庭的课内实践方式,让学生产生身临其境的感觉,尽可能逼真地扮演法庭上处于不同诉讼地位的各角色,如原告及其诉讼代理人、被告法定代表人及其诉讼代理人、法官和律师等。课程立足基础理论掌握及实践应用发挥,夯实理解我国社会主义核心价值观的基本内涵,深切感悟习近平法治思想精髓以及中国特色社会主义法治理论的重大意义。

(一)操作规程(四个阶段)

1. 开课动员

介绍本实践课的概况、流程与要求。学生按6位指导教师名单分6组,每组细分2小组;每位指导教师名下的2小组,形成竞赛格局;同一指导教师的2小组,可选择同一案例,亦可选择不同案例。

2. 准备阶段

及时完成案例搜集,确定时间、场地,准备服装道具等。

案例搜集:各组指导教师安排自己所指导的每小组学生到律师事务所、法院、法律援助中心、检察院、司法机关等实务部门搜集若干典型案例,从中筛选出一个较好案例。学生经与指导教师商定后,确定本次行政法模拟法庭的案例。

3. 进行阶段

完成齐备的诉讼材料,不断努力排练,演示规范的庭审过程,邀请指导教师观摩等。

角色分配:应合理分析案例及分配角色(法官、当事人、诉讼代理人与证人等),按角色各自正确撰写法律文书及制定庭审流程表等。

4. 总结阶段

指导教师进行点评,进一步完善实践材料,教师给出客观合理的评价(成绩)。

(二)思政元素的实施思路

1. 教学目的(教书育人应该达到的实体效果)

应然的法律觉悟及素养:强化遵循我国社会主义核心价值观之个人层面的爱国、敬业、诚信、友善,彰显行为素质培育上的实效性。

2. 总体安排及考核标准(教书育人应该达到的程序效果)

应然的教与学关系:强化新时代青年有理想、有担当、有作为的实感,彰显专业教学秩序维护上的规范性。

3. 特定主体及政治能力(教书育人所能反映的远景效应)

应然的人才培养(职业生涯)规划:强化"四个意识"(政治意识、大局意识、核心意识、看齐意识)的植入,彰显人才培养规划上统领道路自信、理论自信、制度自信、文化自信的政治自信效应。

(三)思政元素融入方式

1. 强化政治理论学习

(1)开课动员环节:增添有关"习近平新时代中国特色社会主义思想""习近平法治思想""社会主义核心价值观""不忘初心 牢记使命""四个意识""四个自信"等的理论学习要求,面向该实践课程所有的学生。

(2)教与学互动环节:邀请支部书记讲微党课,面向相关联学生支部党员与预备党员。

2. 强化宪法宣誓仪式

（1）角色分配环节：尽可能激发学生党员担任"法官""行政机关责任人"，切实感受体现政治能力的"特定主体"政治面貌上的重要意义。

（2）庭审演示环节：在开庭审理演示前，增设"法官""行政机关责任人"以及担任其他角色的学生，面对我国国旗国徽进行宪法宣誓。

3. 强化法律职业道德乃至"党性修为"思考

（1）材料组织环节：需结合所选经典案例的现实问题及法律专业性，思考法律职业道德乃至"党性修为"实然价值及功能体现，以中期作业形式落实。

（2）课后总结环节：需立足自己将来人生规划，尤其理想于"特定主体"身份情形，思考法律职业道德乃至"党性修为"应然价值及功能体现，以总结报告形式落实。

教 学 成 效

学生一致认为通过模拟法庭的理论结合实践锻炼，不仅加深了法律理论体系和司法制度现状的了解，而且深切地认识到加强法治队伍的公正廉洁、政治思想建设是十分必要。学生评教，平均分为 98.33 分（满分 100 分），达到满意度高的效果。实践课负责人受邀参加了"福州大学第十四场'教学有道'研讨会"，做了题为"行政法模拟法庭课程思政创新探索"的报告，受到专家的肯定。本课程教学组作为法学院教工第二党支部成功入选省级样板支部建设名单，教学案例作为校级"双带头人"支部书记工作室等的典范性支撑材料加以使用。